社会的ネットワークを理解する

Understanding Social Networks :
Theories, Concepts, and Findings
Charles Kadushin

C・カドゥシン 著
五十嵐　祐 監訳

北大路書房

Ghislaine Boulanger へ

Copyright©2012 by Oxford University Press

Understanding Social Networks: Theories, Concepts, and Findings, First Edition was originally published in English in 2012. This translation is published by arrangement with Oxford University Press.

目 次

はじめに　vii

1章 イントロダクション　1
- つながること　4
- 情報マップとしてのネットワーク　5
- リーダーとフォロワー　8
- コンジットとしてのネットワーク　8
- 社会的ネットワーク分析の視点　11

2章 ネットワークの基本的な概念(I)：ネットワークにおける個人　15
- イントロダクション　15
- ネットワークとは？　16
- 関係性についての社会学的な問い　19
- ダイアドと相互性　25
- バランスとトライアド　26
- われわれは今どこにいるのか　31

3章 ネットワークの基本的な概念(II)：全体ネットワーク　33
- イントロダクション　33
- 分布　35
- 複合性　44
- 役割と地位　46
- まとめ　52

4章 ネットワークの基本的な概念(III)：ネットワークの分割　55
- イントロダクション　55
- ネットワークのセグメントとその呼称　56
- 観察者の視点に基づくネットワークの分割　58
- われわれは今どこにいるのか　68

5章 社会的ネットワークの心理学的基盤　71

物事を成し遂げること　72
コミュニティとサポート　73
安全と親密さ　75
効果性と構造的すきま　76
安全の欲求と社会的ネットワーク　77
効果性と社会的ネットワーク　79
安全と，効果性への両方の欲求？　81
地位や階級に動機づけられること　83
安全，エフェクタンス，地位の文化差　84
動機づけと実践的なネットワーク　85
企業人の動機づけ　87
個人のネットワークにおける認知的限界　90
われわれは今どこにいるのか　93

6章 小集団，リーダーシップ，社会的ネットワーク：その基本的構成単位　97

イントロダクション　97
一次的集団とインフォーマル・システム：いくつかの命題　98
純粋なインフォーマル・システム　100
インフォーマル・システムを見つけるには　102
非対称な紐帯と外部システムの影響　107
システムを定式化する　112
われわれは今どこにいるのか　115

7章 組織とネットワーク　119

権威の矛盾　120
組織における自然発生的なネットワーク　122
箱の中（型通り），箱の外（独創性），もしくは両方　132
ギャップを埋める：ネットワークサイズ，多様性，社会的結合性のトレードオフ　137
われわれは今どこにいるのか　140

8章 スモールワールド，サークル，コミュニティ　145

- イントロダクション　145
- あなたの知り合いは何人？　147
- 個人の知人数に関する非対称分布　151
- スモールワールドのモデル　159
- 社会的ネットワークにおけるクラスター化　163
- 社会的サークル　163
- スモールワールドの探索　171
- より小さな世界へのスモールワールド理論の適用　173
- われわれは今どこにいるのか　176

9章 ネットワーク，影響，普及と拡散　181

- ネットワークと普及・拡散――イントロダクション　181
- 影響と意思決定　186
- 疫学とネットワーク上の拡散　198
- ティッピングポイントと閾値　204
- われわれは今どこにいるのか　212

10章 社会関係資本としてのネットワーク　217

- イントロダクション　217
- 個人レベルの社会関係資本　225
- 社会システムの属性としての社会関係資本　234
- われわれは今どこにいるのか　244

11章 社会的ネットワーク研究における倫理的なジレンマ　249

- 研究パラダイムとしてのネットワーク　249
- 匿名性，守秘性，プライバシー，同意　252
- だれが恩恵を受けるのか　255
- 事例と例証　257
- 結論：ベルモント・レポートよりも複雑に　269

12章 おわりに：社会的ネットワークに関する10の基本的なアイデア　273

　イントロダクション　273
　10の基本的なアイデア　274

◆引用文献　287
◆事項索引　309
◆人名索引　313
◆訳者あとがき　315

はじめに

　私が大学院生の頃,「社会的ネットワーク」という言葉が広まるよりも前に, Paul F. Lazarsfeld は, 個人的影響が意思決定の主要な要因であるというアイデアを, われわれ学生に披露した。Robert K. Merton は, トライアドや社会的サークルのアイデアについて詳細に述べた Georg Simmel の著作を取り上げ, 1行ずつ丹念に読むようセミナーの学生に求めた。こうした授業を通じて, 私にとっての社会的ネットワークは, 人々がなぜ精神科医を訪れ, エリートがなぜ組織化されるのかといった問題解決のための道具となった。Hans Zetterberg は, 社会理論は体系的でありうるし, またそうあるべきだと主張している。私は, これらの師に感謝する。彼らによって, 社会的ネットワークの研究が, なぜ社会現象を解明するための方法論的・理論的に重要な洞察を提供しうるのか, 私は考えをめぐらせることができた。私は, ネットワークそのものと同じくらい, 社会的ネットワークが社会構造や文化の中身に及ぼす影響に強い関心をもっている。この本は, そうした私の好みを反映している。

　ブランダイス大学現代ユダヤ研究コーエンセンター, そこで働く私の同僚たち, そして特にセンター長の Leonard Saxe は, 私がこの本を執筆するための時間や知的な空間を提供してくれた。同センターの編集局長である Deborah Grant は, 草稿を読みやすい表現に改めてくれた。Katherine Ulrich は, 編集者として綿密なチェックを行ってくれた。幅広い電子ジャーナルとデータベースを契約しているブランダイス大学図書館は, 書庫から論文のコピーを取る手間を, ダウンロードという形で軽減してくれた。Peter Prescott は, 出版に際して有益な助言を提供してくれた。

　社会的ネットワークの領域は非常に広大であるため, 数学になじみのない人々に, すべてを包括的に, 正確に, 理解しやすい形でまとめることは, 一個人にはほとんど不可能である。私が何とかここまでやり遂げるこ

とができたのは，多くの人々のサポートや励ましによる。名前を真っ先にあげたいのは，James Moody である。彼は草稿を読んで，抜け落ちている点や加筆すべき点を指摘するとともに，自分の講義でも草稿を読んで，そのフィードバックを私に知らせてくれた。Thomas Valente は，私にオックスフォード大学出版局を紹介してくれたり，彼のすぐれた著書『社会的ネットワークと健康：モデルと方法，その応用 *Social networks and health: Models, methods, and applications*』の草稿を私に送ってくれたり，他にもさまざまな面でサポートしてくれた。Claude Fischer はネットワークの概念に関する章や，他のいくつかの章のレビューを行ってくれた。他にも，各章に対するレビューを行ってくれた人々への謝辞は，章の最初の脚注にその名前をあげている：Richard Alba, H. Russell, Bernard, 故 S. D. Berkowitz, Andrew Braun, Michael Brimm, Cynthia F. Epstein, Linton Freeman, Bethamie Horowitz, Dani Maman, Amalya Oliver, Stuart Pizer, Robert Putnam, Garry Robins, Theodore Sasson, Leonard Saxe, Tom Snijders, Barry Wellman, そして Douglas R. White。本文に誤りや不適切な表現があるとすれば，もちろん私の責任である。

妻の Ghislaine Boulanger は，執筆の苦しみをとてもよく理解してくれ，献身的にサポートしてくれた。

2011 年 7 月　フィッシャーズ島にて

1章 イントロダクション

　「ネットワーキング」はあらゆる人々の話題になっているようである。もはや，ただたんにパーティーに行くだけの人はいない。彼らはネットワーキングに行くのである。多くの人々にとって，インターネット上のウェブサイトは，主にコネクションを作るという目的のために存在する。ネットワーキングは，ありふれたものである一方で謎に包まれており，またとっつきやすい一方で不可解にも思える。とはいえ，われわれが狩人や採集民であった頃から，社会的ネットワークは人間社会を支える中核となってきた。人々のつながりは，お互いの関係性や相互依存性に基づいており，部族やトーテム，階級組織は，後になって出現したと考えられる。血族関係（kinship）や家族関係は，社会的ネットワークの一種である。また，地域や村落，都市は，義務のネットワークと関係性のネットワークが交差する場所である。近代社会の人々は，血族関係を超えて互いに頼り合うことで，留守中に郵便物を受け取ってもらい，芝刈り機の修理を手伝ってもらい，よいレストランを紹介してもらうのである。それにもかかわらず，都市に住むアメリカ人は，よりいっそう社会的に孤立してきているといわれている。「孤独なボウリング」というメタファーは，クラブや団体，または友だちどうしでボウリングをするのではない，このような孤立と遊離の状態を表している（Putnam, 2000）。とはいえ，19世紀のアメリカの本質として名高い，隣近所や村落を基盤とするグループは，決して姿を消したわけではない。むしろ，これらのグループは，地域や血縁に基づく社会関係のネットワークから，地理的に分散した社会的ネットワークを志向するコミュニティへと変容してきたのである[1]。この変革は電話や自動車の発明によってもたらされ，当然のことながら，これらの発明は隣近所が遠く離れた農村地域で人気を博した。われわれは，何千年にもわたり「ネットワーカー」であり続けたのである。

　ネットワークと「ネットワーキング」は同じものではない。ネットワーキングとは，個人の目標達成をサポートするようなつながりを作るために，能動的にネットワークを利用することである。一方，ネットワークとは，単純に対象物（オブジェクト）間の関係のまとまりを表す。オブジェクトには，人々や組織，国家，Google検索で見

つかる項目，脳細胞，変圧器などが含まれる。変圧器が「ネットワーキング」を行わないことは明白である。本書の関心は，「社会的」なネットワークにあり，社会的ネットワークをとおしてやり取りされる，友情，愛情，金銭，権力，アイデア，時には疾病さえもその範囲に含まれる。

　巨大なネットワークのひとつであるインターネットは，社会的ネットワークのさまざまな既存のルールを変えてきただろうか？　実際のインパクトはそれほどではない。人々のネットワークは，かなりの数の地縁に基づく友人や隣人，親類，仕事仲間などを含むが，こうした社会的ネットワークは，インターネットなどのニューメディアによって補完される。ただし，これは一方が他方に取って代わるということではない。どちらかといえば，「インターネットは，対面または電話でのコミュニケーションと相性がよい……お互いに直接会ったり，電話で話したりする人々ほど，インターネットをよく使うのである」(Boase et al., 2006)。社会的ネットワークは弾性に富み，適応的に変化し続けている。大規模な「大衆社会（マス・ソサエティ）」は，依然として個人的なつながりによって結びついているのである。

　何年か前には，ニューヨーク・タイムズが社会的ネットワークを 2003 年の「新しいアイデア (new ideas)」のひとつとしてもてはやし (Gertner, 2003)，マスメディアが社会的ネットワークを「発見した」。とはいえ，社会的ネットワークについて体系的に語り，記述し，分析すること，そして，組織や行政といった，よりフォーマルな社会制度と社会的ネットワークとの関係を体系的に説明することは，比較的新しい試みである。サイエンス・サイテーション・インデックス (Science Citations Index) では，2008 年だけでも，「社会的ネットワーク」に関する 1,269 本の論文が見つかった。ここ 10 年では，その総数は 6,304 本にものぼり，論文数は線形的に増加している。また，1984 年以降，社会的ネットワーク分析を応用する分野も急激に増加しており，その範囲は，中国の列車の時刻表編成から HIV の流行の予測まで多岐にわたる。最近では，社会的ネットワークに関する記事が，タブロイド紙やブログ上にもあふれてきている。Google 検索では，「社会的ネットワーク」に関するブログのエントリーが，5,200 万件以上もリストアップされる。

　それでもなお，社会的ネットワークにはまだいくつも謎が残っている。われわれは社会的ネットワークに囲まれて生きているが，普通は 1 ステップよりも先のつながり，すなわち直接つながっている人々の向こう側にあるつながりを見ることはできない。それはあたかも，自動車やトラックに囲まれ，交通渋滞にはまっているような状態である。交通情報を上空から伝えるヘリコプターは，われわれが見ている目の前の範囲を超えて，全体を見渡すことができ，渋滞から脱出するためのルートを提案することができる。ネットワーク分析とは，このヘリコプターのようなものである。ネットワー

ク分析を用いることで，われわれは自分たちを直接取り巻く人々の輪を超えて，ネットワーク全体を見渡すことができる。

　本書のねらいは，社会的ネットワークに関する現象の背後に潜む，いくつかの大きなアイデアについて解説し，その謎を解明することである。私は本書で，社会的ネットワークの分野における概念，理論，知見の解説に専念する。本書はハウツー本ではなく，数学やコンピュータに関する予備知識をまったく，もしくはほとんどもたない読者向けである。コンピュータの力を借りて社会的ネットワークを分析・解体し，グラフを描くことに関しては，すでに多くの参考書が出版されている。本書では，ネットワークの専門家が打ち立てた概念や理論，知見を解説することを試みる。私は社会学者であり，本書の内容は構造主義的な社会科学に偏っているが，その一方で人間，そして人間のもつ動機づけの重要性についても考慮している。社会的ネットワークの研究に出会い，もっとそれについて知りたいと考えている社会科学者や，社会的ネットワークの分野になじみのない学生にとって，本書が役に立つことを私は願っている。それだけでなく，経営者やマーケター（訳注：マーケティング戦略の立案者），さらにはビジネスの場面で絶えず新たな出会いの機会がある人々にとっても，本書が有益な示唆を与えることを期待する。おそらく，熱心な「ネットワーカー」の方々にも，本書は役に立つであろう。ところで，ネットワーク研究において，つながりをグラフで表わすことは特に重要な意味をもつ。本書では，ネットワークに関するアイデアや研究知見の背後に，数学的な考え方が潜んでいる場合，できるだけそれらをグラフで表すように努める。

　社会的ネットワークの分野では数多くの事象が扱われており，この分野の急速な成長に導かれて，将来的にはさらに多くの研究が行われるだろう。その一方で，どんな領域にも2つの正反対のトレンドがある。研究者たちは他者の基礎研究を発展させ，巨人の肩の上に立っている（Merton, 1993）。しかし同時に，研究者たちは先行研究を過去のものにしようと励んでいるのである。社会的ネットワークの分野が急速に発展していることは事実だが，本書では，基礎的な知見や最もすぐれた実践例として有用なテーマを選ぶように努める。新たなブレークスルーが生まれた際にも，読者はこれらの基礎的なテーマを通じて，その意味を理解し，評価することが可能になるであろう。実際，読者が本書を読み終える頃には，社会的ネットワークを理解するうえで重要となる，新たな発見や数多くのアプリケーションが生まれているはずである。たとえば，ソーシャル・ネットワーキング・サービス（SNS）は急速に発展したシステムであり，あたかも革命のごとく，一般市民の意思のもとで歴史の針路を変える――あるいは変えない――可能性がある。とはいえ，これらのサイトに関する研究は，まだ萌芽期にあるといえよう。本書が，ネットワーク研究の核となる概念やアイデアを

読者に伝え，そして現在はおよそ想像もできないような，未来の社会的ネットワークの発展に寄与することができれば幸いである。

社会的ネットワークやその研究について理解するには，この領域の最先端の様子を象徴する，いくつかの例から始めるのが最適である。以下の節では，つながること，情報マップとしてのネットワーク，リーダーとフォロワー，コンジット（訳注：物や情報の流れるルートやパイプをさす。もとは水路，導管などの意）としてのネットワークについて取り上げる。

◆つながること

だれもがお互いにつながることができる。そのためには，われわれが，直接つながりをもつ人々の輪の向こうに手を伸ばす方法さえ知っていれば十分である。特にインターネットの力を借りた「ネットワーキング[2]」のアイデアは，まさに社会的ネットワークの分野の発展を示すひとつの証しである。SNSやインターネットを通じた関係形成の機会は，増加の一途をたどっている。これは，新たな友人を探そうとする若者に限った話ではない。2008年12月時点で，アメリカの成人の75%がインターネットを利用しており，そのうち35%の人々がSNSのプロフィールを作成していた。その割合は2005年（8%）から4倍以上も増加している[3]。また，18歳から24歳の75%，中高生やティーンエイジャーの70%近くがSNSのプロフィールを作成していた。このコホートに属する人々が年齢を重ねることは，アメリカにおけるSNSの利用人口が，今後も決して減ることはないということを意味する[4]。成人の90%近くは友人との連絡用にSNSを使い，半数は新しい友人を作るために使っていた。インターネットを基盤とするソーシャル・ネットワーキングは，都市部の住人にとって，よりなじみ深いものである。インターネットがなければ，彼らはおそらくより深い孤立感にさいなまれるであろう。Facebookは，2004年にハーバード大学の学生のためのSNSとして創業し，近年（2010年）500億ドルの企業価値がつけられている。調査会社コムスコアによる2009年の『デジタル年報 *U.S. Digital Year in Review*』（comScore, 2010）によれば，FacebookはMySpaceをしのいで，2009年12月には1億1,200万人のユーザーを惹きつけ，ユーザー数は年内で倍以上に増えた。2010年7月現在，Facebookは世界規模で5億人のアクティブユーザーを獲得したと発表している。一方，2006年7月に正式公開されたTwitterは，ユーザーがフォロワーとして登録されている人々に対し，「ツイート（tweet）」として知られる140文字以内のメッセージを投稿できるSNSである。コムスコアによると，2009年12月時点でTwitterには2,000万人のユーザーがおり，その数は前年比で10倍に増えている。ポピュラー

な検索エンジンであるGoogleのアルゴリズムも，1950年代に学術文献の引用―被引用構造の分析のために開発された，ネットワークのアイデアに基づいている。これらのサイトやサービスは，いずれも無料で利用することができる[5]。

SNSはさまざまな示唆に富んでいる。あなたのプロフィール上の「友だち」の数が，控えめに見積もって100人だとしよう。もし「友だち」どうしがだれも友だちでないなら，2ステップたどるだけで，あなたは1万人（100×100）にアクセスすることができる。3ステップたどれば，100万人（100×100×100）である。もちろん，向こうからあなたにアクセスすることもできる。良くも悪くも，SNSでは世界中の人々が友だちとなりうる。あなたの友だちになりたいというコンタクトの多くが，見ず知らずの人々からだとしても，特に驚くような話ではない。ただし，これにはいくらかの危険がともなう。SNSにおいて，あなたは自分が思っているよりも多くの人々の目にさらされているからである。世界は実に「小さい」。このような，ネットワーク理論がもたらす示唆については，本書の「スモールワールド」に関する章で詳しく述べる。

「ネットワーカー」の人々が期待するように，こうした社会的なつながりは役に立つだろう。つながりは，有用な資源へのアクセスを可能にする多くの潜在的な価値をもつ。その例としては，直接のつながりの外側にいる人々から，親しい友人からは得られないような仕事の紹介を受けられること（Granovetter, 1973），高い社会的地位を獲得する能力（Lin & Erickson, 2008a），個人的な問題への援助（Thoits, 1995），よいレストランやすぐれた本，映画の紹介（Erickson, 1996），さらには外出中の郵便物の受け取り（Fischer, 1982）などが含まれる。これらのネットワーク化された資源は「社会関係資本（social capital）」とよばれる。個人は社会関係資本を直接所有しているわけではなく，友だちや知人を通じてそれらにアクセスするのである（Mouw, 2006）。

◆ 情報マップとしてのネットワーク

社会的ネットワーク分析によって，一見しただけではわからないような，隠された情報が現れてくる。Amazonは，あなたが選んだ本を買った人が，他にどんな本を買っているかを教えてくれる。私自身も，このネットワーク理論を応用したマーケティングに屈して，特に買うつもりのなかった本を買ってしまった。ネットワーク理論の応用を専門とする組織コンサルタントのValdis Krebsは，Amazonのデータを活用し，ネットワーク分析を用いて，2008年の大統領選挙に関する書籍のマップを自身のブログ[6]で公開した。以下の図は，人々が購入した書籍のマップである（図1-1）。図の

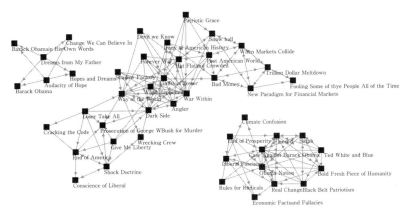

図 1-1　2008 年の大統領選挙時，同じ人々が，購入した書籍　（©Valdis Krebs）

矢印は，たとえば『マイ・ドリーム―バラク・オバマ自伝 Dreams from My Father』を買った人々が，『チェンジ―合衆国再生に向けた政策プランの全貌 Change We Can Believe In』も買っていることを表している。

　左上には書籍の Obama クラスターがある。民主党クラスターは中央に，共和党クラスターは右側にある。クラスターの間に重なりはない。2008 年には，アメリカにおける読書人口の好みは極性化しており，これは政治の分野における後の極性化を予測する重要な兆候であった。Saul Alinsky（訳注：1960 年代に強い影響力をもち，草の根運動の基礎を作った）は，過激派のコミュニティ・オーガナイザーであり，その著書『過激派の法則 Rules for Radicals』（図 1-1 右下のクラスターの左下）は，共和党クラスターの他の書籍にみられるような党派心を強調した論調とはなじまず，反民主党や反 Obama の本を買った人々に買われている。こうした人々は，左派によって成功した草の根運動の原理について学びたかったのだろう。もしかすると，「ティーパーティー運動」（訳注：2009 年にアメリカで始まった保守派の政治運動）のオーガナイザーだろうか。

　このように，ネットワークのアイデアは，たとえばだれがどんな本を買ったのかというデータを図示する際に有用である。さらにいえば，つながりに関するニュース，たとえばだれがどの銀行の取引に関与したか，だれが Bernard Madoff によるポンジ・スキーム（訳注：ネズミ講に似た詐欺の一種。Madoff は NASDAQ の元会長で，この手法を用いた史上最大の詐欺事件の主犯）にかかわっているか，だれが 9/11 のハイジャック犯のネットワークに含まれていたのか，といった事柄を理解するうえで，ネッ

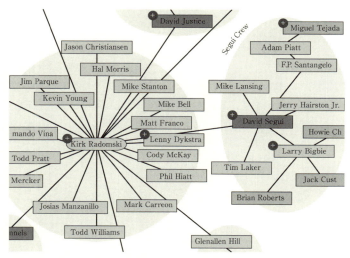

図1-2　野球界での筋肉増強剤の使用に関するネットワークの詳細

The steroids social network. An interactive feature on the Mitchell report. By Adam Perer and Chris Wilson Updated Friday, December 21, 2007, at 11:12 AM ET. The figure is produced by Social Action software developed by The Human-Computer Interaction Lab of the University of Maryland.

トワークのアイデアはとても役に立つ。新聞やインターネットのニュースサイトによって，このアイデアの活用はますます進んでいる。特にインターネット上では，ネットワークをインタラクティブに図示することができ，詳細な情報をつけ加えることもできる。書籍では同じことはできないが，ひとつの例として，インターネットマガジンの『スレート Slate』誌のサイトで公開された図1-2の図は，メジャーリーグのコーチと選手を，筋肉増強剤の提供・使用という観点で結びつけたものである。ネットワーク全体に関する図は，この件に関する長大な Mitchell レポート[7]に含まれる情報を，一目で理解可能にしてくれる。

われわれはまた，異なるタイプのネットワークのグラフにも慣れ親しんでいる。それは，だれがだれに報告を行い，だれがどのような責任を負っているのかを示す，インフォーマルなネットワークの図である。社会的ネットワーク研究の初期の応用例のひとつは，職場や組織が実際どのように機能し，何がリーダーシップを促進するのかを明らかにすることであった。職場の複雑さを，フォーマルな組織図によって説明することは困難である。フォーマルさを厳密に遵守することは，多くの場合，組織を停滞させる。マネジメントにおけるバズワード（はやりの専門用語）のひとつは「ネッ

トワーク組織」であり，これは明らかに階層的ではない組織を意味する。

　何がフォーマルな組織で，何がインフォーマルなネットワークなのかは，近年，合衆国最高裁判所訴訟においても主要な議題となっている[8]。銀行の貸し金庫に侵入し，アメリカ政府の組織犯罪法のもとで有罪の判決を受けたある男性は，彼のグループはゆるやかにつながっているにすぎず，いわゆる法のもとでの組織ではないと主張した。しかし，担当判事の Alito は，大多数の人々を代表して有罪判決を支持する決定を下し，次のように記した。「グループには，名前，定例会議，会費，確立されたルールや規則，懲戒手続き，入隊や入会の儀式は必要ない」。男性の所属する中心的なグループは，「ゆるやかにインフォーマルに組織され，リーダーも，階層も，長期計画もなかった」[9]。

◆リーダーとフォロワー

　Valdis Krebs が Twitter を利用し始めたのは最近のことである。ある時，Twitter が DoS 攻撃（訳注：サーバをダウンさせ，サービスを妨害する行為）を受けてダウンしてしまった。彼は，Google や Facebook など，単一のサイトに依存するようなサービスが機能不全に陥った場合について考え始めた。こうしたサービスには，彼曰く「媒介性（betweenness）のパラドックス」がつきものである。サイトが利用可能であれば，すべてのサービスを最大限に活用することができる——しかし，サイトがダウンしてしまえば，すべてのサービスが機能不全に陥ってしまう。また，彼のブログ[10]から引用した図1-3によると，Twitter のネットワークは，明らかな機能不全ポイントをいくつも含んでいる。すなわち，1つのポイント（個人）を取り除くだけで，多くの人々の間のつながりは失われてしまうのである。このことは，機密情報のネットワークやテロリストのネットワークに隠された真実でもある。鍵となるポイントを取り除けば，それらのネットワークは機能しなくなる。

◆コンジットとしてのネットワーク

　ネットワークとはコンジットであり，必要なものも，そうでないものも伝達する。近年，社会的ネットワークやその他のネットワークに関心を示し始めた物理学者たちは，大規模な停電をもたらした北アメリカの送電網が，急速な機能不全に陥ったことに興味をいだいた。その大元をたどると，結局のところ，1つか2つの変圧器が停電の原因であったことが判明した。しかし，電力ネットワークの設計の不備が，こうしたささいな機能不全を増幅し，システム全体のシャットダウンを引き起こしていたのである（Watts, 2003, p.19-24）。

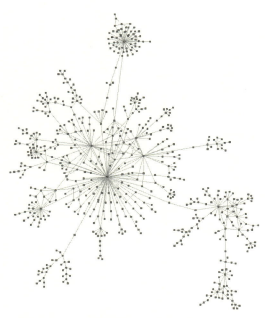

図1-3　Valdis KrebsのTwitterのフォロワー（©Valdis Krebs）

　別の例として，肥満は「伝染」することがある。ネットワークの魔法を最も明確に示すのは，「フラミンガム研究」（訳注：米国公衆衛生局による，マサチューセッツ州フラミンガム市の住民を対象とした大規模住民研究）の縦断データの分析によって，肥満者どうしがお互いに社会的なつながりをもつことが明らかになったことである（Christakis & Fowler, 2007, p.373）。1975年を起点とするネットワークのダイアグラムは，肥満者が相互につながりをもつ傾向が，時とともに劇的に高まることを示している。この例は，社会的ネットワークにおける2つの重要な命題である，同類性（homophily）と社会的影響（influence）についての説明を含む。同類性とは，類似した特徴をもつ人々がつながりをもちやすいことを意味する。また，社会的影響とは，つながりをもつ人々がお互いに影響を及ぼし合うことを意味する[11]。肥満は，一見したところ社会的な特性とは思えないため，この結果は驚くべきものであった。しかし，社会的ネットワーク分析は，肥満がまさにそうした特性をもつことを明らかにしたのである。また，これらの研究者は，もともとは心臓疾患や高血圧に関する前向き研究（prospective study; 訳注：コホート研究と同義）として実施された，同じフラミンガム研究のデータで，非喫煙という「好ましい」特性も伝染する傾向があるこ

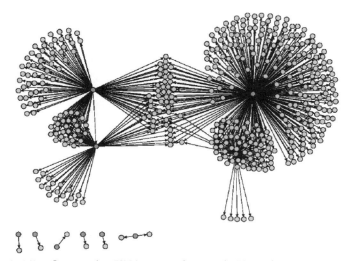

図1-4　個人的な「おすすめ」の影響力：ある日本のマンガに関するバイラル・マーケティング
Leskovec, J. A., Ademic, L. A., & Huberman, B. A.（2007）. The dynamics of viral marketing. *ACM Transactions on the Web*. 1（1）:5 doi: 10.1145/1232722.1232727. ⓒ 2007 Association for Computing Machinery, Inc.

とを示している。

　最後の例として，マーケターは常に，大衆社会に生きる個人にメッセージを届け，説得するための方法を探している。きっかけさえ見つけられれば，メッセージの伝達には個人的なコンタクトが最も効果的である。こうしたマーケティング手法は，疫学の用語を借りて「バイラル・マーケティング（viral marketing）」とよばれている。研究者らは，ある日本のマンガ（訳注：藤島康介『ああっ女神さまっ *Oh My Goddess!*』）に関する「おすすめ」情報が，密度の高いネットワーク内で拡散していく様子を追跡し，図1-4のようなネットワークとして図示した。ネットワークの全容は複雑であり，バイラル・マーケティングは常にうまくいくわけではないが，研究者らは，「個人的なおすすめが最も効果を発揮するのは，ぜいたく品を楽しむための密接に結びついた小さなコミュニティである（Leskovec et al., 2007, p.36）」ことを明らかにした。この図を見れば，ネットワーク内のいくつかの重要なポイントから，マンガのおすすめがどのように拡散していったのかがわかるだろう。

◎ 社会的ネットワーク分析の視点

　ここまで，社会的ネットワークの印象的な側面について，いくつか紹介してきた。本書では，社会科学のより一般的な枠組みの中で，社会的ネットワークを体系的に位置づけるための試みを行う。社会科学における構造主義的な視点は，社会的なつながりのパターンを，人間行動の原因と結果の両方を含むものとして解釈する。たとえば，私は自分と似たような考えをもつ人々と一緒に過ごすことが多い。その一方で，彼らと一緒にいることで，私の考えはますます彼らのものと似通ってくるのである。

　このような視点は，人間以外のネットワークにおける，単なる構造的分析とは異なる。2003年8月に北アメリカの送電網がもたらした大規模な停電は，個々の変圧器の故障ではなく，電力ネットワークの設計そのものの不備，すなわち，ネットワーク構造全体のデザイン上の問題によるものであった。当然，変圧器は「動機づけ」をもたない。システム設計の不備がもたらした過負荷によって，送電量が変圧器に設定された許容値を上回った結果，変圧器は故障してしまい，停電の原因のひとつとなったのである。

　構造的分析の対象には，もちろん人間のネットワークも含まれる。しかし，そこには他のネットワークとひとつ異なる点がある。人間のネットワークは，個人や組織の行動の結果として創発される。行動によって創発されたネットワークは，今度は個人や組織に影響を与えるのである。社会的ネットワークは個人間の相互作用によって進化し，人々が想像もしなかったような，また実際に見ることもできないような，構造的な広がりを生み出していく。個人間の相互作用は，社会的地位やポジション，社会制度とのかかわりの中で生まれるものであり，それゆえ，社会的ネットワークの様態はこれらの要因による制約を受ける。ところが，社会的地位やポジション，社会制度は，それ自体がつながりをもとにしたネットワークだということもできる。これらのネットワークは絶えず新しく形成されており，結果として，そのネットワークを作り出した組織そのものにも影響を与えることになる。

　こうしたフィードバック・システムについて理解するには，その起点をどこかに置くことが必要である。本書は，フィードバック・システムとしての社会的ネットワークの起点が，個人にあるという想定に基づいている。もちろん，ネットワークの様態それ自体が，地位追求などの個人の動機づけを生み出すことも考えられる。実際，そう論じる研究者もいる。しかし，本書では大きな社会システムではなく，あえて個人から始め，小集団から大きな社会システムへと論を組み立てていくことにする[12]。まず，第2章，3章，4章では，社会的ネットワークを理解する鍵となる，いくつかの

概念について解説する。その後，第5章では，社会的ネットワークの心理学的基盤を取り上げる。これには，個人そのもの，個人がつながりを形成する動機づけ，さらには社会的ネットワークのサイズを規定する個人の認知的制約などが含まれる。第6章では，小集団とリーダーシップという社会的ネットワークの2つの基本的な要素が，どの程度，個人の動機づけに基づいて成立しているのかを明らかにする。第7章では，組織について述べ，小集団の様態がどのように組織の機能や構造に影響を及ぼすかを論じる。本書はその後，社会的システム全体の考察へと移行する。第8章では，どのように「スモールワールド現象」が起こるかを解説し，この現象がもたらすインパクトについて述べる。第9章では，文化的所産やアイデア，態度，疾病などを例に，ネットワークを通じた普及・拡散（diffusion）について取り上げる。第10章は社会関係資本（social capital）に関するものであり，経済資本のアナロジーとしての，社会的ネットワーク資産の有用性についてまとめる。最後に，社会的ネットワークに関するデータの大部分は，個人から得られるものである。しかし，個人的なつながりを他言することには倫理的な問題がつきまとう。第11章では，社会的ネットワークのデータ収集にまつわる問題点や，研究倫理について扱う。最終章である第12章では，社会的ネットワークに関する10の主なアイデアを概説する。

　原則として，本書では，さまざまな現象をネットワークの様態や構造のみに基づいて説明することは控える。ネットワークの構造と，人々の行動の間には，絶え間ないフィードバックが存在する。こうしたフィードバックの視点から，古典的な社会理論（social theory）への関心を解き明かす強力な道具や考え方を提供するのが，ネットワーク分析である。とはいえ，ネットワーク研究は発展途上にあり，道のりはまだまだ遠い。未解決の難問は，たとえば次のようなものである。基本的なパーソナリティの構成概念は，対人関係とどのように関連するのか？　集団はどのように形成されるのか？　リーダーシップの本質と，その源泉は何か？　対人関係におけるポジションを表す最善の方法とは？　組織と社会における権力の本質とは何か？　利害関係者（ステークホルダー）の利益を高める効率的な組織を構築する方法とは？　コミュニティの本質とは何か，また人々はどのようにして世界規模でつながっているのか？　新しいアイデアはどのように広まり，発展していくのか？　個人や社会を支える社会的資源の基盤は何か，またどうすればそれらを最大限に活用できるのか？

　本書では，折にふれて理論社会学者の古典的な知見を引き合いに出し，そこで提起された問題に対して，社会的ネットワークのアイデアがどの程度有益な説明を与えるのかを示す。この視点に基づくと，社会的ネットワークはたんに関係構造を抽象化するための概念ではない。また，ネットワークに関する研究は，社会を理解するための古典的な手法の単なる代替ではなく，社会生活に関する理解を深めるための有

益な手段となる。もちろん，ネットワークの概念は，送電網のような非生物の世界の特徴の説明にも適用できるだろう。とはいえ，E. F. Schumacher（1973）が述べているように，社会的ネットワークは「人間中心に」理解されなければならない（訳注：Schumacher は，ベストセラーとなった1973年の著書『スモール・イズ・ビューティフル *Small is Beautiful*』において，人間中心の経済学を説いた）。

注

1 Barry Wellman は，「コミュニティの消失」は誤った認識であると一貫して警告してきた。その代わりとして，彼はあらゆる種類の社会的ネットワークを通じた「コミュニティの発見」を啓発している（Wellman, 1979）。
2 しかし，ネットワーク研究者はこの用語をひどく嫌う。
3 Pew Internet and American Life Project による 2008年12月の追跡調査は，以下のページを参照。http://www.pewinternet.org/2009/01/14/adults-and-social-network-websites/
4 2009年1月14日の，Pew Internet Project Memo による。
5 彼らのビジネスモデルについてはここではふれない。
6 http://www.orgnet.com/divided.html.
7 2007年12月13日に発表された，メジャーリーグにおける筋肉増強剤の使用とヒト成長ホルモンに関する，George J. Mitchell 前アメリカ上院議員の20か月にわたる調査に基づく。
8 2009年6月8日の Boyle 対合衆国判決（*Boyle v. United States.*, No.07-1309）による。
9 反対した2人の裁判官は，法令がまさにフォーマルな組織を念頭に置いていると考えていた。
10 http://www.thenetworkthinkers.com/2009/08/no-tweets-for-you.html
11 ネットワーク化された人々の類似性が，同類性と社会的影響のいずれによるのかを区別するのは困難である。Christakis と Fowler は，社会的影響による説明を支持している。
12 この立場は Martin（2009）と類似している。

2章 ネットワークの基本的な概念(I)
: ネットワークにおける個人

◆ イントロダクション

　社会的ネットワーク理論は，小集団から世界規模のシステム全体にいたるまで，さまざまなレベルの分析に適用可能な数少ない社会科学の理論である。社会的ネットワークの概念は強力であり，小集団や企業組織，国家，国際システムを同じように扱うことができる。

　第2章から第4章では，基礎的なネットワークの概念を紹介する。これらは，プレイヤーを区別するために不可欠な「選手一覧表」のようなものである。この章では，ネットワークの概念の定義とともに，それぞれの概念がどのように使われているのか，またネットワークの基本的なアイデアとどのように関連するのかについて述べる。また，ネットワークを構成するユニット間の関係を説明する概念を紹介する。第3章では，ネットワーク全体を表すための概念を紹介する。第4章では，全体ネットワークの分割，すなわち，どこでネットワークに境界線を引くのかについて述べる。この章は，最も基本的なネットワークの形態であり，ネットワークの構造を説明するのに重要となる，トライアド（triad; 三者関係）に関する議論で締めくくる。ダイアド（dyad; 二者関係）とトライアドは，ネットワークにおける分子のようなものであり，より大きなネットワークについて理解するためのきっかけとなるだろう。

　ダイアドやペアにおいて興味深いのは，なぜ人々が一緒になるのか，またそもそも，なぜ人々はダイアドを形成するのかということである。（訳注：社会的ネットワーク以外の）すべてのネットワーク理論と同様に，人々のネットワークのプロセスの中心にあるのは，フィードバック・ループ（訳注：出力の一部が入力となるような循環的な関係）だと考えられる。近接性（propinquity）のような作用——たとえば，同じ時間に同じ場所にいること——によって，人々はお互いに結びつけられる。しかし同時に，ダイアドは当事者どうし，さらにはネットワーク全体にとって何らかの結果を生み出す。お互いにつながりをもつ人々は，物理的に近いところにいることが多く，

さらに近くにいる人々は，お互いに同じ特徴や価値観，社会的地位を共有する傾向がある。このことは，たとえば人種差別撤廃地域や差別のない学校を作ることが，特に難しい課題であることを示している。つながりがどのようにして生まれるのかにかかわらず，人々はいったんつながりをもつと，つながった相手と同じような特徴や価値観，社会的地位をもつ傾向がある。「にわとりが先か，卵が先か」という問題は，社会的ネットワーク分析にも山積している。

　これまで述べてきたことは，「人々」の間のつながりに関することであるが，社会的ネットワークの概念は，集団間や組織間，国家間のネットワークにも適用可能である。それぞれの概念は，いくつかの図や基本的な命題によって説明される。ネットワークの概念の応用例は，より複雑な概念や命題の紹介とともに，後半の章でトピックごとに扱う。ネットワークの概念はいずれも測定によって形式化されており，異なるやり方で同じ概念を測定する方法も提唱されてきたが，この本のねらいは，ネットワークの概念そのものについてじっくりと考え，理論的な予測や現実場面の知見にどのように適用できるのかを示すことにある。ここでは測定に関する問題にもふれるが，分析の詳細な説明は，基本的には他の文献にゆずることとする[1]。

◆ ネットワークとは？

　まず，もう少し正確な「ネットワーク」の定義から始めよう。ネットワークとは，関係性の集合のことである。もっとフォーマルにいえば，ネットワークはオブジェクト（数学的にはノード）の集合を含み，オブジェクトもしくはノード間の関係をマッピング，あるいは記述したものである。最も単純なネットワークは，2つのオブジェクト（1・2）と，それらを結びつける1つの関係のリンクからなる。たとえば，ノード1とノード2が人間であり，関係のリンクがたんに同じ部屋にいることを表すとしよう。もしノード1がノード2と同じ部屋にいるならば，ノード2もノード1と同じ部屋に[2]いることになる。このような関係は図2-1aのように図示され，関係のリンクに向きは存在しない（訳注：無向グラフ［undirected graphs］）。

　一方，ノード1がノード2を好ましく思う，というように，関係のリンクに方向性を考えることもある（図2-1b）（訳注：有向グラフ［directed graphs］）。

　こうした単純な「好意」のネットワークの場合，その関係のリンクが対称的（symmetric）であることもある。

　ノード1とノード2がお互いを好ましく思っている場合，その関係は相互的（mutual）である，という。次に示したネットワークは，同じ部屋にいる場合のネットワーク（図2-1a）と似ているが，好意のネットワーク（図2-1c）には，誘発性

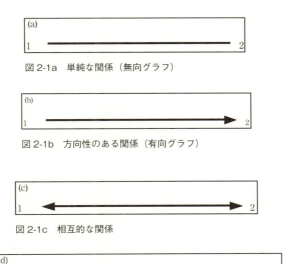

図2-1a 単純な関係（無向グラフ）

図2-1b 方向性のある関係（有向グラフ）

図2-1c 相互的な関係

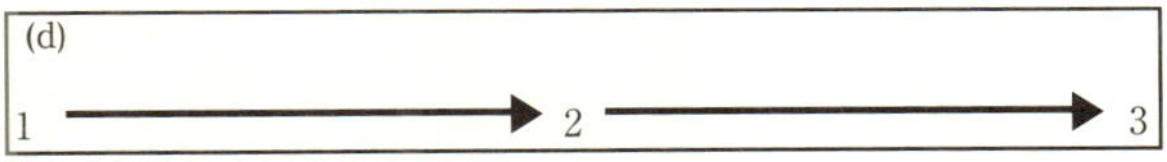

図2-1d 媒介的な関係

(valence; 訳注：あるオブジェクトが他のオブジェクトを引きつける性質)，もしくはフロー（訳注：流れ）が存在する。とはいえ，関係の相互性はトリッキーな問題であり，達成するのは決して簡単ではない。そのため，相互性をもつネットワークは限定的である。父と子，雇用主と従業員のように，二者間の関係のリンクは一般に非対称的（asymmetric）である。関係のリンクはそもそも多様であり，どの視点から解釈するのかによって，その意味は異なってくる。

ノード1とノード2の間には，複数の関係のリンクをマッピングすることもできる。たとえば，ノード1とノード2は同じ部屋にいて，お互いに好意をいだいているということも考えられる。このように，関係のリンクが2つ以上あるケースは，複合的な関係性（multiplex relationships）とよばれる。

関係のリンクは，そこに向きがあるかどうかは別として，ある属性を共有することや，同じ場所にいること以上に，特別な意味をもつ。それは，オブジェクトやノード間にフローが存在しうることである。たとえば，贈り物の交換によって好意は高まるかもしれない。ネットワーク理論において，フローと交換は非常に重要である。

ペアのノードの関係性を説明するこれらの概念は，あらゆる意味で論理的である。では，あるノードを介してつながるペアについて考えてみよう（図2-1d）。たとえば，

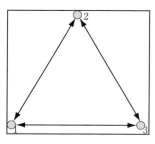

図2-1e　3つのノードがすべて相互的に関連するソシオグラム

ノード1は，ノード2を介して，ノード3につながっている。こうした関係のリンクは方向性をもち，相互的ではない。また，推移的（transitive）な場合もあれば，そうではない場合もある。もしこれらの関係のリンクが推移的であるならば，ノード1はノード2に好意をもち，ノード2はノード3に好意をもつ。これは十分ありうることだが，常に成り立つわけではない。推移的な関係性は，階層性の組織の中でよくみられる。ノード1はノード2にメッセージを伝え，ノード2はそれをノード3に伝達するといった場合である。また，ノード間の距離は，ノード間を介在するステップやリンクの数として記述できる。ノード1とノード3は，明らかに2ステップでつながっている。

図2-1eのように，ノード1がノード3にも好意をもつのであれば，このネットワークは推移的，あるいはバランス状態にあり，さらにこの場合は相互的である。また，図2-1eのネットワークでは，3つのノードすべてが直接つながっている。

図2-1eのようなネットワークは「ソシオグラム」（sociogram）とよばれる。ソシオグラムは，現代のネットワーク研究の始祖といわれる，Jacob Moreno（Moreno, 1953［1934］）の造語であり，数学的にはグラフとよばれる。数学の一分野であるグラフ理論では，ソシオグラムを数学的に扱うことができる（Harary et al., 1965）。小さくてそれほど複雑ではないネットワークの場合，観察者はそこで何が起こっているのかを，ソシオグラムによって直感的に理解することができる。グラフ理論は，より大規模で複雑なネットワークを理解したり，扱ったりする際にも有用である。このイントロダクションでは，グラフ理論の数学的な側面にはふれず，グラフ理論の考え方や知見について紹介する。3つのユニットで構成される単純なネットワークは，トライアドとよばれ，ネットワークにおける複雑な関係性のリンクを説明する際の基本要素となる。トライアドについてはこの章の最後で扱う。

ネットワーク分析の専門家や，ネットワーク分析のソフトウェアの多くは，ネット

表 2-1　図 2-1e の隣接行列

	1	2	3
1	-	1	1
2	1	-	1
3	1	1	-

ワークを行列で表現し，代数的に扱う．表 2-1 は，図 2-1e のソシオグラムを行列で表したものであり，だれとだれが隣どうしにいるのかを表すため，隣接行列（adjacency matrix）とよばれる．

1 行目と 1 列目の 1, 2, 3 という数字は，図 2-1e の 3 つのノードを表している．2 行目以降の行列内にある 1 という数字は，ノード間のつながりを表しており，ノード 1 がノード 2 と 3 を「選択」し，ノード 2 がノード 1 と 3 を「選択」し，ノード 3 がノード 1 と 2 を「選択」していることを表す．対角線上の「―」記号は，このグラフ，あるいは行列で自己選択が意味をもたないことを示している．ただし，選挙で候補者が自分に投票するといったように，自己選択がネットワークにおいて意味をもつこともある．

関係性についての社会学的な問い

社会的なネットワークに関するこれまでの例は，原理的には等価である，電気回路のネットワークについて述べてきたようなものでもある．電気回路は社会的ネットワークよりもシンプルだが，ネットワーク理論では，さまざまな現象を同じように扱っている．ただ，考えてみてほしい．たとえば，個人，組織，国家といった各レベルの分析で，2 つのノードをつなぐ経路が存在する程度や，2 つのノードが同じ属性をもつ傾向，2 つのノードが相互に関係のリンクをもつ程度を予測する条件は何か？　その答えは社会理論に見出すことができる．ここでは，これらの条件に関する基本的な仮説を紹介する．

社会科学者はこれまで，3 種類のネットワークについて検討してきた．すなわち，エゴセントリック（egocentric），ソシオセントリック（sociocentric），そしてオープンシステムのネットワークである．エゴセントリック・ネットワークは，単一のノードや個人とつながりをもつネットワークであり，たとえば，私の親友たちや，ヴィジェット社（ビジネススクールでよく使われる架空の企業）と取引のあるすべての会社をさす．しかし，ノードの一覧であるリスト（list）について考えてみると，リストに含まれるノードは必ずしも相互にネットワークを形成している必要はない．多くの領域，特にソーシャル・サポートについては，あらゆるリストが「ネットワーク」

とよばれる。リストに載っている人々が，たとえお互いにつながりをもたなくても，サポートを受ける個人とつながりがあれば，それは基本的にネットワークである。サポートには，転職情報の提供から，病気の時の励まし，金銭的な援助，あるいは芝刈り機を貸してあげることまで含まれる。頼りにできる仲の良い友だちがたくさんいる個人は，大きな「ネットワーク」をもつといわれる[3]。しかし，この種のネットワークは，そのような友だちどうしがお互いにつながりをもつかどうか，またどのようにしてつながっているのかがわからなければ，社会的ネットワークの表現で扱うことはできない。サポートネットワークをもつことの意味は，ネットワークに含まれるほとんどの人々がお互いに知り合いである場合と，そうでない場合とでは明らかに異なる。エゴセントリック・ネットワークと，単一のノードとのつながりからの拡張については，全体ネットワークを扱う次章で述べる。

ソシオセントリック・ネットワークは，「箱」の中のネットワークである。クラス内の子どもたちのつながり，あるいは組織における重役間のつながりや労働者間のつながりは，閉じられたシステムのネットワークであり，明確なネットワーク構造をもつという点で，最も研究されてきた題材である。また，ソシオセントリック・ネットワークは，Morenoの研究対象でもあった。一方，オープンシステム・ネットワークは，境界が明確である必要はなく，箱の中のネットワークではない。ここには，アメリカのエリート・ネットワークや，企業間のつながり，ある決定がもたらす影響の連鎖，あるいは新しい試みを実践する人々の間のつながりなどが含まれる。ある意味では，オープンシステム・ネットワークは最も興味深い。「小さな世界」や拡散のメカニズムについて扱う後半の章では，オープンシステムについてより詳細に説明する。

▶▶▶ つながり

ここでは，人間や組織，国家といったノード間のつながりを生み出す社会的状況や影響力について考えていく。

【近接性】

人間，組織，国家のどのレベルの分析でも，地理的に近くにあるノードは，他の条件がすべて等しいと仮定した場合，相互につながりをもちやすくなる。地理的に近くにいる個人は，お互いに友人になりやすい（Feld & Carter, 1998）。近接性効果に関する先駆的な研究であるFestingerら（1950）では，第二次世界大戦の退役兵に供給された集合住宅内の対人関係を検討し，近くに住んでいる人どうしは友人になりやすく，また集合住宅の角部屋に住んでいる人は，真ん中の部屋に住んでいる人よりも社会的に孤立しやすいことが明らかとなった。さらに，複数の異なる会社の取締役会に

出席する人々(「兼任重役」とよばれる)のネットワークを分析した研究によると,「兼任は,同じ所在地に本部を置いている会社に集中していた」(Kono et al., 1998)。取締役会のメンバーに選出されるかどうかは,単なる友人関係よりも,その地域の上流社会におけるネットワークの構造と強く関連しており,同じ社交クラブで偶然出会った人と知り合いになることの効果が大きかった。近接性のようなネットワークの原理のいくつかは,個人,組織,国家という3つのレベルで同じようにあてはめることが可能である。ただし,その原理がどのように作用するのかは,レベルによって異なる可能性がある。たとえば,他の条件がすべて等しいと仮定した場合,貿易は国境を接する国家どうしで行われる傾向がある。その一方で,「全EU加盟国の平均に基づくと,国内での取引は,経済規模や地理的距離が同じくらいの貿易相手国との国際取引に比べ,10倍多く行われている(Nitsch, 2000)」。このように,経済学者は税率の問題がなければ,国家間の地理的距離や国境よりも,輸送コストに基づいて近接性を定義することが多い(Krugman & Obstfeld, 2000)[4]。

近接性とは,より広い意味では,同じ時に同じ場所にいることとも定義される。ともに「いる」こと(co-location)と,ともに「つながっている」こと(co-presence)は異なる意味をもち,前者は手の届く範囲にお互いが存在していること,後者は社会組織や社会構造によって生まれる関係性のことを意味する(Zhao & Elesh, 2008)。また,音楽のように共通の興味をもつことや,公園の母親たちのように共通の領域に関心をもつことも,人々をお互いに結びつける(Feld, 1981; Feld & Carter, 1998; Kadushin, 1966)。エリートに関する研究によると,同じ時期に同じプレップスクール(訳注:一流校への進学を目指す私立の寄宿制の準備校)に通っていた人々は,お互いにつながりをもち,友人になりやすいことが示されている(Domhoff, 1967)。もちろん,こうした人々は,たんに「出身校」のつながりを共有しているだけかもしれない。同じ学校に通っていたが,それが異なる時期の場合は,人々は近接性の一種である同類性に基づいて,つながりをもつのである。

【同類性】

同類性(homophily; ギリシャ語で「同類への愛」の意味)とは,LazarsfeldとMerton(1978 [1955])によって提唱された概念であり,「同じ羽の鳥は群をなす」,「類は友を呼ぶ」といった素朴な命題を含むものである。もう少しフォーマルにいうと,ある2人が何らかの共通の特徴をもっており,その一致度が,2人の属する母集団やネットワークからランダムに他のだれかを選んだ場合よりも高い場合,その2人はつながりをもちやすくなる(Verbrugge, 1977)。また,逆のことも成り立つ。すなわち,もしある2人の間につながりがあれば,その2人は共通の特徴や属性をもつことが多

い。さらに，暗黙のフィードバックというのも存在する。すなわち，関係のリンクは時間とともに選別されるため，人々の同類性はますます高まっていくのである。ここでは「人々」とよんでいるが，同類性の原理は，近接性と同様に，集団や組織，国家，他の社会的なユニットにも適用可能である。

● **個人レベルの同類性**

個人レベルでは，人々は共通の属性をもつ相手とつながりをもち，友人関係を形成し，団結する傾向がある（Lazarsfeld & Merton, 1978［1955］）。共通の規範は共通の属性から生まれるが，共通の属性もまた，同じ場所にともに「いる」ことや，共通の体験をもつことで生まれるつながりや友人関係に由来する（Feld & Carter, 1998）。

LazarsfeldとMertonは，地位の同類性（status-homophily）と価値の同類性（value-homophily）とを区別した。地位の同類性は，年齢や人種，性別のような生得的地位（ascribed status），あるいは結婚歴や教育歴，職業などの獲得的地位（achieved status）を含む。一方，価値の同類性は，態度やステレオタイプを含んでおり，同質性（homogeneity）ともよばれる（Hall & Wellman, 1985）。共通の態度は，関係性のパターンに基づいて形成される（Erickson, 1988）。さまざまな社会的ネットワークで同類性がみられることは，多くの研究で明らかとなっている（McPherson et al., 2001）。しかし，どのような特徴や属性，活動が，どのような状況で同類性の原理を示すのかについては，批判的かつ理論的に吟味する必要がある。たとえば，「人種」に注目したり，あるいは肌の色で人種を定義したりする状況は，子どもたちの学級内での友人選択に影響を与えるだろう（Hallinan, 1982; Hallinan & Williams, 1989）。社会的ネットワーク分析は文化的な価値と同様に，同類性の原理によって，社会学的な階層，ジェンダー，エスニシティ，国籍などとのかかわりを必然的にもつことになる。ネットワークの選別やクラスター化は，目に見える属性の影響を受けるが，より見えにくい属性の影響も受けている。見えないものを見るために，デートや出会い系のサービスでは会員にチェックリストを提供し，（共通の心理的な属性を見つけることで）つながりを生み出そうとしている。

同類性が生まれる要因は主に2つある。まず，共通の規範や価値は，共通の属性をもつノードを結びつけるだろうし，逆に共通の属性や経験をもつことは，共通の規範を生み出すだろう。このことは，個人と集団のいずれにおいても成り立つ（Burt, 1982, p.234-238）。たとえば，青年期の女子を対象にした研究によると，同じクリーク（clique; 派閥）に属する生徒どうしは，過食行動やアルコールの摂取，ダイエットなど，さまざまな行動傾向が類似していた。ただし，彼女たちは同じ習慣をもつから一緒に行動するのか，あるいは一緒に行動するから似てくるのかはわからない（Hutchinson & Raspee, 2007）。一般に，同類性の研究は，同類性が成立する条件，すなわち，社

会システムのどの要素がどのような類似性を生み出し，またどのようなつながりを形成するのかを検討している（McPherson et al., 2001）。同類性はプロセスであるため，これは思ったよりも複雑である。繰り返しになるが，一緒に行動すれば，人々は同じ態度をもつようになる。また，同じ態度をもっていれば，人々は一緒に行動するようになる（Erickson, 1988）。「にわとりと卵」の状況は，常に困難を生み出す。同類性に関する LazarsfeldとMertonの定式化は，Lazarsfeldの試みに多くが割かれているが，それは実際のところうまくはいかなかった。

　同類性の第二の要因は，構造的位置（structural location）である。同じ領域で活動している2つのノードは，同じ属性をもつようになるかもしれない。繰り返しになるが，逆もまた真である（Feld & Carter, 1998）。よく似たペアはつながりをもつ傾向があるが，属性が類似しているかどうかは，社会構造によって影響を受ける。たとえば，大学の物理学のクラスでは，英文学のクラスよりも，数学の問題を解くのが好きな学生を見つけやすい。その一方で，数学が好きな学生は，英文学のクラスよりも物理学のクラスを選びやすい。ある大学の学生と職員約3万人を対象に，1年間の電子メールでの相互作用を分析したKossinetsとWatts（2009）の研究によると，自分と似た他者を好ましく思う個人の態度と，社会的地位の共通性は，いずれも同類性を生み出していた。特に，自分と似た他者を好ましく思うという初期の態度は，電子メールを大量にやり取りする中で増幅され，強い同類性のパターンを生み出していた。つまり，似たようなことに興味・関心をもつ人々は同じ場に引き寄せられ，自分の興味・関心をより共有しやすくなるのである。ネットワーク構造と個人の態度が生み出すフィードバック・ループは，時間の経過とともにますます顕著になってくる。

　まとめると，人々が一堂に会するときには，以下の4つのプロセスが顕在化する。(1) よく似た人々が一緒になる，(2) 人々は相互に影響を与え合い，そのプロセスの中でお互いが似てくる，(3) よく似た人々は同じ場所に落ち着く，(4) 同じ場所に集うと，場の影響によって人々はお互いに似てくる[5]。

　同類性の原理は，社会的ネットワークが「不平等」に陥りやすく，「社会工学」(social engineering)による偏見や人種差別の解消が難しいことを示すひとつの例である。たとえば，人種差別に関するある社会工学的な研究では，ある警察学校における人種の統合をうながすため，新人の訓練チームの構成に人口統計学的なコホートを反映させた（Conti & Doreian, 2010）。また，この学校では座席指定も行った。訓練期間における観察と調査によって，訓練チームは「時間の経過とともに，同じ人種，異なる人種の人々に関する詳細な社会的知識を得ようと活動し，学校の修了時にはお互いの友人関係も深まっていた。座席の固定にも同様の効果があったが，その影響は小さかった。また，社会的知識と友人関係は，同じチーム内の新人のペアと，隣の席に座った

ペアで最も深まっており，その効果はペアが同じ人種，異なる人種の両方の場合でみられた」(Conti & Doreian, 2010, p.42)。

このように，相互作用は相互理解を促進するが，人種にまつわる争いを完全に排除できるわけではなかった。すなわち，「人種に関する潜在的な態度を拭い去ることは，別の問題である。この警察学校では，人種にまつわる緊張状態が存在しており，それは人種差別的な発言とともに顕在化していた（このことは，フィールドワークのデータの一部に記録されていた）」(Conti & Doreian, 2010, p.42)。

● **同類性と集合体**

個人を対象とした場合，同類性に関する仮説は直感的に理解しやすい。しかし，集合体（collectivity）を対象とした場合，仮説はより複雑になる。組織のレベルでは，類似性がつながりを生み出すかどうかは，つながりの種類によって異なる。これは産業のレベルでも同様である。

フォードやクライスラー，GM に共通する特徴について考えてみてほしい。これらの企業はいずれも自動車を生産しており，所在地はデトロイトである。しかし，共通の特徴や地理的な近接性が，必ずしもつながりを生み出すわけではない。たとえば，フォードが GM の車を販売することはない。一方，ある自動車会社のエンジニアやマネージャーが他の自動車会社へ転職したら，これらの企業間にはつながりが生まれる。よく似た例として，シリコンバレーの企業群は，ソフトウェアのライセンスを許諾したり，人材を派遣したりすることで，相互につながりを開拓している。地理的に近い場所に「いる」ことは，近接性の要件を満たしている。しかし，「外部経済」(external economy) の原理もまた，地理的な影響による同類性を生み出すのである。外部経済とは，その名が示すように，「企業がその外部の資源やサービスを利用することで得られる便益」である (Hoover & Vernon, 1962)。このことは，「類は友を呼ぶ」にあてはまる古典的な状況であり，既存のサービスを利用して取引コストを下げることを目的としている[6]。同じ時に同じ場所にいることは，同類性のひとつの要素であり，これによって企業は互いにつながりをもつことが容易になる。競争関係にある企業がよく似た特徴をもち，所在地も近接していることは，決して偶然の出来事ではない (Uzzi, 1996)。この原理については，組織の社会的サークルに関する議論で後ほど詳細に述べる。

企業の事例が示唆するのは，関係性における権力（power）を無視することはできない，ということである。同類性に基づいて形成されたダイアド（dyad；二者関係）があり，その二者関係がさらに同類性を促進すると仮定すると，ダイアドにおける権力，あるいは相互性の役割とは何だろうか？　ペアの一方が他方よりも優位に立つことは，あらゆる関係性においてよくみられる。もし関係性が平等であるならば，ペア

内での相互性はどの時点で成立したのだろうか？

◆ ダイアドと相互性

　この章では，有向グラフにおける4種類の関係性のリンク──ノードAとノードBが互いにつながりをもたない，ノードAはノードBと一方向的なつながりをもつ，ノードBはノードAと一方向的なつながりをもつ，ノードAとノードBが互いにつながりをもつ──についてみてきた。ここでは，4番目にあげた，互恵性（reciprocity）あるいは相互性（mutuality）のリンクについて述べる。

　相互性の概念が示すのは，第一に，そのリンクは互恵的であり，2つのノード間にギブ・アンド・テイクの関係が成り立っていることである。第二に，権力あるいは関係の非対称性が，まったくといってよいほどみられないことである。相互性はまた，分析の対象となるダイアドが埋め込まれている社会構造や文化構造に大きな影響を受ける。たとえば，小学生の女子は，男子よりも互恵的な関係を選択しやすい。これは，社会化のプロセスにおいて，女子が男子よりも対人関係を重視し，親密な関係を発展させていくと考えられているためである（Shrum et al., 1988）。専門家としての規範に基づく医師―患者間の関係もこれに似ているが，この関係は本質的に非対称性をもつ。一方で，近年の精神分析の発展は，セラピストが患者と相互的な関係を構築することをうながしている（Mitchell, 1993）。また，アメリカ人の夫婦関係においても，女性が男性よりも家事や子育てに時間を割いているという現実はあるものの，相互性の規範は次第に変化してきている。

　ノード間の相互性は，どのような条件で，また，どのようなネットワークにおいて成立するのだろうか？　この疑問は，ある特定のネットワークや社会システムが，ランダムに形成されたネットワークよりも多くの，あるいは少ない数の相互的な関係のリンクをもつかどうかを検討することで解明できる（Mandel, 2000; Wasserman & Faust, 1994）。相互性への志向は人生の初期段階から始まり，人間の発達における重要なファクターとなっている。実際，幼少期の友人関係の形成は，相互性によって非常にうまく説明される（Schaefer et al., 2010）。

　関係の相互性が成り立っているかどうかを，個人のレベルで検討するのは難しい面もあるが，組織のレベルではより容易に検討できる。たとえば，2つの組織がどちらも違法薬物の問題に直面しているなど，複数の組織が1つの属性を共有していることはよくある。この点において，警察と精神分析のクリニックは共通のネットワークに属しているといえる。ここでは，組織間のフローの特徴を検討することが可能になる。警察が人々を精神分析のクリニックに送り込んでいるのか，それともクリニックが

人々を警察に送り込んでいるのか？　もしもその両方が成り立つならば，このような互恵的な関係は，実践場面でどのように機能しているのだろうか？　また，警察とクリニックの間には，複合的な関係のリンクがあるのだろうか？　たとえば，警察とクリニックは，クライエントを「やり取り」しているのか（フロー），さらに，両方の組織が薬物中毒に関する市長の特命チームの一員なのか（共有されたつながり），もしそうであれば，こうした複合的な関係のリンクは，両方の組織にどのような影響を与えているのか？　これらのきわめて単純な問いに対する回答は，薬物の問題を扱うさまざまな組織の役割についての複雑な分析から得ることができる。また，念のため，組織よりも大きなユニット間の関係が存在することも忘れてはいけない。経済学の分野では，国家間の取引関係を扱っている（Krugman & Obstfeld, 2000）[7]。組織や国家の互恵性に関する研究では，取引記録のデータベースが利用可能であり，個人の誤った記憶に頼る必要がないという利点がある。たとえば, 中心国家と周辺国家の間では，階層構造の固定化がますます進んでいるという主張があるが，グローバルな通信ネットワークにおける国家間の互恵的な関係性は，1989 年から 1999 年にかけて増加していたことが明らかになっている（Monge & Matei, 2004）。

　関係性のペアに関する理論や研究はさまざまな方面にわたっており，その多くは，ペアの属性が類似しているほど，ペアの間にフローが生まれやすいことを示している（上述の同類性を参考のこと）。その一方で，「確立された連携」の大部分は，属性をあまり共有していないペアどうしの相互的なフローであることにも留意すべきである。公衆衛生の分野や，薬物中毒，アルコール中毒の予防プログラムでは，薬物やアルコールの過剰摂取を食い止めるために，専門家コミュニティ間での連携が盛んに行われている。こうした施策の支持者は，未だに楽観的である。財団や連邦政府はこの種のプログラムに資金を提供しているが，「連携やパートナーシップのポジティブな効果に関する既知のエビデンスは，全体として弱く，はっきりいえば，珍しいがゆえに目立っているにすぎない」ことを示す慎重な知見もある（Berkowitz, 2001, p.220; Kadushin et al., 2005 も参照）。お互いにかなり異なる特徴をもつペアどうしのつながりが，長期的に続くことはめったにない。このことは，ネットワーク分析の専門家にとっては「常識」だが，ペアの関係性に関するこうした基本的な事実は，あまり理解されていないのが現状である。

◆ バランスとトライアド

　これまで述べてきたように，ネットワーク分析はトライアド（triad；三者関係）から始まる。というのも，トライアドは，ペアの関係性とはまた異なる「社会」の起

源だからである。

> 社会学の宿命として……ダイアドのメンバーは，大集団のメンバーに比べて，「全部」か「ゼロ」か（All or Nothing）という問題に直面することが多い。二者間に特有のこうした近接性は，ダイアドをトライアド［Simmelのドイツ語では，「三者の関係」］と対比させた場合に最も明白になる……A，B，Cという3つの要素が集団を構成しているとき，AとBとの間には，直接的な関係とともに，たとえばCへの共通のリンクに基づく間接的な関係も存在する……当事者には解決することが難しい2つの派閥間の対立を和解にもち込むのは，第三者であったり，あるいは全体への包括的な統合であったりする……しかし……トライアドの近接性がどれだけ高くても，3人のうちの2人が，残りの1人を侵入者だとみなす可能性は常に残っている（Simmel, 1950, p.135, ［］は著者の注）。

Simmelによると，第三者は超党派の個人や仲裁役となりうるだけでなく，「漁夫の利を得るもの」（Simmel, 1950, p.154）にもなりうる。第三者は，他の2人のどちらか一方と手を組んで，自らを優位に立たせることや，あるいは2人の間で仲介役（broker）としてふるまい，利益を享受することができる。仲介役の詳細については Burt（1992）の「構造的すきま（structural holes）」の議論で再び取り上げる。Simmelはまた，2人だけの秘密を危うくするのに最も確実なのは，第三者を関係に加えることだと指摘している。

このように，第三者をダイアドに加えることによって，関係性は驚くほど複雑なものとなる。これは，次章で扱う全体ネットワークへの土台となる。重要なアイデアのひとつとしては，三者間のバランスがあり，古典的な「バランス理論（Balance Hypothesis）」につながる。素朴に考えると，「類は友を呼ぶ」という格言があるように，「友だちの友だちはみな友だちだ」や「敵の敵は味方」という言い伝えもある。このことは素朴な直感にとどまらず，次のように定式化することができる。「実体をもつユニットが3つあるときのバランス状態とは，すべての関係性がポジティブである場合，あるいは関係性の2つがネガティブで，1つがポジティブな場合をさす」（Heider, 1946, p.110）

たとえば，トライアドに関する初期のネットワークは，3つすべての関係性がポジティブであると想定していた。しかし，バランス理論によると，もしもAがCを嫌い，BもCを嫌っている場合，AとBはお互いを好ましく思っていることになる。Heiderはさらに，ゲシュタルト心理学の原理に基づいて，時間の経過とともにバランス状態が生まれる傾向を指摘した。「もしもインバランス状態（訳注：バランスのとれていない状態）が存在している場合は，この状態を変化させようとする力が生ま

れる」。さらに,「もし変化が不可能な場合,インバランス状態は緊張を引き起こす」。「社会」の最小の単位となるような明らかに単純なネットワークでも,そこで引き起こされる問題は思ったよりも複雑になりうる。

　Martin (2009) は,2つの感情状態(愛情と憎悪)をもつきわめて理性的な人間を仮定した場合,バランス状態が生じるには,強い制度的な圧力がなければならないと指摘している。というのも,バランスの「法則」は,理性と考えられるものの対極にある反応性を仮定しているからである。この法則に基づくと,「敵の敵は味方であるという格言に従うのは,いい加減な敵である」(Martin, 2009, p.45)。Martin は,もし A と B が敵どうしである場合,A にとっては B の味方である C や他の人々を自分の味方につけ,B を完全に孤立させるのが賢い戦略であると指摘している。

　どの戦略が選ばれたとしても,トライアドは元素の周期表における分子のようなものである。自然界で見つかる元素の数はほんのひと握りであるが,分子は一定のルールに従った元素の組み合わせによって,複雑な化学構造を生み出す(トライアドの場合,ルールは他者間のバランスや推移性,同類性,サークルあるいは共通の関心を含む)。「したがって,トライアド・センサス(triad census)は「社会的要素の周期表」であり,元素周期表と同じく,社会構造のカテゴリー化や構築を可能にする」[8]。

　図2-2 に示すように,トライアドには 16 の可能な組み合わせがある(訳注:ここでのトライアドの命名ルールは M-A-N とよばれ,以下で述べられているように,3ケタの数字が,それぞれトライアドに含まれる M [mutual] -A [asymmetric] -N [null] のダイアドの数を示す)。この図を参考のために提示するのは,非常に多くの研究が,最も基本的なネットワークとしてのトライアドを扱っているからである。これらの分析の多くは本書の範囲を超えるが,トライアドや,そこに含まれる階層化されたダイアドがとりうる形状は,いくつかの興味深い知見を提供する。全体ネットワークに関する次の章では,小規模のクラブにおける凝集性の解釈に,社会的布置が及ぼす影響について述べる。

　トライアドの3ケタの数字の1文字目は,相互選択(mutual)のダイアドの数を表している。たとえば,3番のトライアド(102)には相互選択のダイアドが1つ含まれている。2文字目は非対称(asymmetric)のダイアドの数であり,たとえば2番目のトライアド(012)には1つ含まれている。3文字目はつながりのない空白(null)のダイアドの数であり,たとえば1番のトライアド(003)では3つのダイアド間にまったくつながりがない。もし4文字目がある場合は,3文字目までが同一のトライアドを区別する際に用いられる。たとえば,9番と10番のトライアドの名前は,3文字目までいずれも030であるが,9番のトライアド(030T)は推移的(T; transitive)であり,10番のトライアド(030C)は円環状(C; cyclical)である。7番のトライアド

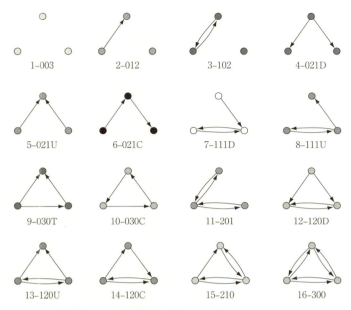

図2-2 トライアドが取りうる16の形状 (訳注：トライアド・センサスのこと。ハイフンの前の数字は、トライアドの組み合わせの通し番号である。また、3ケタの数字は、それぞれトライアドに含まれるM [mutual] -A [asymmetric] -N [null] のダイアドの数を示す。)

(111D) と8番のトライアド (111U) もこれと似ているが、前者には非対称のダイアドに下方向へのリンクが含まれており、後者には上方向へのリンクが含まれている。

　これらの形状はわかりにくいかもしれないが、トライアド・センサスに含まれるトライアドの配置パターンをカウントすることで、あらゆるネットワークにおいて、これらの配置の確率分布との比較を行うことができる。このことは、ネットワークの特徴についての重要な示唆を与える。一般に、トライアド・センサスとは、実際のネットワークにおけるこれら16種類のトライアド、およびその分布をさし、そのネットワークの「局所的」なプロセスを示す。特に、理論的に想定されるネットワークの構造が、特定のネットワークにおいてはトライアド・センサスの分布と矛盾する可能性があることが示されて以来、トライアド・センサスはネットワーク全体の特徴に関する理論を検証するのにきわめて有効であるといわれてきた。たとえば、対人選択のネットワークは、いくつかの種類のトライアドのみを含むはずである。バランス理論に基づくと、友人のペアは共通の第三者にも好意をもちやすい——もし2人のどちらかが第三者に好意をもっていれば、もう一人も好意をもつことになるだろう。また、

親しい友人どうしは，そうでない友人どうしよりも，共通の第三者に好意をもちやすいだろう。8番と13番のトライアドの形状はこの理論に沿っているため，社会的ネットワークにおいて，他のトライアドの形状よりも出現頻度が高いはずである。このようなバランスは，人間がノードとなるさまざまな社会的ネットワークでよくみられる（Wasserman & Faust, 1994, p.596）。また，国際的な同盟関係のネットワークの構造も，バランス理論におおむね沿っている（Antal et al., 2006）。バランス理論に関するその他のトライアドの特徴には，推移性（transitivity）がある。すなわち，行為者Pが行為者Oを選択し，行為者Oが行為者Xを選択するなら，行為者Pは行為者Xを選択しやすい。たとえば，推移的な関係性を，9番のトライアドは1つ，12番のトライアドは2つ，16番のトライアドは6つ含んでいる。これに対して，6番のトライアドは非推移的である。統計的検定に基づくアプローチは，「対人選択が推移性をもちやすいという予測を強く支持している」（Wasserman & Faust, 1994, p.598）。一方，非推移的なトライアドはめったにみられない。

　こうした利点があるにもかかわらず，バランス理論はネットワークでの選択に関するひとつの理論にすぎない。その限界は，現実には必ずしもありえないような，関係性の厳しいルールを仮定している点にある[9]。つながりを生み出すもうひとつの要因である同類性，およびそこから拡張された理論は，バランス理論と比較した場合，ネットワークが埋め込まれている社会文化的な構造をうまく説明している。社会的サークルや共通の関心もまた，関係性を説明するための理論となる（これまでの議論を参考にされたい）。

　トライアドの分布という考え方には限界があるように思える一方，トライアドのさまざまな組み合わせの分布を考えることで，ネットワーク全体について，多くのことが明らかとなる。第6章では，推移性が小集団の境界をどのように決定するかについて述べる。実際に，本書の構成も，ネットワークが小さな要素によって構築されるという直感に基づいている[10]。さらに，数理的なネットワーク・モデルは，実用的にはまだ端緒についたばかりではあるが，ダイアドやトライアドの相互依存性のタイプと，ネットワーク内の行為者の属性を利用して，ネットワークにおける社会的プロセスの解明にきわめて有益な示唆を提供する（Robins & Pattison, 2005; Snijders et al., 2010; Wasserman & Robins, 2005）。また，ネットワークにおいて，返報性の規範は人間の発達段階の初期からみられる。推移性やバランスも同様である。先に引用した就学前児童の社会的ネットワークに関する研究では，「子どもたちが遊び仲間として他の子どもを選ぶことで，ネットワークにおける推移的なトライアドの数が増加する傾向がみられた」とともに，「一年を通じて，子どもたちは現在の友だちの友だちともつながりをもつようになった」（Schaefer et al., 2010, p.67）。

◎ われわれは今どこにいるのか

　この章は，いくつかのシンプルな定義から始まった。ネットワークはノードの集合であり，ノード間の関係性を表す地図でもある。最も単純なネットワークはダイアドである。ダイアド内の関係性は，無向，相互的，あるいは有向のいずれかになりうる。たとえば，ペアの中に，同僚と友人といった複数の関係性が存在する場合，その関係性は複合的といわれる。AからB，そしてBからCへのつながりがある場合，関係性は推移的になる。トライアドは，真の社会システムを理解するための第一歩である。最後に，社会的ネットワークを記述することの意味は，たんに友人やサポート源の人々をリストアップするだけでなく，そこに存在するつながりの程度を明らかにすることにある。

　また，同類性や近接性によって，社会的に興味深いネットワークの側面が立ち現れてくる。確かに，「類は友を呼ぶ」が，この現象はどのように個人や集合体へと影響を与えるのか，またどのような状況が，友人関係や企業の協力関係，国際取引のパターンといった社会的な関係を分析する際の基礎となるのだろうか。特に興味深いのは，フィードバックの問題や，「にわとりと卵」の問題を解決することである。人々は一緒にいることでますます似てくるが，そもそも似ているから一緒にいるともいえるだろう。

　トライアドにはバランス状態に向かう側面がある一方，他の原理もはたらいている。集団や個人はバランス状態を避けるための戦略を練り，友人とともに敵を作り出そうとしているかもしれない。人々は異なる関心のもとで社会的なサークルに集い，そこでは全員が他者とお互いにつながりをもっているわけではないが，比較的まとまりのあるユニットを形成している。

　トライアドは，おそらくネットワークにとっては分子のようなものだが，より小さなユニットもある──ダイアドである。全体ネットワークは多くのダイアドからなり，ダイアドはこの章の冒頭で述べたように，ネットワークの基本要素である。ノード間につながりのあるトライアドは，これまで見てきたように3つのダイアドから構成され，それぞれのノードのペアは，相互的である場合とそうでない場合がある。他にも，全体ネットワークの基本的な特徴としては，中心性あるいは人気度がある。さらに全体ネットワークには，密度という，存在する紐帯の数を存在しうる紐帯の数で割った指標もある。しかし，大規模なネットワークの場合，つながりが存在したとしても密度は低くなる傾向がある。大学の電子メールのネットワークは，すべての学生と教員を結びつけているかもしれないが，直接的につながっている人々はほとんどいないた

め，このネットワークは比較的まばらになり，密度が低くなる。これは大規模なネットワークに典型的にみられる例である。相互的なダイアドとそうでないダイアドの分布や，中心性，さらにネットワーク全体の密度は，人間の社会活動のネットワークにおけるトライアドの分布の大部分を説明するかもしれない（Faust, 2007）。このことは，全体ネットワークに関する次の章での詳細な議論にも直接かかわってくる。

注

1 有益な文献としては，Newman（2010），de Nooyら（2005），WassermanとFaust（1994）がある。
2 ネットワークの基本的な関係についてのエレガントな分析は，Martin（2009）の第1章，第2章を参照。
3 社会的ネットワークの領域における古典的な研究は，Fischer（1982）の『友人の間で暮らす―北カリフォルニアのパーソナル・ネットワーク *To Dwell among Friends*』である。
4 一方，「他の条件がすべて等しいと仮定した場合」に注意すべき点は，以下の例によく示されている：「中東は，『自然な』取引連合で構成されているわけではない。この地域におけるトルコとの貿易は，国家間の取引を促進するために，生産活動における相補性が，文化的な親近性，あるいは物理的な近接性よりも重要であることを示している」（Kleiman, 1998）。
5 Claude Fischerとの私信による。
6 取引コストは，同じ企業の異なる部署間で，何かを売買，あるいはやり取りする場合に生じる摩擦によってもたらされる。取引コストの問題は複雑であり，組織に関する章で後ほど述べる。
7 Paul Krugmanは，この分野における業績でノーベル経済学賞を受賞した。
8 James Moodyとの私信による。
9 Martin（2009）の第2章と第3章を参照のこと。ここでは，単純な関係性からより複雑なネットワークを構築する際に，バランスと推移性がもつ限界についての興味深い分析が行われている。
10 これは直感にすぎない。Martin（2009）はこの直感に従っているが，逆の主張も可能である。すなわち，小さなネットワークの様態は，それ自体がより大きな構造の一部であることに依存する。

3章 ネットワークの基本的な概念(II)
：全体ネットワーク

イントロダクション

　前章では，ダイアドとトライアドに関するいくつかの基本的な概念を紹介した。そこでの議論の中で，重要な概念として紹介されたのは，同類性（ノードのペアが同じ特徴を共有する傾向）とバランス（トライアドに含まれる第三者が，他の二者と補完的な関係をもつ傾向）であった。これらのアイデアと同じように重要なのは，社会的ネットワークの理論や分析における本質が，ネットワーク全体を考慮したうえで成り立つことである。本章ではこの点について述べる。

　ソシオグラムとは，第1章でいくつか例示したように，全体ネットワークのグラフ，あるいはダイアグラムのことをさす。ソシオグラムは，全体ネットワークを理解するひとつの方法である。私たちは，Yogi Berra（訳注：大リーグで活躍した捕手）の名言のように，「見ることで，多くのことを観察できる」のである。しかし，10以上のノードを含むソシオグラムは，概要をつかむのが難しく，だれが「見る」のかによって，その解釈が異なってしまう。そこで，全体ネットワークの概要を説明するとともに，そのさまざまな側面を記述し，要約するための，分析的な概念や方法が必要となる。ネットワークの性質に関する分布は，最も重要なデスクリプター（訳注：情報の識別に用いられるデータ）の集合であり，ダイアドとトライアドの数を含む。この章では，他にも，密度（density；ネットワークに含まれるつながりの数）と構造的すきま（structural holes；つながりの欠如に関する概念）について述べる。また，関連する概念としては，弱い紐帯の強さ（the strength of weak ties；重要な情報は，接触頻度の低い他者から伝達されるという仮説）がある。人気度（popularity）と中心性（centrality）は，いくつかのノードが他のノードよりも多くのつながりをもっており，これらのつながりが他のノードへのリンクとして機能することを示す。他の指標としては，ネットワークにおけるノード間の距離（distance）がある。ノード間の距離（半径）は，重要なデスクリプターである。また，人間にとって，特定のノードと直接的

なつながりをもつ他のノードは，対人的環境（interpersonal environment）を構成する。対人的環境におけるノードの数は，重要な概念であるスモールワールド（small world）に関連している。スモールワールドは，あるネットワークにおいて，特定のノードが他のあらゆるノードと比較的短い距離でつながることを示している。一方，複合性（multiplexity）は，同一のノード間を異なる形でつなぐ複数のネットワークの存在を意味する。最後に，地位（position）あるいは役割（role）は，分布に関する概念ではないが，ノードが他のノードとどのように関連するのかを示す。後ほど述べるように，地位は最も伝統的な「社会学的」概念であり，次章で扱う，全体ネットワークの分割（segmentation）のプロセスの説明にも関連する。

分布に関する概念は，次のようなソシオグラムを読み解く際に有用である。小集団の分析例として，文化人類学者の Wayne Zachary（1977）は，34 人からなる空手クラブのメンバーを，2 年以上にわたって注意深く観察した。今回は，ネットワークがどのようなプロセスで構造化されたかではなく，結果としてどのような構造化がもたらされたかに焦点を当てる。このソシオグラムは，White と Harary（2001）によって示されたものであり，Pajek（de Nooy et al., 2005）というコンピュータ・プログラムで描画され，クラブのメンバーの友人関係を表している（図 3-1）[1]。

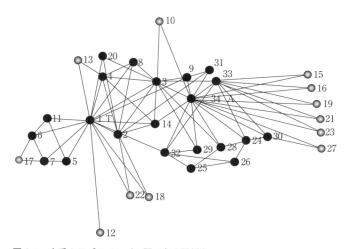

図 3-1　空手クラブのメンバー間の友人関係ネットワーク

White, D. R., & Harary, F. (2001). The cohesiveness of blocks in social networks: Node connectivity and conditional density. *Sociological Methodology*, 31:305–359, Figure 14 をもとに作成. Copyright © 2001 John Wiley and Sons.

分布

ダイアドとトライアド

このソシオグラムは友人関係を表している。そこで、つながりは対称的（symmetric）である（訳注：すべての紐帯が相互的［mutual］である無向グラフ）と仮定しよう。すなわち、あなたが私の友人なら、私はあなたの友人である。これらのつながりの有無は、文化人類学者の観察に基づいており、メンバーの自己報告ではない。このネットワークには、任意の3つのノードを組み合わせたトライアドにおいて、1つの相互的な紐帯（ダイアド）のみが存在するケース（第2章・図2-2のトライアド102）が1,575個ある。ここでは、コンピュータのプログラムによって、ネットワークに所属する34人のメンバーと、78の対称的なつながり（グラフ理論では「エッジ（edge）」とよばれる）をシャッフルし、トライアドをランダムに構成した（訳注：以下の計算結果は、Hegarty［2012, Dec 29］の指摘に基づいて修正したものである）[2]。ランダムに構成されたトライアドに基づくネットワークで、1つの紐帯のみを含むトライアドの期待値を計算した結果、その数（訳注：約1,850個）は、実際のネットワークよりも多かった。また、ソシオグラムで最も左に位置する17番のメンバーは、6番、7番のメンバーと直接つながっている。これらのメンバーは、完全トライアド（第2章・図2-2のトライアド300）を構成している。6番—7番—1番、11番—5番—1番のメンバーの関係も同様である。こうした完全トライアドは、ネットワーク全体で45個あり、ランダムに構成されたトライアドにおける期待値（訳注：16個）よりも多い。これらを含め、以降の分析では、このソシオグラムにおける分布の概念を理解するために、手計算ではなく、UCINET（Borgatti et al., 2004）というコンピュータ・プログラムを使用している。

密度

密度は、ネットワークに実際に存在する二者間のつながりの数を、理論的に存在しうる二者間のつながりの数（訳注：n をネットワークに含まれるメンバーの数とし、つながりが対称的である場合、$n(n-1)/2$ となる）で割った指標として定義される。空手クラブのネットワークにおける実際のつながりの数（156）を、理論的に存在しうるつながりの数（561）で割って算出すると、密度は.278となり、比較的高い。ただし、このネットワークは少なくとも2つのかたまり——右側と左側——に分かれているようにみえる。また、それぞれのかたまりごとの密度は、ネットワーク全体の密

度よりも明らかに高い。このような，ネットワークの「自然な」集団への分割については，第4章で述べる。

密度は，コミュニティやソーシャル・サポートを考えるうえで，最も重要な指標である。さらに，ネットワークの高い可視性，すなわち，ネットワークを構成する人々が，お互いに他者が何をやっているのかを見ることができ，その行動を監視したり罰したりできる仕組みについて考える際にも，密度は重要である。また，密度は，アイデアやうわさ，疾病の拡散を促進する。他の条件が等しい場合，密度の高いネットワークほど，コミュニティのまとまりが強く，ソーシャル・サポートの資源が豊富で，効果的な伝達や拡散が可能であると考えることができる。農村部の伝統的なコミュニティは，都市部のコミュニティよりも密度が高く，人々は，多くの文脈を通じて——たとえば親戚や同僚，あるいは教会での礼拝への参列者として——互いを知っている。また，人間が維持できるつながりの数には限度があると仮定すると，サイズの小さいネットワークの密度は高くなる。すなわち，大きなコミュニティに比べ，小さい集団では容易にすべての人々と知り合うことができる。したがって，異なるネットワーク間で密度を比較する際には，ネットワークサイズの違いに注意する必要がある。

▶▶▶ 構造的すきま

密度は，つながりの存在という考え方に基づいている。一方で，つながりの欠如に注目することもできる（Burt, 1992）。

この点について理解するために，次のようなネットワークを考えてみよう（図3-2）。このネットワークには，2つの明確なクラスター（cluster; 5番，6番，7番，そ

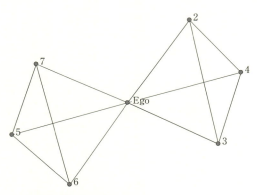

図3-2 構造的すきまの例

して2番,3番,4番)が存在する。それぞれのクラスター内で,メンバーは完全につながっており,構造的に等価であるといえる。しかし,すべてのメンバーとのつながりをもつのは「エゴ」のみである。このように,エゴはメンバーをお互いにつなげるが,エゴがいなければメンバーがつながらないという状況を,Ronald Burt は「構造的すきま(structural holes)」と名づけた。

空手クラブのソシオグラム(訳注:図3-1)において,1番と34番のノードは,他のメンバーをつなぐ鍵となる「リンカー(linker)」である。それとともに,これらのノードの行動は,ネットワークの他のメンバーからの制約を最も受けにくい。構造的すきまが重要な意味をもつのは,エゴが「ブローカー(broker)」としての役割を果たすことにあるが,これに関しては第5章で詳細に述べる。

▶▶▶ 弱い紐帯

『弱い紐帯の強さ The Strength of Weak Ties』とは,Mark Granovetter(1973)の論文のタイトルである。この論文は,有名な「スモールワールド」に関するStanley Milgram の Psychology Today の論文(Milgram, 1967)と同じくらい有名であり,引用された回数はこれを上回っている[3]。構造的すきまと同じく,「弱い紐帯」はネットワークのすきまに焦点を当てている。このアイデアに関しては,Granovetter が1982年に改めて述べたことが,最も強い影響力をもっている。

> 知り合いどうし(「弱い紐帯」)の社会的なかかわりは,親しい友人どうし(「強い紐帯」)のかかわりに比べると弱い。したがって,どのような個人も,複数の知り合いとの間で(存在しうるつながりの多くが欠如している)低密度のネットワークを構成する。その一方で,同じ個人が,複数の親しい友人との間では(存在しうるつながりの多くが実際に存在する)高密度のネットワークを構成することになる。
> ……エゴが複数の親しい友人とのつながりをもつ場合,その友人たちの多くも,お互いに親しい関係にあるはずである——これは社会構造の緊密なクランプ(集まり;clump)とよばれる。一方,エゴが(さらに)複数の知り合いとのつながりをもつ場合,その人たちがお互いに知り合いであることは,おそらく多くはない。しかし,これらの知り合いも,それぞれに親しい友人とのつながりをもつ傾向がある。そこではお互いが網の目のようにつながる,社会構造の緊密なクランプが形成されているだろう。これらのクランプはエゴのものとは異なっている……これらのクランプは……もし弱い紐帯が存在していなければ,お互いにまったくつながりをもたないだろう(Granovetter, 1982, p.105-106)。

弱い紐帯は,さまざまな興味深い帰結をもたらす(Granovetter, 1982, p.106)。第

一に，弱い紐帯は，ネットワーク内で遠く離れた他の場所からの情報伝達を促進する。弱い紐帯をあまりもたない個人は，社会システムの異なる場所から発信される異質な情報から隔絶され，得られる情報は地域のニュースや親しい友人の意見に限られることになる。

第二に，弱い紐帯は社会システムの統合を促進する。この指摘はコミュニケーションの巨視的な側面に関するものであり，弱い紐帯をもたない社会システムは，分断され，ばらばらになってしまう。新奇なアイデアが広まるのは遅くなり，科学における試みは後れを取り，人種，民族，居住地，あるいは他の特徴によって区分されたサブグループが折り合いをつけるのは難しくなるだろう。

弱い紐帯の分析には，多くの複雑な問題がある。第一に，弱い紐帯，あるいは関係性の構成要素の定義は，時としてつかみどころがない。紐帯の強さは，知り合ってからの期間や相互作用の頻度，主観的な「親密感」で決まるのだろうか。あるいは，つながりをもつ他者を，親類，友人，または知り合いとみなすかどうかで決まるのだろうか。第二に，弱い紐帯は，ネットワークの局所間をつなぐブリッジ（bridge）の一種として，重要な機能をもつ。この点を理解することは重要である。Granovetterが述べるように，「弱い紐帯は，強い紐帯と比べて，かなりの割合でブリッジになりやすいという点で重要である。強い紐帯のブリッジとしての役割は，低く見積もるべきである。ただし，このことは，弱い紐帯の多くがブリッジの機能をもたないという可能性を排除するものではない」（Granovetter, 1982, p.130）。第三に，以下のようなことは大いにありうる：「(1)弱い紐帯のブリッジを介して何かが伝達されるとき，ブリッジは集団に対して情報や影響をもたらすパイプとなる。このパイプがなければ，集団は情報を得られず，影響も受けない。(2) 伝達される内容は，それが何であるかにかかわらず，個人の社会生活や，集団，社会に対して，実際に何らかの重要な役割を果たしている（Granovetter, 1982）」。伝達が起こるのは，ある状況においてのみである。ブリッジを構成する弱い紐帯に対して，情報を次々に回したり，影響力を行使したりすることは，それほどコストがかからないはずである。もしそうでなければ，ブリッジとしては強い紐帯のほうがより効果的だろう。たとえば，ある職業に関する情報を単なる知り合いがもっていて（Granovetterの元の研究），その人にはその情報が必要でない場合，情報を次々に回していくことには，ほとんどコストがかからない。一方，強い紐帯の場合，情報を次々に回していくことには，何らかのロス（損失）がともなうかもしれない。

▶▶▶ 「人気度」あるいは中心性

人気度は，いくつかの異なる概念（ideas）に分けることができる——そのすべて

は「中心性」（centrality; Freeman, 1979）の諸規則にのっとっている。空手クラブのグラフ（訳注：図3-1）では，1番と34番のメンバーの中心性が高いことは明らかであり，多くの線がこれらのメンバーから（あるいはメンバーに向かって，なぜならここでの友人関係は相互的であるため）放射状に延びている。このようなつながりの数は「次数（degree）」とよばれる。1番のメンバーの次数は16，34番のメンバーの次数は17である。そのネットワークが（関係が相互的でない）有向グラフの場合は，入次数と出次数が存在する。入次数は受け取った「票」の数であり，出次数は行った投票の数である。友人関係，企業と銀行との関係など，ほとんどのネットワークには，他のメンバーよりも多くの次数をもつノードや個人が存在する。

票数の興味深いばらつきを考えるうえで重要なのは，投票源，すなわちだれが投票を行ったかである。あるノードが次数の高い他のノードから選択された場合，その人気度や影響力はより高まる。そのような個人，あるいは実体は，人気者の中の人気者となる。空手クラブの例では，1番と34番のメンバーの次数が最も高く，その影響力も最も強い。その一方で，1番と34番を含め，他の次数の高いメンバーから選択されている3番と33番のメンバーも，影響力のスコアに関してはかなり高い。

ネットワークの検証から明らかになるのは，1番と34番のメンバーが物事の中心にいることである。他のメンバーは，これらのリーダーを介して互いにつながることができる。この特徴は「媒介性（betweenness）」（Freeman, 1979）とよばれる。媒介性の測定にはさまざまな方法があるが，そのすべては，切り替えポイントという考え方に基づいている。個人や組織が連結点，あるいは切り替えポイントとしての役割をもつことは非常に重要であり，その意味は，高い「人気度」をもつことよりもはるかに大きい。構造的すきまに関するソシオグラム（訳注：図3-2）において，エゴの媒介性は高い。空手クラブのソシオグラム（訳注：図3-1）では，1番と34番のノードの次数はいずれもほぼ同じだが，1番の媒介性スコアのほうが高い。1番のノードは，最も左側に位置するクラスターと，クラブの他のメンバーとをつなぐ橋渡し役，あるいはブローカーとしての役割を担っている。

中心性の概念は，多くの本質的で重要な意味をもつ。さまざまなネットワーク構造を扱った古典的な実験によると，「中心性，すなわち相互独立性が均等に分布している条件では，リーダーは不在で，エラーは多くなり，活動性は高く，組織化はゆっくりで，満足感は高くなる」（Leavitt, 1951, p.50）。一方，ネットワークが「車輪（wheel）」のパターン――中心的な個人によって，スポーク（訳注：車輪の軸受けから延びる棒）のように他の個人が統制されている――を形成するとき，組織は高い効率性をもつが，図3-3の例では，ネットワークの中心にいる個人Eのみが高い満足感をもつことになる。

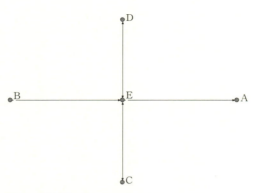

図 3-3 車輪型のネットワークの例

▶▶▶ 距離

空手クラブには，直接的なつながりだけでなく，間接的なつながりも数多く存在している。たとえば，（訳注：図3-1で）17番は7番と直接つながっているが，1番とは7番と6番を介して間接的に2ステップのつながりをもつ。対称的なダイアドやトライアドは，そもそも推移的であるが（第2章を参照），17番と1番のような間接的なつながりも推移的であるとは仮定されない。つまり，17番は必ずしも1番の友人ではなく，1番が17番の友人であるわけでもない。この2ステップのつながりは，17番と1番の間の最短のつながりである。しかし同時に，このネットワークは密度が高いため，17番は1番と，5番あるいは11番を介して3ステップでつながることができる。すべてのノードは，さまざまな長さの経路を通じて，互いに実際につながっている。直接的なつながりを介した最も長い経路の長さは5であり，16個存在する。たとえば，17番から15番への経路は，17番→7番→1番→9番→33番→15番となる。このネットワークは小規模なため，平均経路長は2.4となる。17番と15番は，コンピュータのソフトウェアによって，図の逆側に配置されている。これはたまたまではない。

正確には，2つのノードの距離（distance）は，ノード間のエッジをたどった場合の最短経路の長さとして定義され，測地距離（geodesic distance）とよばれる。最短経路は効率的だが，ノード間には他にも多くの非効率的な経路，冗長な経路が必然的に存在する。冗長性（redundancy）は，密度との関連から考えることができ，規範や態度，価値の拡散において意味をもつ。（訳注：冗長性の高いネットワークをもつ）個人は，同じ情報を複数の異なる情報源から聞くはめになるかもしれず，それは情報

が定着するまで続くことになる。そして拡散に関しても、われわれは情報源の信頼性を割り引き、いくつかの伝達ステップを除外して考えようとするかもしれない。なぜなら、非推移的なノードへと繰り返し伝達されたメッセージは、歪曲されるおそれがあるからである。したがって、最初の伝達ステップは最も重要であるが、2番目以降のステップの重要度は徐々に低下していく。一方、コンピュータウイルス（人間から見ると、これは「社会的」ではない）などは、変容せずに多くのステップを通じて拡散する。

任意のノードと直接つながっているノードの集合は、一次領域（first-order zone）とよばれる〈Barnes, 1972; Mitchell, 1969〉。対象となるノードを除いて2ステップでつながるノードの集合は、二次領域とよばれ、より高次の場合も同様である。一次領域に含まれるのが個人である場合には、「対人環境（interpersonal environment）」という用語がよく使われる（Rossi, 1966; Wallace, 1966）。グラフ理論では「近傍（neighborhood）」という。後で簡潔に述べるように、対人環境はそのサイズによって大きく異なる。一次領域の友人の友人には、たった2ステップで到達することができる。一次領域が大きければ、多くの友人の友人へと到達することが可能となる（これはFacebookのひとつの特徴でもある）。また、一次領域とは別の友人が二次領域に含まれるのであれば、エゴが到達できる友人の範囲はきわめて広くなる。到達度、あるいは連結度（connectedness）については、Milgram（1967）の「スモールワールド」実験（有名な「6次の隔たり」）で検討されている。

都市やコミュニティなどの大規模な全体ネットワークは、距離や人気度、密度に関する研究の理想的な題材である。しかし、こうした調査を実施するのに必要な大規模データの収集は、これまで成功してきたとはいえない。そこで、ネットワークの情報を収集するための代替手段としては、「ネーム・ジェネレータ（name generator; Wellman, 1993）」による、回答者のサンプルに含まれる一次領域のメンバーに関する研究が行われている。ネーム・ジェネレータのシステムでは、エゴ・ネットワーク（ego-network）、すなわち、ある個人を中心としたネットワークを測定する。広く活用されているデータセットのひとつである、1985年の総合的社会調査（General Social Survey; GSS）では、回答者に「重要な話をしたことのある他者」の名前を5人まであげてもらうよう求めた。この種の調査では、回答者に、名前をあげたそれぞれの「他者」に関する情報、たとえば、知り合ったきっかけ、知り合ってからの期間、社会的属性、さらには一次領域に含まれる「他者」が互いに知り合いかどうかについて尋ねる（Marsden, 1990, 2005）。研究では、種類の異なる多数のネーム・ジェネレータを含めたり、5人以上の他者について尋ねたりすることもありうる。エゴ・ネットワークによる測定には、ネットワークの概念の一部が反映されているにすぎないが、

測定されたデータは非常に強力であり，ネットワークに関する多くの洞察をもたらす。この点については，これ以降，本書の全体をとおして説明していく。調査者は，エゴの対人環境，すなわち，エゴが名前をあげたそれぞれの他者とエゴとの間の二者関係に関して，その密度や社会的特徴を測定することができる。その他に，調査者は「スノーボール」テクニックによって，エゴから遠く離れたステップにある他者の名前をあげてもらい，分析することもできる。

【対人環境のサイズ】

対人環境，あるいは一次領域に含まれる他者の数は，測定の方法（たとえば，あなたが名前を知っている人をあげるなど）や，対人環境の中心に位置する個人（訳注：エゴ）が所属する社会の種類によって，100人から5,000人までさまざまである（Bernard et al., 1989; Killworth et al., 2006; Killworth et al., 1990; de Sola Pool & Kochen, 1978; Zheng et al., 2006）。

一般的には，以下で述べるとおり，伝統的な村落共同体では「全員が互いを知っている」。したがって，ある個人から他者に到達するまでのステップ数は最小限となる。また，村落共同体のサイズは比較的小さく限定的であり，一次領域に含まれる村落の人々は500人程度で，これを上回ることはめったにない（Boissevain, 1974）。そのため，直接つながることができる他者の数は限定されてしまう。一方，現代の都市社会において，専門職や中産階級の人々の一次領域は，ブルーカラーや労働者階級の人々に比べて大きい（Kadushin & Jones, 1992）。しかし，都市社会には階層や人種の深刻な境界線があり，階層間や人種間の隔たりを生み出している（Wellman, 1999）。この問題は複雑であり，後ほど取り上げる。

組織もまた，一次領域，二次領域，三次領域をもつ。これは，前章で取り上げた外部経済の概念によって示唆される。これらの側面は，組織の存続や成功にかかわるが，組織のフォーマルな側面ではない。自動車産業における部品メーカーのネットワークは，外部経済の一部だが，自動車産業以外の社会で生み出される炭素排出のコストを吸収することも，外部経済の一部である。これらの問題については，組織とそれに交わる集団についての章で，後ほど議論する。

【スモールワールド】

序章で述べたとおり，仮に人々がもつパーソナル・ネットワークの間に重なりがまったくなかったとしたら，2ステップか3ステップでアメリカの全人口をカバーできる（de Sola Pool & Kochen, 1978）。アメリカに住むすべての人々に1,000人の知り合いがおり，この1,000人は他の人の知り合いでないとしよう――つまり，あなたの1,000

人の知り合いは，あなたの兄弟姉妹の知り合いではない。そうすると，あなたの1,000人の知り合いも，それぞれ他の人の知り合いでない，別の1,000人の知り合いをもつことになり，さらにその人たちも，他の人の知り合いでない別の1,000人の知り合いをもつ，といった風である（de Sola Pool & Kochen, 1978, p.33）。1,000人のつながりは，3ステップをたどることによって，1,000の3乗，すなわち1,000,000,000人となる。これは1977年のアメリカの18歳以上人口（154,776,187人）よりも多い[4]。

しかし，あるノードと別のノードの対人環境に，同じ人々が含まれてしまうことはある。つまり，パーソナル・ネットワークは重なり合っている。このことから，アメリカ全体の人口をカバーするには，より多くのステップが必要となる。このような状況では，個人にとって直近の集団を抜け出すことはより困難になる。社会構造は，de Sola PoolとKochenが示したように，ステップの繰り返しの中で，他の知り合いとのつながりをもたない個人の数を減少させる。そのため，このモデルを大きな集団へと拡張する際には，より多くのステップやリンクを必要とする。たとえば，白人から黒人に到達するのは，白人どうしの場合よりも難しくなる。この点については，個人の社会的サークルに関する議論の中で改めて考察する。

アメリカに住む任意の2人は，理論的には2あるいは3ステップでつながるにもかかわらず，1960年代にStanley Milgramと彼の学生によって行われた実験では，実際のステップ数が6であること，すなわち，5人の仲介によって任意の2人がつながることが示された。これらの結果は，有名なフレーズである「6次の隔たり」（six degrees of separation）の元になっている。

しかし，いわゆる「6次の隔たり」は，対人関係を形成する能力の個人差に関する説明を提供しているわけではない。Milgramの元の実験では，ほとんどの参加者はターゲットとなった他者とのつながりを形成することができなかった，あるいは望まなかった。インターネット上で行われた最近の実験でも，ほとんどのつながりはターゲットに到達しなかった。この実験では，原理的には人々はつながっているが，実際につながることができるかどうかは，個人の動機やインセンティブに依存すると結論づけている（Dodds et al., 2003）。

Milgramの実験の参加者は，遠く離れた街に住むターゲットの人物に到達するために，ファースト・ネームを知っている知り合いで，ターゲットを最も知っていそうな人にコンタクトを取るよう求められた。この実験の原理はチェーンレターのようなものである。ステップ数は理論的な想定よりも多くなったが，これは社会構造に含まれる境界（boundary）がネットワークのつながりに影響を与えたからである。Milgramは最初の実験で，男性と女性のつながりが，同性間のつながりに比べると，あまりみられなかったと報告している。この結果は最近の実験(訳注：Doddsらの研究)

でも再現されている。同様に，社会階層の間にも境界は存在していた。つまり，ここでは個人の行為主体性（agency）や動機づけが，つながりを確立するための要素となっていたのである。組織に関しても，自律的に他の組織とのつながりを求める程度や，そうした試みに関する熟練の程度は，組織によってそれぞれ異なる。

◆ 複合性

　これまでの議論では，複合的なつながりに関する例もいくつか取り上げたものの，定式化を行ったのは，単一の固定的な紐帯に関してのみであった。実際のところ，空手クラブのメンバーは，お互いに複数のタイプの関係性を結んでいた。つまり，彼らの関係性は複合的であった。メンバーは，8つの異なる文脈（同じクラスに所属している，キャンパスの通りの向かいにあるバーへ繰り出すなど）で結びついていた（Zachary, 1977, p.461）。先に紹介した空手クラブのネットワークのソシオグラム（図3-1）は，8つの文脈のうちで，どれか1つでも結びつきがある場合のつながりを描いたものである。したがって，それぞれの文脈におけるネットワークの密度は，ソシオグラムに描かれたネットワークの密度よりも小さい。

　多くの場合，ノードの間には複合的なつながりが存在する。複合性は，第2章で論じた同類性の概念と関連している。特定の種類の紐帯はランダムに形成されるわけではなく，同類性の原理に従って形成されている。ネットワーク研究の文脈において，複合性は2つの意味で用いられてきた。ひとつは役割の複合性（role multiplexity）であり，2つのノードが複数の役割を通じてつながっている可能性を示す（Beggs et al., 1996）。典型的な例は，2つのノードが組織内では「スーパーバイザー」と「アシスタント」という関係性をもつ一方で，友人でもある，という状況になる。伝統的には，これは村落社会で生じており，そこで人々が同時にもつ役割は，親族，同じ農場の労働者，同じ宗教団体のメンバー，そして村落経済に共通してみられる役割移行のホスト役である。村落経済では，鍛冶屋がクラン（氏族）のリーダーであり，多くの人々のドン（首領）であり，地域の賢者である，というように，仕事の多くがパートタイムの専門家で占められている。Boissevainは，「この小さなコミュニティでは，活動領域が重なっており，同一の行為者が同一の相手に対して異なる役割を演じているため，高い複合性が存在すると思われる」と述べている。一方，複雑な非村落社会では，（訳注：村落社会とは）いくぶん違った形で役割が束ねられている可能性がある。この点について，Mertonは「役割セット（role sets）」の重要性を指摘している。これは，個人が与えられた役割に就くことで，結果として生まれる関係性の集合をさす。このアイデアは，Rose Coserによってさらに精緻化されている（Coser, 1975; Merton,

1968b)。学校の教師は，生徒や保護者，事務員，教育委員会などと関係をもっている。これが役割セットであり，教師という地位に付随するものである。役割セットは，もちろん本格的なネットワーク分析の手法によって分析可能であり，特に「エゴ・ネットワーク」に関する分析を適用することができる。エゴ・ネットワークは，複合的なネットワークかもしれないし，そうではないかもしれない。

　次に，与えられた役割に基づく関係性，いわゆる「同僚」をもつことの結果として，個人のペア間で，たとえば，アドバイス，友人関係，共通の課題といった，異なる形の伝達が数多く生まれる可能性についても指摘がなされている（Lazega & Pattison, 1999）。これは，「内容の複合性（content multiplexity）」とよばれている（Beggs et al., 1996）。さらに，同一の種類の紐帯（たとえばアドバイス）は，その紐帯を通じて，多様なアイデアを数多く提供する。すなわち，ある問題の解決策や，その問題の再定義，その問題の解決に役立つ情報，既知の解決法の再確認，提案された解決法の信憑性などである（Cross et al., 2001）。ここでの関心は，これらの複合的な伝達がもたらすさまざまな帰結や，そうした伝達が異なる状況下で互いにどのように結びつくか，あるいは対立するかに向けられている。

　複合性の概念は，社会学の理論において重要な位置を占めている。第一に，これまで述べてきたように，他の条件が同一であれば，複合性はおそらく民俗社会（訳注：地域経済を中心とする小規模かつ同類性の高い社会）や村落社会といった組織や，現代アメリカにおける都市と農村の格差の存在さえも示す重要な指標となる[5]。現代の都会的な環境に暮らす人々を対象に，その人間関係的健康（relational health）を検討しているネットワーク研究の本質は，複合性の低下にもかかわらず，人々が親密な紐帯を維持することができるかどうかにある（たとえば，Wellman & Haythornthwaite, 2002; Wellman et al., 2001; Wellman, 1999, 1979 を参照）。

　第二に，コミュニティの内部に関係性の形成をうながす複数の基盤があるとすれば，複合性は，経済理論の構築において重要な役割を果たす。Padgett によると，金融資本主義の発祥の地であるフィレンツェでは，2 世紀以上（14 世紀から 16 世紀）にわたり，民間の金融機関が異なる 4 つの基盤の上に形成されていた（Padgett, 2001; Padgett & Ansell, 1993）。それらの基盤は，まず家族や父系制，次にギルド，さらに社会階層，最後にパトロンの順であった。経済に基づく関係性を促進するために，アクセスや信頼がどの程度利用可能かということは，異なるタイプの複合的な関係性がもたらした結果である。たとえば，複合的な関係性のおかげで，少数派の民族の居住地は，ある種の民族関連のビジネスに有利であることが示されてきた（Portes & Sensenbrenner, 1993）。このように，民族を基盤とする紐帯を通じて醸成される信頼は，グローバルな側面も併せもつ（Tilly, 2007）。しかし，少数派の民族の居住地が

労働市場のアウトカムに及ぼす影響は，専門家よりも，低技能の労働者にとって，より大きなものとなる（Edin et al., 2003）。一方，フランスの財務エリートの間の信頼は，政党や近隣関係，友情を基盤とする複合的な関係性によって高まっていた（Kadushin, 1995）。

第三に，組織に関する研究のかなりの割合が，組織内のフォーマルな地位に基づく紐帯と，先に述べたインフォーマルな紐帯との関連に焦点を当てている。組織におけるフォーマルあるいはインフォーマルな関係性のモードがもたらす帰結は，これらの複合的な関係性が，異なる環境でどのように解釈されるかによって決まってくる。当初，インフォーマルな関係性は，生産活動の妨げとなる「義理（loyalties）」として解釈されていた（Homans, 1950）。その一方で，インフォーマルな関係性がさまざまな課題の達成を促進することによって，フォーマルな関係性を強化することも明らかにされてきた（Lazega & Pattison, 1999）。フォーマルな関係性とインフォーマルな関係性の関連は複雑であり，メンタリング（訳注：対話や助言を通じた人材育成の支援）を促進することもあれば，組織内で与えられた役割にふさわしい価値の獲得を妨げる可能性もある（Podolny & Baron, 1997）。

複合的な関係性に関する説明は，質的にも論証的にもなりうるし，そこに何が含まれるのかを直感的に理解することもできるが，さまざまな紐帯の組み合わせが生まれる原因や，その結果について，より正確な説明を行うのは困難だといわれてきた。紐帯の可能な組み合わせを考えるのは，おそらくひどく大変な仕事だろうし，ある種類の紐帯を生み出す要因は，その他の種類の紐帯を生み出す要因ではないかもしれない[6]。

理論上，複合性は2つの正反対の結果をもたらしうる。個人が同時に複数の地位を占めることと同じく，ある地位と別のある地位との間に複数の伝達経路が存在することは，関係性を促進し，信頼を構築することにつながる。たとえば，スーパーバイザーとアシスタントの間の友情，あるいは政治的リーダーの間の友情である。その一方で，状況によっては，同じ友情が利害の対立や不正行為を生み出すこともありうる（Baker & Faulkner, 1991）。その多くは明らかに文脈に依存しており，また，文脈には構造的なもの，文化的なもの，あるいはその両方が含まれている。役割セットに関する Merton の理論は，複数の役割に基づく関係性のネガティブな帰結に注目するとともに，そこで生まれる対立を解決し，緩衝するためのさまざまな方法を提案している。

◆ 役割と地位

この章では，密度や距離など，ネットワークの属性の分布を扱った概念や，それらの分布が結果として何をもたらすのかについて，これまで紹介してきた。一方，全体

ネットワークにはまた別の側面が存在する。それは，ノード間の関係性のタイプである。こうした関係性のことを，ここでは役割（role）あるいは地位（position）とよぶことにする。社会学や文化人類学の領域では，地位と役割について論じた古典（たとえば，Linton, 1936; Parsons, 1951; Merton, 1968b）があるが，似たような概念や同じ意味の概念は，ネットワークの領域でもみられる。

対人環境には，基本的に2種類の関係性がある。ひとつは，社会システムによって規定され，呼称の与えられた，特定の関係性（named relationships）であり，代表的なものとしては，母親，父親，子ども，おば，おじ，いとこなどの親族の呼称，あるいは，上司―部下などの組織内の地位があてはまる。これらの関係性は，一般に非対称的である。もうひとつは，よりゆるくつながった，総称的な関係性（generic relationships）であり，友人，隣人，知人，あるいは同僚といった総称でよばれ，一般に対称的である。特定の関係性で構成されるネットワークは，総称的な関係性とは大きく異なり，（訳注：父親，子どもといった）関係性間の類似性がきわめて低く，また関係性ごとに異なる形で検討が行われてきた。とはいえ，特定の関係性，総称的な関係性のいずれも，われわれに謎と驚きをもたらしてくれる。

▶▶ 特定の地位と特定の関係性

ご承知のとおり，ネットワークは，少なくとも2つのノードあるいは地位と，それらの間にある関係性を常に含んでいる。ややこしいかもしれないが，「役割」という概念は，地位と，地位の間に存在する関係性の両方に対してしばしば用いられる[7]。特定の地位，特に「父親」などの親族関係は，一般的な地位としての意味を規定するのに加えて，関係性の中身，すなわち，他の特定の地位に対して互いにもつ義務や期待される行動（「息子」に対する「父親」のふるまいなど）も規定する。これに対して，特定の役割とは，他の役割との間で期待される関係性を示すだけでなく，他の関係性――一次領域の外側に存在するはずのネットワーク――がどのようなパターンをもつのかを示すものでもある。すなわち，「原初的な役割の積み重ねは，複合的な役割を定義づけるような鎖(チェーン)となる可能性がある。たとえば，私の父親の父親の姉妹や，私の上司の女弟子の部下などである」（White, 1963, p.1）。親族関係は論理的に複雑であるため，それをそのまま扱うと非常に煩雑になってしまう可能性がある。こうした関係性がもつ意味は，定式化されたネットワークの数学を用いて，対称性のある交叉(こうさ)いとこ婚（cross-cousin marriages）として記述することができる。すなわち，「ある人の妻は，母親の兄弟の娘でもあり，父親の姉妹の娘でもある」という状況である（White, 1963, p.17）。ほとんどすべてのフィールドワークにおいて，文化人類学者は特定の関係性についてのネットワークを収集してきたが，その背景には，彼ら・彼女らの現地

語に関する知識が限られていることもある．文化人類学者の目的のひとつは，そうした関係性についてのデータを収集することであり，別の目的は，その意味を理解することである．交叉いとこ婚の原因と結果に関しては，先行研究でも議論の対象になっている（Homans & Schneider, 1955; Lévi-Strauss, 1969; Needham, 1962）．もちろん，特定の関係性の全容を解明するための道のりはまだまだ遠い．なぜなら，文化人類学者は，フォーマルな呼称をもつ地位に関する膨大なデータを収集してきたが，それらのデータが，必ずしも地位の間の実際の関係性を示す体系的なものだとはいえないからである．

▶▶▶ インフォーマルな地位と関係性

ここでは，親族関係の分析の詳細には立ち入らず，またネットワーク分析を用いてその構造を数学的に記述し，予測することはしない．とはいえ，親族関係によって説明される原理は，フォーマルで制度化された特定の関係性と，「インフォーマル」あるいは予期していない関係性とのつながり（または欠如）である．より一般的にいえば，ほとんどすべてのネットワーク分析は，何らかの点で，文化によって義務づけられたネットワーク，あるいは社会システムを，人々がその「システム」を維持し，作用させるために形成したネットワークと比較する．いわゆる「フォーマル・システム」は，「インフォーマル・システム」と対比され，比較される．社会科学者の中には，この区別は保証されておらず，すべては取り決め次第であり，またあらゆる関係性およびそれらの位置づけは，日々の生活を通じて形成されると主張する人々もいる．こうした極端な立場を取ることは，伝統や慣習の重みを否定することになるが，とりわけ，概念や呼称が，人々の懸命な努力のたまものであることを否定することになる．

『未開社会における犯罪と慣習 Crime and Custom in Savage Society』において，Malinowski（1959［1926］, p.70-84）は，出自規則に基づけば禁忌となる女性との結婚を望む，ある若い男性の痛ましい例を紹介している．第一次世界大戦の最中，Malinowskiはトロブリアンド諸島に滞在し，かなりの時間を地元民の観察に割いていた．そのため，出自規則が地元民によって実際はどのように行使されているのかを比較検討することができた．「外婚制（exogamy; 訳注：他集団に配偶者を求める婚姻の制度）の違反——性的交渉関係と考えられ婚姻ではない——はけっしてまれな出来事ではなく，また世論も明白に偽善的ではあるが，寛大であることを見出した（Malinowski, 1959［1926］, p.80, 青山訳, 2002, p.70）」Malinowskiは，多くの規則違反や外婚制の例を明らかにしたが，「わたくしの報告者の大多数は，この罪やあるいは姦通（カイラシ = kaylasi）の罪を犯したことを承認したのみならず，実際それを自慢にしているのである（Malinowski, 1959［1926］, p.84, 青山訳, 2002, p.73）」．これ

は，結婚ではなく，性交渉にのみあてはまっていた。彼は，「同一氏族でわずかに二、三の婚姻の事例が存在しているにすぎない (Malinowski, 1959 [1926], p.84, 青山訳, 2002, p.73)」ことに気づいていた。それでもやはり，こうした違反は実際に存在していた。

このように，インフォーマルな関係性は，フォーマルに定義された，あるいは文化的に特定された地位と独立しているわけではない。インフォーマルな関係性の存在は，フォーマルな関係性との関連のうえで，あるいは対立のうえで成り立つ。これは，事前に定められていない経路，関係性，あるいは交換関係が，あたかもフォーマルな関係性という足場に「囲まれている」かのようである。制度化された関係性，あるいは事前に定められた関係性は，常に何らかの形で，いくぶんネガティブに「考慮」されている。フォーマルな階層はその好例であり，組織化された社会に固有の特徴である。

【インフォーマルな関係性と階層】────────

ネットワークの中には，権力あるいは地位と同じ意味をもつものがある。図3-4にあるように，ネットワークにおける階層は，推移的なツリー構造，あるいはピラミッド構造として示される。

権力構造における関係性は，推移的である。なぜなら，AはBに命令や指示を下すことができ，BはFに命令を下すことができるからである。AのBに対する命令は，Fを束縛することになる。BはAに命令や指示を下すことができないため，彼らの関係は非対称的となる。このピラミッドにおける3つのレベルの不平等──A，そしてB, C, D, そしてF, E, H, G, I, J──は，外生的，あるいはネットワークの外部に存在している (Martin, 2009, Chapter 6)。こうした不平等は，組織の規則や構造，社会階層のシステム，あるいは他の序列システムに由来する可能性があ

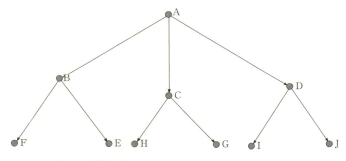

図3-4　ピラミッド構造の例

る。図に示すようなツリー構造は，水平的なつながりをもたない——たとえば，B，C，D はつながっていない。また，本書では，B，C，D が互いにつながりをもつような他のネットワーク構造は呈示していない。一方，現実世界のネットワークには水平的なつながりがよくみられる。これは，同類性原理に基づいて，階級や地位が「漏れ出る」，あるいは流れ出るからである（Podolny, 2005, Chapter 2）——立身出世をねらう人々にとってはおなじみだが，ノードは，一緒にたむろしている人々の威信を獲得できる。

さらに，現実世界のツリー構造において，命令はおそらく対称性をもたない。しかし，情報はおそらく対称性をもつ。なぜなら，情報は複数のレベルをまたいで伝達されるからである。もしそうだとすれば，図 3-4 は違う意味をもち，ノードをつなぐエッジの両端に矢印を書き加えることになるだろう。

とはいうものの，フォーマルな階層は，しばしば全体像をとらえていない。私が観察したある製造工場では，フォーマルな階層に基づく関係性が存在し，それが組織内での地位を決定していた——先ほどの図とよく似た「組織チャート」である。重要な決定を行うときには，個人はしばしば「レベルを飛び超え」，直属の上司よりも上位のレベルからのサポートを得ていた。まさにこれこそが，意思決定の「インフォーマルなシステム」である。しかし，意思決定を委ねられた人よりも上位の階級にいる人が，ランダムに選ばれるということはほとんどなかった。ここでの選択は，組織構造によって予測可能であった——選択は「規則集」に直接従ってはいなかったが，確実に関連していた。このことが提起するのは，埋め込み（embeddesness）に関する問題である。

▶▶▶ 制度化された，あるいは特定のネットワークの内部に埋め込まれたインフォーマル・ネットワーク

制度化されたあらゆる関係性やネットワークは，フォーマルな機構に埋め込まれている。埋め込みの意味は，ネットワークの研究者によってさまざまである。しかし，ネットワークが文化的・社会的な構造の枠組みと関連し，それらの影響を受けていることについては，全員が同意するところである。その逆もまた真である。情報やアイデアは，二者の関係性に影響を受けるだけでなく，情報やアイデアを増幅し，伝達するような密度の高いネットワークにも敏感に反応する。

アメリカにおいて，権力が実際どのような影響力をもつのか，このことを明らかにするための絶え間なき奮闘は，埋め込みの好例である。アメリカの国政で立法をどのように行うかは，法律によって規定されている。しかし，特定の委員会のメンバーやロビイストは，新しい法律に関する重要な決定を下し，他の人々よりも高い価値をもつと評価される。この種のあらゆるシステム——親族，組織，議会——についての研究は，そこに埋め込まれたインフォーマルなつながりを解き明かすためにも，注意深

く行う必要がある。フォーマルな組織構造の命令や機能は，これらのインフォーマルなつながりと関連し合い，ますます精緻化されていく。このことは明らかだが，構造の絶え間ない再構築と創出に見とれていると，しばしば見過ごされてしまうことになる。

▶▶ 観察された役割

　文化人類学者は，「イーミック（emic）」と「エティック（etic）」という概念を区別する。イーミックとは，文化を利用する「内部の人間」であり，エティックとは，その文化を観察者として説明・記述するのに役立つ概念である[8]。特定の呼称をもたない地位や役割が存在することについて，観察者はネットワーク構造がその原因だとみなすが，「土地の人（ネイティブ）」による説明は，観察者と同じかもしれないし，違うかもしれない。ネットワーク分析によって見出された「リーダー」についても，ネットワークの成員による認識は，分析の結果と同じかもしれないし，違うかもしれない。先に述べた「車輪」型の協同コミュニケーション構造の中で，個人が担っていた中心的な役割は，実験デザインによって規定されていた。とはいえ，車輪型の構造に埋め込まれた多くの実験参加者は，「あなたの集団の組織化の程度」について尋ねられた際，それを説明することができた。その一方で，他の構造に埋め込まれた参加者は，同じように説明することができなかった（Leavitt, 1951）。ネットワークの領域では，全体ネットワークを分割し，「役割」を発見するという手法についての重要な知見が存在する（White et al., 1976）。しかし，こうした分割によって定義されるのは，必ずしもネットワークの成員によって規範的に決定される特定の役割ではない。ネットワーク分析を通じて発見される「構造的類似性」をもつ地位は，「ある役割や地位を占めること」として表すことができるが，そうした構造に埋め込まれた成員が，それを発見し，概念化することはほとんどないかもしれない。全体ネットワークの分割は複雑なテーマであり，次章で扱うように，多くの問題がそこから派生している。しかしながら，役割がイーミックあるいはエティックであるか，そうでないかは，重要な帰結をもたらす。

　ネットワーク分析の結果として得られる，ネットワーク構造に基づく役割や地位に比べると，特定の呼称をもつ役割や地位の寿命はより長くなる傾向にある。ある組織に所属し，ネットワーク分析によって「構造的自律性（structural autonomy）」——すなわち，その人がいなければつながることのできない人々の間で，ブローカーとしてふるまう能力（空手クラブの例を参照）——をもつ地位にいることが見出された人々は，1年後も同じ地位にとどまっていることはほとんどない（Burt, 2002）。対照的に，特定の呼称をもつ地位にいる個人は，その地位にとどまり続ける傾向が強い。

　地位と役割に関する問題をまとめてみよう。ネットワークにおける関係性は，価値，組織，そして制度によって，あらかじめ規定されている。このように規定された関係

性には，特定の呼称が与えられていることが多い。関係性の呼称は，ネットワークの形態を予測するうえで非常に重要である。しかし，このように規定された関係性は，全体像の一部にすぎない。なぜなら，そうした規定に基づいて，関係性はその後さらに精緻化されていくからである。多くの条件のもとで，そうした関係性の精緻化は制度に組み込まれるとともに，規定にも組み込まれ，その後，新たな精緻化が始まる。既存の関係性に規定が存在することは，ほとんどの人々がすでに知っている。したがって，新たに精緻化された関係性が立ち現れてきたとき，ネットワーク分析のひとつの「魅力」が生まれるのである。しかし，こうして明らかになった事実も，また全体像の一部にすぎない。社会の成員は，一次領域において自身を取り囲む直近の関係性しか見ることができず，二次領域の影響力にはほとんど気づかない。規定された関係性であっても，この程度には十分に複雑である。人々にとって，システム全体を（モデル化という意味ではなしに）可視化することは不可能である。その意味で，ネットワークは交通渋滞にたとえられる——自分の周りの車を見ることはできるが，混雑の全体像を把握するにはヘリコプターが必要である。

まとめ

　この章は，本書の本質的なテーマである全体ネットワークについて，体系的に検討した最初の章であった。まず，現実世界の観察に基づく小規模なネットワークとして，空手クラブの例を取り上げ，前の章で扱ったダイアドとトライアドという概念を援用して分析を行った。また，ソシオグラムを描画して分析を実行するには，コンピュータ・プログラムを用いる必要があった。ランダムなネットワークと比較して，このクラブは結合性が高く，クラスター化されていた。このようにいえるのは，ランダムに構成されるネットワークに比べて，完全トライアド（第2章・図2-2のトライアド「300」）が多く存在していることが，分析によって示されたからである。このネットワークは小規模で，ある成員から他の成員への平均距離はたったの 2.4 であった。また，このネットワークでは，特に2つのセグメント内の密度が高かった。何人かの成員は明らかに他の成員よりも人気があり，より多くのつながりをもっていた。中心性の概念は，「人気度」というアイデアをうまくとらえている。「全員のうちで最も信頼できる」のがだれであるかは，次数（ある人が受け取った「票」の総数）や，権力（人気度の高い人から受け取った票の総数），媒介性（ネットワークの成員間の切り替えポイントとしてふるまう）によって示されている。そうしたネットワークの密度が高くなるのは，それが複合的な関係性に基づくからである——あるコミュニティに所属する成員は，複数の特徴を含む関係性によって特徴づけられ，さまざまな状況で互いに出会う。

実際のところ，複合的な関係性は，伝統的なコミュニティに顕著にみられる特徴である。現代的な社会や，一般の大規模ネットワークは密度が低く，構造的すきまを含んでいる。すなわち，密度の高い部分をもつが，全体としてはほとんどつながりのないネットワークとなる。もしつながりがあるとすれば，それはブローカーとしての役割をもつノードによるものである。現代の世界における大規模なネットワークは，弱い紐帯によってまとまっている――弱い紐帯とは，接触があまり多くなく，親密度の低い関係性であるが，それゆえに非常に重要である。ネットワークを通じた伝達はきわめて重要なものであり，密度が高く冗長な紐帯や，弱い紐帯によって生起する。

　この章では，個人を直接取り巻く一次領域の外側に広がる，ステップ数やゾーン数について検討した。これらの概念は，すべての人々がどういうわけかつながっているという，スモールワールドのアイデアを導く。すべての人々に到達するのに必要なステップ数は，一次領域に含まれる人数や，一次領域の外側でどの程度他者のネットワークと重なりをもつかに左右される。もしまったく重なりがなければ，アメリカの全人口は2ステップか3ステップでカバーできてしまう。ところが実際は，社会構造が障壁を生み出すために，ステップ数はより多くなってしまう。

　地位は，全体ネットワークにおいて鍵となる概念である。地位とは，父親，息子，大統領のように，社会的に定義されるものである一方，ネットワーク分析を通じて，外部の観察者から定義されるものでもある。多くの場合，「役割」とよばれるのはこの両方である。制度化された，あるいは社会的に定義された地位は，それ自身がネットワークを形成する。そうした地位は，一般にインフォーマル・ネットワークを通じて作り上げられる。地位は，ある種の階層やツリー構造の中で位置づけられることもある。こうした階層に関する規則は，人々が埋め込まれている社会システムによって創出されるのが一般的である。とはいえ，このような階層や規則は，あとからインフォーマルな相互作用によって置き換えられる可能性もある。

　次章では，空手クラブの例で浮き彫りになった，ネットワークの分割について取り上げる。

注

1　ネットワークをソシオグラムとして描画，あるいは呈示する方法は数多くあり，レイアウトもさまざまである。コンピュータでの描画は手作業に比べ，多くの利点がある。三次元で回転するネットワークの「動画」も作成されている。とはいえ，大規模ネットワークの描画を二次元に縮約する方法については，多くの問題点が残されている。

2　Hegarty, P.（2012, Dec 29）. On the notion of balance in social network analysis. *arXiv:1212.4303v2 [cs. SI] Retrieved February 27, 2015, from the arXiv database.*

3　2007年5月1日現在，"Citation Classic"（訳注：引用回数の多い論文を紹介したWebサイト）におけるGranovetterの論文の被引用回数は2,024，Milgramの論文の被引用回数は194である。

4 国家統計（http://www.census.gov/popest/archives/pre-1980/PE-11.html）による。
5 Claude Fischer（1982, p.143-157）によると，適切な（訳注：剰余変数の）統制を行った場合，サンフランシスコのベイエリアで市街地や郊外に居住することと，複合性との関連はみられない。
6 近年，ロジット回帰に基づく分析モデルが開発され，同一のノード間に存在する，異なる種類の紐帯がもたらす帰結を分析することが可能となった。しかし，その応用例はまだ限られている（Koehly & Pattison, 2005）。同一のノードで構成され，異なる関係性をもつ2つの全体ネットワークを比較したいのであれば，2つの隣接行列間の相関を計算すればよい（Borgatti et al., 2004; Hubert & Schultz, 1976）。しかし，ネットワーク全体の特徴に関連しそうな多様な属性を考慮に入れた場合，この相関を算出するのは簡単とはいえない。
7 Merton は，特定の地位（彼の用語ではたんに「地位」）と，地位間の関係性を区別している。ここでの地位とは，「役割関係」であり，その地位と，構造や規範に関連する他の地位との間の関連を示す。教師（特定の地位）は，生徒や他の教師，保護者，教育委員会などとの役割関係をもつ。地位が定義の一部に組み込まれているすべての役割関係は，まとめて「役割セット」とよばれる。個人は，多くの異なる地位をもつ可能性がある。たとえば，「教師」である以外にも，その人は「父親」であるかもしれない。個人が保持するすべての地位は，まとめて「地位セット」（status set）とよばれる（Merton, 1968b）。私にとって，この用語はそれほどまぎらわしいものでなく，「役割」という用語を，地位と地位間の関係性の両方に適用するよりも正確である。この枠組みを用いた命題で，ネットワークの概念との共通点が多くみられるものについては，Coser（1975）を参照のこと。とはいえ，ネットワークの領域では，地位と関係性の両方の意味で「役割」を用いているように思える。この書籍ではそちらに従う。
8 地位と役割の区別と同じく，イーミックとエティックの概念化についても，さまざまな用法がある（詳細な議論については，Headland et al., 1990 を参照）。

4章

ネットワークの
基本的な概念（III）
：ネットワークの分割

イントロダクション

　ここまでは，密度や中心性，地位といった重要なネットワークの概念と，全体ネットワークとの関連について議論してきた。全体ネットワークは，強い紐帯と同様に，弱い紐帯によってもしっかりと結ばれていた。その鍵となるひとつのアイデアは，ネットワークを介した伝達である。ここまで，ネットワークは境界をもたないということを前提にしてきた――だが，少なくとも潜在的には，すべてはつながっている。もしスモールワールドの仮説に一定の妥当性があれば，基本的にはすべての世界がネットワークとしてつながっていることになる。確かにそのとおりだが，現実的ではないだろう。世界全体を眺めれば，社会的ネットワークをきちんと理解できるというわけではない。国家やコミュニティ，組織，学校のクラスといった実体は，たとえ互いにつながっているとしても，それぞれに境界が存在する。ある実体について成り立つことが，他の実体でも成り立つとは限らない。銀行間ネットワークのような，（訳注：実体としての）制度部門のネットワークを眺めると，さまざまな銀行のクラスターや，さまざまな企業との関係性のクラスターが存在することがわかる（Eccles & Crane, 1988; Mizruchi & Schwartz, 1987）。また，統治のシステムについて検討を行うと，そこで構成されるネットワークは明確に分割され，クラスター化されている（Higley et al., 1991; Laumann & Knoke, 1987）。要するに，人間，組織，制度，国といった，想定可能なあらゆる社会的なユニットは，一様に分布しているわけではなく，いくつかの集団，あるいは集合としてクラスター化される傾向がある。あらゆる組織は他の組織との関係をもつ。学校では，ひとつのクラス（学級）を超えたクラス間の関係が存在する（Moody, 2001）。したがって，ネットワークの理論や分析における，ひとつの主要な課題は，これらのクラスターや集団を記述・分析するための方法を開発し，全体ネットワークをより小さな意味のあるセグメント（segment）に分割することである。「現存の社会構造に関するカテゴリーとしての記述の多くは，明確な理論的背

景をもたない。ネットワークの概念は，社会構造の理論を構築するための唯一の方法かもしれない」(White et al., 1976, p.732)。

本章では，最初に「イーミック」なネットワーク，すなわち，そこに所属する人々によって名づけられた呼称と一致するネットワークについて述べる。特定の呼称をもつクラブや同好会，銀行，取引協会は，いずれもイーミックなネットワークである。民俗的な概念としてのクリーク（派閥；clique）も，そこに所属する人々によって名づけられたネットワークである。たとえば，高校生の場合，クリークを構成する女子の一団について，そのクリークに呼称が与えられていなかったとしても，会話の中でそれについてふれることはできる。とはいえ，ネットワークを効果的に分割するための方法として，数学的に定義されるクリークには，深刻な限界が存在することが後ほど明らかになるだろう。

ネットワークの分割（partitioning）に関する形式手法についても紹介する。これは現在進行中のトピックであり，社会学者だけでなく，物理学者や数学者，コンピュータ科学者の関心も引きつけてきた。この領域がネットワーク分析の最先端であることを示すように，過去5年の間に少なくとも10の手法やアルゴリズムが生まれており，それぞれが強力な支持者をもつ[1]。われわれは，社会科学の考え方に直感的に共鳴し，社会的ネットワークのデータ分析に役立つような手法を好む。これは驚くようなことではない。ここでは，前章の空手クラブの例を再び取り上げ，2種類の分割手法を紹介する。

ネットワークの分割に関する紹介を終えるにあたり，最も単純な形の分割についても述べておこう——それは「コア（core）と周辺（periphery）」である。学校生活の中心にいる「人気者グループ」，そしてその周辺にいる生徒，というアイデアは，だれにとってもおなじみのはずである。

◆ ネットワークのセグメントとその呼称

ネットワークの地位と同様に，クラスターや集団にもイーミックなものとエティックなものがある。イーミックな地位とは，その文化や社会集団に所属する人々によって呼称が与えられるものであり，たとえば教師，大統領，父親などがあてはまる。一方，エティックな地位とは，ネットワーク分析の専門家や観察者によって与えられるものであり，たとえば「中心性の高い個人」などがあてはまる。これらは，クラブや同好会，「ヘルズ・エンジェルズ」などのギャング組織，「ゼネラル・エレクトリック（General Electric; GE）」（訳注：世界最大のコングロマリット［複合企業］）などの企業，さらには「ニューヨーク州」などの法的な行政機関にまであてはまる。集団やクラスター

には,「メンバー(成員)」が含まれる。つまり,ヘルズ・エンジェルズやGEに所属する個人もいれば,「GEキャピタル」(訳注:ゼネラル・エレクトリック社の金融部門)のように,GEのコングロマリットの一員である組織も存在する。第一に,呼称をもつ集団では,人々は自分自身がその集団のメンバーであることを知っている。第二に,他の人々も,彼ら・彼女らがその集団のメンバーであることを知っており,それを見分けることができる。第三に,イーミックな集団では,メンバーとメンバー以外の人々の相互作用よりも,メンバーどうしでの相互作用のほうが多くみられる。ただし,これは常にあてはまるわけではない。イーミックな集団とは対照的に,ネットワークにおけるエティックな集団のセグメントは,観察者によって決定される。その例としては,「C's」[2],すなわち,クラスター(cluster),クラック(crack;裂け目),サークル(circle),秘密結社(cabal),(ただし,クラブ[club]は除く——これはイーミックである),同盟(coalition)がある。また,いくつか「C's」にあてはまらないもの,たとえば,「集団(group)」や「ブロック(block)」などもある。一般に,これらの構造間の境界はさほど厳密なものではなく,観察者の分析によって生まれた産物である。クリークでさえも,平たくいえば,その成員が一意には決まらない不安定な実体である。呼称をもつフォーマルな実体と,呼称をもたない観察されたクラスターとの相互作用は,フォーマルな組織の内部にあるインフォーマルな集団が,車輪の潤滑油なのか,組織の目標達成の妨害要因なのか,あるいはその両方なのかを解明しようと試みる,多くのネットワーク分析が扱ってきたテーマである。以降の章では,その詳細について取り上げる。ひとまずは,「一次的集団(primary group)」とクリークに関する議論を通じて,ネットワークの分割にまつわる問題を紹介する。

▶▶▶ 一次的集団,クリーク,クラスター

一次的集団の概念は,1909年にCharles Cooleyによって提案された。

> 私が意味する第一次集団[一次的集団の別称]とは、顔と顔をつきあわせている親しい結びつきと、協力とによって特徴づけられる集団なのだ。それらはいくつかの意味において第一次的であるが、主として個人の社会性と理想とを形成するうえで基本的であるという点において第一次的なのである。親しい結びつきの結果、心理学的に個性がある一つの共通した全体と、なんらかのかたちで融合するにいたるのである。したがって、個人の自我そのものが、少なくともその多くの目的にかんするかぎり、集団に共通する生活と目的と同じものになるのだ。たぶん、この全体性をもっとも簡明率直に表現すれば、それは一種の「われわれ(we)」ということになるだろう。それには「われわれ」の自然な表現とでもいうべき、一種の同情と相互の同一視とがふくまれている。人は全

体の感情のなかに生活し、自分の意志のおもな目的をそういった感情のなかに見いだしているのだ（Cooley, 1909, p.23; 大橋と菊池訳, 1970, p.24; [ ] は訳者による）。

　Cooleyは，一次的集団のメンバーが，自身をその集団と同一視していることを指摘している。それでもなお，この概念は観察者によって構築されるものであり，集団のメンバー自身によって構築されるものではない。

　形式的な用語としてのクラスターは，呼称をもつ集団や組織に関する，何らかの構造的な特徴を示している。その内部には，明確な地位階層が存在するかもしれない。(訳注：数理モデルによる) 最も形式的な分析では，クラスターが重なり合うことはない。つまり，あるノードが同時に2つのクラスターのメンバーになることはできない。ただし，クラスターが重なり合う場合については，後ほど取り上げる。

　一般のフォーマルな組織や企業の構造にみられるような，関係性のパターンや階層を規定するための正式な関与(訳注：規則など)が存在しない場合，大規模なネットワークにみられる関係性のパターンやクラスターについて考えることは，本質的にやっかいな問題となる。これらのやっかいものでさえも，（組織のメンバーが実際にはだれも注目しない）組織のチャート図では，最もうまく記述される「理想」のパターンとなってしまう。組織のメンバーは，正式なチャート図について聞かれると，たいていの場合は「どの図？」と答える。ここにあげたような複雑な問題については，組織に関する章で取り上げる。

◆ 観察者の視点に基づくネットワークの分割

　ネットワークの分割に関する研究の多くは，観察者，あるいはネットワーク分析の専門家の視点に立っている。その目的は，どのようなネットワークが全体に連結している（つながりをもつ）ように見えるのかを明らかにし，また分析を行ううえで意味のあるユニットにネットワークを分割することである。そこには，ネットワークの対人関係についての2つの「基本的なアイデア」，あるいは原理がある。ひとつは，結合性（cohesiveness; 訳注：ネットワークのつながりの程度を表す結合性の概念と，社会心理学で一般的に用いられる「集団凝集性（group cohesiveness）」の概念とを区別するため，本章ではcohesivenessの訳語を，文脈に応じて結合性，凝集性と使い分ける）または「閉鎖性（closure）」であり，もうひとつは他者にアウトリーチすること，または「構造的類似（structural similarity）」である。本章では，これらのアイデアをネットワークの分割に適用するが，その心理学的基盤については，次章で詳細に扱う。

▶▶▶ 結合性に基づくネットワークの分割

　結合性は「クリーク（clique）」を定義づける。クリーク（派閥）は，日常的に使われる言葉だが，数学的にも定義される——3つ以上のノードを含む完全サブグラフ（[maximal] complete subgraph）である（Luce & Perry, 1949）。完全サブグラフでは，すべてのメンバーが互いに連結している（Wasserman & Faust, 1994, p.254）。そのため，相互作用の観点からは，クリークに所属する人々を互いに区別することはできない（Martin, 2009, p.29）。これらの人々は，数学的には同等に扱われる。この定義は簡潔かつ明確だが，基準としては少々厳しすぎる。なぜなら，この定義に基づく相互的な関係性の量は，現実世界で維持するには多すぎるからである。さらに，この定義は，個人が1つのクリークのメンバーにしかなれないことを意味している。クリークに所属するには，すべての関係性が相互的でなければならず，仮にある個人が2つのクリークに所属した場合，それらのクリークは結果として1つのクリークへと統合されてしまう。図4-1にその例を示す。ここでは，5人のクリークが2つあり，それぞれの内部で相互に連結している。この場合，だれか1人がもう一方のクリークのメンバーになると，10人すべてが相互に連結することになってしまう。

　クリークは，本来は直接結合をもつノードの総体として定義されるが，ノード間の間接結合を1つ以上含む（訳注：すなわち，相互に直接結合していないノードのペアを1つ以上含む）ものとして定義し直すこともできる（Alba, 1973; Mokken, 1979）。しかし，こうした手続きは十分に満足のいくものではない。多くのクリークが同定されると，一方で，どのようにそれらをクラスター化するかという問題が残る。不思議なことに，クリークの内部での連結は多く，クリークの外部との連結は少ない，という2つの基準を同時に満たすのは簡単ではない。その意味で，これまで数多くの興味

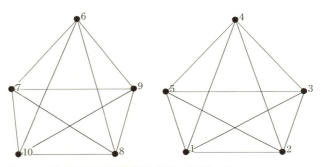

図4-1　5人の相互関係で構成される2つのクリーク

深い試みが行われてきたものの（Frank & Yasumoto, 1998），あらゆる状況で適用可能なネットワークのアルゴリズムを用いてクリークを同定することは，実際には非常に困難であるか，不可能である（Kleinberg, 2003）。

近年，数学者や物理学者は，大規模ネットワークでクラスターを同定するために，「モジュール性（modularity）」に基づくアルゴリズムを開発している。モジュール性の考え方では，「コミュニティ」あるいは集団内部の連結（エッジ）数と，ランダムに生成され，コミュニティ構造を含まないネットワークの連結数の期待値を比較する（Newman, 2006a, 2006b; Newman & Girvan, 2004; Girvan & Newman, 2002）。Newmanのアルゴリズムは，コミュニティに含まれるノード間のエッジ数や連結数が，期待値よりも大きいかどうか，という統計的基準に基づいて，ネットワークを2つの「コミュニティ」に分割する。ネットワークがうまく分割されると，クラスターあるいはコミュニティは階層構造をもつようになり，ネストされた（部門別の）ツリー構造として生成される。ツリー構造の中で，小規模のコミュニティが大規模なコミュニティに含まれる（シボレーがGMの一部であるように）ことを除けば，コミュニティの重なりは存在しない。メンバーは，ひとつのコミュニティにのみ所属する。統計的基準が満たされなければ，このアルゴリズムはそれ以上のネットワークの分割を「拒否」する[3]。

重なりが存在しないことで生まれる問題もある。集団やコミュニティの重なりは，社会学的にはごく一般の考え方だが，モジュール性を志向する多くのアルゴリズムとは真っ向から対立する。社会的サークルは現実場面において重なり合う傾向があり（Kadushin, 1966），都市化された社会システムの本質的な要素を形作る。これは，サークルやクリークを同定する形式的なアルゴリズムが出現する以前に，Simmelが指摘していたことである（Simmel, 1955［1922］）。その一方で，ほぼすべての統計的手法は，ユニット間の相互独立性を前提としている。そのため，大規模ネットワークを，相互に重なりをもたない複数の断片として分割することは，統計的分析にはなじみやすい。

分裂に対する抵抗

WhiteとHarary（2001）は，社会学的な概念として集団の結合性を用いている。より厳密にいうと，「集合体（collectivity）とは，メンバー間の対人関係によって結びつく，構造的な結合度が高い状態をさす」（Moody & White, 2003, p.106）。さらに，「集団（group）とは，すべてのメンバーが複合的な関係性によって結びつく，構造的な結合度が高い状態をさす……最も結合性の高い集団は，すべての人々が相互に直接結合している集団（クリーク）であるが，小規模な一次的集団以外にはほとんどみられない」（Moody & White, 2003, p.107）。集団の結合性は，コインの裏表の関

係にある2つのプロセスを観察することで測定される。まず，結合性は，集団が分裂の危機に直面した際，メンバーが互いを引き寄せ合う力の強さとして考えることができる。その一方で，結合性は，集団から一人あるいは複数のメンバーを除外したとき，あるいはノードの数を一定にしたうえで，ひとつあるいは複数の紐帯を除外したとき，集団の連結がどの程度崩れるかという側面で考えることもできる。前者は凝集性（cohesion），後者は固着性（adhesion）とよばれ，（訳注：名前は異なるが）同じ意味である。空手クラブの例では，「T（師範；Teacher）」や「A（運営；Administrator）」のノード，あるいはそれらのノードへのつながりを取り除くことで，集団が分裂するのは目に見えて明らかである。他にありうる分裂のパターンは，おそらくささいなものであり，それらを見つけるにはコンピュータのアルゴリズムが必要となる。面白いことに，密度が低く，分裂に対して比較的耐性の高い集団がある一方で，同程度の密度の集団でも，分裂に対する耐性が低いこともある。後者は，結合性の低い集団とみなすことができる。特に興味深いのは，つながりの密度そのものは低いが，分裂に対する抵抗力という点で，凝集性の非常に高い集団が存在する可能性である。分裂への抵抗というアイデアに基づくネットワークの分割の手法でも，ネストされた階層的なツリーが生成されるが，ツリー内での集団間の重なりは認められている。

　前章で紹介した空手クラブの全体ネットワークにも，この手法を適用することができる。この例は，集団がどのように分裂する可能性があるのかを描写するとともに，そのプロセスと理由についての説明も提供する。図4-2にそのソシオグラムを再掲する。クラスターは，ノードの色（黒あるいは灰色）によって表されている。

　クラブを分割すると，2人のリーダー，すなわち1番のノードTに従うノードと，34番のノードAに従うノードに分類される。詳細な分析を通じて明らかになったのは，中立的なノードの数は少なく，またそれらのノードがどちらのリーダーの派閥に属するのかを予測するのは難しい，ということであった。現実の似たような場面でも，結合性の高い複数の集団が重なりをもつとき，いくつかの紐帯は集団をまたぐものの，それらは決してひとつの派閥にまとまらない。個人は，集団の結合性が最も高くなるように，リーダーに従う形で分類される。WhiteとHarary（2001, Table 6）の分析では，2番から8番，11番から14番，18番，20番，そして22番のノードは，ノードT（1番）に従っていた。一方，9番，15番，16番，21番，そして23番から33番のノードは，ノードA（34番）に従っていた。10番，17番，19番は，どちらの派閥にも属していなかった。先に説明したGirvan-Newmanアルゴリズムによる分類は，これと非常によく似た結果をもたらすが，クラスターの重なりは許容されていない。

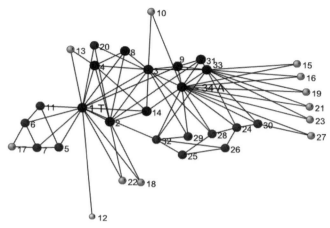

図4-2　空手クラブのメンバー間の友人関係ネットワーク

White, D. R., & Harary, F. (2001). The cohesiveness of blocks in social networks: Node connectivity and conditional density. *Sociological Methodology*, 31:305-359, Figure 14. Copyright © 2001 John Wiley and Sons.

▶▶▶ 構造的類似と構造的同値

　ネットワークの分割に関する他の手法は，他のノードへのアウトリーチという基本的なアイデアに基づくものであり，あるノードと他のノードとの関係性のパターンを検討する。これは，ノード間の関係性に基づく結合性とは異なる。他のノードとの関係性のパターンが類似している複数のノードは，一緒にまとめてグループ化される。このアイデアは，構造的類似（structural similarity）とよばれる（Burt, 1992; Borgatti & Everett, 1992）。ある部門の2人のマネージャーが，そこに所属する従業員との間で構築する関係性は，マネージャーどうしで似たようなものになるかもしれない。構造的同値（structural equivalence）は，より厳密な形式化であり，他の同じノードと同じパターンでつながりをもつノードの集まりとして定義される。2人のマネージャーが構造的に同値となるためには，同じ従業員と同じ関係性をもたなければならないが，これはありそうもない状況である。複数の人々がまったく同じ関係性をもつことはめったにないため，「理想的な」パターンをモデル化し，データとの適合を検証する手法（Doreian et al., 2005）や，パターンの類似性として構造的同値を扱う手法（Breiger et al., 1975）が用いられている。これは，Whiteら（1976）によって開発された手法で，「ブロックモデリング（blockmodeling）」とよばれる。ブロックモ

表 4-1　ブロックモデルの例

	A	B
A	1	1
B	1	0

デルは，ネットワークを重なりのないセグメントに分割する。このことは，場合によっては利点にも欠点にもなりうる。モデリングの根拠となるのは，ブロックがデータの抽象化を通じて構成され，代数的に操作できるという点である[4]。ノードの集合としてのクラスター，あるいはブロック間の関係性は，0と1のマトリックスで表現される。上の例（表4-1）には，AとBという2つのブロックがある。ここで，ブロックは個人を表すノードそのものではなく，ノードの集合を意味することに留意する必要がある[5]。1はブロック間の関係性の存在，0は欠如を意味する。この表では，行と列との関連を読み解くことができる。ブロックAは，その内部，およびブロックBと関係をもつ。すなわち，ブロックAに含まれるノードは互いに連結しており，さらにブロックBに含まれるノードとも関係をもつ。ブロックBは，ブロックAと関係をもつが，その内部では関係をもたない。すなわち，ブロックBに含まれるノードは互いに連結していないが，ブロックAに含まれるノードとは関係をもつ。これは，次に述べるコア／周辺構造のモデルであり，社会科学の領域で幅広く応用されている。

【コア／周辺構造】

　コア／周辺構造（core/periphery structure）とは，ネットワークの分割における最も単純な形式である。この構造がなじみ深いのは，われわれはみな幼少期の遊び場で同じ経験をしているからである。そこには，コアに位置する子どもたちと，周辺に位置する子どもたちがいる。こうしたパターンは，小学校から高校，そしてあえていうなら，その後の人生でも続いていく[6]。しかし，このような明らかに単純な構造であっても，さまざまなパターンを検討する必要が出てくる。
　以下では，BorgattiとEverett（2000）に基づいて，対称ネットワークの例を考えてみよう（図4-3）。
　表4-2に示す隣接行列（どのノードがどのノードと関係をもつか；第2章を参照）は，図4-3と同じ情報を含んでいる。行のノードと列のノードに関係性が存在する場合，隣接行列の要素は1となり，そうでない場合は0となる。この行列では，ノード1はノード2〜ノード5との関係をもっているが，ノード6〜ノード10との関係はもたない。また，図でもわかるように，この行列は対称行列であり，対角線の上半分と下半分は同じ情報を与える。また，ノードは自身との関係をもたないため，対角成分は0（訳

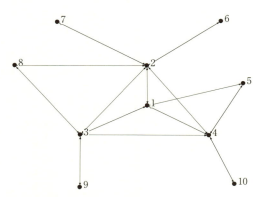

図 4-3 対称ネットワークの例

表 4-2 図 4-3 のネットワークの隣接行列

	1	2	3	4	5	6	7	8	9	10
1		1	1	1	1	0	0	0	0	0
2	1		1	1	0	1	1	1	0	0
3	1	1		1	0	0	0	1	1	0
4	1	1	1		1	0	0	0	0	1
5	1	0	0	1		0	0	0	0	0
6	0	1	0	0	0		0	0	0	0
7	0	1	0	0	0	0		0	0	0
8	0	1	1	0	0	0	0		0	0
9	0	0	1	0	0	0	0	0		0
10	0	0	0	1	0	0	0	0	0	

注:表4-2では空欄)となる。ノードが自身を参照する状況を考慮することも可能だが,ここでは扱わない。

　ブロックモデルによる分析では,ノード1〜ノード4はブロックAとして,ノード5〜ノード10はブロックBとして抽象化される。ブロック間の抽象的な関係性は,先に述べたコア／周辺構造として記述される(表4-3-1; 訳注：以下の例で,特に記述がない場合は,すべてブロックAをコア,ブロックBを周辺と考える)。

　ブロックBのすべてのノードが,ブロックAのすべてのノードと関係をもつわけではない。一方,ブロックBのノードは,いずれも互いに関係をもたない。こうしたコア・エリートモデルでは,コアと周辺は何らかの相互的な関係をもつが,一般にはある条件のもとでコアが命令を与えることを想定している。周辺に含まれるノード間の関係性は存在しないため,コアが周辺にオファーを行うことのほうが明

表 4-3-1～6　ブロックのタイプ

1. コア／周辺

	A	B
A	1	1
B	1	0

2. コーカス

	A	B
A	1	0
B	0	0

3. コアからの拡散

	A	B
A	1	0
B	1	0

4. 服従

	A	B
A	1	0
B	1	1

5. 柔和な人々

	A	B
A	0	0
B	0	1

6. 二極化

	A	B
A	1	0
B	0	1

らかに多い。国家やコミュニティのエリートに関する研究（Laumann & Pappi, 1976; Laumann & Knoke, 1987; Higley et al., 1991）と同様、兼任重役にコアが含まれることを明らかにした研究（Mintz & Schwartz, 1985），世界経済のコアを見出すためのネットワーク分析を用いた検討（Snyder & Kick, 1979），コアのリーダーシップを示した組織研究（Faulkner, 1983）もある。コアと周辺という概念は，諸国間の為替レートに関する研究や，移民に関する研究，アイデアや知識の普及・拡散に関する研究において重要な位置を占めている。その概念は全体として明確だが，Borgatti と Everett は以下のように述べている。「コア／周辺構造という概念は広く使われているが，驚くことに，それが形式的に定義されたことは一度もない。定義が存在しないために，それぞれの研究者は別の意味でこの用語を利用することができてしまい，得られた知見の比較は困難になる」（Borgatti & Everett, 2000, p.375）。

とはいえ，こうした単純なアイデアであっても，詳細な検討は可能である。他の種類のエリート・コアもいくつか存在する[7]。たとえば，「コーカス（幹部グループ；caucus）」タイプのコアがある（表4-3-2）。Breiger（1979）は，この種のクラスターが，コミュニティの権力の文脈に適用できることを示唆している。ブロック A に所属する活動的なノードは，コミュニティを「運営」しており，コアとの間に（あるいは互いに）政治的な関係をもたない他のノードには多くの注意を払わない（他の種類の関係をもつかもしれないが）。コアに所属する人々は，周辺のことを考慮に入れず，また周辺に所属する人々は，コアや周辺に所属する他の人々との関係をもたない。

ノード間のつながりが対称的とは限らない，有向グラフについて考えるのであれば，われわれは Groucho Marx（訳注：1930年代に活躍したアメリカのコメディアン「マルクス兄弟」の三男として有名）の状況についても考えることができる（表4-3-3）。

彼の有名な言葉に,「どうぞ私の退会をお認めください。私をメンバーとして受け入れるようなクラブにはいたくないのです」(Marx, 1959, p.321)というのがある。ブロックAのメンバーは互いに関係をもち,ブロックBのメンバーはブロックAのメンバーと関係をもつ。しかし,ブロックAのメンバーはブロックBのメンバーと関係をもたず,ブロックBのメンバーは互いに関係をもたない。

　より一般的にいえば,これはコアからの拡散モデルである。すなわち,コアは他のノードが望むものをもっているため,周辺に含まれるノードはそれを当てにする。一方,取引場面とは異なり,コアは周辺から何かを得ようとは思っていない。ここでの関係性は非対称的である。

　表4-3-4にみられるような状況もありうる。ブロックAがそこに含まれるノードの間でのみ関係をもつ場合,ブロックAはエリートとして存在し続ける。一方,一定の密度をもつブロックBに含まれるノードは,互いに関係をもつとともに,ブロックAのノードとの関係ももつ。この状況を,Breigerはある種の「服従（deference）」とよんでいる。ブロックAはブロックBに何も望んでいないが,ブロックBに含まれるノードは,ブロックAにもブロックBにも何かを提供している。

　コアと周辺に関するロジックを完全なものにするためには,表4-3-5のような関係性を考えることもできる。ここでは,最下位が一位になる,あるいは「柔和な人が地を受け継ぐ」(訳注:『マタイによる福音書』5:5)。これは,コーカスに関するブロックモデル（訳注:表4-3-2）を単純に反転させたものであり,ブロックBの権力をさらに弱いものと仮定する。現実には,このモデルにあてはまる例はほとんどみられないと思われる。

　ただし,「柔和な人」のブロックモデルは,コア/周辺ネットワークにまつわるひとつの命題を示唆する。コアは,ネットワークによって価値づけられる,あらゆる属性を保持している。これは,単なるトートロジー（循環論法）のように思えるが,そうではなく,おそらくきわめて複雑なプロセスの結果である。そもそもネットワークとは,関係性と伝達についての概念であり,ノードの属性についての概念ではない。この命題が意味するのは,コア/周辺構造における属性の価値の見積もりが,そのネットワークの構造と何らかの関連を示すということである[8]。この命題は,どちらが原因なのかについてはふれていない。とはいえ,疑問に浮かぶのは,高い価値をもつノードがコアになるのか,それとも,そうしたノードが低い価値しかもたない他のノードを周辺に追いやるのか,ということである。この命題が,リーダーシップや規範との関連から,公の場で初めて言及されたのは,George Homans (1950)による『ヒューマン・グループ The Human Group』の「ノートン・ストリート・ギャング」(訳注:1930年代後半に行われた,ボストン郊外のスラム街におけるイタリア移民のストリー

ト・ギャングの小集団に関する研究）の再解釈においてであった。リーダーは，フォロワーに比べて，集団規範の内在化の程度が高いといわれてきた。同様に，世界システム論（World-Systems Theory；訳注：Immanuel Wallersteinが提唱した理論で，世界全体を資本主義分業体制に基づく単一のシステムとみなし，世界をコア・準周辺・周辺に区分する）によると，コアに位置する国や地域は経済発展が進んでおり，政治的なコアに位置するエリートはより強い権力をもち，兼任重役制のコアはより強い統制力をもち，文化的伝達におけるコアは文化的なヘゲモニー（hegemony；覇権）をもつ。この命題については，以降の章で詳しく扱う。

ここまでの議論によれば，ネットワーク分析は，たんに現状を無理やり肯定するための手法であるように思える。つまり，ネットワークがシステムの価値を内在化してしまっており，コア／周辺モデルはその変化を考慮に入れていない。とはいえ，論理的に考えると，これまで考慮されてこなかったひとつの可能性が浮かび上がる。それは，政治の舞台におけるネットワークであり，コミュニティ内で二極化した2つのクラスター，あるいはコーカスが存在する可能性である（表4-3-6）。これらのクラスターに含まれるノードは，内部での関係性のみをもち，外部との関係性をもたない（訳注：ここでは，ブロックBもコアとして考えることができる）。

こうした二極化は，不安定な状況でサークルが重なり合った，現代のコミュニティにみられる。この状況を，Colemanは，問題点が提起された後に起こるコミュニティの葛藤の第二段階とよんでいる（Coleman, 1957）。ここでのブロックモデルは，ネットワークの二極化こそが社会変動（social change；訳注：社会構造の変化）の本質であるというアイデアを示唆するものである。社会変動はネットワークの二極化をもたらす。あるいは逆に，ネットワークの二極化は，規範や価値，他の社会構造における社会変動をもたらす。このような社会変動に関するモデルの詳細は，以降の章で取り上げる。

現実世界において，選択肢が2つしかないということはほとんどないが，ブロックモデルに，ブロックC，D，……，Nといった新たなブロックを追加していくと，モデルが複雑になってしまう。本章で取り上げた2つのブロックのみを含むモデルは，最も単純なネットワークであり，コア／周辺モデルの基本的な考え方の紹介を目的としたものである。とはいえ，それでも十分に複雑になる可能性はある。

ネットワーク（特に大規模ネットワーク）をうまく分割する手法について，近年その発展はめざましく，ネットワーク分析の最前線のひとつとなっている（第8章を参照）。大規模ネットワーク全体を扱うのは面倒なことだが，ネットワークの領域は，対人関係をメタファーとして扱うことに始まり，それらを分析し，検証可能なモデルを構築することにいたるまで，大いに役立つものであった。以降の章では，これまで

学んできたことを改めて吟味し，発展させていく。

われわれは今どこにいるのか

　第2章では，社会学の観点から見たつながりの特徴——近接性とダイアドの同類性——という，基本的なネットワークの概念について議論した。第3章では，基本的な社会学の分析単位であるトライアドについて紹介し，トライアドのバランスと，ネットワークにおけるトライアド・センサスについても検討した。全体ネットワークの議論では，ネットワーク構造の鍵となる，地位という概念を取り上げた。そこでは，ネットワークの外部の観察者によって発見される地位と，内部のメンバーによって与えられた呼称をもつ地位とを区別した。また，ノード間や地位間の複合的な関係性とともに，弱い紐帯がネットワーク全体を統合するという逆説的な影響プロセスについても述べた。最後に，本章（第4章）では，ネットワークにおける個人の地位の特徴から，全体ネットワークの分割へと軸足を移した。ここでは，ネットワークの2つの基本原則——関係性の内部を見るのか，それとも関係性の外部を見るのか——に由来する，ネットワークの分割に関する2つの基本的な手法をレビューした。ネットワークのパターンに関する最も基本的な要素は，中心となるコアに所属しているか，それとも周辺に所属しているかであり，これは多くの社会構造の核心をなしている。実際のところ，そのパターンは想像以上に複雑である。これらの章で紹介した基本的な概念やアイデアは，以降の章でもさまざまな形で現れてくる。まずは，ノードが抽象的な実体や組織だけではなく，個人でもあるということに立ち返り，人々のネットワーク行動の背後に仮定される心理学的基盤について議論する。

注

1　アルゴリズムとは手続きのことであり，レシピのようなものである。最初にこれ，次にこれ，そしてそれらがどうなっているかを確認したあと，さらに別のことを行う。この手続きは，一連の方程式を解くための代数的な解の導き方とは異なる。方程式の解が導けない状況は数多くあり，方程式をどう記述するのかもわからない状況もある。手作業でアルゴリズムを実行することはきわめて退屈であり，ミスを犯しやすいが，コンピュータは，そうした作業を高速で実行できる。アルゴリズムは，問題解決におけるまったく新しいアプローチとして，現代の統計学における中心的な手法となり，ネットワーク分析の重要なテクニックとなっている。

2　「C's」を思いついたのは，Daniel Bell（私信）のおかげである。

3　2011年のサンベルト社会的ネットワーク学会の口頭発表（および私信）で，Linton Freemanは，モジュール性が，特定のネットワーク構造がどれほど「よい」のか——検討の対象となるクラスタや集団，コミュニティが，そのネットワークにおいて期待される特徴をどの程度有しているか——を決定するために導入された手法であると指摘している。クラスタや集団，コミュニティを同定する最適化アルゴリズムの指標として，今日では（訳注：Newman [2006a, 2006b] が提案した）「Q」が最もよく使われる。NewmanとGirvanは，Qは0から1の範囲で変動するとしているが，Freemanは，Qが実際には-0.5から1の間で変

動し，適切にスケーリングされていないことを示した。また，Qの上限は，クラスター（集団，コミュニティ）数nの関数となり，$(n-1)/n$に等しい。さらに，Qがランダムであるという前提はそれほど厳密なものではなく，グラフに含まれるすべての頂点の次数に依存する。本文中で述べたように，ネットワークをコミュニティや集団に分割する手法は，まだ完璧ではない。

4 ブロックモデルの代数的な側面については，本書の範囲を超えているので扱わない。
5 White ら（1976）の議論を参照。
6 Coleman（1961）は，高校における「人気者グループ」について，一定の分量の記述を割いており，そうしたグループが学業達成に与える（訳注：ネガティブな）影響を非難している。
7 本章では，実際のアルゴリズムやテクニックにこだわらずに，ブロックモデルによる抽象化を，重なりをもたないネットワークのセグメントを記述するために用いている。最も簡単なのは，コア／周辺モデルを，絶対的な概念，あるいは抽象的な概念として扱うことである。一方，実践場面において，ノードがネットワークのコアに位置すること，あるいは周辺に位置することは，程度問題である。
8 同様の指摘に関しては，Borgatti と Everett（2000）を参照。

5章 社会的ネットワークの心理学的基盤

「人間中心に」社会的ネットワークを理解するという目標に沿って，本章では，個人の社会的ネットワーク行動の心理学的基盤をもとに，ネットワーク理論の探求を始める。このトピックは，多くの社会的ネットワーク分析の研究者から，意外にも見て見ぬ振りをされてきた。これらの基盤は，動機的側面と認知的側面の両方を含み，「ネットワーク」そのものへの衝動，および，ネットワークのマネジメントにかかわる人間の能力の限界を明らかにする。人間の基本的動機には，一次的欲求に対応する2つの動機がある。ひとつは安全への欲求であり，もうひとつはアウトリーチへの欲求である。これらの欲求は，社会的ネットワークの2つの側面に対応し，いずれも基本的な特徴であるとともに，相補的な役割を果たす。ひとつは，接続（connections）の側面であり，ネットワークのいくつかの要素をつなぐことである。もうひとつは，「すきま（holes）」や非接続の側面であり，ネットワークの他の要素とつながりをもたないことである。動機づけのひとつは，居心地のよい関係の中にとどまり，安全や快適さ，援助の感情に結びつくような社会成員との関係を保つことである。もうひとつは，既存の関係の外に手を伸ばし，何もないところにつながりを作り出すことである。これらの一次的な動機づけに加えて，ネットワークそれ自体によって生み出される動機づけもあり，羨望，「地位の追求」，あるいは「隣人に負けないように見栄を張ること（keeping up with the Joneses）」のように，さまざまな呼び方で知られている。エゴは，ネットワークの中で比較可能な位置にいる他者と自分自身とを対比し，自分自身に足りない部分を発見する。こうした欲求は，兄カインの弟アベルに対する羨望（『創世記』4: 4-5）にもみられるように，昔から存在する。これまで述べてきたように，絶え間なく繰り返されるフィードバックのサイクルを通じて，動機づけのようなプロセスは，他者とのつながりによる制約を受ける。安全の動機とアウトリーチの動機は，ネットワークの形成に寄与すると同時に，そのあり方はネットワークに依存している。また，地位追求の動機は，ネットワークの形成にも影響を与えるが，どちらかといえば社会的ネットワークの形態から強く影響を受ける。こうしたネットワークは，羨望の的となる他者へのアクセスを提供するからである。

さらに，認知心理学的なプロセスも重要な役割を果たす。人間のネットワークサイズは，認知能力によって制限される。これは，アウトリーチを行う場合でも，身近な社会的環境で関係を形成する場合でも同様である。歴史的に見て，平均的な個人のネットワークサイズの最大値は，およそ150であった。しかし，アメリカのような現代の西洋諸国において，ネットワークサイズの最大値は倍増しているようにみえる。明らかに，動機づけと認知能力はいずれも社会構造と文化による影響を受けており，これらの要因には注意を払う必要がある。

この章では，ネットワークの2つの特徴から議論を始める。それらの特徴とは，物事を成し遂げること，そしてコミュニティである。

◆ 物事を成し遂げること

『友達の友達 Friends of Friends』（Boissevain, 1974）は，社会的ネットワークの分野における初期の研究で，影響力をもつ著作のひとつである。この本は，シチリア人の教授が，彼の長男の教育に関する問題をどのように解決したかについての紹介から始まる。教授は，彼のライバルのひとりが息子の高校卒業を妨害し，大学教育の機会を奪おうとしているのではないかと心配していた。そこで彼は，親類と友人による選りすぐりのネットワークを動員して，この懸念が確かに事実であることを確認し，その後，息子が大学に入学できるように取りはからった。その中で，彼は有名なマフィアの一員の支援をも仰いだ。彼が借りを作った相手には，もしこのことがなければ，おそらく感謝を示すことはない人も含まれていたのである。Boissevain は，われわれの多くが，こうした複雑な，あるいは極端な手段を使うことはないと述べている。

> われわれは誰もが、友達やあるいは一次的に同盟関係を結び合う友達の友達を通して解決をはかる問題を抱えている……したがって、私の議論の焦点は、(1) 個人間の関係がどのように構造化され、それによって個人がいかなる影響を受けるか、(2) 社会的な事業家［起業家］とみなされる個人が、目標を達成し問題を解決するために、この個人間の関係をどのように操作するか、(3) 個人が自己の目的を達成するために構築する一次的なコアリッション［同盟］の組織化と動態はいかなるものか、ということにある（Boissevain, 1974, p.3, 岩上・池岡訳，［］は訳者による）。

このように，社会システムは対人関係の様式を構造化する。しかし，その構造がもたらす結果は，必ずしも社会的ネットワークによって規定されるわけではない。構造化された対人関係の様式の中で，人々は行為主体性（agency；エージェンシー）を保

持しており，さまざまな手段で既存のつながりを活用したり，昔のつながりを活性化させたり，また新しいつながりを形成したりすることができる。ただし，「システム」そのものが自動的に人々を熟達させるわけではない。Boissevain は，「高度に熟練した（対人）ネットワークの専門家」(Boissevain, 1974, p.148) や，ブローカーとなる個人には気をつけるよう呼びかける。「ブローカーは，人間と情報をあやつる専門家であり，利益を生むようなコミュニケーションをうながす」(Boissevain, 1974)。もちろん，ここでの「利益」とは支払われたお金のことではない。しかし，繰り返し恩を売るうちに，この利益を必要に応じて「現金化」することは可能である。これは，映画「ゴッドファーザー」で有名になった手口で，原作（1969 年）と脚本を手がけた Mario Puzo から見たイタリアンマフィアの姿である。また，有名な「スモールワールド」実験で，Milgram (Milgram, 1967, 1969; Travers & Milgram, 1969) は，ある特定の目標人物につながるようなブローカーを見つけるよう，参加者に依頼した。出発点（参加者）から目標人物（マサチューセッツ州ケンブリッジで暮らす，ある学生の妻）にたどり着くまでのつながりの数（ステップ数）の中央値は 5 であったが，個々のステップ数には 1 から 11 までのばらつきがあった。さらに，ネブラスカ州からスタートした 160 人のうち，目標人物に到達できたのは 42 人のみであった[1]。つまり，ブローカーの役割を担おうとする動機づけの程度や，ネットワークにおける地位の優位性を生かすのに必要な能力の程度は，個人によって異なるのである。

◆コミュニティとサポート

ネットワークは，何かを成し遂げることにかかわるだけでなく，「コミュニティ」(Craven & Wellman, 1973; Wellman et al., 1988) や「社会集団」(Kadushin, 1966; Simmel, 1955 [1922])，コミュニティから得られる「ソーシャル・サポート」(Cohen & Syme, 1985) にもかかわっている。コミュニティやサポートに関する検討を行う場合，まずは社会システムに埋め込まれた紐帯の有無を確認することになる。その際には，個人間の結束やネットワークの密度，ネットワークを通じた伝染といった側面に注目することが多く，紐帯のすきまや欠如について取り上げることは少ない。現代社会はつながりが希薄にみえるにもかかわらず――あるいはそのためかもしれないが――個人間の結束やネットワークの密度，ネットワークにおける拡散は，人々に強い影響を与えている。紐帯やつながりはコミュニティの中で発見されるが，それらは地理的に近接している必要はない (Wellman, 1999; Wellman & Haythornthwaite, 2002)。ここでは，Burt のいう「閉鎖性 (closure; 相互の結びつき)」のほうが，行為主体性よりも重要であるように思われる。しかし，媒介性と密度は，いずれもネット

ワークにおける基本的かつ必須の要素である。その一方で，安全の感覚とアウトリーチの欲求との明確で簡潔な区別は，現代社会においては不明瞭になってしまっている。また，結束性やサポートは，伝統的な社会よりも，現代社会においてはるかに重要な意味をもつようになった。コミュニティや近接性は，社会的環境の受動的な産物ではなく，能動的な特定の行動の結果として生まれるからである。

　現代社会学の創始者たちの主要な関心のひとつは，19世紀から20世紀初頭にかけての，危機に陥っているようにもみえた伝統社会から現代社会への移行を説明することであり，おそらくそれこそが社会学という学問を生み出した大きな要因であった。たとえば，Durkheimは『社会分業論 *The Division of Labor in Society*』（1947 [1902]）の中で，ネットワークの密度と凝集性を，伝統社会における「機械的連帯（mechanical solidarity）」とみなす一方，構造的すきまを多く含む「有機的連帯（organic solidarity）」を，強い結束を生み出すためのさらなる努力を必要とする，現代的な状況とみなした。また，Simmel（1955 [1922]）がいうところの，交差するサークル（cross-cutting circles）とは，大都市に住む人々が複数のコミュニティの結びつきを自ら作り出し，主体的にかかわる様子を表している。こうしたサークルの中で，コミュニティ間の基点となるのは，唯一，その結びつきを作り出した本人だけであろう。コミュニティの形成は，特定の能力をもつ個人の行為主体性のはたらきによるところが大きい。こうした個人は，本来結びつきをもたなかったノードをつなげることができる。そのため，現代社会では，仲介や構造的すきまにまつわるとされてきた能力が必要とされる。その一方で，構造的すきまを巧みにあやつり，「構造的に自律している」ブローカーもまた，凝集性という伝統的な価値観に根差したソーシャル・サポートに頼るところがある。

　結束性（凝集性）と媒介性における，本質的な二重性をより深く理解するためには，ネットワークにおける動機づけの理論を理解する必要がある。こうした動機づけは，人間の幼児と，母親や父親，他の家族との原初的なネットワークに「あらかじめ組み込まれた」ものである。George Homans（1950）は，このような関係を「ヒューマン・グループ（the human group）」とよぶ。原初的なヒューマン・グループは，聖書にも見られるように，カインのアベルに対する羨望の原因となった。

　18世紀の啓蒙思想に端を発して，社会理論家の多くは，社会構造を分析する際に，動機づけの心理学に基づく説明を用いることがある。本書では，現代の心理学におけるいくつかの理論的なアイデアを活用する。それは，Greenberg（1991）の関係性精神分析の理論（訳注：対象関係論）と，HaidtとRodin（1999）によって統合された，幅広い領域を扱う動機づけの理論である。前者は安全の動機と（アウトリーチに必要となる）効果性（effectiveness）の動機に関連し，後者は主に効果性に関連する。と

はいえ、効果性の発揮にも、体系的なソーシャル・サポートや安全の感覚が必要となる。一般に、地位の追求や「隣人に負けないように見栄を張る」ことは、経済学の理論、物欲、そしてネットワーク上の資源を利用した地位の獲得といった観点から議論される（Lin & Erickson, 2008a）。しかし、心理学者が明らかにしたのは、地位（あるいは、いわゆる階級）によってもたらされる物質的な報酬に加えて、地位そのものが価値ある資源となることである（Huberman et al., 2004）。

◆ 安全と親密さ

一般に、現代の対象関係論（訳注：精神分析の一方法）や自己心理学の理論では、人間の基本的欲求を満たすためには他者が必要であり、他者を探し求めることが人間の原初的な行動であると仮定している。幼児の探索行動における最初の目標あるいは対象として、母親が取り上げられることは多い。このように、ネットワーク行動は、まさに生得的かつ必要不可欠で、原初的な人間の条件である。しかし、Greenbergにとっての問題とは、他者を探し求めることが人間の基本的な動機づけであるということではなく、むしろ、どのような欲求が他者によって満たされるのかに関する疑問である。たとえば、「私（Greenberg）の見解では、Fairbairn[2]の動因論は、子どもが望むものに関するいくぶん単純な認識に基づいている。それは、自己保存の欲求に基づくひとつの動因モデルであり、子どもの（後には大人の）依存性として顕在化する」（Greenberg, 1991, p.73）。

依存性は、生涯にわたって続くものであるが、それが人生のすべてというわけではない。なぜなら、依存性とともに、行為主体性もあらかた消えてしまうからである。Freudと同様に、Greenbergも、人間には2つの基本的な欲求があると結論づけている。それは、安全の欲求と効果性の欲求である。安全は基本的な欲求である。なぜなら、「人々は、安全であると思わなければ、新しい行動や経験に対するリスクを取らない……安全の感情が重要であることは、1世紀にわたる精神分析の知見から見出された、最も大きな発見のひとつである」（Greenberg, 1991, p.132-133）。さらに、安全の欲求は親和欲求でもある。「安全の欲求の作用とは、常に人々を対象に近づけることである」（p.133）。また、Greenbergは強調する。「安全の欲求は…生得的であり、最初から人間に対して向けられている……安全の欲求に基づいて、われわれは身体的、知的、心理学的なくつろぎの感覚を追い求め、他者へと向かう」（p.134, 137）。

◆ 効果性と構造的すきま

これに対して，効力感（efficacy）は「子どもを衝動的で活力に満ちた行動へと駆り立てる……これは，Hendrick（1942, p.40）が『何かを成し遂げたい，その方法を学習したい』欲求と簡潔によんだものである……エフェクタンス（effectance）は，自己充足，自律，個体化の感覚によって特徴づけられる」（Greenberg, 1991, p.137）。効果性への欲求，すなわちエフェクタンスは，個人を他者から引き離す。「文化（＝社会）は，なくてはならないものである。文化は，人々の関係性に対する欲求を広く反映したものであり，安心できる構造に埋め込まれたいという安全の欲求にかかわるからである（Fromm, 1941）。しかし，文化はまた息苦しいものでもある。エフェクタンスは，社会で生きるうえでの規範に反することがあり，文化によって抑圧されることがある」（p.139）。また，エフェクタンスは，安全の欲求と同様に生得的なものである。

> それは，身体の中，おそらく筋肉で始まる感覚で，まずたんに運動のための運動がもたらす快感として経験され，そのすぐ後に，行為主体性の感覚にまで拡張される。これは熟慮のうえでの活動など，Stern（1985）が主張する，幼児が最初に意志をもって行動するときの感覚である。その後，発達段階の後期には，それは外界へと拡張され，環境に対するコンピテンスや熟達の感覚とも密接に関連するようになる（Greenberg, 1991, p.136）。

これは他者，特に母親から独立したいという強い欲求である。Greenberg は，「エフェクタンスは，それゆえ，すべての対象関係に備わっている回避の要素を説明するのに，最もふさわしい構成概念である。Freud も，対象から離れようとする欲求を，攻撃性（さらには死への本能）で説明している」（p.137）と述べている。しかしながら，Greenberg の対象関係論は，破壊性への初期衝動も，対象がもたらす必然的な失敗への反応も想定していない。

また，心理学者の Haidt と Rodin も，同様にコントロールの動機的側面について述べている。「エフェクタンスは，コンピテンスや熟達を求めて努力する内発的動機づけである。エフェクタンスの充足は，効力感の高まりに結びつく」（Haidt & Rodin, 1999, p.329）。エフェクタンスは，能力への欲求と自律への欲求に区別され，後者は「西洋人に特有の欲求かもしれない」（Haidt & Rodin, 1999）。言い換えれば，エフェクタンスが「息苦しい」環境を克服するために機能するかどうかは，文化によって左右されるのである。しかし，エフェクタンスが機能する普遍的な社会的状況も存在する。

HaidtとRodinはこれを「システム全体による支援性（systemic supportiveness）」とよぶ。「支援的なシステムとは，新しいことへの挑戦を引き受けたり，マスターしたりしようとする欲求を，個人に提供（アフォード）するシステムである」（Haidt & Rodin, 1999, p.332）。支援的なシステムにはさまざまな側面が含まれるが，その根底にあるのは安全の感覚である。これは，Greenbergがいうところの，原初的な人間関係への満足感から生まれる感覚である。

◆ 安全の欲求と社会的ネットワーク

ネットワークの表現を用いると，安全の感覚や支援的なシステムは，ネットワークの「密度」に相当する。密度は「ソーシャル・サポート」や「結束性」，そして「社会的埋め込み」との関連が主に検討されてきた。密度の高い社会的ネットワークは「信頼」の感覚によって特徴づけられる。これは，個人が特定の他者に対して協力的な行動をとれば，その人はきっとお返しをしてくれるという期待である。もし信頼がなければ，こうした関係性の構築には時間がかかるだろう。自己が特定の他者にはたらきかけ，その人から反応があるということは，その人に「貸し」を作ることを意味する（その人は，親切な行為に応えるために「利息」を支払うか，あるいは何らかの価値のあるお返しをしなければならなくなる）。一方，完璧な信頼が存在する場合，長期にわたる貸し借りの信用取引は必要ない。多くの場合，時間の経過は無視できるものとなり，与えるものとお返しとは等価となる。二者関係（訳注：ダイアド）における最も単純な例をあげよう。バスの運転手に運賃を払えば，運転手はそのお金を受け取るし，その客をバスから降ろすようなことはしないだろう[3]。

一般的に，信頼は，比較的ネットワークの密度が高く，さらにネットワーク（とその構造）の可視性が高い状況において，短いスパンで生起する。この状況はしばしば「凝集性」（訳注：ここではコミットメントを含む）や「ソーシャル・サポート」として表される。もちろん，これらの状況は変化しうる。社会的交換状況に関する多くの論文では，（典型的には，実験での「ペイオフ」（報酬）マトリックスを変化させることで）ダイアドでの交換の価値を割り引くのと同様に，ネットワークの可視性やその構造を実験的に変化させ，凝集性やサポートの程度を変化させる（Molm et al., 2000; およびその引用文献を参照）。さらに，実験者は，取引参加者のどちらか一方（または両方）が，互いを信頼することへの動機づけを下げるように，交換におけるパワーバランスを変化させることもできる。

より複雑な状況では，相互作用の込み入った連鎖がネットワーク内にみられるはずであり，さらに，経済学でいう割引（discounting）がある程度存在するかもしれな

い。つまり，相互作用に時間的な遅延がある場合には，自分がもともと投資した分よりも多くのお返しを期待できる。おそらく，最も興味深いタイプの信頼が生まれるのは，信頼がダイアドにおけるパートナーではなく，システム全体に対して向けられ，さらに相互作用に大きな遅延が存在する場合である。こうした状況が明白に生じるのは，直接的な相互作用のパートナーではなく，システム内の他の（複数の）ノードから，後になってお返しをもらうときである。人類学者のMalinowskiは，トロブリアンド諸島における，この種のネットワーク型の信頼について報告している。いわゆる「クラ交易（kula ring）」は，連なった島々の中で，貝殻のネックレスを時計回りに，貝殻の腕輪を反時計回りに交換するものであった。こうした交易には，1年またはそれ以上の時間が費やされた（Malinowski, 1922）。また，アメリカ西部開拓時代に隣人が総出で行った「納屋の棟上げ」の儀式も，「網状一般交換（net generalized exchange）」の別の例である。Claude Lévi-Straussの造語である網状一般交換は，Ekeh（1974）によってその意味が見事に解き明かされた。網状一般交換——ある特定の人物とではなく，社会システム全体との互恵的な交換——は，未開社会や孤立した太平洋諸島の住民にみられるだけでなく，現代社会でも十分に起こりうる。たとえば，研究者として学術論文へのコメントを求められたとき，私はこれに応じる。なぜなら，私が他の研究者に同じ相談をすると，その多くはリクエストに応えてくれるからである。この「報いを望まずに（汝のパンを水の上に投げよ）」（訳注：『伝道の書』11: 1）という原理は，結果として，将来のお返しの「割引率」や，システムの可視性，システムとしてのネットワーク構造の堅牢さ，現在のサポート実行にかかるコスト，システムの階級構造におけるその人の地位に依拠する。階級の高い人は，システム内でより多くの投資をしており，「ノブレス・オブリージュ（noblesse oblige）」（訳注：高い身分の人々は，そうでない人々を助けなければならないという考え方）を実践している。先ほどのコメントのリクエストに応じる例では，他者に何かを与えるという小さな行為によって，私は自らの優位な地位を確立できる。さらには，「ただで」コメントを提供するとしても，私はその中身まで失ってしまうわけではないので，コストは発生しない（詳細は，Kadushin, 1981; Uehara, 1990を参照）。信頼は，密度の高い直接的な関係のみにみられる属性ではなく，「友人の友人」といった三者関係にも影響を受け（Burt, 2006），コミュニティ内での個人の評判を確立させる。確かに，Greenbergが指摘し，Durkheimの「機械的連帯」にもあるように，ネットワークの密度や結束性は，同調という犠牲を明白に強要し，息苦しくもある。信頼に関する社会学の論文は数多く，社会的ネットワークは，社会における信頼の確立に重要な役割を果たす（Cook, 2001）。その一方で，付加的な要素が他に存在することも明らかである。

まとめると、以降の効果性の議論で述べるように、信頼と安全の欲求は、まさにネットワークの内部と外部のどちらを重視するかの問題である。内部の人々との関係は密度が高く、支援的であり、信頼に満ちている。これに対して、外部の人々との関係は密度が低く、「構造的すきま」による介入を受けやすいのである。

◆効果性と社会的ネットワーク

ここまでは、ネットワークの密度、すなわちつながりに関するさまざまな議論を行ってきた。ここからは、ネットワークのすきま、すなわちつながりのない部分に着目する。このアイデアは、先に述べたように、Burt が彼の影響力のある著作『競争の社会的構造：構造的空隙（訳注：すきま）の理論 Structural Holes: The Social Structure of Competition』(Burt, 1992) の中で提唱したものである。ネットワークのつながりではなく、すきまに焦点を当てることによって、われわれは安全の欲求ではなく、効力感について考えることが可能になる。競争の激しい状況では、他者との結束は損失をもたらしうる。密度や結束性の高いネットワークに埋め込まれた個人は、同じ情報を共有している。こうした個人は互いに束縛されており、それと同時に張り合うこともできない。このような密度の高い相互関係のシステムの中では、だれも優位に立つことはできない。一方、密度の高い箇所が複数存在するものの、それらに相互の直接的なつながりがないネットワークは、構造的すきまによって特徴づけられる。これらの箇所をつなぐブリッジとなる個人は、相互に切り離された多様なクラスターから情報を得ることができ、またノード間での競争も可能になる。Burt によると、「自分側では構造的すきまから解き放たれた関係性をもち、他者側では構造的すきまの多い関係性をもつプレイヤー（訳注：自己や行為者）は、構造的に自律している。こうしたプレイヤーたちは、ネットワークから得られる利益をコントロールし、情報を得るうえで、最もすぐれた位置にいる」(Burt, 2000, p.45)。つまり、プレイヤーの側にはサポート（すなわち、構造的すきまから解放された状態）がある一方で、プレイヤーとつながりのある他者のネットワークの密度が低い場合、そのプレイヤーの影響力は高まるのである。ここでは、自己や行為者を「プレイヤー」と表現していることに留意してほしい。プレイヤーはいわば起業家であり、他の選択肢をもたない個人に対し、仲介を通じて「断れない提案をする」ことでアドバンテージを得ている。仲介人へのメリットなしに、仲介を行うことはあり得ない。Burt は「異質性の高い人々の間をつなぐ」ことに熱心な個人が、組織における早期昇進など、多くの価値ある資源を手に入れられることを明らかにした。なぜなら「高い報酬を得られる機会を、だれよりも早く知り、そこに参加し、掌握できる」からである (Burt, 2000)。

Burtによると,動機づけはネットワークそのものから生み出される。「ネットワークそれ自体が動機を説明する。プレイヤーのネットワークに構造的すきまが増えるにつれて——構造的すきまがどのように形成されるかにかかわらず——個人間に関係を作り,交渉するといった起業家としての行動こそが,その人にとっての生き方となる……もしもあなたが起業家としての関係形成しかできないのであれば,動機づけは問題とならない」(Burt, 2000, p.36)。これは極端に構造主義的な立場であり,他の要因,特にネットワークで共有される情報からの独立した影響を否定する。Burtは後にこの極端な立場を修正し,以下に述べるように,ブローカーに特有のパーソナリティ特性を検討している (Burt et al., 1998)。動機づけの中身に関しては,Burtは Schumpeter (1934, p.93) の説明を引用し,起業家の動機づけを「克服しようとする意志,あるいは戦いの衝動,自分自身が他者よりすぐれていることを証明しようとする衝動,そして成功それ自体のために……成功しようとする衝動」としている。簡単にいえば,(訳注:ネットワークにおいて)高い効果性 (effectiveness) をもとうとする動機づけである。Greenbergであれば,こうした状況における動機は,安全に関する動機とはまったく異なっていると主張するだろう。ネットワーキングにおいて高い効果性を志向する個人は,全員と仲良くしようとはせず,選ばれた人々以外は蚊帳の外に置かれ,無視される。効果性の高い個人は「良い人」である必要はなく,親密さや平等よりも,コントロールと利益を求める。競争は効果性のひとつの側面である。必ずしも全員が競争に勝てるわけではない[4]。さらに,ネットワークの理論が示唆するのは,人々が構造的に同形(structurally isomorphic)である他者と競争し,打ち勝とうとし,少なくとも負けまいとすることである。構造的に同形であるとは,人々のネットワークに含まれるノード間の関係のパターンが同じであることをさし,同じノードとのつながりをもつ必要はない (Borgatti & Everett, 1992)。また,こうした人々が,互いにつながりをもつ必要がないことにも留意すべきである。このような構造のパターンについては,文化的に規定された役割関係から理解するのが最も容易である。たとえば,親族システムにおいて,すべての「父親」は構造的に同値である。さらに,高い効果性をもとうとする欲求は,動機づけへと変化する。すなわち,父親どうしは互いを気にして,「隣人に負けないように見栄を張る」。リトルリーグの大会は,子どもと同様に,父親にとっても競争なのである。最後に,エフェクタンスがいわゆる対人操作に関連づけて解釈されないよう,仲介にはマキャベリ的側面があまり存在しないことに留意する必要がある。この点については,ネットワーク内の拡散について扱う第9章で詳しく述べる。異なるクラスターに所属する多様な人々とのつながりをもつ個人は,自分が現在所属するクラスターでは手に入らないような情報やアイデアにアクセスすることができる。アウトリーチによって,個人は居心地のよい関

係にとどまるよりも，豊富なアイデアを利用することが可能になるのである。

◆ 安全と，効果性への両方の欲求?

　安全・親和・信頼・密度への欲求と，効果性・競争・構造的すきまを求める欲求は，いずれも人間の生得的な動機づけであり，あらゆる社会的ネットワークでみられる。では，自己あるいは他者のどちらかが，相手よりも目立つのはどのようなときだろうか。「(同じような) 隣人に負けないように見栄を張る」ことは，効力感への動機のひとつである地位追求と関連し，凝集性の高い状況よりも，構造的すきまが多い状況でよくみられる。これらの動機づけが必要となるのは，行動にともなうコストが投資へのリターンと同じくらい高いとき，ネットワークの可視性が低いとき，将来のお返しの割引率が高いとき，そして個人が道徳規範に従わないときである——これらは要するに，現代における市場規範が支配的な状況である。このような状況下では，行為者は少なくとも構造的に類似した他者に負けないように，願わくは勝てるように努力する。なお，ここでの行為者とは，組織，民族国家，あるいは他の集合的な実体を含むことに留意されたい。

　観念的には，効果性のネットワークと安全のネットワークとの大きな違いは，信頼の所在にある。安全のネットワークにおいて，信頼は，「プレイヤー」の側だけでなく，ネットワーク全体の属性となりやすい。一方，効果性のネットワークにおいて，信頼は，プレイヤーとその相手となる他者との間の属性として，ある程度限定される。さらに，効果性のネットワークでは，全体構造の可視性が低くなることがある。ネットワーク研究における驚くべき魔法の発見のひとつとして，行為者があたかも隣人に負けないように見栄を張ろうとする場合，構造的に類似した他者を意識する必要はないということがある。しかしながら，Greenberg や，Haidt と Rodin は，効果性とコントロールが人間の根源的な動機づけの欲求，あるいは動因であることを認めつつ，それらは，安全 (の感覚) や，システム全体による支援性が先にあってこそ成立するものだと主張した。Greenberg は「安全とエフェクタンスの欲求は，ある瞬間にはどちらかが意識下で優勢になるにしても，これらは継続的に作用しており，両方の力が常に共起しうる」と指摘する (Greenberg, 1991, p.138)。原初的で根源的な動機である自律性への欲求を満たすためには，個人は安全やサポートの感覚をもたなければならない。これは人間存在の究極的なパラドックスである。

　現実場面におけるパラドックスはもうひとつある。構造的すきまをつないだり，冗長なつながりを切り離したりするのにコストがかからないと仮定しよう。仮にネットワーク内のすべての成員が構造的すきまを最大化する戦略を採用した場合，シミュ

レーションの結果では,全員が構造的に同値となってしまう。だれもブローカーになれないだけでなく,ネットワークの閉鎖性も失われ,サポートも得られなくなる(Buskens & van de Rijt, 2008)。もちろん「現実世界」では,本章の冒頭であげた例のように,つながりを作るのには実際コストがかかる。また,すべての人々がアウトリーチに適したパーソナリティや欲求をもっているわけではない。さらに本章では,構造的側面が効果性やアウトリーチへの欲求を駆り立てることも見てきた。エフェクタンスの動因として「隣人に負けないように見栄を張る」ことは,市場原理に即した状況で最もよく観察される。

　安心と効力感が,幼児期の発達に根差した人間の根源的な動因であるならば,これらの動因と結びついたパーソナリティ特性が存在する可能性は十分にありうる。Burtは,攻撃的な起業家的パーソナリティと,構造的すきまを多く含むネットワークを形成する傾向との間に関連を見出した(Burt et al., 1998; Burt, 2005 も参照)。しかし,このパーソナリティは,信頼あるいは安心の感覚を土台として,効果性との関連を示しているはずである。トライアド・センサス(第2章を参照)を用いた近年の研究は,ネットワークの閉鎖性や構造的すきまとパーソナリティとの関連について,興味深い理論を提起している。

> 　ネットワークの閉鎖性と構造的すきまは同時に存在しうる。しかし,ネットワーク内にどちらかの構造がよくみられる場合,もう一方の構造の存在確率は減少する。さらに,これら2つの構造は,それぞれ異なる心理特性と関連しており,この研究の回帰モデルでは15%の分散を説明している。ネットワーク閉鎖性を選んだ人々は,より社交的でエネルギッシュであり,社会的状況に対処するスキルに長けている。こうした人々は,社会的状況を楽しみ,より楽観的であるとともに,他者中心的な価値観として,従順さ,安全の感覚,義務の感覚などを有している。より重要なことに,こうした人々は,世界を「われわれ vs. 彼ら」という見方でとらえ,社会的アイデンティティが,自身と世界をどのように認識するかについて重要な役割を果たしている。これらの知見は,ネットワークの閉鎖性への志向に関する説明を与えるかもしれない。というのも,これらの人々はおそらく「われわれ」ではない他者との関係を切り捨てるからである。(Kalish & Robins, 2006, p.79)

　さらに,KalishとRobinsは,構造的すきまの多いネットワークをもつ個人ほど,神経症傾向を示しやすいことを明らかにした。このことが示唆するのは,「Granovetter (1973) が予見していたように,自分の仲の良い友人どうしを引き離しておくことは,何らかのストレスを生じさせる可能性がある。また,神経質な人は,他者をあまり信頼せず,ネットワークを構築する際に『分割統治』の戦略を選んでいる可能性もある」

(Kalish & Robins, 2006, p.79)。

◎ 地位や階級に動機づけられること

　エフェクタンスやアウトリーチには特殊なケースがある。これらの動機については，ここまで「隣人に負けないように見栄を張る」こととして説明を行ってきた。これはカインとアベルの問題であり，聖書で述べられているように，生まれ育った家族（原家族）で誘発される幼少期の根源的な動機づけでもある[5]。少なくともひとつのダイアドを含むネットワークがある限り（これはすべてのネットワークの定義にあてはまるが），ダイアドの片方はもう片方の参照点となる。自分自身の価値は，あらゆる点において，ダイアド内の他者と等しいとみなされるのか，あるいは実際にそうなのだろうか？　ダイアド内の平等性を保つために，自分が他者をひどい目にあわせる必要はないが，他者と同等でありたい，他者よりすぐれていたいという動機は常にダイアド内に存在する。この動機には2つの側面がある。ひとつはネットワークによって規定される側面であり，もうひとつはネットワークが埋め込まれた社会・文化的システムによって規定される側面である。また，ネットワークは2つの状況を作り出す。ひとつは先に述べたように，構造的同値によって生み出される類似性である。この場合，人々が「隣人に負けないように見栄を張る」のは，そうした人々がネットワーク内で類似した位置にあるからである。面白いことに，他者と張り合ったり優位に立とうとしたりする，この種の欲求は，意識的なプロセスではなく，だれと競争するべきかについて直接知らなくても生じる点で興味深い。個人は他者と張り合うために，ネットワークの明確な全体像を把握している必要はない――ネットワークの成員でも，そのようなことはほとんどない。個人は，競争相手の隣人たち（the Joneses）に，直接意識を向ける必要さえないのである。一見，このことは非合理的に思えるが，多くのデータが一貫してその正しさを証明している（Burt, 1987; Burt, 2005）。この現象の例は，拡散やアイデアの伝播について議論する際にふれる。

　可視的なネットワーク構造のうち，他者に見栄を張り，優位に立とうとする動機づけを生み出すのが，権威ピラミッドである（Martin, 2009; Chapters 6 & 7）。職業ピラミッドや経済ピラミッドもまた，出世や成功の動機づけを生み出す（Lin, 2001）。乱暴にいえば，これらの状況は，権威に従い，立身出世（social climbing）するための条件を生み出す。しかし，小集団のリーダーシップに関する次章でふれるように，より高い地位の他者と関係をもち，そうした人々の資源を獲得しようとする動機は，抑制されることもある。後で述べるように，個人は「自分に折り返し電話することのない人々」との関係をもとうと動機づけられることはないし，その人たちをうらやむ

こともない。私は，Bill Gates や George Soros の財産をうらやむことはない。それらは完全に手の届かないところにあるからである。個人は，自身の地位からさほど遠くない位置にいる他者との比較を行い，関係をもとうとする。つまり，権威・階級ピラミッドは，嫉妬や競争の状況を作り出すと同時に，その対象となる相手を制限するのである。

前章では，ネットワークのコア／周辺構造について紹介し，コアが価値のある資源をより多く所有していることを確認した。これらの資源に対する評価は，価値あるものとは何かについての文化的・社会的定義に依存する。それはたとえば，金銭や権力，家族とのつながり，知識などである（Weber, 1946）。ネットワークは，だれについて参照するのかを規定する一方で，一般に社会システムは，何に対して努力するのかを規定する（もちろん，それが地位そのものでない限り）。階級や地位の中身にかかわらず，それらを望むことは，強い動機を生み出しうるのである（Huberman et al., 2004）。

◆ 安全，エフェクタンス，地位の文化差

ある文化では安全が，別の文化ではエフェクタンスが，さらに別の文化では地位が重視される。Markus と Kitayama（1998）は，ヨーロッパやアメリカの文化的コンテクストに関する一連の研究の中で「個人とは，他者からある程度切り離された，属性，特質，プロセスの総体によって定義される自律的な実体である」ことを示唆した。一方で，「個人の相互協調モデル（訳注：相互協調的自己観）は，家族，仕事，職場集団，社会的役割，身分，あるいは個人を規定する関係性といった，社会構造的・対人的な枠組みを優先する」。アジアの文化は，このようなパーソナリティの相互協調モデルを醸成する傾向がある。相互協調モデルは，ネットワークの密度やサポートとの整合性が高く，自律モデル（訳注：相互独立的自己観）は，構造的すきまやエフェクタンスとの整合性が高い。その後の研究（Markus & Kitayama, 2003）で，Markus と Kitayama は，行為主体性に関する2つのモデルを提唱した。ひとつは「非結合（disjoint）」モデル（人々は自身の目標に従い，他者から独立し，「効力感」を重視する）であり，もうひとつは「結合（conjoint）」モデル（関係志向的で，行為主体的な感情に，連帯やつながりの感覚が含まれる）である。これらのモデルは，前者が効力感や媒介性に対応し，後者が閉鎖性やサポートに対応する。概して，文化やパーソナリティの優勢なモードに一致する個人や集団は，より高い評価を受けるといえる。しかしながら，「箱の外」に出ることは，シチリア人の教授の例でみたように，どちらかといえば例外的なその行動を認めるような文化的慣習が存在する場合にも，きわめて高い効

果を示しうる。

　地位追求の動機づけは，文化の優勢なモードに従う可能性もある。一方で，こうした動機づけは，相互協調的あるいは自律的なパーソナリティの結果として，直接生じるわけではないのかもしれない。ある比較文化実験では，地位への感受性が，香港，トルコ，アメリカ，スウェーデン／フィンランドの順で高いことが示された（Huberman et al., 2004, p.110）。これらの結果は，あるひとつの実験で得られたものである。名誉を重視する文化は，地位に対する強い感受性を生み出すとも解釈できる。さらに「隣人に負けないように見栄を張る」動機づけは，発展した市場経済のシステムにおいて，より効果的であるかもしれない。地位追求の動機づけが社会や文化によって異なるというアイデアは，妥当であるように思えるが，さらなる検討が必要である。

◆ 動機づけと実践的なネットワーク

　ネットワークにおける行為主体性の問題を要約すると，結束性や構造的すきまがもたらす利益とは何か，ということになる。結束性は，ソーシャル・サポート[6]に関する多くの知見が示すように，情緒的サポートなどの必要な資源へのアクセスを提供する。サポートへの動機は，基本的欲求の充足や，体制の維持につながる。一方，構造的すきまは現在の欲求を満たすためのものではなく，変化や活動を生み出すものである。互いに密なつながりをもたない他の複数のノードとの関係を保てるという点で，より自律的なノードは，あるノードと他のノードとを競争させ，その利点を生かすことができる。すでに示唆されているように，これは個人の制約にもなりうる。操作者（manipulator; 訳注：ブローカーと同義）は，全体として結合性の高いネットワークに埋め込まれた人々がもつ，迅速で簡便な資源へのアクセスを欠いている。ブローカーは，少なくとも信頼されているパートナーの何人かに頼らなければならないが，信頼はその唯一の動因とはなりえない。なぜなら，信頼はネットワーク全体ではなく，その一部にのみ存在するからである。また，プレイヤーによる「相手側」との接触が限定されており，「自分側」の人々とは比較的密接なつながりをもつような交渉場面において，信頼の獲得がどのくらい難しいかということには留意すべきである。葛藤解決に関する研究では，一般に，相手側の信頼を獲得するために，より個人的な接触を必要とする例が多くみられる。一方，サポートの文脈では全体として，コストが低い場合，あるいは直接お返しをもらえる可能性が非常に高い場合（もしくは親族間の特別な規範が存在する場合）に，サポートが提供される。これは，安全の欲求が動因となる典型的な例である。

　ただし，社会理論とは異なり，実際の社会生活は，必ずしも構造的すきまと結束性

のどちらか一方だけを選ぶ状況ではない。PodolnyとBaron（1997）によると、管理職個人の流動性に関心のある企業環境において、構造的すきまを含む状況は、多様な資源を同化させるとともに、人々の競争をうながす。しかし同時に、管理職にとって重要なのは、より小さくて密度の高いネットワークから生まれる、明確な社会的アイデンティティである。人々が職を求めて競争する場合、正確で一貫した役割期待とともに、整合的で十分に明確な組織アイデンティティを保持することは、情報や資源へのアクセスを保持することと同様に重要である。ここにはパラドックスが存在する。情報や資源の伝達に有用なネットワーク構造や構造的すきまは、社会的アイデンティティを消し去るがゆえに伝達に適しているのではない。逆もまた同様である。このことから、組織内での個人の昇進をサポートする有能なメンターは、2つのタイプに分けられる。第一のタイプのメンターは、社会的資源や情報の源泉となる。その特徴は、（訳注：昇進の対象となる）特定の候補者を取り巻く閉じたネットワークに紐づけられていないことにある。このタイプのメンターは、典型的には構造的すきまの利点を生かせる個人であり、多様性が高く、相互選択の少ないネットワーク構造と結びついている。メンターによって庇護される弟子たち（protégé）は、相互の緊密なつながりを欠いているため、このような構造は弟子たちの組織アイデンティティの獲得には結びつかない。狭い視野しかもたない弟子たちにとっては、こうした構造の広がりこそが、メンターの価値を高めるのである。第二のタイプのメンターは、弟子たちの密度の高いサポート・ネットワークに埋め込まれており、組織の規範やアイデンティティの保持を許容する。昇進の候補者たちは、両方の世界を股にかけなければならないのである。Burtは自著の中で、閉鎖性（密度）と仲介性（brokerage）は相互補完的であり、それぞれに利点があると指摘している。閉鎖性は個人の生活をより楽なものにするが、それはおそらくひとりよがりにもしてしまう。その一方で、仲介性は、一時的ではあるものの、個人の閉じたサークルを超えることによるアドバンテージをもたらし、新しいアイデアの創発を導く（Burt, 2005）。これらの2つの側面は、人間の基本的動機づけの本質を含んでいる。さらにBurtは、（それぞれの側面を属性ではなく連続変量だと仮定して）効果性に対する仲介性と閉鎖性の同時影響モデルを提案している。

　図5-1において、閉鎖性の重みづけは仲介性の半分になっている。なぜなら、Burtは閉鎖性をひとつの要因とみなしているものの、媒介性と比べた場合の重要度は低いと考えているためである。とはいえ、閉鎖性と媒介性が共存することもありうるなかで、パーソナリティ要因の影響によって、一方のネットワーク構造が他方を打ち消すこともありうるかもしれない（Kalish & Robins, 2006）。密度あるいは閉鎖性に対する仲介性の相対的な重要性は、エフェクタンスと安全の動機づけに相当し、さらに社

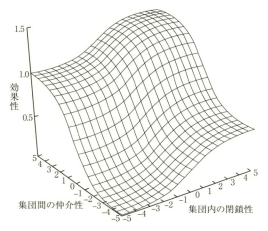

図 5-1　Burt の閉鎖性─仲介性モデル[7]

会文化的構造とも関連をもつ。

◆ 企業人の動機づけ

　ここまで，動機づけとネットワークについては，それらがあたかも個人の属性であるかのように論じてきた。しかし，無生物のネットワークも存在しうる。その例としては，輸送ネットワーク，引用ネットワーク，国際的な交易ネットワーク，Web サイトのネットワーク，そして抽象的な観念を個人と結びつけた組織などがある。個人にとっての真実は，組織にとっての真実でもある。Talmud と Mesch (1997) は，埋め込みに基づく安全・援助と，構造的すきまに基づく効力性・仲介性の両方が，イスラエルにおける企業の安定性の予測に重要な役割を果たすことを明らかにしている。また，Uzzi (1996) は，ニューヨーク市の衣料産業について分析し，「疎遠な紐帯を通じて，基本的に対等な立場で業務を処理する企業がある一方で，生産活動のための確実な埋め込みネットワークを形成しようとする企業もある」(p.690) ことを示した。Uzzi はさらに，「埋め込みとは，動機と期待を形成し，協調的な適応を促進する交換の論理である……行為者は利己的に短期的な利益を追求するのではなく，長期的な協調関係を志向している……こうしたふるまいや動機は，それ自体が経済人（economic actors）に固有の志向性や，抽象的な規範への同調によるものではなく，実在するネットワークの関係性が生み出す創発的な特性によるものと仮定される」と述べている

(p.693)。その一方で，Uzziは，「埋め込みは，一定の閾値まではポジティブなリターンを生み出す。しかし，いったんその閾値を超えてしまうと，埋め込みはネガティブなリターンを生み出す……最適なネットワークとは，すべてが埋め込みの関係にある紐帯や，すべてが疎遠な紐帯で構成されているわけではなく，その2つが統合されたものである」と警告している（p.694）。銀行と中小企業との間の融資に関する研究の中で，Uzziはこの点について詳しく述べている。

> 経済社会学では，社会関係およびネットワークがどのように経済的・社会的利益を生成するのかを理解するための，2つの一般理論が存在する。弱い紐帯アプローチは，大規模で，重なりがなく，疎遠な紐帯で構成されるネットワークが最も有益であると主張する。一方，強い紐帯アプローチは，親密で，結びつきの強い，埋め込まれた紐帯で構成されるネットワークが最も有益であると主張する（Sandfleur & Laumann, 1998）。紐帯の性質（弱い vs. 強い）およびネットワーク構造（「すきまのある」vs. 密度の高い）に関するこれらの相反するアプローチは，いかにして調和させることができるのだろうか。疎遠な紐帯に関する私の分析は，弱い紐帯アプローチを支持している。弱い紐帯は，公に利用可能な情報のマーケットにおいて，「買い物」をすることにすぐれていることが示されている。同様に，埋め込まれた紐帯に関する私の分析は，強い紐帯アプローチを支持している。埋め込まれた紐帯は，密度の高いネットワークのクラスターが持つ固有の集合的資源の中に，行為者を「充填する」ことにすぐれていることが示されている。以上のことから，埋め込まれた紐帯および疎遠な紐帯の役割は，それらが同じネットワーク内で組み合わされた場合，相反するというよりも，むしろ補完的になると考えられる。というのも，情報獲得や組織管理の拡大が利益を生む場合には，一方の紐帯が，他の紐帯の限界を克服するための一助となるからである（Uzzi, 1999, p.500）。

一般に，人間に関するあらゆるネットワークでは，安全（埋め込まれた「密度の高い」紐帯）と効果性（疎遠な「すきまのある」紐帯）は，どちらも一定の程度で観察される。なぜなら，人々は常に安全と効果性の両方の側面に基づいてふるまうよう，動機づけられているからである。

安全のネットワークと効果性のネットワークの両方を保持することの利点に関しては，他にも証拠がある。人々が選択[8]を行う位置にいる場合，何をするのかを考えてみよう。人々の地位や社会階級が高くなるほど，より多くの選択の機会が生まれることが想定される。職務ネットワークでは，人々の地位が高くなるほど，職務に関する強い紐帯および弱い紐帯の数は増大する。Erickson (1996) によると，弱い紐帯のネットワークにおける多様性は，従業員をマネージャーからスーパーバイザー，そして雇用者へと着実に成長させるが，同僚に対して親密さを感じる人々の割合も同時に上昇

する (Erickson, unpublished report)。一般に，社会階級が高くなるほど，人々は密度の高いネットワークとともに，より多様な社会的ネットワークをもつようになる。その一方で，社会階級が低くなるほど，人々はより局所的で密度の高いネットワークをもつようになるが，競争の際に優位となるような，弱い紐帯でつながる多様なネットワークはほとんどもたない (Kadushin & Jones, 1992)。そして一般に，より豊かな資源をもつ人々ほど，より多くの有益なネットワークの紐帯をもっている。このことは驚くべき発見ではない。なぜなら，「持つ者にはさらに多くが与えられる」というのは，聖書に書かれた科学的で神聖な真実であり，福音書に従って「マタイ効果 (The Matthew effect)」とよばれているからである (Merton, 1968a)。

「富める者がますます富む」という法則は，一般に，人生の多くの側面において真実である。しかし，これは論点をはぐらかしているかもしれない。異なる構造や異なる状況における，安全とエフェクタンスの最適なバランスとは何だろうか。グループや組織の中で自分のやり方を推し進めようとする個人や，混合経済（訳注：資本主義と社会主義の両要素を取り入れた経済システム）の中で生き残り，繁栄しようと努力する組織にとっては，安全とエフェクタンス，あるいは密度と構造的すきまとの間に，繊細なバランスが存在する。

図5-1に示されるように，安全・密度・サポートと，有能さ・構造的すきまは，同時に，そして相対的に変化しうる。すなわち，これらは空間を定義するベクトルである。ひとつの極端な例は「海賊」であり，サポートは少ないがエフェクタンスは高い。もう一方の極端な例は「保守派」であり，サポートは多いがエフェクタンスは低い。しかし，生粋の海賊や「操作者」のように，ある個人が効果性を保ち続けることが可能なのは，どれくらいの期間だろうか。おそらく，支払うべき対価は個人の性質に依存する。長期的には，サポートとエフェクタンスの両方をもつことが，よりよい選択肢だといえるだろうか。政治家のように両方が高い個人は，より高い効果性をもつといえるだろうか。両方が低い人々，すなわち自分の庭を厳格に耕すような真に孤独な人々は，ある状況下では幸福になりうるが，社会的な影響力はあまりもたないと考えられる。バランスに関するこうした問いは，文脈の影響とは何かという問いに置き換えることができる。密度は高いが，構造的すきまの低いネットワークを形成する個人や集団は，ある文脈では効果性を発揮するが，他の文脈ではそうではないかもしれない。冒頭で述べたシチリア人の学者の例は，彼の息子に対する妨害を食い止めるために，選りすぐりの友人や親類の絆を動員することで問題を解決していた。彼はそもそもネットワーク密度の高い社会に住んでおり，そこでは相互的なサポートに価値が置かれていたのである。間違いなく，橋渡しのための彼の努力は成功だった。その理由はまさに，そのシステムの標準的な状態が，伝統社会のサポート源としての役割を志

向しており，どちらかといえば貴重な起業家精神に富んだ海賊としての役割は，その力を発揮できる場合はきわめて強力になりうるとしても，それほど重要視されていなかったためである。

さらに，階級や地位の追求にまつわる問題もある。野望は社会システムを刺激し，革新と進歩を引き起こす。「隣人に負けないように見栄を張る」ことは，現代における多くの広告の隠れたテーマとなっている。いずれのケースでも，社会的ネットワークが目標を設定するのである。科学者や起業家は達成欲求によって動機づけられるが，前者では職業的な名誉が，後者では富の増加が動機づけとなる。幸福や満足に関して野望をいだいている個人の影響力の大きさは，小説や精神療法の主題にもなっている。

個人のネットワークにおける認知的限界

幼児が成長し，近親家族（訳注：父母兄弟などの身近な家族）を離れて社会的サークルの中で活動を始めると，その潜在的なネットワーク領域は絶え間なく拡大していく。伝統社会では，幼児は拡大家族（訳注：祖父母，叔父叔母，従兄弟を含む家族）をネットワークとして意識するようになり，その意味や関係を，親族関係について学ぶ幼児を常に困惑させてきた多くの用語から連想し，吸収し始める。一方，現代の産業社会では，子どもは学校へ行き，核家族の外部の人々とのネットワークを獲得する。こうしたネットワークの拡大はとどまるところを知らず，さらにFacebookのようなサービスによっても補完される。それにもかかわらず，個人が維持・記憶することが可能な，安全とエフェクタンスのネットワークのサイズには限界が存在する。もちろん，その能力には個人差もある。ネットワーキングへの動機づけに加えて，人間が認知的に維持できるネットワークのサイズは，社会的ネットワーク理論の重要な心理学的基盤となる。こうした認知的なネットワークのサイズと，サイズの変動を規定する要因は，社会的ネットワーク理論を構成する基本要素のひとつとなる。

そもそもネットワーキングは，人間が活動できる範囲に限られている。しかし，この範囲を限定することはそれほど簡単ではない。なぜなら，（訳注：ネットワークの）流動化（mobilization）の程度は生物学的・文化的な要因に規定され，循環的な性質をもつからである。「すべての人間には活動の範囲や上限がある。ネットワークの流動化の一般的な程度は，上限以下の活動レベルで確立される。流動化の程度は，平均以上であった期間の後には平均以下になりやすく，その逆も成り立つ」(Zetterberg, 2011, p.139)。こうした活動の質は変化しうるものであり，そのすべてが何らかの文化的な構成要素を含んでいる。ただし，行為者の睡眠のパターンやマルチタスキングの能力（宿題をしながら音楽を聴くティーンエイジャー）など，身体的な持久力とは

関連しない。それにもかかわらず、限界は存在する。これは、人間が維持し、記憶できるネットワークのサイズの限界である。こうした個人のサークルやネットワークのサイズは、社会文化的な事象として重要な意味をもつ。まず、Bernard と Killworth (1979) が指摘したように、ネットワークのサイズは社会文化的進化の主要な決定因である。彼らが想定するのは、一定の技術のもとで狩猟採集集団の個体群のサイズは一定の割合で増加し、それは集団が周囲の環境を利用し続けられるように分割される必要が出てくるまで続くということである。これは人類の進化に対する保守的な見解であり、Julian H. Steward（訳注：文化生態学［cultural ecology］の創始者）の学派における文化進化の立場に従来からみられるものである。しかし、もうひとつ別の要因も存在する。Bernard と Killworth は、明確な目的のないままに集団が構成される場合、そのサイズの上限はおよそ140であると主張している。これは、個人が集団内での地位を確立し、協同のためのフォーマルな制度のない状態で効果的な役割を果たすために、本来分割すべきであったサイズを超えている。さらに、彼らはインフォーマルなネットワークや集団のサイズの限界がおよそ2,500であることを示しているが、この大きさのネットワークでは、フォーマルな組織を制定しなければならないはずである。

　Hill と Dunbar の主張によると、「霊長類の社会的ネットワークは容易に定義できる……その限界は、社会集団のサイズによって定めることができる」（Hill & Dunbar, 2003）。霊長類の関係性には、社会的な毛づくろい（social glooming）がかかわっている。また、毛づくろいを行う集団のサイズは、大脳新皮質の容積と関連がある。「人間の新皮質のサイズはすでにわかっている。したがって、霊長類の集団のサイズと新皮質のサイズとの関連性に基づいて、人間の認知的な集団のサイズを予測することは可能である」（Hill & Dunbar, 2003）。このことから、ダンバーは文字を使用する以前の人間が、およそ150人のサイズの集団で暮らしていたはずだと推測している（Dunbar, 1993）。

　それでは、こうした生物学的な限界は、歴史上の、あるいは現代の人間社会にどの程度あてはまるのだろうか。

　　　150は、ローマ帝国軍の標準的な部隊のサイズであり、第二次世界大戦の歩兵中隊のサイズでもあった。さらには、農村の統合やザドルガ（訳注：19世紀末までスラヴ地方南部にみられた父系制の家族制度）の分割の際にも、この数字はおおよそあてはまる。私の印象では、芸術や科学における仲間集団も、この限界に達したときには分裂する傾向がある（Zetterberg, 2011, p.115）。

Dunbarとその共同研究者は，イギリスとベルギーの作為抽出サンプルを対象に，クリスマスカードの送り先についての質問と認知能力のテストを行い，ネットワークのサイズがおよそ150であることを実証した。一方，この親密で個人的な関係の標準偏差は，およそ85と大きかった（Roberts et al., 2009; Stiller & Dunbar, 2007; Hill & Dunbar, 2003）。ただし，この結果は，サンプルの特徴が不明確なヨーロッパ系白人の小さなデータセットに基づくものである。

　一連の興味深い研究で，KillworthとBernard，それに彼らの共同研究者は，現代の平均的なアメリカ人の知人数について調査を行った。最近の調査の結果では，現代の知人数は歴史上にみられる150よりも大きく，およそ280であったが，標準偏差は非常に大きかった。このことは，ある人々がより効果性の高い大きなサークルに所属しており，別の人々はより小さなサークルに所属していることを意味する（Killworth et al., 2006）。本書では「スモールワールド（小さな世界）」に関する章で，ネットワークのサイズや分布，さらにサークルの分布がどの程度偏るのかについて議論する。その章で紹介する最近の知見では，Killworthらのデータ（訳注：Killworth et al., 2006）を異なる手法で分析し，知人のサークルの平均サイズが，男性で650，女性で590となる可能性が示されている（Zheng et al., 2006）。ここでも，ごく少数の人が非常に大規模なサークルをもつような，分布の大きな偏りがみられる。

　ネットワークサイズの分散は，社会的地位と一定の関連を示す。たとえば，都市部では，社会階級の高い人は低い人よりも幅広いサークルをもっている（Kadushin & Jones, 1992）。こうした分散に関する初期の研究のひとつは，農村部と都市部の差異について指摘しており（Boissevain, 1974），この点は過去にSimmel（1950［1903］）もふれている。Zhengらの知見における大きなネットワークサイズの原因が，インターネットにあるかどうかははっきりしない。ネットワークサイズの分散は，才能や認知能力，動機づけと関連する。Bill Clintonのような政治家は，少なくとも5,000人の顔と名前を即座に検索できるデータベースを頭の中に保持しているように思える。こうした分散がなぜ生まれるのかに関して，理論の構築や体系的な研究はまだ不十分である。パーソナル・ネットワークを記憶し，維持する能力を拡大できると主張するトレーニングさえ存在する。その限界がどの程度であれ，個人が直接つながりをもち，把握することのできるネットワークのサイズは有限であり，強固な生物学的基盤がある。こうした限界は，安全と効果性の動機とともに，社会的ネットワーク理論の発展において非常に重要となる。

◎ われわれは今どこにいるのか

　この章では，つながりを形成し，ネットワーキングを行うための3種類の基本的で強固な動機づけが，初期人類のネットワーク経験に根差しており，常に社会的ネットワークに存在していることを示してきた。安全は，個人の社会的環境からサポートを引き出そうとする動機づけであり，密度や凝集性の高いネットワークに対応する。エフェクタンスは，現在の状況や快適な環境の外部へとアウトリーチしようとする動機づけであり，構造的すきまをもつネットワークに対応する。ブローカーとしてふるまい，相互につながりのないネットワークどうしを結びつけることは，最も重要な意味をもつ。安全のネットワークとエフェクタンスのネットワークとの重要な違いは，信頼の位置づけにある。安全のネットワークでは，信頼はネットワーク全体に帰属される。一方，エフェクタンスのネットワークでは，信頼はプレイヤーの側に帰属されやすい。地位の追求，またはその最小形として，隣人に負けないように見栄を張ることは，階層型のネットワーク構造である職業ピラミッドや社会経済的ピラミッド，そして市場主導型の状況によって生み出される。一般に，ネットワークの構成員にとって，階層構造を把握することは可能だが，複雑なネットワークにおける位置の類似性を把握することは困難かもしれない。それにもかかわらず，位置の類似性も，隣人に負けないように見栄を張るための動機づけを促進しうる。あらゆるネットワークのプロセスと同様，ネットワークの動機づけはネットワーク構造に対する反応性をもつ。それとともに，ネットワークを変容させ，さらには新たなネットワークを生み出す役割も果たしている。また，動機づけは「どちらか一方」の状況を意味しない。効果性の高い有能なブローカーは，自分へのある種のサポートを必要としており，地位追求への動機づけは付加的なものかもしれない。一方，居心地のよい関係に囲まれた人々は，まさにアウトリーチを行う必要がある。結果として，これらの動機づけの強さは，文化的・社会的文脈によって影響されるようである。

　動機的要因に加えて，人間が容易に処理できるネットワークのサイズには認知的な限界がある。アメリカでは，1人の個人が実際に維持できるネットワークの最大サイズの平均が，およそ300であることが明らかにされてきた。しかし，近年の研究では，そのサイズが倍である可能性とともに，社会的地位や個人の能力によるかなりの変動がある可能性も示唆されている。

　本書の読者は，これ以降の分析においても，これらの心理学的基盤に遭遇することになるだろう。第6章「小集団，リーダーシップおよび社会的ネットワーク」では，小集団でのリーダーシップ形成において，地位追求の動機づけと同様に，安全とエフェ

クタンスの動機づけも重要となる。第7章「組織とネットワーク」では，階級と地位が組織をマネジメントするうえで特に重要となることを示す。たとえば，ブローカーは大きな組織において特に力を発揮する。また，個人が容易に維持できるネットワークのサイズは，効率的な組織デザインとも関連している。第8章では，スモールワールドやサークル，コミュニティが，いずれも安全とエフェクタンスによって決定されること，その一方で，これらのほとんどすべてが，人々の直近のサークルにおけるネットワークサイズによって決定されることを示す。第9章で扱うネットワークでの普及・拡散は，仲介や構造的すきまのメカニズムによって決定される一方，普及・拡散が最も急速に生じるのは密度の高いネットワークである。第10章「社会関係資本としてのネットワーク」では，主に社会的ネットワークを通じた資源へのアクセスを取り上げ，そこでは，ネットワークの密度と社会経済的地位の両方が重要な役割を担っている。

　以上のように，さまざまな種類の社会的ネットワークへの動機づけは，ネットワーク分析において重要な意味をもつ。しかし，心理学的基盤に対して，ネットワーク理論の研究者たちは概して無関心であった。彼らは，ネットワークそのものが動機づけを生み出すと信じていたからである。それも真実であるが，動機づけもまたネットワークを形成し，維持する役割をもつ。とはいえ，動機づけの社会文化的差異については，未だ十分な検討がなされていない。FacebookやTwitterの時代にあっても，動機づけがネットワークの形成や維持に与える影響や，ネットワークを扱う人間の認知的な限界については，さらなる研究の積み重ねが必要である。

注

　この章の内容は，Kadushin, C. (2002). The motivational foundation of social networks. *Social Networks*, 24, 79-91. を元にしている。コメントを寄せてくれた，Richard Alba, H. Russell Bernard, James Moody に感謝する。

1　元の論文では，到達したつながりの数が44であると報告されているが，修正された版（Milgram, 1969）では42となっている。
2　Ronald Fairbairn は，スコットランドの精神分析家であり，動機的側面よりも人々の関係性の側面に着目した理論を1940年代に打ち立てた。彼は，イギリスの対象関係論の理論家に対して影響力をもち，その後，Greenbergを含むアメリカの対人関係学派にも影響を及ぼした。
3　しかし，バスの運賃を支払ったうえで，白人のために自身の座席を放棄することを拒否し，逮捕されたRosa Parksの有名な事例もある。この場合は，アフリカ系アメリカ人と南部の白人との間に信頼はなかった。
4　Greenberg（1991）は，少年と彼の父親との対立を，古典的なエディプス・コンプレックス理論ではなく，母親を含むネットワークにおいて，安全の欲求と有能さの欲求の間にバランスをとろうとする問題として解釈している。たとえば，少年が父親とのテニスの試合に勝ったとしよう。「少年は，愛，忠誠，関心と同様に，さまざまな種類の欲求（すなわち，父親の息子であることにともなう，あらゆる安心への欲求）に基づいて，父親に愛情をいだいている……同時に……少年は野心的で有能になりたい，父親に負けずに勝ちたい，

そして，父親への何年にもわたる服従に憤然とし，復讐を果たしたいと思っている……［しかし］母親の役割が，この湧き起こった衝動のすべてを色づけてしまう……勝利は彼の母親に対する愛着を強める……あるいは，勝利は服従である——少年は勝利によって，母親の目的に従い，自律性を奪われたと感じてしまう」(Greenberg, 1991, p.16-17)。少年の勝利の意味は，父親に対する母親の感情に依存しているのである。ただし，Greenberg の表現は複雑であり，注意が必要である。父親—息子—母親の三角関係は，競争とサポートの両方の側面を含んでいる。父親と競争する際，（訳注：母親との関係において）息子は父親と構造的に同値となるようにふるまう。したがって，この競争の結果は，母親と 2 人の間の関係性に依存する。しかし，サポートや効力感が原初的であるかどうかにかかわらず，他者（訳注：母親）は常に存在する。したがって，競争の結果は必然的に葛藤を生み出すのである。
5 羨望の対象は，兄弟である必要はない。心理学の理論では，生まれ育った家族において，両親がその権力と全能性のために妬まれる可能性も示唆されている。すなわち，こうした動機を生み出すのに，兄弟が必要だというわけではない。脚注 4 の Greenberg の例を参照のこと。
6 レビューとしては，Coyne と Downey (1991)，Cohen と Herbert (1996)，House ら (1988) がある。
7 この図は，Burt (2005) が『仲介性と閉鎖性：社会関係資本論への招待 *Brokerage and Closure: An Introduction to Social Capital*』で示したダイアグラム (p.226) に対する私なりの解釈である。これは累積ロジスティック関数（cumulative logistic function; clf）に基づいており，彼の想定するモデルに対応する（$z = \mathrm{clf}(x, 0, 1) / 2 + \mathrm{clf}(y, 0, 1)$）。
8 この点は，Bonnie Erickson との私信によって示唆された。

6章 小集団，リーダーシップ，社会的ネットワーク
：その基本的構成単位

◆ イントロダクション

　すべてのネットワークは，より小さなユニットで構成されている。本章では，ネットワークのすべての成員が互いのことを知っており，また，その行動がすべての成員に可視化されている，小規模なネットワークについて検討する。ここで考慮されている小規模なネットワークの成員は，集合的な行為者というよりも，むしろ個々の人々である。この種のネットワークは一般に「小集団（small groups）」とよばれる。小集団は，まさに社会的ネットワーク分析の「原形（primitives）」である。小集団が重要なのは，次章で取り上げるより複雑な組織内のネットワークの分析が，組織のフォーマル・システムによって形成されたネットワークと，職場の人間関係や駆け引きを通じてインフォーマルに形成されたネットワークとの違いに焦点を当てているからである。

　小集団は，しばしば「一次的集団」（第3章を参照）とよばれ，その分析の歴史は長い。しかし，小集団がなぜ，どのようにして生まれるのかについての命題が定式化されたのは，ここ最近のことである。小集団が形成される経緯とその理由についての分析では，われわれはこれまでの章における知見に頼ることになるだろう。安全，効果性，そして地位追求の動機づけは，小集団における地位を確立するためには不可欠である。バランス理論とトライアドは，小集団の境界を定義する中心的な要素である。小集団内のネットワークにみられる特徴は，少数の単純な前提の組み合わせに由来するはずである。小集団に関する先行研究の知見は重要であるが，ここでは，小集団に関するいくつかのアイデアを統合し，定式化する。それらは従来，相互に関連するとは考えられていなかったものである。

◆一次的集団とインフォーマル・システム：いくつかの命題

　一次的集団は，それ自体が外部の者によって観察される相互作用の構成単位であり，人々がそうした関係性の中で自身を同一視しているかどうかにかかわる。一次的集団を分析する際，Leiferが「相互作用の前兆(プレリュード)」とよぶ，「純粋な」集団や状況について考えることは有用である。こうした集団や状況では，第一に，フォーマルな地位が存在しない。第二に，役割が明らかになっておらず，行為者は地位に対する主導権争いを行っている（Leifer & Rajah, 2000; Leifer, 1988）[1]。小集団における家族や血縁者の役割は，フォーマルに定められる親族の間柄や，文化的に期待される関係によって，部分的に定義される。また，個人の行動に与える影響を検討するために，実験者によって異なる役割や地位が形成され，これらの要素を操作した小集団もある。フォーマルな組織の中には，一次的集団や対面集団も存在し，そこではほとんどの関係性が組織によって規定されている。George Homans（1950）は，彼の先駆的な著作である『ヒューマン・グループ The Human Group』において，人間集団のある種の相互作用が，フォーマル・システム，すなわち，血縁関係や実験者，あるいはフォーマルな組織によって規定されることを論じた。こういった相互作用を，彼は「外部システム（external system）」とよんだ。その一方で，他の相互作用は，集団自身の内部のプロセスを通じて発展する。相互作用の中には，人々が他者に対していだいた「感情（sentiment）」や「感覚（feeling）」に基づくものもある。つまり，外部システムによる命令かどうかにかかわらず，ある種の相互作用は共通の活動に参加することに由来する。相互作用は一般にポジティブな感情を導き，その感情は続けてさらなる相互作用を導く。その上，外部システムが要求するような活動や相互作用は，常に苦心して作り上げられる。こうした苦労を経て形成された紐帯や共通の感情は，クリークの形成につながる[2]。これらのクリークや，その結果としての社会的な結束は，Homansのいう内部システム（internal system；ここではインフォーマル・システムとよぶ）であり，外部システムの中に埋め込まれている。

　インフォーマルな集団は，相互作用を通じて，相互に関連する共通のアイデアや様式を形成し，強化する。これらはその集団やクリークにおける「規範（norms）」となり，互恵的な相互作用によってさらに強化される。インフォーマルなリーダーは，リーダー以外の人々よりもこれらの規範に強く固執する。その原因のひとつは，インフォーマルなリーダーが，リーダーシップを通じて規範を強要するからであり，また別の原因としては，規範を体現するようなリーダーを集団が選ぶからである。これらは，インフォーマル・システムの核となるアイデアである。インフォーマル・システムは，フォー

マル・システムに制約を受けているものの，フォーマル・システムの作用にも影響を及ぼしている。これらの個々のアイデアは，Bavelas（1948）とともに，小集団や組織における社会的ネットワーク分析の創始者のひとりであった，Homans（1950）に見出すことができる。

　時が経過すると，あらゆるインフォーマルな小集団のシステムは，クラスターあるいはクリークを生み出す。そのクラスターに関連して必然的に，ある人々が他の人々よりも好まれているといった格付けシステムが生まれる。インフォーマル・システムの内部の人々は，こうした格付けシステム，そしておそらくはそのシステムの原因と結果の両方に関連する形で，他者に対する感情あるいは感覚をいだく傾向がある。システム内での格付けが高い人々はリーダーになる。人々はリーダーに従う傾向があり，そのため，メンバーは（訳注：相互作用の相手として）リーダーを頻繁に選択する（まさに，このシステムにおける地位の定義である）。また逆説的にいえば，リーダーは直接，あるいは他者を介して，頻繁に相互作用の「口火を切る」傾向がある。これらの特徴は，あらゆるフォーマルな組織における課題集団でみられるだろう。Homansは，家族を含むすべての人間集団において，これらがあてはまると主張した[3]。

　これらの主張は，命題として定式化される。Homans の命題は，小さい一次的集団，あるいは対面集団に適用される。ただし，「小さい」が何をさすのかは，さしあたって定義されていない。また，すべての命題は「他の条件がすべて同一である」ことが前提であるが，他の条件が何であるかは，さしあたって明確にはなっていない。

1. 相互作用，および相互作用が必要な活動によって，集団成員が互いに対していだく感情や態度が導かれる。
2. 感情は，ポジティブまたはネガティブになりうる。ポジティブな感情はさらなる相互作用を導き，ネガティブな感情はその後の相互作用を減少させる。
3. したがって，1 と 2 はフィードバック・ループの関係にあり，その限度は不明確ではあるが，一般的には，フォーマル・システムの要求（仕事は終わらせる必要がある）や，内部システムにおける個々人の行動の生得的な限界（一定の期間内での相互作用や活動の回数には，ある程度の限界がある）に左右される。
4. (a) フォーマル・システムは，（訳注：集団内のクリークやクラスターの成員に対して，他のクリークやクラスターと）差異化された特定の活動を要求する。(b) これらの活動は相互作用を導き，相互作用は感情を導く。(c) このプロセスはすべてフィードバック・ループに包含されている。以上のことから，あらゆる小集団において，高密度の相互作用が展開され，人々が相互的な感情をいだくクラスターやクリークが生まれることになるだろう。また，これらのクラスターは，一般に，フォーマル・システムの要求に基づく相互作用を模範としているだろう。この意味で，インフォーマル・ネッ

トワークは，フォーマル（外部）・システムに「覆われている」，あるいは埋め込まれている。
5. 同様に，その原因は今のところ明らかでないものの，（内部システムにとって重要な基準に照らし合わせて）個人は内部システムによって個別的な評価を受け，さらにこうした個別的な評価は，相互作用の差異化を導くだろう。また，フィードバックのプロセスを通じて，こうした違いは，クラスターやクリークにおける個人間の高密度の相互作用の促進や相互的な一連の感情の高まりをもたらすだろう。これらのクラスターは，内部システムにおけるプロセスの求めるところに従っている。
6. 外部システムあるいは内部システムによって形成される2種類のクラスターやクリークは，相互に関連するだろう。こうした重なりの様相や性質については，現状では明らかではない。
7. 「リーダー」とは，その活動や相互作用，あるいは感情のフィードバック・ループの結果として，他者から頻繁に選ばれる人々のことである。システムの内部において，人々に対する個別的な評価は何らかの基準に基づいているため，リーダーは他の人々に比べて，そうした「何か」をもっている傾向がある。この「何か」は，グループ内の他者のそれと比べて，そのグループの暗黙の基準や「規範」に，より合致したものだといえる。
8. リーダーは，その集団のメンバー（あるいはクリークやサブグループのメンバー）によって選ばれた「てこ」（支点）であるため，他者よりも相互作用の口火を切りやすい傾向にあり，自らのリーダーシップを強化している。相互作用の口火を切ることは，いくつかの点で，まさにリーダーシップの本質である。

　私は，この一連のアイデアを解明したいと考えている。Homans 自身は，これらのアイデアを上記の命題に分類しているわけではない。しかし，これらの命題は，アイデアの小さな集合から生まれた思索の産物として提示されているのかもしれない。少なくとも分析上，内部と外部の2つのシステムを区別すべきなのは明白である。したがって，「純粋な」インフォーマル（内部）・システム，あるいは比較的純粋だと思えるシステムについて理解しようと試みるのは，有益なことであろう。それによって，小集団に対する外部システムの影響を体系的に分離することが可能になるかもしれない。

◈ 純粋なインフォーマル・システム

　純粋なインフォーマル・システムは，もちろん抽象的な概念であるが，その変種を定義するパラメータは特定可能である。インフォーマル・システム内で，観察を通じて特定される最も単純な事例は，「箱の中のネットワーク」である。それは，4枚の

壁に囲まれた教室の中のネットワーク，あるいはより一般的にいえば，境界が明確なネットワークである（第2章を参照）。これらのネットワークは，全体の可視性によって特徴づけられる。すなわち，ネットワークに含まれるすべての成員が，すべての他者を「見る」ことができ，その存在を知覚できる状態である。他方で，政治的影響に関するインフォーマルなネットワークは，この基準を満たさない。もっともそこで立ち現れる相互作用や感情は，政治に関するフォーマルなシステムでは定められないのである。政治や組織の影響システムにおいて，可視性は制限されている[4]。

　組織の内部では，「チムニー」（訳注：裂け目）を横切るインフォーマル・システムが存在する。チムニーはある部門の指揮系統として定義され，部品部門やエンジニアリング開発部門，制作部門などがあてはまる。インフォーマル・システムこそが，序列的なシステムを飛び超えたコミュニケーションを可能にする。ある部門のトップにお伺いを立て，他の部門を経由したあとにさらに下に降ろさなければならない，といったコミュニケーションは不要になる。作業集団の内部にも，おそらく可視性は存在するが，そこでのコミュニケーションの多くは，フォーマルあるいは外部システムのいずれかに即した形で形式的に定められている。私は，Freemanの以下の洞察を支持する。純粋なインフォーマル・システムは，「自発的で形式ばらず，広範囲の活動を含む相互作用の観察を許容するものである。［そして］個人が外的な制約のもとで相互作用を行っていると考える理由はない（Freeman, 1992, p.163）」。また，ハイブリッド・システムとは，Homansのバンク配線室実験の例（訳注：次章を参照）[5]にみられる，生産のニーズのために相互作用が制限されるようなシステムであり，「上司」や他の所定の役割を与えられた人々が存在する職場のシステムでもある。ハイブリッド・システムにおいて，インフォーマル・システムは，形式的に付与された地位，あるいはHomansのいう外部システムの内部に埋め込まれており，部分的にはその制約を受ける。これまでの章で分析した空手クラブも，外部システムを保持している。すなわち，空手の師範がいるということである。こうしたハイブリッド・システムは最もよくみられるが，どういった相互作用のパターンがインフォーマルな様相を呈していくのかに関しては，フォーマル・システムの制約をまったく，あるいはほとんど受けないような比較的珍しい状況のもとで理論を構築することが必要である。こうした理論の利用が可能になれば，組織ネットワーク分析の中核を構成する，フォーマル・システムとインフォーマル・システムとの関連性を理解することが可能となるであろう。

　純粋でインフォーマルな内部システムを，外部システムの影響を受けている内部システムに基づいて描写することは，考慮すべき重要なもうひとつの点である。純粋なインフォーマル・システムを最も容易に観察し，描写することができるのは，活動が単なる相互作用やぶらぶらすることをさす場合である。もしわれわれが相互作用を観

察したならば，だれが相互作用の口火を切ったかを特定しなくとも，だれとだれが相互作用を行っているかについて語ることができる。たんに，あるグループの2人が一緒にいるようにみえる，ということを述べればよい。フォーマルな用語でいうと，その関係は対称性（symmetry）をもつ。すなわち，私があなたと相互作用を行えば，あなたも私と相互作用を行う。われわれが友人であれば，私はあなたの友人であり，あなたは私の友人である。プロセスに関しては，どのようにして相互作用が始まったのかを調べることがある。多くの場合，ある個人が最初に相互作用の口火を切っていたかもしれないが，これは純粋なインフォーマル・システムの定義を行うという当面の関心とは異なる[6]。これに対して，相互作用の質と基準を押しつけがちな外部システムに基づけば，どのように相互作用が生じているのかを説明することは容易である[7]。純粋なインフォーマル・システムでは，だれが相互作用の口火を切ったかを観察することや，さらにいえば，（Morenoによる少女のコテージ研究［訳注：第11章を参照］のように）人々にだれをパートナーとして選択するか，あるいはだれと一緒にいたいかを尋ねることは可能かもしれない[8]。これらの選択は相互的であるかもしれないし，そうでないかもしれない。そもそも，人気のある者は人気のない者を選択することはない。一方，人気のない者は，互いを選択し合うのではなく，人気のある者を選択しようとする。人気のない者によるこれらの選択は，立身出世と同じ意味をもつ。こうした非対称な（asymmetric）状況が生まれやすいのは，外部システムが内部システムに割り込む時であり，現実世界でも多くみられる。

◆インフォーマル・システムを見つけるには

　純粋なインフォーマル・システムでは，関係性は対称的になりやすく，明示的な身分や役割がほとんど，あるいはまったく存在しない[9]。社会的ネットワークの表現法のひとつであるソシオグラムは，二値的なつながり（ペア間の関係の有無）に基づいて最も容易に構築することができる。しかし，現実世界において，個人はある人々と親しく，他の人々とはそうではない。たとえ関係性が対称的で，二値的に記述されている場合でも，ある種の階層は存在しており，相互作用を頻繁に行う人々は，相互作用をあまり頻繁に行わない人々を支配している。
　Freeman（1992）は，社会学的な概念としての集団に関する，2つの実証的な検討についての評価を行っている。第一の概念は，Winship（1977）によって提案されたもので，紐帯において観察された親密性のみに基づいて集団を定式化している。これは，「親密な二人が知っているたいていの人々は，任意に抽出した二人が知っている人々よりも一致しやすい」というRapoport（1954）の仮説と，Heiderの三者間のバ

ランス理論を組み合わせたものである (Freeman, 1992, p.155)。トライアドにおいて，「バランスが取れた状態は，三者間の……関係がすべてポジティブか，あるいは 2 つがネガティブで 1 つがポジティブな場合」である（Heider, 1946, p.110）。ポジティブな関係において，この状況は，有向ネットワークの推移性が満たされる状況と同義である。つまり，A と B が親しく，B と C も親しければ，おのずと C と A も親しくなる（第 2 章を参照）。Winship による集団の定義には，集団内に推移的な紐帯のみが存在しているという前提があり，これは集団に厳密な階層が存在している状態である（Freeman, 1992, p.154）。対称的な紐帯にとって，このように定義された集団は，無重複（non-overlapping）という，必ずしも実用的ではないが，数学的に美しい特徴も有している。しかしながら，実際に観察されるほとんどのネットワークはごちゃごちゃで，重なり合ったサークルや，多くの非推移的なトライアドを含んでいる。

　対称的な関係性がみられる状況において，純粋なインフォーマル・システムが存在するか否かを決定するためには，Freeman (1992) による社会学的な概念としての集団に関する第二の実証的な検討が役に立つ。ここで，彼は Rapoport のアイデアを異なる形で翻案したものを用いている。それは，Granovetter (1973) の弱い紐帯と強い紐帯の概念である。弱い紐帯とは，あまりかかわりをもたない人たちとのつながりであり，第 3 章で述べたとおりである。しかし，「あまりかかわりをもたない」ということは，果たして何を意味するのだろうか？　Freeman は，まさに相互作用行列そのものの構造に基づいて，形式的な定義を提案した。まずは，関係性を強度 (degree) として扱う行列について考える（ここでの強度とは，人々が会う回数や，知り合ってからの期間など，紐帯の強さの合理的な基準の候補となりうる，あらゆる指標をさす）。Freeman の示唆に基づくと，そのようなネットワークでは，強い紐帯の最低限の強度を示すパラメータ X を定義することによって，弱い紐帯と強い紐帯を区別することができる。この場合，強い紐帯は非推移的な三者関係（すなわち，A と B，B と C との間に強い紐帯が存在するが，A と C との間には紐帯が存在しない，といった関係性）を生み出さないとする。

　Granovetter の推移性は，三者関係の中に，強い紐帯で結ばれた 2 人の個人と，この 2 人と弱い紐帯で結ばれた第三者が含まれる場合でも，それを推移的とよぶことを認めるだろう。Freeman は，こうした三者関係を「G 推移的（G transitive）」とよび，この条件を満たしていない三者関係を「G 非推移的（G intransitive）」とよんでいる（訳注：G は Granovetter の頭文字に由来すると思われる）。しかし，どの関係が弱く，どの関係が強いといったことを判断するための正確な基準は，どうすれば知ることができるのだろうか？　このあいまいさは，本来は整理された概念であるはずの弱い紐帯や強い紐帯の悩みの種であった。Freeman の開発したアルゴリズム[10]は，ネットワー

ク内で最も親密に結びついたノードから始め，徐々に結びつきが弱いノードへと移行していくことで，そのネットワークにおける強い紐帯を定義する X のレベルを下げていくというものである。この手続きは，（訳注：そのネットワーク内で）統計的に有意な数の G 非推移的な三者関係が発生するまで行われる。X を定義するのは，（訳注：そのネットワーク内で）非常にまれな例外として G 推移性を保持している，最も低いレベルの紐帯の強度である。そのレベル以上のあらゆる紐帯は「強い」ものとなり，それ未満の紐帯は「弱い」ものとなる。

　Freeman はこのアルゴリズムを，（自己報告式ではない）観察された相互作用の頻度を含む 7 つのデータセットに適用した。紐帯の強さ，あるいは強度は，相互作用の回数として単純に定義され，さらに（訳注：インフォーマルなランチなどの）イベントで相互作用を行う個人の場合は，共通のイベントに出席した回数として定義された。厳密な意味で推移的な関係性は，どのデータセットでもほとんどみられなかった。しかし，4 つのデータセットにおける G 推移的な三者関係の数は，まったく偶然の状況下で観察される数よりも，はるかに多いものであった。これらはすべて，外部あるいはフォーマル・システムによる「相互作用への明確な制約が存在しない」状況であった（Freeman, 1992, p.164）。このことは，ある状況が比較的純粋なインフォーマル・システムをもつかどうかを確かめるための，迂回路（ラウンドアバウト）を示している。すなわち，純粋なインフォーマル・システムでは，偶然に形成されるよりも多くの G 推移的なトライアドが存在している。つまり，Granovetter によるゆるやかな推移性の定義を用いることで，（純粋に推移的なものも含めた）トライアドは，偶然によって期待される水準よりも多く存在することになる。システムの中核である，内部者の「クリーク」は，多くの場合，強い紐帯でつながる人々で構成される。彼らは，弱い紐帯だけでつながる取り巻き連中に囲まれている。G 推移性のアイデアは，弱い紐帯という有益なアイデアに基づいて，まさに純粋なインフォーマル集団を位置づけるための確かな形式を提供している。しかし，純粋なインフォーマル集団はめったに観察されず，記録にもほとんど残らないため，このアイデアが用いられることはまれであった。

　Freeman は，「オールドサウス（Old South）」という有名なデータセットを用いて，有益な説明を提供している。このデータセットは 1930 年代に収集されたものであり（Davis et al., 1941, p.148），Homans（1950）のおかげで，小集団研究者の日の目を再び見ることになった。これは，ある民族史学者の観察に基づく，「ささやかでインフォーマルな一連のソーシャルイベント（訳注：仲間を作るための行事）における，女性たちの参加記録である」（表 6-1 を参照）[11]。表 6-1 のような行列は，2 種類のデータ——この場合は人物とイベント——を結合したものであり，ハイパーグラフ（hypergraph）とよばれている。複数のイベントは，それらに出席した人々によってリンクさせるこ

表 6-1　オールドサウス・データセットにおける女性グループのイベントへの共同参加の頻度

集団Iの参加者名	オールドシティベラルドにおけるソーシャルイベントのコード番号および日付													
	(1) 6/27	(2) 3/2	(3) 4/12	(4) 9/25	(5) 2/25	(6) 5/19	(7) 3/15	(8) 9/16	(9) 4/8	(10) 6/10	(11) 2/23	(12) 4/7	(13) 11/21	(14) 8/3
1. Mrs. Evelyn Jefferson	×	×	×	×	×	×		×	×					
2. Miss Laura Mandeville	×	×	×		×	×	×	×						
3. Miss Theresa Anderson		×	×	×	×	×	×	×	×					
4. Miss Brenda Rogers	×		×	×	×	×	×	×						
5. Miss Charlotte McDowd			×	×	×		×							
6. Miss Frances Anderson			×		×	×		×						
7. Miss Eleanor Nye					×	×	×	×						
8. Miss Pearl Oglethorpe						×		×	×	×				
9. Miss Ruth DeSand					×		×	×	×	×				
10. Miss Verne Sanderson							×	×	×	×		×		
11. Miss Myra Liddel								×	×	×	×	×		
12. Miss Katherine Rogers								×		×	×	×	×	×
13. Mrs. Sylvia Avondale							×	×	×	×		×	×	×
14. Mrs. Nora Fayette						×	×		×	×	×	×	×	×
15. Mrs. Helen Lloyd							×	×		×	×	×		
16. Mrs. Dorothy Murchison									×	×				
17. Mrs. Olivia Carleton											×		×	
18. Mrs. Flora Price											×		×	

Davis, A., Gardner, B. B., & Gardner, M. R. (1941). Deep South: A social anthropological study of caste and class.（ディープサウス：カーストと階級の社会人類学的研究）Chicago, Ill.:University of Chicago Press. Figure 3, p.148. Copyright © 1941 The University of Chicago.

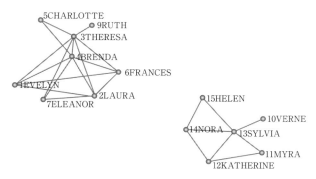

図 6-1　オールドサウス・データセットにおける強い紐帯

とができ，また人々は，同じイベントに出席したかどうかでリンクさせることができる。これは「人物と集団の二重性」とよばれ，ネットワーク分析における非常に重要なアイデアである。なぜなら，このアイデアは，あるレベルの社会構造を別のレベルの社会関係にリンクさせることを可能にするからである（Breiger, 1974）。

　女性たちの間の紐帯の強さは，彼女たちがともに参加した社会的なイベントの数によって定義される。G 非推移的な三者関係は，3つのイベントにともに参加した人々の間で多くみられる。その一方で，4つのイベントにともに参加した人々の間ではほとんどみられない（Freeman はまったくみられないと述べているが，それは誤りである）。この違いは統計的に有意である。したがって，Freeman は X をレベル 4 に設定している。すなわち，4つ以上のイベントに参加した人々は強い紐帯をもっていると定義され，その他の紐帯は弱いと定義された。図 6-1 は，女性たちの間の強い紐帯を，$X = 4$ の基準に従って示したものである[12]。この手続きによって同定されたクリークは，民族誌的な研究によるものと非常に類似している[13]。

　図 6-2 は，$X = 4$ とした場合の女性たちの間の弱い紐帯を示しており，別の 4 人の女性と，ネットワーク内の紐帯の大部分を含んでいる。弱い紐帯は細線で示されており，3つ，2つ，あるいは 1つのイベントにともに参加した女性たちの紐帯である。Freeman の定義に基づくと，弱い紐帯が多数存在することは明らかであり，さらにこれらの紐帯のいくつかは，2つのクリーク間での広範囲にわたる橋渡しの役割を果たす。さらに，これらの弱い紐帯をカウントすると，ともに参加したイベントに基づく紐帯の数の点では，あるクリークのメンバーが，「同じ集団の成員のだれかと」同程度の，あるいはより多くの相互作用をよそ者と行っている可能性もありうる（Freeman, 1992, p.164）。これを確認することは重要である。なぜなら，われわれは，

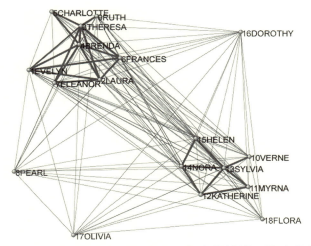

図6-2 オールドサウス・データセットにおける強い紐帯（太線）と弱い紐帯（細線）

純粋なインフォーマル・システムによって，組織の内部の異なるチムニー，あるいは異なる組織に属する人々や集団をつなぐことができると主張してきたからである。橋渡しやリンクは，ある種の弱い紐帯になりうる。

　未解決の問題としては，インフォーマル・システム内で，ある人々は互いの紐帯がG推移性を満たすバランス状態になるほどに一緒に過ごす一方，他の人々は系統だった結びつきをもたず，周辺に位置し続けるのはなぜか，ということである。その答えは，非対称な紐帯と関連するとともに，そうした紐帯が外部システムの欠如した状態で，そして外部システムの結果として，形成されていく様相とも関連するだろう。

非対称な紐帯と外部システムの影響

　世の中には，人気者とそうでない人々がいる。非対称な紐帯をもつ集団が現実の集団により近くなることや，それによって，一般に，インフォーマル・システムがある程度フォーマル・システムの内部に埋め込まれていることは，これまで述べてきたとおりである。純粋なインフォーマル・システムに関する従来のモデリングによって明らかになったのは，紐帯が対称的な性質をもつ場合でも，強い紐帯と弱い紐帯を含む序列システムは，それでもなお，少なくともそれらを見分けられるということである。非対称な紐帯を考慮することで，われわれは，そもそも何が相互作用のパターンを規

定するのか，その理解へと歩みを進めることができる。相互作用が外部システムによって決定されないならば，どのように序列システムは構築されるのだろうか？　さらに，外部システムの価値がインフォーマル・システムに導入された場合，何が起こるのだろうか？　これらの疑問に答えるためには，ネットワークにおける動機づけの知見についてレビューする必要がある。

　外部システムの要請の効果を考慮せずに人間の基本的な相互作用を見ると，外的な要請がないときでさえ，他者との相互作用により強く動機づけられている人々がいるということがわかる。こうした個人間の相互作用と，個人のもつ動機づけは，Homans のいう「感情」の要素である。第5章では，基本的な動機づけとしての「安全」あるいは所属の欲求について学んだ。つまり，人々は互いにこれらの欲求を満たすことができるため，相互作用を行うことに動機づけられているのである。その起源は，母子間の相互作用にまでさかのぼることができ，それゆえ，きわめて原初的な動機である。このように，安全や所属の欲求は，凝集性の高いネットワークの構築につながる動機であるが，それがすべてというわけではない。もしそうだとしたら，人生には何も起こらないことになってしまう。アウトリーチの傾向や，リスクを冒す傾向，快適な環境からの脱出を企てようとする傾向は，幼少期の頃からみられる。こうした傾向はすべての人間に備わっており，「エフェクタンス」の動機づけとよばれる。この動機には対応するネットワーク構造が存在し，これまで見てきたような「構造的すきま」（Burt, 1992）の活用をうながす。最後に，第三の動機として，地位や序列の追求がある。これらの動機づけは，小集団の発達プロセスにあてはめることができる。しかしながら，その分析を完全なものにするためには，別のアイデアが必要となる。それは，個人が他者に注意を払う程度と，他者によって影響を受ける程度である。他者からの影響に対する感受性の程度が，より原初的な動機づけや幼少期の発達のパターンとどのように関連するかについては，何らかの理論が存在するかもしれない。ただし，この点は本章では割愛する。真に実践的な理論とは，具体的な状況で何が生じているのかを説明するものであり，特定の種類のシステムにおいて好まれる人々が，異なる動機の組み合わせに基づいていることを発見するかもしれない。たとえば，あるシステムは強い親和傾向をもつ個人を好み，別のシステムは強い効果性の動機をもつ個人を好む可能性がある。しかし，本章の理論では，これらの動機の発生確率はランダムであるとみなす。

　Gould（2002）の理論では，あらゆる集団において，集団成員の魅力や質についての判断には何らかの分散が存在すると仮定されている。こうした判断の基盤は，外部システムや，その集団にもたらされる文化的価値に由来する。Gould はそれゆえ，小集団において，本質的に正しい一連の価値や評価というものは存在しないと仮定する。

むしろ，ある集団における判断は「自己成就予言」となり，そこでは「マタイ効果」(Merton, 1968a)──「持つ者にはさらに多くが与えられる」──が維持されている。その意味するところは，集団内で高い地位にある個人の判断が，低い地位にある個人の判断より重視されるため，階層関係が保持されるということである。これは，ナッシュ均衡（ゲーム理論に詳しくない人々にとっては，映画・書籍の『ビューティフルマインド A Beautiful Mind』で有名）の仮定と一致し，「他のプレイヤーが自らの戦略を変えずにいる状況で，どのプレイヤーも自らの戦略を変えると利益を得られない，という特徴をもつ一連の戦略が存在するならば，そうした一連の戦略と，それに対応するペイオフ（報酬）がナッシュ均衡を構成する」(McCain, 2002)。このことは，現状が考えうる最善の状態であるということを意味するのではなく，むしろ，他者によって課される制約があるならば，現状よりもよい状態はありえないということを意味する。現在，社会財の分布は「正しい」状態にあるが，なぜなら，たんにそれが社会的に立証されているからである。注目すべきは，この結果が Homans のフィードバック・ループと類似しており，相互作用が感情につながり，次に相互作用につながり，さらにはリーダーを含んだ階層システムにつながることである。メンバーの評価の源泉は，このフィードバック・ループの外部にあり，文化的規範，あるいは外部システムからの要請のいずれかに含まれている。明らかに，評価の源泉が小集団システムの外部にあるという点で，これはかなり違和感のある仮定かもしれない。また，この仮定は現状維持的である。なぜなら，評価のもとになる基本的価値が小集団から直接生まれることは決してなく，そうした価値はむしろ文化や組織によって決定されると想定しているからである。たとえば，集団の「標準作業手順書（standard operating system）」のような集団規範は存在するかもしれないが，そうした規範は価値がどのようにして与えられるかを明示するものであり，価値それ自身を明示しているわけではない。

　小集団のモデルを構築するにあたり，ここでは安全の欲求から始める。なぜなら，まずはわれわれに相互作用したいと思う相手がいなければならないからである。ここで思い出してほしいのは，あらゆる集団に存在する，成員が他の成員に対していだく何らかの評価や感情── Homans のいう「感情」──のことである。こうした評価は，各成員の序列の差異化をもたらす。先述したとおり，小集団のモデルでは，こうした感情の基盤を理解している必要はなく，たんに集団において感情が何らかの形で分散していればよい。さらに，感情が相互作用を生じさせ，相互作用が感情を生じさせるという，すでにおなじみとなった Homans の言説についても付記しておく。ここでは，第5章で取り上げたような，相互作用や安全，エフェクタンスといった基本的な動機がもたらす2つの当然の帰結を取り上げる。第一に，他者への感情について

Gould が述べているのは，人々がポジティブな感情を返してくれる相手に対し，優先的にポジティブな感情をいだくということである。私は，自分のことを好ましく思っている人々に好意をいだき，そうした人々と相互作用を行うが，自分のことを好ましく思っていない人々とは相互作用を行いたくない。これは，安全のひとつの形態である。要するに，Gould が皮肉めいて述べているように，人々は自分に折り返し電話がかかってくることを望んでいるのである。第二の帰結は，集団における序列を説明する。すなわち，ポジティブな感情は，自身がポジティブな感情をいだいている人々から受け取るほうが，そのような感情をいだいていない人々から受け取るよりも気持ちのよいものである。Gould は以下のように述べている。「好きではない相手と比べた場合，好きな相手からの求愛がどれほどうれしいものか考えてみるとよい」(Gould, 2002, p.1153)。

次に紹介するのは，序列の追求，あるいは立身出世の動機であり，これらはエフェクタンスと関連する。人々は，序列がもたらす産物を享受している。「個人が好むのは，お返しをする必要のない愛着を与えられることであり，その理由として，そうした愛着が彼らの地位を示している（そして高める）ことがあげられる」(Gould, 2002, p.1152)。これは，高地位の他者にポジティブな感情を与えたい，という（訳注：低地位の人々の）欲求がもたらすものである。この欲求が低下するのは，当然ながら，こうした感情を返してもらえないことの痛みによってである。これは，立身出世のリスク要因である。それによって，他者から受け取るポジティブな感情が減少する可能性があるとしても，個人は（訳注：高地位の人々に）よりよくふるまおうとする。しかしながら，エフェクタンスは安全の欲求による制約を受ける。そのため，人々にとって，最も望ましい他者に愛着をいだくことと，最も役に立つ他者に愛着をいだくこととは，トレードオフの関係にある。もしも関係の非対称性が大きな痛みをもたらすとしたら，人々は「他者に愛着をいだかないようにし，全員が互いに等しいつながりをもつクリークに自分自身を位置づけるか，あるいは対称的なダイアドの集合をでっち上げるであろう」(Gould, 2002, p.1150)。一方，だれも非対称性を気にしないのであれば，みな自分自身を最も望ましい他者と結びつけるであろう。現実世界は，これらの両極の間に位置する。そのため，完全な分裂と勝者総取りがナッシュ均衡の要件に適合するにもかかわらず，これらの状況が生じることは，もしあるとしてもめったにない。よりありそうなケースとして，個人が最も望ましい他者からポジティブな感情を受け取っていない場合，魅力度の点で「最善」ではないが，好意を返してくれそうな他者に対し，自身の感情を向けやすくなることがあるだろう。このことは，Freeman が対称的な紐帯に関して述べたような序列システムを生み出す。加えて，そうしたダイナミックスはナッシュ均衡の形成をうながす。なぜなら，すべての他者

の感情のパターンが与えられた場合，だれにとっても自分自身の感情のパターンを変える誘因（インセンティブ）は存在しないからである。このことはもちろん，ナッシュ均衡が公共の福祉（訳注：利益）を最大化するということを意味するのではなく，たんにこの均衡がすべての人々が望ましいと思う状況の帰結であることを意味するだけである。

このモデルは相互作用のシステムの外部に評価基盤を見出しているが，エフェクタンスや安全，さらには地位追求の動機が明らかになるさまは，相互作用のシステム内で人々が入り交じることで生み出される作用のひとつであり，こうした入り交じりもまたモデルの一部ではないことに留意する必要がある。エフェクタンスや安全，地位追求の動機は，発達の初期段階で獲得される基本的なパーソナリティ特性であるため，これらの動機の強さは個人によって異なるであろう。また，相互作用のシステムの構造は，外部システムあるいは相互作用のダイナミックスのいずれかに完全に依存するわけではない。部分的には，相互作用のシステムにおけるこれらの基本的な特徴も，また何らかの影響力をもつのである。Gould はさらに，人々が自己に影響を与えるような他者の意見を許容する程度にも，個人差があると仮定している。

均衡が作用するのは，魅力の帰因（ものごとの原因が，ある点に帰着すること）を生み出す人々が，そうした帰因を受け取る側でもあるという，閉じたシステムの内部である[14]。しかしながら，このような閉じたシステムには，すでに述べてきたように，より重要な側面が存在する。他者に関して知覚された特性は，システムの外部にある何らかの客観的な価値として作用するだけでなく，閉じたシステムの内部にいる個人が，他者に対して行ってきた評価にも影響される。これまでに見てきたとおり，これも Merton の「マタイ効果」である。集団から好まれる人々は，すでに人気者であるというだけの理由で，さらに好ましい評価を受けるようになる。相互作用戦略に関する似たような見解は，Leifer と Rajah も述べている。「（訳注：注目を受ける）ターゲットとなることについて，こうした不均衡がいったん生じると，いわゆるマタイ効果とよばれる状態に発展してしまう。一般に，注目の的となりやすいのは最も多くの注目を受ける人々だが，最も価値があるのは彼らが直接注目するものである[15]」(Leifer & Rajah, 2000, p.261)。さらに，ある社会システム内でのある個人の意見が他者の影響をより受けやすい場合もあれば，逆により受けにくい場合もある。他者の影響を受けにくい人々にとって，外的な，もしくは「客観的な」要素はより重要であろう。一方，他者の影響を受けやすい人々にとって，集団内の他者の意見はより重要であろう。いずれの場合でも，外部システムと内部システムの両方の要素が考慮される必要がある。

◆システムを定式化する

　Gould は，これらの原理とアイデアを含めた数学的な定式化を行った。定式化の利点は，代数方程式を解くことで，一見しただけではわからないような多くの結論を得られるところにある。われわれの立場から見ると，このモデルは集団成員による他者の性質に対する主観的判断が，以下の3つの要素によって影響を受けると予測している。それらは，(1) 他者の本質的な性質（この判断は，部分的には外部システムに由来する可能性がある），(2) 安全とエフェクタンスの動機から形成される，内部システム内での相互作用のパターン（訳注：すなわち互恵性，あるいは対称性），(3) 他者の性質の主観的判断に影響を与える，内部システムにおける社会的影響の重みづけである。重みづけは集団の成員全体に対して計算されるため，集団の人数もまたひとつの要素に含まれる。集団サイズが大きくなればなるほどシステムは弱体化し，その影響も弱まる。

　Gould 自身が述べているとおり，彼の公式（詳細は Gould [2002] を参照）は，あらゆる行為者が他者から選択される傾向に関するものであり，解釈が困難である。また，この公式は，集団の人数が増えると成立しない可能性がある。彼は，比較的小さな集団サイズ（$n = 10$）と，比較的弱い互恵性（$s = 2.5$）を仮定したグラフを示している。図 6-3 に示すとおり，(訳注：他者の) 性質（Q）は，行為者が受け取る好意の程度（集団内での地位という意味も含む）と同様，平均値で中心化される。社会的影

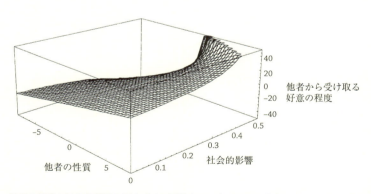

図 6-3　他者の特徴と社会的影響の重みづけの関数として表される，他者から受け取る好意の程度（被選択によって定義される地位）（$n = 10, s = 2.5$）（Gould, 2002, p.1158.）

響の重みづけ（w）は，0から1の範囲を取る。ここで図示されているのは，10人の小集団で，互恵性の程度が比較的弱い場合の例である。この図は，自分自身より高い地位にある人々を選択することで生じる，インバランスやネガティブな結果に対して，個人が寛容であろうとすることを意味する。また，縦断データを扱う Gould の公式からわかるのは，ある時点において，低地位者は高地位者に深い敬意を表すことができるが，そのことによって，低地位者が次の時点で地位そのものを大きく失うことはない，ということである。こうした現象が生じるのは，基本的に集団サイズが大きいほど，他者に敬意を表することで個人の地位が全体的に低下することの影響が弱まるからである（集団サイズは［訳注：Gould (2002, p.1160) の公式の］分母に含まれる）。これは小さいシステムにはあてはまらず，小集団は大集団と比べてより平等主義的なシステムを維持しやすいことを意味する。このことは，集団についてのありふれた直感と一致する。

社会的影響の重みづけが増加するにつれ，地位の不平等が急激に拡大することには注意する必要がある。これは，社会的影響やマタイ効果が，システム内に存在するあらゆる特性の格差を深刻化させることを示している。もし個人の特性に関する格差が存在しないならば，単一の個人への集中的な選択のカスケード（訳注：階段状に流れ落ちる滝を意味し，ここでは選択が急激に集中することをさす）が生じる場合を除いて，社会的影響は効果をもたない。Gould は辛辣に述べている。「皮肉なことに……特性に格差が存在しない場合の，唯一の安定的な地位階級は，最も極端な形の階層構造である──それはたとえば，世襲的君主や映画俳優の序列である」(Gould, 2002, p.1158)。

小集団に関する形式的な命題は，Homans の立場を精緻化したものである[16]。要件は，以下の4つの基本的な仮定や命題と，2つの帰結のみである。すなわち，(1) 安全の動機と2つの帰結，(2) 安全の動機によって制約を受けるエフェクタンスの動機，(3) 影響への感受性，(4) 相互作用が感情を喚起し，逆もまた真であるという仮定である。また，多くの自明ではない命題も導かれる。鍵となる命題のいくつかは，以下に要約される。

1. 非対称性：人気者は，自分よりも人気のない者から「指名」を受けやすいが，それは，人気のない者が人気者からお返しとして受け取る分よりも多い。この非対称性は，おのおのが受け取る選択や「指名」によって規定される地位の格差に比例する。
2. しかし，先に述べたように，こうした非対称性は集団サイズが大きくなるほど減少する。
3. 類似した性質をもつ複数の行為者は，類似性の高い他者から同じように選択を受ける

ことになり，その結果，こうした他者に対して同じように選択を行うようになる。この事実は，構造的類似性という，集団を分化するおなじみの現象につながる（第4章を参照）。これらの結果は，非対称性の論理的な帰結（エフェクタンスと地位追求の動機）に由来し，自分自身と似た人物を選択することを好むという安全の動機ともつながっている。しかし，重ねて述べるように，非対称性の効果は集団のサイズによって減少する。

4. 行為者が他者を選択する程度は，他者から受ける選択の程度に比例している。このことから，他者から最もよく選択される行為者は，他者との相互作用が最も多い人物となる。しかし，人気度の累積度数分布は，個人の選択数の分布と比べて非対称であり，一様ではない。興味深いことに，Gould の公式からは，どのような2人の行為者を仮定した場合でも，他者からより多くの選択を受ける行為者のほうが，あらゆる第三者に対して自分からより多くの相互作用を行い，また選択を行うことが示されている。これは，その第三者がきわめて低い地位にある場合にもあてはまる。これはまさしく，Homans のリーダーシップ・パラドックスである。リーダーは，より多くの選択を受けるという点で高地位であるにもかかわらず，より多くの相互作用を自分から他者に対して行うのである。（訳注：リーダーの）いくぶん神秘主義的な帰因であるさまざまな特性や，Homans がリーダーに固有の属性だとしていた規範の遵守は，この結果には必要ない。他の人々に比べると，リーダーは自身の選択に大きな非対称性が存在することを楽しんでおり，またそれに対して寛容である。また，リーダーのもつ特性の違いや，こうした特性が外部システムに由来するかどうかにかかわらず，リーダーの地位は，集団内の社会的影響のプロセスを通じて高められる。そして，これまで全体をとおして見てきたように，これらのプロセスは集団サイズによって弱められる。すなわち，リーダーシップについての命題が適用可能なのは，いわゆる「小集団」である[17]。

リーダーシップについて，もう少しふれておこう。この理論には，3つの要因が混在している。第一に，確かに「パーソナリティ」の要因は存在するが，それは人々が一般的にリーダーに対して帰属しやすい，「人柄」や「カリスマ」とは異なるものである。むしろ，リーダーとは「報われない恋（片思い）」に寛容である一方，集団内であまり人気のない成員に対しても関心を払う人物である。すなわち，リーダーは選択の非対称性に対して，寛容であり続けられる。Leifer と Rajah は，相互作用の戦略性の観点から，うろうろする段階（milling-around stage; 訳注：新しいグループへの参画の際に，自らの過剰な開示を避けるために，他愛もないトピックを議論するような段階）における「よりよい戦略とは，行動を相手に向けることよりも，行動を相手から向けられることである」（Leifer & Rajah, 2000, p.264）と述べている。よいリーダーは，よい聞き手である。ここで述べたようなプロセスの結果としてリーダーの座

に納まっている人々にとって，こうした画一的な役割段階は，すでに過去の話である。その一方で，器用なマネージャーは，むやみに自分の手の内を明かさないように感情を隠そうとするため，集団内の低地位の人々に何らかのアドバンテージを与えてしまうのである。第二に，リーダーは，集団にとって価値のある個人属性を実際に数多く有している。それらは，美しさ，賢さ，たくましさ，そして好ましさである。その一方で，第三にあげられるのは，これらの個人属性がもたらす差異化（分化）の程度がきわめて小さい可能性である。（訳注：リーダーとしての）属性における差異は，小集団における相互作用のプロセスを通じて増幅されるが，集団成員によって価値づけられた属性の影響は，客観的な個人属性の差異の影響をしのぐほどである[18]。

◆ われわれは今どこにいるのか

　小集団のインフォーマル・システムとネットワークの主な特徴は，いくつかの単純な仮定によって生み出されている。第一の仮定は，安全とエフェクタンスの動機である。人間は安全を感じ，自分の欲求を満たすために，生まれながらに他者との相互作用を求める。この仮定は，Homansの命題から必然的に導かれる帰結である。他者との相互作用は，その他者についての心情や感情，あるいは評価を生み出す。こうしたポジティブあるいはネガティブな感情は，ひいては将来の相互作用に重大な影響を与える。明らかに，感情がポジティブであれば，個人はその他者とより多くの活動に従事しており（相互作用を行っている），感情がネガティブであれば，相互作用は減少する。一方，地位追求の動機づけは，Gouldの対称性のモデルから必然的に導かれる帰結である。安全への関心に動機づけられた相互作用の中で，人々は好意を返してくれる相手を選択し，相互作用を行うことを好む。これらの帰結は，たとえば，一緒にぶらぶらする（ハングアウト）といった対称的な相互作用において，地位の同類性を生み出す。すなわち，こうした相互作用を行うペアは，同じ地位にあり，ふだんの活動を同じくらい共有する傾向にある。しかし，ネットワークは個人のペアの集合以上のものであり，ネットワークを重要なものにするためには，少なくとも三者の関係が必要である。ここで，Heiderのバランス理論に基づく第二の仮定が必要となる。すでに引用したように，「バランス状態とは，すべての関係性がポジティブである場合，あるいは関係性の２つがネガティブで，１つがポジティブな場合をさす」（Heider, 1946, p.110）。つまり，もしAがBと親しく，BがCと親しい場合，CはAと親しい。また，相互作用の序列を生み出す条件は，すべてFreemanによってモデル化されている。人々は共通の興味・関心によって分類される。ある一定量以上の共通の相互作用が存在する場合（その量は集団によって異なる），その相互作用はバランス状態にあり，強い紐帯となる。相

互作用の量がそれ以下の場合，必ずしもすべての相互作用が推移的ではなくなり，これらの地位は弱い紐帯を形成するといわれる。安全への動機づけは，相互作用の対称性への欲求や，そこから生まれる感情をともなって，小集団における強い紐帯と弱い紐帯の発達を説明する。また，安全への動機づけと相互作用の対称性は，共通の相互作用や活動の増加を通じて，人々を集団に結びつける役割を果たしている。

　潜在的に非対称な状況，すなわち，たんにぶらぶらするかどうかよりも，他者を選択する，あるいは魅力を感じるかどうかが考慮される状況では，エフェクタンスや地位・身分の達成がより顕在化する。エフェクタンスの動機づけは，コントロールの欲求を高め，個人の相互作用環境に違いを生み出す。また，地位追求の動機づけは，相互作用を引き起こす。この状況では，特定の人々が他の人々よりも選択されやすくなるが，それは地位の同類性だけが唯一の重要な理由というわけではないからである。立身出世，あるいは地位の達成もその理由のひとつとなる。人々は，自分自身よりも魅力的な他者を選ぶことを好むが，これは，片思いの報われない愛情が強すぎることは苦痛だという，安全の状態を念頭に置いている。魅力は，もちろん身体的な要素に限定されるわけではなく，その集団によって価値づけられたあらゆる属性をもつことも含まれる。また，非対称なシステムにおける第三の動機づけの要素は，他者の意見による影響の受けやすさである。この要素は，価値づけられた属性をもつかどうかのもともとの違いを超えて，選択の拡大を生み出す。このことは，Gould のいう序列システムを生じさせ，この状況から論理的に導かれる興味深い帰結をもたらす。リーダーは最も高い地位にあり，システムによって価値づけられた属性をより多く保持し，低地位の他者との相互作用をもとうとする。すなわち，リーダーは他者を導いているのである。また，集団が構造的類似性によって分化するプロセスは，地位のロジックによって支配されていることも見出されている。すなわち，（訳注：ネットワークの）階層構造は，他者と類似した紐帯や関係性をもつ人々の間で形成される。したがって，人々は弱い紐帯でつながる人々の間を橋渡しし，ブローカーであることの利益を享受できるため，さらなるエフェクタンスや対人操作の機会が存在しうるのである。

　本章で述べてきたような，十分に成熟していない，あるいは初期の段階にある小集団に関する基本的な特徴を考慮すると，これらの特徴を取り入れたネットワークの理論的な分析がほとんど行われていないことは，むしろ驚きである。その理由のひとつは，こうした小集団を見つけるのが困難なことにある。実験室で形成された集団は，このカテゴリーには含まれない。なぜなら，実験デザインと実験者の求めるものが，明らかな外部システムを形成し，集団に影響を与えてしまうからである。有用なデータは，すべて綿密なフィールド観察から得られているように思える。そして，そのような実践は，ネットワーク分析の研究者の間ではすたれてしまっていた。ひとつの理

論的展開としては，Goffman（1967）から Garfinkel（1967），そして Schegloff（1999）へと続く会話のパターン分析の研究者にみられるような，対面的相互作用の検討がある。ただし，これらの研究は必ずしも集団志向的ではなく，純粋な相互作用の方略の解明に強い関心を払っており，すたれてしまったように思える。また，本章の内容の基礎となる知見は，10年も前のものである。最近の研究（Martin, 2009）は，まさにこれらの問題に言及しており，ギャングや他のインフォーマル集団に典型的にみられるのが，身分やリーダーシップの序列よりも，むしろ水平的な構造とクリークの形成であることを明らかにしている。明らかに，この領域にはさらなる研究の余地がある。

対面の小集団に関する研究の状況がどうであれ，小集団という実体は，それでもなお社会生活に特有の要素である。外的な要請のない状態で，集団における地位やリーダーシップがどのように形成されていくかを理解することは有益である。なぜなら，これらのプロセスは，より複雑な状況においても同様に，リーダーシップと集団活動の基盤となるためである。組織とは，小集団とリーダーシップに多くの焦点が当てられてきた領域であるが，当然のことながら，そこには「外部システム」からの重要な要求が存在する。これらの要求と，権威システム，小集団，そしてリーダーシップとの相互関係が，次章の主な焦点となる。

注

この章は，Kadushin, C. (2005c). Networks and small groups. *Structure and Dynamics: eJournal of Anthropological and Related Sciences*, **1** (1) Article 5. を改訂したものである。S. D. Berkowitz は初期の草稿を編集したが，それは彼が『社会構造：ネットワークによるアプローチ *Social Structures: A Network Approach*』の改訂版の1巻として懇願したものであった。H. Russell Bernard は，洞察力に富んだ改訂と鋭いコメントを寄せてくれた。Linton Freeman は有益なコメントを提供してくれ，Richard Alba も同様であった。Douglas R. White はいくつかの誤りを訂正してくれ，Freeman グラフの再計算を行ってくれた。*Structure and Dynamics* 誌の匿名のレビューアー3名は，重要なコメントを寄せてくれた。本論文に存在するすべての誤りについては，もちろん著者が責任を負う。

1 「理論化のためには，役割（または身分）の違いが存在していない状態から始めるのが有効である。そのイメージは，やたらに動き回り，指示どおりの行動を取る機会を待ち構えている，画一的な俳優たち（訳注：いわゆるエキストラ）のひとりである」(Leifer & Rajah, 2000, p.255)
2 第3章で述べられているように，「クリーク」はよく知られた社会学の用語であり，いくつかのクラスターを意味する。これらのクラスターの内部におけるノード間の相互のつながりは，グラフ内の他のノードとのつながりよりも多い。第3章で指摘したように，あらゆる状況に適用可能な単一のネットワークのアルゴリズムを用いると，こうした意味でのクリークを特定することは困難になる。
3 いくつかの研究では，人間以外の集団にも似たような特徴を見出している（Faust & Skvoretz, 2002 と，その引用文献を参照のこと）。
4 組織の内部や社会における，インフォーマルな政治プロセスの厳密な定義とは，可視性が制限されていることである，と主張する人々がいるかもしれない。不可視性のベールをめくることは，「醜聞の暴露」と組織分析の両方に，ある程度共通するものである。
5 バンク配線室とは，14名の労働者が「バンク（接点端子；bank）」，すなわちオフィスの電話交換機のスイッ

チを組み立てる実験用の部屋であった。この部屋は，Western Electric 社のホーソン工場の研究チームによって，1931年11月から1932年5月までの6か月半の間，集中的に観察され，1939年に報告書（訳注：Roethlisberger, F. J., & Dickson, W. J. (1939). *Management and the worker*. Cambridge, MA: Harvard University Press.）が出版された。この報告書には，詳細なソシオグラムと定性的（質的）な観察結果が含まれており，Homans は『ヒューマン・グループ』の第3章「バンク配線観察室」で，それらの再分析を行っている。バンク配線室についての詳細な分析は，組織に関する次の章で扱う。

6 明確な役割が形成されていない集団内で，相互作用を開始し，受け入れることに関する戦略については，Leifer と Rajah（2000）を参照のこと。

7 たとえば，バンク配線室では技師がバンクの配線を行ったあと，それを最終的に接合するハンダ工に手渡した。ここでは相互作用が技師から開始されており，対称的ではなかった。

8 Moreno（1953）は，複数のコテージ（訳注：ここでは平屋の住居の意）に収容された青年期の非行少女を対象に，一次的集団を人工的に構成した。彼はソシオメトリーの技法を用いて，仲の悪いクリークを同じコテージに居住させるのではなく，むしろ互いに仲の良い少女どうしを居住させた。凝集性の高いコテージに集められた場合，少女たちの意地の悪さは和らぐ傾向にあった（訳注：Moreno の研究の詳細については，第11章を参照）。

9 明示的な身分や地位については，第3章を参照。

10 第4章の脚注1「アルゴリズム」の説明を参照。

11 このデータセットに関する異なる分析の比較評価は，Freeman（2003）を参照。

12 Douglas White は，図6-1に相当する Freeman の図の修正が必要であると指摘した。（訳注：Freeman の図に含まれる）16番が，11番，12番，あるいは13番とともに参加したのは，4つのイベントではない（彼女が自分で参加したのは，2つのイベントのみである）。同様に，12番と15番がともに参加したのは，3つのイベントのみである。ここで示した図は，White が改めて描いたものである（訳注：本書では，Freeman の図とは異なり，16番がクリークから削除され，12番と15番の関係が修正されている。また，孤立点である8番，17番，18番は描かれていない）。

13 古典的なグラフ理論では，クリークの定義に関する制約が非常に厳しい。なぜなら，そこでのクリークは完全な連結を意味し，本章で用いられている定義とは異なるためである。むしろ，直感に基づくクリークの社会学的な定義は，成員どうしがクリークの内部で相互作用をすることのほうが，クリークの外部の他者と相互作用をすることよりも多い，というアイデアと対応しやすい。このアイデアはごく単純に思えるが，第3章で議論したように，具体化するのは困難である。

14 これは「箱の中のネットワーク」における明らかな真実であるが，いくつかの開かれたシステムにおいてもまた真実である。例としては，研究者が互いの知見を引用しうる科学的知識の成果，読み手や書き手，編集者が同じ社会的なサークルの一員である専門書の執筆のプロセス（Coser et al., 1982），パワー・エリートのシステム（Higley et al., 1991），そして組織間の関係性があげられる。

15 （訳注：この点に関して）Martin は異議を唱えている。「［ギャング内の］地位争いは，成員の序列化や，儀式化された服従のシグナルを生み出すわけではなく，むしろ成員間にどのような地位の格差があったとしても，それを成員に対して強調しないことにつながる」（Martin, 2009, p.141, 傍点は原文のまま）。また，Martin は Whyte（1943）と Homans（1950）によるノートン・ストリート・ギャングの分析についても再解釈を加え，それが基本的なインフォーマル集団というよりも，むしろ権威の系統樹（authority tree）をもつ初期のフォーマルな組織であると指摘している。

16 現実の集団のデータに基づく，いくつかの仮定の実証的な検証は，Gould の数理的な予測と一致する。数式の証明は，Gould（2002）の Appendix で参照できる。

17 H. Russell Bernard（私信）は，リーダーシップ・パラドックスが人類学のある問題と関連することを指摘している。それは，国家以前の首長の役割がどのように出現したかという問題である。首長制の社会では，首長は選挙民に対してあまりに多くのものを与えなければならないため，結果として貧しくなってしまう可能性がある。これは，メラネシアにおける「ビッグ・マン」現象として描かれている（Sillitoe, 1998）。

18 似たようなプロセスとして，Feld（1991）が明らかにしたように，多くの人々は他者のほうが自分よりも友人が多くいると信じている。その説明は単純明快である。ある個人の対人環境に友人が多くいる人々が含まれる可能性は，友人があまりいない人々が含まれる可能性よりも必然的に高くなる。そのため，私自身の対人環境を見てみても，私は多くの人々に自分よりも多くの友人がいるという結論にいたってしまう。

7章 組織とネットワーク

　組織とは，人々の協力を通じて物事を成し遂げるために設計された社会構造のことである。組織は，相互に関連した次の4つの課題に直面する。第一に，組織が人々にやってもらいたいことを実際にやってもらうために，人々を動機づけること。第二に，何を成すべきかを決めること。第三に，成すべきことを実際に成し遂げること。そして第四に，必要な資源を手に入れることである。さらに，組織の境界線は必ずしもはっきりしておらず，組織は非常に多くの利害関係者（ステークホルダー）を抱えているため，そうした人々をなだめたり説得したりして協力させる必要がある。これらの課題はすべて，人々を実際に行動させるための指揮・命令や権威（authority）の一連のつながり――すなわちネットワークを活用することにかかわっている。何をするべきかを決めることは，個人の創造性にかかわることかもしれないが，同時に，アイデアのほとんどはオリジナルなものではなく，他の人々や周囲の文化的な環境から得られるものである。組織は，何を作るべきか，また，どんなサービスを提供するべきか，そしてそれをどう実践するべきかを決める際に，内部や外部のネットワークを利用してアイデアを発展させていく。ネットワークは，組織に資源（resource）をもたらすための資本（capital）を調達するうえで有用である。本章は営利目的型組織（for profit organization）に焦点を当てているが，権威や顧客，資本，成果・業績といった事柄は，別の用語で語られることが多いものの，公営企業や政府組織にも共通する問題である。

　フォーマルな組織が何によって構成されているのかといえば，それは，権威に関する設計がなされた一連のネットワークである。組織構造を創り出すプロセスに関しては，多くの書籍で説明がなされている（Mintzberg, 1979）[1]。しかし，小集団に関するこれまでの章で学んできたように，すべてのフォーマル・システムあるいは外部システムは，インフォーマル・ネットワークを育て上げる。こうしたインフォーマル・ネットワークは，元のシステムに「接ぎ木」されて育て上げられる。安全やエフェクタンス，そして地位追求の動機づけのもと，インフォーマル・ネットワークは，そのネットワークの規範や文化に合致したリーダーを生み出す。一方で，こうしたリーダーが，

母体となる組織の規範や文化に合致するとは限らない。さらに，近代的な組織は西洋の民主主義社会に起源をもつが，そうした社会において，強制的に何かをさせることは，限られた環境（たとえば，刑務所や軍隊）でしか許されない。また，そうした環境でさえ，純粋な強制はほとんど成功しない。このことは，Sykes（1958）が刑務所について，Etzioni（1961, p.56-59）が武力組織について示したとおりである。

　フォーマルな組織の正式なリーダーは，指名されるのであって，選出されるのではない。現代の上場企業の場合，執行役員たちは，従業員や彼ら自身のインフォーマル・ネットワークに恩義があるのではない。彼らは，四半期報告書や政府機関，または非営利組織役員会に恩義があるのである。しかし，フォーマルな組織における協力や連携は，本質的に，支配される側の承認，あるいは，少なくともそうした人々の無関心（無頓着）を通じて得られるものである。したがって，われわれの最初の課題は，フォーマルな組織の権威に関するいくつかの古典的な命題を，改めて吟味することにある。その上で，当然のごとく必然的に発生するインフォーマル・ネットワークによって，フォーマルな権威システムがいかに変化し，また転覆させられるかについて検討する。ここでは，組織は境界線によって区別され，その中では，権威ネットワークや自然発生的なインフォーマル・ネットワークが支配力を発揮している，という前提を置く。後に，そうした組織の「箱」あるいは「壁」を超えてネットワークを拡張する組織について検討する時に，この前提をゆるめて考える。全体を通じて，本章では，何をするべきか，また，それをどう実践していくかに関する決定のプロセスが，フォーマルな職務上の構造と同様，インフォーマルな構造といかに結びついているかをみていく。

権威の矛盾

　現代組織は，理性的・法的なシステムで，普遍的原理に基づいており，そして「公平」だということになっている（Weber, 1946, p.78-79）。一方で，自然発生的な社会的ネットワークは，個別主義的原理に基づいている。友人関係や同類性，そして近接性が影響力をもつ限り，これらのネットワークは根本的に「不公平」である。理性的・法的システムにおいては，部下たちはあくまでその上役の「地位」に従っているのであり，その「人物」に従っているのではない。なぜなら，部下たちはそのシステムが正当で筋の通ったものだと信じているからである。承認は，部下たちから与えられるものであって，リーダーが強制するものではない。それゆえ，フォーマルな組織についての初期の重要な思索家であったChester Barnardによると，権威は「それ［指令］を受けた人々の側にあるのであり，『権威ある人々』の中にあるのではない」（Barnard, 1938, p.163）。ここでのパラドックスは，一人一票の原則でリーダーが選出される，

代議政治の民主主義社会の中でわれわれが生きていることにある。とはいえ，われわれは，ほとんどの時間を非民主主義的な組織の中で過ごしている。そこでのリーダーは，財力あるいは他の信用力をもった人々によって指名され，われわれはそうしたリーダーに従うことになっている。このパラドックスに対するBarnardの解答は，以下のような主張である。すなわち，たとえ指名されたリーダーであっても，支配力を発揮することができるのは，被支配側からの承認，あるいは無関心（無頓着）をともなう場合だけであり，より高い確率で起こるのは後者である。

このように，Barnardは，社会的ネットワークを基盤とする経営理論の基礎を築いた。フォーマルに設計されたネットワークがあるからといって，そのことは，リーダーの立場にある人物のどんな気まぐれにもメンバーが盲目的に服従することを示唆するものではない。Max Weber (1946, p.199) が指摘したように，設計されたネットワークは，メンバー間の関係を決めるだけでなく，ネットワーク内のそれぞれの地位の範囲をも規定する。別のいい方をすれば，設計されたネットワークは，個々人のフォーマルな役割関係を規定するのである。それは個人的なな・わ・ば・りではない。このことは，Barnardがいうところの「無関心圏（zone of indifference）」を生み出す。「［指令の］影響を受ける人は，その指令が圏内にある場合にそれに応じ，指令の内容については比較的無関心である」(Barnard, 1938, p.169)。Simon (1947, p.133) は，この現象を，「受容領域（area of acceptance）」という概念で説明した。受容領域の内部におさまる要求は，適切で正当なものとして受け入れられるが，その外部にある要求は受け入れられない。たとえば，近頃の男性上司と女性部下の間の契約では，データベースに含まれる特定の項目を探すように，という要求は正当なものであるが，コーヒーを淹れるように，という要求はそうではない。

フォーマルに設計されたネットワークは，たとえば工場の生産ラインのように，厳密には社会的権威の体制に基づかない要素も含んでいるが，それでもなお，権威を示唆するものである。Andrew Carnegie（訳注：「鉄鋼王」と称されたアメリカの実業家）のチーフエンジニアによって設計された連続生産システムでは，石炭と鉄鉱石を積んだ貨車が製鋼所の一方から入ると，最終的に製鋼所の反対側の貨車の上に圧延鋼材が現れた。全体のプロセスは，労働者，監督，溶鉱炉，そしていうまでもなく線路を含む，複雑なネットワークの流れによって支配されていた（Chandler, 1977, p.261）。一見すると完全に「技術的」なこのシステムは，実際には，さまざまなプロセス間の調整を確かなものにするための，人間による監視ネットワークによって支えられていた。「生産ライン」や機械的手段による労働の組織化は，工場に限定されるものではない。官僚制度も同様である。Peter Blau (1955, p.54-55) の古典的研究では，州の職業紹介所のあるセクションで，失業中の労働者のために仕事を見つけなければならない面

接官たちのデスクの上に，作業指示書の入った箱を常設すること，また，それらの箱を職業紹介所の別セクションのデスクの上に移動させることが，相互作用の流れや面接官どうしの競争に重大な影響を与えたことが報告されている[2]。

◆組織における自然発生的なネットワーク

▶▶▶ 工場の生産現場

　工場の生産現場，組み立てライン，そして繰り返し生産型の製造業（訳注：同じ製品を長期間作り続ける業種）は，労働者の統率を最大化するとともに，労働者のインフォーマルな相互作用の機会を最小化するように設計されている。しかし，小集団についての章でふれたように，機械的生産に関する Western Electrics 社の独創的な研究と，George Homans によるその再分析において，いわゆる「外部システム」に含まれるフォーマルな関係性が，「内部システム」によって自然発生的な対人関係のネットワークへと洗練されていくことが示されている。経営側によって定められたすべての相互作用も，自然発生的に生まれたあらゆる相互作用と同様，「感情」をともなっており，また感情はさらなる相互作用の循環ももたらした。労働者もまた，彼ら自身の文化的価値観や態度をその状況に持ち込んでいた。こうした価値観の中には，後に見るように，労働者階級のいだく失業への恐怖があった。また，われわれは，こうした相互作用のシステムが，労働者と同じ価値観を体現するリーダーをいかにして育てたのかについても，すでに見てきた。経営側にとっての課題は，経営側が指名したリーダーが部下たちの承認を得てリーダーシップや権威をもつこと，および（または），自然発生的に生まれたリーダーが経営側の価値観を受け入れること，これらのいずれか，あるいは両方を確実なものにすることである。一方で，労働組合は，経営側の抵抗に直面した労働者を組織化しようとするとき，これとは逆の課題に直面する。労働組合が構成員に求めるのは，経営側ではなく，組合の幹事を模範とすることである。こうした課題は，工場生産の現場で特に説得力をもち続けてきた。「バンク配線室」において，全体的な社会システムは，組み立てラインを構成する作業台のレイアウトの中で，針金巻き係，はんだ職人，そして検査官をつなぐように設計されたネットワークを通じて，自然発生的に生じていた[3]。

　バンク配線室の労働者たちは，頻繁に互いの作業を交代していた（Roethlisberger & Dickson, 1939, p.506）。しかし，研究者が描いた自然発生的なインフォーマル・ネットワークのダイアグラム（図7-1）で明らかなように，彼らは互いに助け合い，友人関係に基づくクリークも形成していた（ダイアグラムでは，Wが針金巻き係［wirer］，

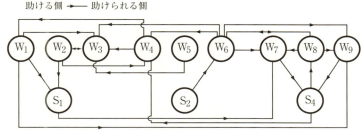

図7-1 「バンク配線室」におけるサポート・ネットワーク
Roethisberger, F. J. & Dicson, W. J. (1939). *Management and the Worker: An Account of a Research Program conducted by the Western Electric Company, Hawthorne Works, Chicago*, p.506, Cambridge, MA: Harvard University Press, Copyright © 1939 by the President and Fellows of Harvard College. Copyright renewed © 1966 by the President and Fellows of Harvard College.

Sがはんだ職人［solderer］を意味する）。

　サポートとは「それをどう実践するべきかを決める」ことの別の形である。バンク配線室の場合，システムのフォーマルな設計は，そうしたサポートを考慮に入れていなかった。しかし，数えきれないほどの研究が示しているように，どんな組み立てラインも完全に計画どおりには機能しないし，ラインを調整したり改善したりする時の労働者の即興（アドリブ）がなければ，生産は停止してしまうのである。

　洗練されたネットワークには，社会的な交流や楽しみ（そして確執）を促進する効果だけでなく，アウトプットを抑制する効果もあった。労働者の賃金は出来高払いだった（すなわち，たくさん生産すればするほど賃金も増えた）にもかかわらず，その生産量は，実際に可能な量よりも少なかった。「バンク配線室」研究の著者たち，そして当時支配的であった「人間関係学派（Human Relations School；訳注：1920～40年代にハーバードビジネススクールで活動していた学派で，組織の効率化や機械化ではなく，組織における「人間」に注目し，インフォーマルな組織の重要性を指摘した）」[4]は，バンク配線室の労働者のこうした行動は経済的に非合理的で，経営側との関心の不一致を反映していると考えた（Roethlisberger & Dickson, 1939, p.534）。しかし，BlauとScottは，1932年の世界恐慌の視点から見ると，研究者自身も含めて労働者がレイオフ（一時解雇）され，バンク配線室の存続も望めない時代であり，「生産性を低く抑えることは，レイオフを免れるうえで，労働者たちが取ることのできた最も合理的な選択肢であった」と主張している（Blau & Scott, 1962, p.93）。

　自然発生的なネットワークについての初期の研究は，工場の生産現場を舞台に展開していたが，現在ではほとんどすべての研究が，決まり切った課題や機械的な課題で

はない課題を遂行する組織で行われている[5]。これらの組織で研究が行われない理由の一部には，工場の生産現場に研究者がアクセスしにくいことがある。また，こうしたシステムの研究に対する経営側の関心が薄れていることに加えて，こうした組織の多くが組織レベルで労働組合を結成しており，研究には労働組合の許可も必要になる。私が知る数少ない研究知見は，企業が独占的に所有し，公刊されていない。以下は，そうした研究のひとつの例である。

　私は，ある多国籍企業の一部を構成する，ヨーロッパのある大きな連続プロセス型（訳注：原料が装置によって連続的に加工される生産方式）の化学プラントに関するネットワーク研究を行った。そこには，少数の監督・管理層，一定数のサポートスタッフ，そして高いレベルの技術をもち，プラントを操作する多くの労働者がいた。プラントは 24 時間体制で稼働していた。この組織は労働組合を結成していたが，われわれは研究を行うことができた。その理由は，組織内で出世コースに乗っていた，経営側の次長級の人物と，プラントの組合リーダーの両方が，この研究に対して熱心だったことに尽きる。組合は，組合の代表者たちのことを気にかけており，組合員たちが彼らを尊敬し，彼らと情報交換をし続けているかを知りたがっていた。ネットワーク研究の結果，経営側が設定した管理層は，主たる権威者にはなっていなかったことが明らかになった。中心性スコア（p.127）は，組合の代表者や次長級のマネージャーで高く，最高経営責任者（CEO）はこの組織の中心ではなかった。この研究を許可した次長級の人物は，組織内の別の部署に移された[6]。

　この研究は，ネットワーク中心性によくみられるパラドックスを描き出している。古典的で機械的な官僚組織は，底の部分が広く，トップにいる最高責任者のところで完結するピラミッド構造になっている。情報は下から上に流れ，統制または権威は上から下に流れる。統制範囲の問題——あるひとつの立場，あるいはひとりの人物に，何人が報告をするべきか——は複雑ではあるが（Jaques, 1976, p.82-85），一般的に，官僚構造のトップにいる人物は，比較的少数の人々からしか直接の報告を受けない。これは，先ほどの化学プラントでもそうであった。これに対して，ネットワークの中心にいる人物は，その中心性がどのように測定されるかにかかわらず（この点については，以下で論じる社長室長の役割を参照されたい），ネットワーク内の多くの地位や人物と直接的につながっているか，あるいは，間接的であっても距離の短いつながりをもっている。ネットワーク内の人々が，他のだれかにたどり着こうとするときには，直接的あるいは間接的に，ネットワークの中心にいる人物を経由しなければならない。このことは，労働組合の代表にはあてはまっていたが，CEO にはあてはまらなかった。トップにいる人物は橋渡しの機能をもっており，その人がいなければつながることができない人々や，そうした地位にある人々との関係を取りもつが，一方で，

友人関係や他のインフォーマルな関係性においては，低い中心性スコアしかもてない。橋渡しの場面は，その化学プラントの組織設計のもとではめったに発生しなかったし，もし発生したとしても，複数の部門を直接監督・指導し，高い中心性スコアをもつ次長級の人物のところで主に処理されていた。このように，より権威ある地位に就いている人物に報告を行う人々の数は，権威とトレードオフの関係にある。ピラミッド構造の機械的なシステムでは，比較的少数の権威者によって，現場のコンプライアンスを確実にし，改善を実行することができる。しかし，システムが現代的でより複雑になるほど，多様な地位にある人々や，多様性の高い人々からの情報やアイデアは価値あるものとなり，自然発生的なネットワークは，注意深く築き上げられた権威のシステムを弱体化させてしまう。もしも組織がイノベーションや個人の起業家精神を重視するのであれば，ある地位の人物に多くの人々が報告を行う，ということが意味するのは，彼らが直接的には監督・指導されず，そして必然的に，自分自身で資源を生み出さなければいけなくなる，ということである。こうしたタイプの組織にコンサルタントたちが強調するのは，多くの人々が上役に報告を行う，比較的階層の少ない「フラットな」組織作りである（Tichy & Sherman, 1993）。こうしたフラットな形態は，起業家精神を養ううえで有効かもしれない。それは単純に，名ばかりの責任者は，それほど多くの人々を事細かに管理することができないからである。

▶▶▶ 情報化組織

　工場の組み立てラインのように，繰り返しが多く，標準化されており，機械的な活動を含むような組織システムは，今日も重要であり続けている。しかし，たとえ機械的な要素を含んでいるとしても，今日の組織のほとんどは，物質的なモノを作り出すことよりも，知識の創造や，シンボルやアイデアの操作に焦点を当てており，環境からの圧力をものともせずに変化し続けている（あるいは，変化しようとしている）。こうした組織は，有機的システム（organic system）とよばれる（Tichy & Fombrun, 1979; Burns & Stalker, 1961）。法律事務所，医療提供システム，研究開発（R & D），ハイテク企業，金融企業，メディアプロダクション企業，ハイファッション（訳注：流行をリードするようなオートクチュールのファッション）企業，そして多くの非営利団体は，すべて有機的システムである。また，ひとつの例として，自動車メーカーが所有する工場の生産現場は，機械的システム（mechanistic system）の特徴に合致するが，メーカーの経済的な健全度は，その組織設計や技術部門に依存しており，それらは情報主導型の構造をもつ。

　インフォーマルなネットワークや，自然発生的に形成されるネットワークが，たとえ生産現場の仕事の流れを変えることができるとしても，こうしたネットワークは，

それでもなお，予定調和的なネットワーク構造に従う傾向をもち，こうした傾向は機械的システムで特にみられやすい（Tichy & Fombrun, 1979; Brass et al., 2004）。なぜなら，すべての社会的ネットワークは制度化された社会システムに覆われている，あるいはそのシステムの中に埋め込まれており，そうしたシステムは相互作用の性質に制約を与えるとともに，そのあり方を規定するためである。相互作用がそれほど制限されておらず，柔軟であるという特徴をもつ有機的システムと比べると，機械的システムは相互作用により強い制約を与える。組織に組み込まれているいくつかの制約は，権威構造に由来するものである——明らかに，上司と部下は相互作用を行う傾向がある。近接性は，インターネットの時代であっても重要な要素のひとつである（第2章を参照）。隣の作業台にいる他者と交流することは，離れた建物にいる他者と交流するよりもずっと簡単である。バンク配線室の例で見たように，近接性は職務の区分や仕事の流れによって部分的に規定される。それにもかかわらず，どのような制約があろうとも，インフォーマルで自然発生的なネットワークは，可視性が高く統制の取れた機械的システムにおいてでさえ，あらかじめ設計されたネットワークの意図に逆らうかもしれないということは，これまで見てきたとおりである。

　あらゆる組織において，上層の人々ほどシンボルの操作に携わる傾向があり，それゆえに，有機的システムの特徴をいくつか備えることになる。こうしたタイプのシステムにおけるコミュニケーションやアドバイス，友人関係のネットワークは，仕事をこなすために，フォーマルな組織構造にとらわれず，組織内の階層をスキップしたり，他の部門やユニットに乗り換えたりするようになる。そこには政治的な駆け引きもある。すなわち，ある部門の関心は，組織全体の目的に合致しないことがあるかもしれない。こうした利害関係もまた，インフォーマルなネットワークを作り出す[7]。私の経験に基づくと，典型的なパターンとしては，部外者が組織図について尋ねたときに，管理職が「組織図って何のことだ？」と言ったとすれば，それはもちろん，彼らがふだんそうしたフォーマルなルートの外側で仕事をしていることを示唆する。彼らがこうしたことをどの程度行っているか，すなわち，組織内の階層をスキップしたり，自分の部門を飛び超えて他のユニットや部門を訪れていたりするかどうかは，その組織の置かれた状況や組織の沿革に依存する。実際，組織のフォーマルな構造とは，行動の儀式ばった様式であり，その組織の中で実際に起こっていることとは区別されるべきだと指摘されている（Meyer & Rowan, 1991）。

　理論的な視点から見ると，そこにはネットワークの2つの概念がかかわっている。ひとつは，基本的な作業ユニットにおける相互作用の密度である。もうひとつは，仲介，あるいは相互作用によって橋渡しされる構造的すきまであり，直接つながりをもたない地位間，または個人間に形成されるつながりである。つながりを形成する程度

は，媒介性（betweenness）の概念で測定することができる（第3章を参照）。

　媒介性が最もなじむのは，おそらく，情報や権力が上下あるいは水平方向に流れる（移動する）際に，あるネットワーク上の地位がゲートキーパー（門番；gatekeeper）の役割を務める状況である。ここで思い出されるのは，媒介性がどのように権力と関係しているかである。権力に関するわれわれの視点は，双方向のコミュニケーションを強調しており，これはBarnardの無関心圏の議論と一貫している。「権力スコア」は，このアイデアに基づいて構築することが可能であり，2つの側面をもつ。ひとつは媒介性であり，これはある行為者のネットワーク上の地位が，そのネットワークにおける他の行為者ペアの間の最短経路（測地線）に位置する程度を算出する。これはすなわち，組織において，ネットワーク上のある場所から他の場所にたどり着くために，個人がその地位を経由することの必要性を示す指標である。もうひとつは，媒介性と類似する概念であるが，それぞれの地位あるいはノードの近さ（closeness），もしくは距離（distance）である。これはすなわち，あるノードあるいは地位が，ネットワークに含まれる他のすべてのノードからどれだけ近いか，もしくは離れているかを示す指標である。Krebsの中心性権力スコア（Krebs Centrality Power Score; Krebs, 2004）は，これら2つの指標の関数になっているが，ここでは単純に2つの指標の平均値を用いる。ネットワークにおける権力や威信の指標は他にも存在するが，Krebsのスコアは理解しやすく，ネットワークにおいて，ある地位が他者とつながりをもつ程度や，人々がネットワーク内の他者とつながるために，その地位を経由しなければならない程度，といったアイデアを反映している。注意すべきなのは，ここではコミュニケーションと情報の話を扱っているということである。もちろん，権力もまた命令を与えるものであるが，すでに述べたように，その受け手も命令に従おうとする意思がなければならない。とはいえ，ここでは有機的組織の話に沿って，権力としての側面をもつコミュニケーションに焦点を当てる。

　CEO付きの社長室長がゲートキーパーになっており，その役職において正式に認められている以上の権力を握っていることは，よく知られている。図7-2のチャートは，複数部門からなる組織における，社長室長のネットワーク上の地位について描写したものである。左側にアルファベット（訳注：A〜C）が記入された四角は，各部門のリーダーを示している。また，左側に数字（訳注：1〜8）が記入された四角は，各部門のユニットを示している。それぞれの四角の中の数値は，その地位におけるKrebs中心性権力スコアを示している。社長室長はCEOの横に描かれているが，これはライン（現場）の管理者ではなく，補佐役としての慣例に基づいている。CEOは，最も高いスコア（0.192）を示し，各部門のリーダーたちのスコアはそれより低い。リーダーBが報告を受けるユニットの数（訳注：4つ）は，他のリーダーよりも多いため，

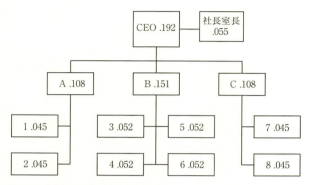

図 7-2　多層的な組織における権力スコア（1）

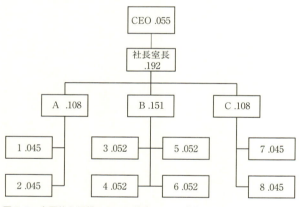

図 7-3　多層的な組織における権力スコア（2）

その権力スコアはリーダー A やリーダー C よりも高い。ユニット 1 〜 8 は最も低いスコアを示しているが，リーダー B に報告するユニット（訳注：3 〜 6）については，他のユニットよりもスコアが高い。これは，これらのユニットどうしの間でもやり取りがあるためである。スコアは，合計が 1 になり，最小値が 0 になるよう，チャートごとに標準化されている（訳注：ただし，図 7-2 の数値をすべて足すと，その合計は 1.002 となる）。

　一方，図 7-3 は，この仮想的な例において，各部門と CEO との間で実際のコミュニケーションがどのように作用するかを表している。中心性スコアが示すのは，直感的に自明なことである。社長室長は，鍵となるゲートキーパーの地位を占め，CEO

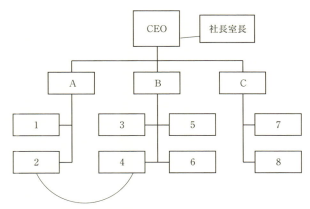

図7-4 「縦割り」を超えてコミュニケーションが作用する例

は，名義上は組織のリーダーであるが，そのスコアは社長室長よりも低い。これは，CEOにたどり着くためには，必ず社長室長を経由しなければならないからである。その他のリーダーやユニットについては，スコアは変化していない。これは図7-2と関係性のパターンが同一となるからである。

複雑な組織での生活に関して，もうひとつ重要な側面がある。それは，「チムニー（裂け目; chimney）」または「縦割り（silo）」の問題である。ほとんどの大規模な組織は，複雑性を管理するため，また，その分野での専門知識を高めるため，そしてコントロールの範囲を狭めるため，さらには組織の秘密を守るために（Oliver & Liebeskind, 1997)[8]，固有の領域に特化した複数の部門やユニットに組織を分割している。エンジン設計に必要とされる資質や専門知識は，車のデザインを決めるのに必要とされるものとは別である。とはいえ，これらが互いに影響し合うことは実際にありうる。古典的な組織の複数部門構造では，図7-2や図7-3で示したように，たとえば，Bの下にあるユニット3とユニット4が，ユニット1やユニット2の仕事に影響するような設計変更を伝えようと思えば，Bに報告して指揮系統を上っていき，それからAを経由して再び下っていかなければならない。私が，アメリカのある大手自動車企業での設計エンジニアリングを観察したところ，エンジンという一般的なカテゴリーの内部でも，もしユニット3やユニット4に所属するシリンダーブロックの設計者が，キャブレターの配置を変えたとすれば，エンジンホースの配置設計にかかわっていた可能性のあるユニット2は，仕事をやり直さなければならなかった。効率的な仕事のやり方とは，図7-4にあるように，ユニット4のだれかがユニット2の友人にコンタクト

を取り,直接的に問題を解決することであった。

図7-5は,こうした相互作用が権力中心性に与える影響を示している。

ここから見て取れるのは,設計上の大きなボトルネック(障壁)が取り除かれていたのにもかかわらず,なぜ経営側がインフォーマル・ネットワークに対して複雑な感情をもつ可能性があるのか,ということである。実は,CEOや部門マネージャーたちの権力は低下していた一方,ユニット2,3,4の権力は増大していた。しかも,これはたったひとつのインフォーマルなつながりから生じていた。それでは,図式化されたこの例を用いて,ユニット2に位置するある成員が,自分のユニット内でのある決定が気に入らず,CEOに直にアプローチしてその結果を「再制定」しようと,上司であるAを飛ばしたとしてみよう。その結果は,図7-6のとおりである。上司Aは権力を失う一方,ユニット2は権力を得ることになる。CEOの権力も,ユニット2と直接のつながりをもつことで,わずかに上昇している。

すでに述べたとおり,コミュニケーションは近代的な組織において非常に重要であるものの,組織におけるフロー(流れ)のひとつにすぎない。権威と,それに付随する責任は,組織目標を達成するうえで未だに最も重要である。「ネットワーキング」とは,起業家の進取の気性が,複雑で官僚的な組織のフォーマルな構造によって本質的に制限を受け,抑圧されていると認識している組織において,よく知られたバズワード(はやりの専門用語)である。その一方で,仕事を片づけるためにインフォーマル・ネットワークを用いることは魅力的であるが,インフォーマル・ネットワークは責任を欠いている。経営トップは「数字を上げる」必要があり,ひいては株主たちに対して説明責任を果たす必要がある。コミュニケーションに基づく中心性の権力は,人々の雇用や解雇を行う権力,そして説明責任を果たすための権力を必ずしも与えない。そのため,「ダブルバインド(double-bind)」(Bateson, 1972)の状態は珍しいことではない[9]。ダブルバインドとは,単純にいえば,何かをするようにという明示的な命令と,それをしないようにという暗示的な命令が同時に存在する状況である。組織におけるダブルバインドの本質は,次の4点からなる。第一に,関係性としての権威のシステム,あるいはそうした構造には,内部に埋め込まれた本質的な矛盾が存在する。第二に,その矛盾は明白になっておらず,それゆえに精査することができない。第三に,ダブルバインドは,最初の状態を超えて,新しい状況におけるひな形となる。そして第四に,関係者はみなその状況から抜け出すことができない。ジレンマ,あるいは矛盾が認識されたとき,それに対する合理的な反応は,通常,次のようになる。(a)「こんなことはありえない」,(b)認知的な複雑性を解消するように努める,そして最後に,(c)やめる。ダブルバインドが致命的なのは,これらのオプションがいずれもうまくいかないところにある。

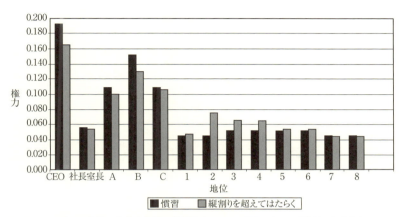

図7-5 それぞれの地位の権力中心性：慣習的なケース（図7-2）と「縦割り」を超えてはたらくケース（図7-4）

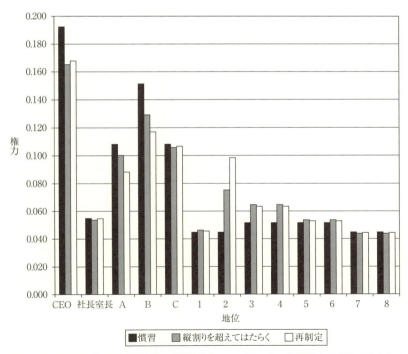

図7-6 それぞれの地位の権力中心性：慣習的なケース（図7-2），「縦割り」を超えてはたらくケース（図7-4），「再制定」のケース

経営側は，しばしば，相矛盾する2つのメッセージを同時に送ることがある。第一のメッセージは，起業家的であること，変化し，革新し，ネットワークを作り，柔軟であり，能力をもつことを呼びかけるものである。同時に，第二のメッセージは，あらゆる独創的なアイデアについて，経営側の意見を仰ぐこと，そして新しいアイデアに対し，経営側が拒否権を発動する特権をもつことを求めるものである。それ以外のすべては，権威に対する侮辱だとみなされる。これはダブルバインドであり，中間管理職は絶望的な状況に陥ってしまう。なぜなら，これらの命令を同時に満たすことは不可能だからである。自然発生的に生じるネットワークは，創造的なやり方でトップを飛び超え，トップを無視し，自らシステムを作り出す。ついには，これによって現代的な「ネットワーク化」された組織が生み出されることになり，経営幹部は，自らが変化するか立ち去るか，そのどちらかを強いられることになる。しかし，たいていの場合，そのようなシステムは現状の困難から抜け出すことができず，一方でその成員は，なぜ何も変わらないのかと不思議に思い続けることになる。

箱の中（型通り），箱の外（独創性），もしくは両方

　組織の中のネットワークを検討することを通じて，われわれは，組織を「箱の中のネットワーク (network in a box)」（第2章を参照）だと仮定してきた。さしあたって，組織を囲む箱というアイデアは妥当だと仮定しておこう。後に，このアイデアをゆるやかにし，組織を閉鎖的なネットワークとしてとらえる慣習的なアイデアが，あまりに窮屈すぎる可能性について議論する。しかし，箱を仮定するならば，「壁」はどこに位置づけられるのだろうか。ネットワークは連続的であり，中心部（コア）と周辺部がある。また，組織は供給とサービスを必要としている。それらは組織の内部で階層構造を通じて管理されるのが望ましいのか，それとも，市場から購入されるのが望ましいのか。

　これは，ノーベル賞を受賞した経済学者（Williamson, 1975, 1981）が取り組んだ古典的問題である。不完全な情報や可視性が存在する世界では，従業員も外部のサプライヤー（商品などの供給元）も，機会主義的になりうる。従業員は，雇用者につけ込むことができる。他方で，もし企業がアウトソーシング（外部委託）を行う，すなわち，必要な製品やサービスを外部から購入するならば，最も安い価格で購入できるよう，サプライヤーと交渉しなければならない。市場は必ずしも効率的ではなく，決定的に重要な物品のサプライヤーは，買い手を言いなりにするかもしれない。その目的は，こうした「取引」コストを最小にすることである。ネットワークの言葉で表現するなら，われわれはすでにこのテーマを取り上げている。すなわち，すべての関係性

にはコストがともない，個人が維持できる関係性の数には限りがある，ということである（第5章を参照）。

　こうした状況の困難さは，具体例を見ることで明確になるかもしれない。自動車製造は，しばしば「自製か購入か（make or buy）」のジレンマの古典的な例として用いられてきた（Walker & Weber, 1984）。自動車メーカーは，自分たちで実際に自動車を製造しているわけではなく，部品をまとめて組み立てラインに乗せている。どの部品を自分たちで作り，どの部品を外部のサプライヤーから購入するのがよいのだろうか。もしもさまざまなメーカーが同じ点火プラグを使うことができるなら（すなわち，資産特殊性［資産特定性；asset specificity］が低いなら），点火プラグを作ることに特化した企業がそれを製造するほうが，自動車メーカーが製造するよりもコストを低く抑えることができる。そのため，メーカーにとっては，点火プラグを自分たちで作るよりも購入するほうがよいことになる。その製品の必要量が変動せず，生産技術が安定しているなら，市場は予測可能となり，取引コストは低くなる。サプライヤーどうしが競争している時と同じく，コストが低くなればなるほど，外部から購入することの効率性はより高まる。買い手が必要な部品について熟知しているほど，それを自分たちで作ることは容易かもしれない。だが逆に，これによってサプライヤー側に求める仕様を決めることも容易になるため，さらに取引コストを抑えられることになる。アメリカのある自動車会社の部門における，「自製か購入か」の意思決定に関するWalkerとWeberの研究では，意思決定を最もよく予測していた要因は，生産費用の比較（comparative production costs）であった。そして，生産量にかかわる不確実性と供給側の市場競争の効果も，大きくはないものの統計的に有意であった。ネットワークの視点から見て重要なのは，こうした購入の意思決定に責任をもつマネージャーの間で，コミュニケーションを通じて自然発生的に生まれたネットワークが，意思決定の結果とかかわっていたことである。これに対する反例は，サプライヤーとメーカー（組み立て企業）が複雑にかかわっている日本型システム（訳注：系列）であり，そもそも境界線がよりあいまいであることを示唆している（Lincoln et al., 1992）。

　Powell（1990）は，後の多くの研究に影響を与えた論文の中で，市場と企業の階層構造を二項対立的（dichotomy）ととらえるか，それとも連続的（continuum）ととらえるかについて考えることは，非現実的だと主張している。彼によれば，厳密に定義された境界や中央集権によるコントロール体制をもつ企業は，歴史的に見ると特殊な存在だという。むしろ，多くの企業は「入り組んだ格子状の関係の中で，他の企業との協同事業にかかわっているが，表向きにはそれらの企業は競争相手であることがほとんどである」（Powell, 1990, p.301）。厳密に階層化されたコントロール体制は，

大量生産のための機械的組織には適合するかもしれない。しかし，近代の有機的組織は，組織内部のネットワークに加えて，企業のコントロールが直接及ばない場所にある，ありあまるほどの関係にも頼っている。彼がいうには，「ネットワークはフットワークが軽い」のである。その一方で，ネットワークが生み出すものは協力だけでなく，葛藤や制約を含むことも確かである。先ほどの例で見たとおり，自動車メーカーは部品を購入するだけでなく，他のメーカーや部品のサプライヤーとの間で複雑にネットワーク化された関係をもっており，それはたんに「買う」以上のことに及んでいる。階層的な組織や市場もまたネットワークであることから，Powell が念頭に置いているのは，ある特定のタイプの「ネットワーク」である[10]。より具体的にいえば，ネットワーク型の組織は，Podolny と Page によって「持続的で繰り返しのある交換関係を互いに求めるような，あらゆる行為者の集合であり，同時に，交換の際に生じる可能性のある問題点を仲裁し，解決するための正当な組織的権威をもたない集合体」（Podolny & Page, 1998, p.59）と定義される。こうしたネットワークは，自然発生的なネットワークに典型的にみられる，信頼，義務，そして制裁を確立するための基礎となる（Rousseau et al., 1998）。ネットワーク型の組織は，成員間のネットワークを介して手に入る資源を利用する。別のいい方をすると，こうした組織はネットワークの成員の社会関係資本（social capital）を活用するのである。

Powell によれば，こうしたネットワーク型の組織は，いくつかの条件のもとで成立する。

1. プロジェクト・ベースの仕事。たとえば，建築（Stinchcombe, 1959），本の出版（Coser et al., 1982），レディースファッションの企画・製造（Uzzi, 1996），そして最も有名なのは，ハリウッドの映画製作（Baker & Faulkner, 1991）である。こうした多様なビジネスはいずれも，柔軟性とともに，しばしば「1回限り」の短期の製品を求めており，従業員やプロデューサー，投資家の信頼や友情，評判に頼っている[11]。
2. ペースの速い分野における情報へのアクセス。そうした分野では，「知識が急速に進展し，専門知識の情報源は広範囲に拡散し，問題に対処するための最善のアプローチに関して不確実性が存在する。組織は，関連する専門知識にアクセスするために，他の組織とのつながりをもとうと試みる」（Powell & Smith-Doerr, 2005）。こうした分野における多くの知識は，経験に基づく暗黙知である。（訳注：学術雑誌に）出版されてからその知識を活用するのでは遅すぎるため，口コミは重要となる。バイオテクノロジーの分野がその典型である（Powell et al., 2005）。これらがネットワーク化されたつながりであるのは確かである。しかし，彼らは友情そのものでつながっているというよりも，むしろ互いの情報入手の必要性に基づいてつながっており，それはしばしば契約と協定に裏打ちされている。

3. 地域的な近接性。第2章で見たように，地理的共有性（geographical co-location）は，組織間のネットワーク化された関係を発展させる。その鍵となる概念は2つある。ひとつは，同類性である――ここでは，個人ではなく，組織どうしが「集まる（flock together）」ことをさす。もうひとつは，外部経済である――ここでは，企業が自身のフォーマルな組織構造に含まれない設備や構造を用いた場合に達成できる経済効果をさす（Hoover & Vernon, 1962）[12]。その例は数多く，いずれも地理的な位置関係の名を冠している。もっとも最近では，「シリコンバレー」が，設備，資本，人，アイデアの交換を通じて，コンピュータとソフトウェアの発展をうながしてきた（Saxenian, 2006, 1994）。また，バイオテクノロジー産業におけるスタートアップの地理的中心も，カリフォルニア，ボストン，サンディエゴにあったが（Owen-Smith & Powell, 2004），より大きな資金調達を行うにつれて，その地理的な範囲はさらに拡大していった（Powell et al., 2005）。最も有名な例は，ビジネスがグローバル化しつつある今日，いくぶんその規模を縮小しているが，「ハリウッド」（映画制作の中心），「ウォール・ストリート」（金融の中心であり，資本主義の象徴），「マディソン・アベニュー」（広告業界の中心），そして「7番街」（ファッションの中心）である。これらの拠点はすべて，アイデアやスタッフ，そして技術的資源の循環的な交換によって成立しており，その範囲は，特撮スタジオやボタンのサプライヤー，さらにはベンチャーキャピタリストにまで及ぶ。外部経済と商品の同類性（commodity homophily）の概念は，アメリカ以外でも成功を収めている。ヨーロッパやアラブのバザールでは，香辛料店はすべて同じ場所に集まっており，衣料品店は隣り合っている。パリでは，磁器製品に1区画，麻布（リネン）に1区画といった調子である[13]。インターネットや電子メールが大きな力をもっているにもかかわらず，直接的な接触は，これらすべての領域で，今もなお重要であり続けている。

社会的ネットワークが個別主義的な傾向をもつのと同じように，組織ネットワークのポジティブな側面にもマイナス面が存在する。すでに述べたように，社会的ネットワークは，そもそも個別主義的で「不公平」である。組織ネットワークの抱える課題の多くは，普遍的な解決策を必要とする。「ネットワークは利益をもたらしうるが，常に業績を向上させるとは限らない」（Galaskiewicz et al., 2006）。サポートやアドバイスを求める場合と同様のやり方で，社会的ネットワークを情報源として用いることは，探索行動を制限しかねず，派閥人事や，はては「インサイダー」取引をめぐる告訴にみられるような談合にもつながりかねない。たとえば，私にとって，執筆中の事柄に関するすぐれた参考文献を見つけるための最も素早く効率的な方法は，博識な友人に聞くことである。しかし，ウェブ・オブ・サイエンス（Web of Science）を使えば，より広範囲にわたる文献を綿密に調べることができる。ある会社のCEOを，他の組織の取締役会のメンバーにすることのひとつの利点は，その組織のビジネスの手

法をくまなく把握できる点にある (Useem, 1980)。しかし，こうしたアプローチには，私が参考文献を見つけようと友人に頼る場合と同様の限界が存在する。雇用主は紹介を通じた雇用を好むが，このことは偏った雇用を生み出すとともに，有能でない労働者の雇用につながる可能性もある (Fernandez & Sosa, 2005)。企業間の連動(インターロック)，すなわち，取締役会が共通のメンバーで構成されていることは，業績を必ずしも改善しない。しばしば述べてきたように，社会的ネットワークは「不公平」や偏りをもつだけでなく，維持するのにコストがかかる。そのコストは，時に，得られる利益を凌駕する。後の章でより詳しく論じるように，社会関係資本はただではないのである。

　社会関係資本を複雑にしているのは，それが一般に理解されているように，われわれが「だれを知っているか」によって構成されるだけでなく，「何を知っているか」によっても構成される点にある。組織間のネットワークは，特にバイオテクノロジーや電子技術のような情報産業において，これまで見てきたよりもさらに複雑である。アイデアだけでなく，ラボでの「どうやるのか(ノウハウ)」も含めた知的資本の交換に関するネットワークは，次の3つのレベルから構成される (Oliver & Liebeskind, 1997)。すなわち，(1) 特許やその利用に関するフォーマルな合意といった，企業あるいは組織レベルでの組織間ネットワーク，(2) 異なる組織に所属し，最新のアイデア，発見，方法，そして公刊前のドラフト（論文草稿）に関心をもつ科学者や技術者のネットワーク，(3) 組織の統制やアイデアの所有権の問題，あるいはたんに組織の複雑性に対処するために，時として作り上げられる「縦割り」を超えてつながるための，組織内の人々のネットワークである。ネットワークのそれぞれのレベルで，動機は異なってくる。組織間での契約は，金銭的な報酬（ペイオフ）をコントロールすることや，組織による投資や他の組織との契約が収支決算に悪影響を及ぼさないよう担保することに動機づけられている。こうした関心は，実業界だけに限定されるわけではない。ウィスコンシン大学は，1920年代にビタミンDをミルクに添加する方法を開発し，利益を上げていた。研究者たちはその処理プロセスの特許を取得し，大学の研究財団にそれを譲渡することで，大学に巨万の富をもたらした (Tatge, 2004)。それ以来，ほとんどの大学では，自分たちの研究が特許を取得できる可能性を探るためのオフィスを立ち上げている。科学者自身の興味・関心はおそらく異なっており，彼らは新発見の栄誉や自分たちの知見を最初に発表することに，より強い関心を寄せているかもしれない。こうした利益を追求するうえでの最良の方法として彼らが好むのは，アイデアの自由なやり取り（交換）である。彼らは同じ分野の人々とネットワーキングを行い，共同で論文を発表し[14]，ともに学会に参加する。企業や大学の管理側は，こうしたやり取りをコントロールしようとしている。組織の中で，科学者や技術者が「縦割り」を超えてアイデアをやり取りするのは，ひとつには仕事を片づけるため，ひとつには

科学の規範を実践した結果として，ひとつには他の組織内ネットワークと同様，社会的・政治的な関係の結果としてである。OliverとLiebskindが指摘したように，組織間ネットワークが実際にどのように作用しているのかについて，学ぶべきことはたくさんある。こうした研究は重要であるが(Borgatti & Foster, 2003)，組織間ネットワークの実証研究は驚くほど少ない (Provan et al., 2007)。組織間ネットワークの理論研究は，今よりもっと注目を浴びるべきである。

◆ギャップを埋める
：ネットワークサイズ，多様性，社会的結合性のトレードオフ

　境界線のない組織は，組織内の異なるユニット間の橋渡しの問題や，互いにネットワークでつながった組織間の橋渡しの問題を顕在化する。相互につながりのないユニット間を結ぶ橋渡しは，第5章「社会的ネットワークの心理学的基盤」で議論した構造的すきまの概念と関係している。繰り返しになるが，構造的すきまとは，ある状況下のネットワーク構造に内在化された，つながりの欠如のことである。Burt (1992, p.45) によれば，「自分側では構造的すきまから解き放たれた関係性をもち，他者側では構造的すきまの多い関係性をもつプレイヤーは，構造的に自律している。こうしたプレイヤーたちは，ネットワークから得られる利益をコントロールし，情報を得るうえで，最もすぐれた位置にいる」。自律的なプレイヤーは，そのプレイヤーがいなければつながらないネットワークどうしをつなぐ一方で，自分自身は周囲と多くのつながりをもつか，あるいは，つながりに依存していない。コントロールと権力が有用なものとなるのは，それらを用いて，自分よりも構造的に制約されたネットワークに位置する他者を，互いに競争させることが可能になる場合である。とはいえ，情報や新しいアイデアにアクセス可能であることは，多くの場合，よりいっそう重要な意味をもつ。

　例を見てみよう。図7-2のCEOは明らかに構造的な制約を受けておらず，部門A, B, Cとつながっている。また，社長室長や，最下層の地位にいる人々は，強い構造的制約を受けている。このCEOは知ったかぶりをする地位にある（訳注：権力の中心にいることで，すべての情報を把握したつもりになっている可能性がある）。というのも，今回の場合，これらの図（訳注：図7-2～7-4）では同じ地位内の結合性や密度について扱っていないため，構造的制約の指標と権力中心性の指標は，（訳注：本来は異なる意味をもつにもかかわらず）本質的に同じことを物語っているからである。しかし，図7-2で，A, B, Cが部門長を務めるのに加えて，部門長ミーティングで定期的にやり取りをするとしたらどうだろうか。このことは，組織の一貫性と凝集性

を高める可能性があるだけでなく，構造的制約も強めるであろう。部門長たちは，もはや自分の部下たちに対する独占的なつながりをもたなくなるであろう。また，このことは CEO の構造的制約をいくらか強めるであろう。なぜなら，CEO が部門長どうしを競争させて利益を得ることはできなくなるからである。もっとも，それでもまだ，CEO は部門長よりも構造的制約を受けないだろうが。その一方で，CEO の権力中心性は低下し，部門長たちの権力中心性は高まるだろう。ここには明らかに，組織やそこにかかわる個人にとって，凝集性と構造的すきまのトレードオフが存在する。これが「いいこと」なのか，それとも「悪いこと」なのかは，どう見ても，組織内で起こっている他の事柄に依存する。このことは，組織における凝集性と構造的すきまのトレードオフに関する一般的な考察へとつながっていく。

いくつかの研究では，構造的制約をあまり受けず，また構造的すきまから利益を得やすい人物ほど，組織の中では昇進しやすいことが示されてきた。その一方で，第5章「社会的ネットワークの心理学的基盤」では，昇進を手助けする2つのタイプのメンターに関する研究（Podolny & Baron, 1997）について紹介した。もしメンターが構造的すきまをつなぐことができれば，多様な資源を利用可能な状態にすることで，メンティー（訳注：メンターに指導を受ける人々）をサポートすることができる。一方，もしメンターが結合性の高いネットワークの中に埋め込まれていれば，メンティーが明確な組織アイデンティティの感覚を獲得するのを助けることができる。昇進にとっては，資源も，組織や自分が適応すべき場所についての明確な感覚も，どちらも重要である。

組織におけるトレードオフの問題は，ある管理職専門の人材あっせん会社についての最近の研究で，詳細に解説されている。近代的な組織の特徴として，ネットワーク化されていようが，箱の中であろうが，その企業が加工処理する重要な「素材」は情報である。コンプライアンスや権力は，効果性やスピードほど重要ではない。この研究は，世界恐慌の時期に失業者への仕事のあっせんを請け負っていた，州の職業紹介所に関する Peter Blau の（先に紹介した）古典的研究と，いくつかの点で類似している。今回の舞台は，民間の「ヘッドハンティング」を行う，「アメリカ全土に 14 のオフィスをもつ，中規模の管理職専門の人材あっせん会社」である（Aral & Van Alstyne, 2008）。それぞれのデスクの上に置かれた作業指示書の箱の代わりに，14 のオフィスがあり，またデータベースが主な情報源である。とはいえ，情報は，組織が任務を遂行する際に依然として重要である。管理職ヘッドハンターの基本的な仕事は，求職者と，仕事の口を抱えるクライアントの出した条件をマッチさせることである。マッチングを行うために，ヘッドハンターは，同じ人材あっせんチームの他のメンバー，同じ人材あっせん会社の他の従業員，そして会社の外のコネクションなど，多様な情報

源からできるだけ多くの情報を集めなければならない。「この状況下では，情報にアクセスすることで，より質の高い意思決定が可能となる。ヘッドハンターたちがより効果的だと報告するのは，求職者の素質，ふるいわけ審査を回避する方法，難しいあっせんを処理する方法，そしてチームの協調性について，同僚から豊富な情報を得られるときである」(Aral & Van Alstyne, 2008)。

このケースでは，オフィスは地理的に離れた場所に位置しており，ヘッドハンターたちは，必要な情報を得るために他のヘッドハンターからの電子メールに大いに頼っていた。電子メールの多用は，研究の方法論的に非常に重要となる，2つの結果をもたらした。第一に，研究者たちは，過去の記憶に基づく（そしてしばしば誤っている）相互作用の報告ではなく，リアルタイムのコミュニケーションの流れを分析することができた。第二に，情報の豊富さだけでなく，多くのカテゴリーにおけるコミュニケーションの実際の内容についての構文解析を（現代の計算機ベースの方法によって）行うこともできた。Blauの「エレガントだが他にだれもできない」質的観察の代わりに，現代的で複雑な多変量統計モデルとシミュレーションが行われた。また，現代的なソシオグラムによって，その企業内のネットワークがどのように構成されているかについてのイメージが与えられた。それは，複数の部門からなる組織を部分的に修正したものであり，各「部門」は，離れた場所にあるオフィスで構成されていた。企業全体と比べた場合，本部のヘッドハンターたちのネットワークは，高度にクラスター化され，密度も高かった (Aral & Van Alstyne, 2008)[15]。このようなクラスター化と密度（ヘッドハンターは，簡単にだれかのデスクまで歩いていって会話できた）の高さにもかかわらず，主なコミュニケーションの方法は電子メールであった。Burtがいうところの構造的制約は中程度であり，ヘッドハンターたちはあまり構造的制約を受けていなかったが，（訳注：組織の）序列構造は情報の流れを決定する中心的な要因ではなかった。

研究者たちは，構造的すきま（ネットワークの構造的制約の弱さ）がもたらすネットワークの多様性と，クラスター化された関係性がもたらす豊かな「帯域幅 (bandwidth；ある時点での紐帯の数で割った平均的な電子メールの数)」の間には，トレードオフの関係があると結論づけた。その説明は複雑である。まず，局所的なネットワークの中の情報は重複しがちであるのに対し，構造的すきまの特徴である弱い紐帯は，自分がすでに知っていることの範囲を超えたサークルへのアクセスを可能にする。そのため，ネットワークの多様性は，管理職を配置する際により有用な情報を提供する。一方で，密度に関連する帯域幅の広さもまた，より多様な情報を提供する。このことに関する研究は示唆に富んでいる。情報を伝達することは，機械的な活動ではなく，自分の判断で行う活動である。人々は共有に対する動機づけをもつ必要

があり，この動機づけが高まるのは凝集性の高い状況である。人々があらゆる事柄について話せば話すほど，凝集性は帯域幅を広げることになり（「オフィスの井戸端会議」効果），一方で弱い紐帯はこの帯域幅を狭める効果をもつ。情報の多様性を高める方法は，ひとつではないのである。

　この研究は，社会関係資本や動機づけ，コントロール，そして情報の拡散といった概念に関する，いくつかの重要で基本的な命題を，近代的な組織に適用することでより強固なものにしている。ネットワークの多様性は，新奇な情報へのアクセスがパフォーマンスを高める効果を統制しても，なおパフォーマンスの上昇をもたらしていた。年齢や性別，その業界での経験，学歴といった一般的な人口統計学的要因は，多様な情報へのアクセスを予測しなかった。むしろ鍵となる要因は，ネットワーク構造そのものだったのである。

◆ われわれは今どこにいるのか

　組織は，フォーマルには理性的・法的な権威のシステムに従う。そこにはルールや序列，そして選出ではなく指名によって決まるリーダーがいる。リーダーは，株主やオーナー，非営利組織（NPO）の役員会，または国家機関に対してフォーマルな説明責任を負う。同様に，リーダーは階層構造の中の部下に対して，そのすぐ上のレベル（訳注：上司）に対するアカウンタビリティを課す。

　しかしながら，1930年代に，研究者たちや理論家たちは，組織がそうした方法では完全に機能しないことを示し始めた。まず，正当性というアイデアが意味するのは，正当な指令が（訳注：組織集団の）境界線内の合意の範囲内に収まっていたとしても，それを機械的に強いることはできないということである。権威は，フォーマルには組織ネットワークの頂点に与えられるのかもしれないが，実際には部下たちの承服に左右される。その意味で，権威は部下たちの側にあり，上位者の側にあるのではないといわれてきた。また，フォーマルに設計されたネットワークとともに，インフォーマルなネットワークが自然発生的に生まれることは確実である。その理由は3つある。第一に，フォーマルに設計されたネットワークは，すべての偶発的事態を予見することはできない。そこで，決まった仕事を片づけるため，それも効率的に片づけるために，地位と地位とをつなぐ別のネットワークが発達する。これによって情報の流れは促進され，組織の生産活動は確かなものとなる。これらの関係性は自然発生的に生まれ，筋書きにはないものであり，フォーマルに設計されたネットワークでいくつかの地位がもつ権力を変質させてしまう。第二に，組織の成員は自分自身の価値観を組織に持ち込む。インフォーマルなリーダーが誕生するのは，これらの価値観に同調する

下っ端の人々の間からである。こうしたリーダーは，システムがフォーマルに定めたリーダーと同じ人物かもしれないし，そうではないかもしれない。そのため，フォーマルに定まったシステムを支援する可能性もあれば，転覆させる可能性もある。第三に，社交性や社内での駆け引きといった要素は，共通の関心や嫌悪対象，娯楽活動が，組織内と組織外の関係性の両方に影響を与えることを認識させる。社交性はフォーマルに定まったシステムにも影響し，それを増強させることもあれば，転覆させることもある。（訳注：フォーマル・ネットワークから）フォーマルに定まっていない別のネットワークが自然発生的に生まれる程度は，部分的には，その組織がしばしば物理的・機械的に制約を受ける，厳密に定められた課題をもつ機械的な組織であるか，あるいは情報やイノベーション，柔軟性を重視する，現代的で有機的な組織であるかに左右される。情報集中型の組織は，自然発生的なネットワークのより肥沃な土壌となる。その一方で，インフォーマルな関係性は，厳密に設計された工場の生産現場にも存在し，生産プロセスを促進あるいは遅延させる。ネットワーク化された組織は，外部経済のシステムに高度に埋め込まれている場合，よりいっそう自然発生的なネットワークに依存しやすい傾向をもつ。確実なのは，「基本線(ボトムライン)」が存在することである。すなわち，フォーマルな組織は，人を雇い，昇進させ，解雇することができる。しかし，こうしたプロセスでさえ，自然発生的なネットワークの影響を受けている。

　本章では，組織にとって確実に重要となる3つの事項から話を始めた。第一に，成員は，組織の求めに応じて動機づけられなければならない。第二に，組織は，成し遂げたいことが何であるのかを決めなければならない。第三に，組織の目的をどのように達成するかに関する意思決定が下されなければならない。社会的ネットワークの概念，測定，そして命題は，自然発生的なネットワークが，フォーマルな権力や定められたネットワークにおける中心性を，どのように希薄化あるいは強化するかを描き出す。言い換えれば，インフォーマルで自然発生的なネットワークが，組織の第一の重要事項——経営側が成員にさせたいことをさせること——にどのように影響し，同時に，どのように成員の生活の質を高めるかである。外部ネットワークに組織が埋め込まれることで，組織に新しいアイデアが持ち込まれ，組織の第二の重要事項——組織が何をするべきかの決定——に影響し，そして第三の重要事項——資金集め——にも影響する。最後に，ネットワーク全体の大きさ，構造的すきまの存在，局所的かつ支援的で密度の高いネットワーク，それぞれの長所の間に存在する複雑なトレードオフの関係は，フォーマルに定められたネットワークが職務を遂行する能力に影響を与える。

　強調してもしすぎることがない大事な点は，万能なものはない，ということである。ある組織において，フォーマルに設計されたネットワークや，結果として生じる自然

発生的なネットワークのもたらす帰結は，組織の社会的・制度的文脈に左右されるとともに，組織の価値観や，組織が他のネットワークにどのように埋め込まれているかにも左右される。こうした文脈に関しては，後の2つの章で議論する――ひとつはスモールワールドと社会的サークルに関する章で，もうひとつは知識と情報の普及・拡散に関する章である。すべての組織には，ネットワーク理論によって解明することが可能となる，概念的な共通項やプロセスの共通項が存在するが，その一方で，成功する組織に関する教科書的な公式はひとつも存在しない。もしそのようなものがあれば，すべての組織は成功し，破綻する組織は存在せず，組織コンサルタントは失業することになる。

最後にひとつ。きわめて多くの組織研究が行われ，社会的ネットワークへの関心が高まりつつあるにもかかわらず，われわれがまだ知らないことは多い。われわれの無知の核心にあるのは，組織の舞台裏で実際のところ何が起こっているのか，それを知ることが比較的困難なことである。組織の業績や構造に関する研究は存在するが，それらは概して，人々が互いに何を話し，何を行っているのかに関する研究ではない。工場の生産現場へのアクセスにまつわる問題については，すでに指摘したとおりであるが，似たような障壁は，設計チームや研究室，経営リーダーについて研究する際にも存在する。古典的な問題のひとつは，取締役会である。取締役会では，実際のところ何が起こっているのか？ 取締役会のメンバーが重複していることの実際の効果は何なのか？ こうした問題に答えるためには，ネットワークを描くための質問紙を用いたり，電子メールを追跡するといった方法を用いたりするだけでなく，集団場面における参与観察が必要である。われわれは，組織の秘密の壁が徐々に崩れることを願っている。こうした課題のいくつかは，簡単には解決しないものの，ネットワーク研究の倫理にかかわる後の章で議論する。

注

本章は，Michael Brimm, Cynthia Epstein, Bethamie Horowitz, Dani Maman, Amalya Oliver, Stuart Pizar, そして Ted Sasson のコメントから恩恵を受けている。

1 より最近では，Mintzberg は，意識的な組織設計が「自然発生的な戦略」に負けることを認めている。「自然発生的な戦略」では，組織は，現実の実践の中で何が機能するかを観察することで，自らの設計を変えていく（Mintzberg, 1994）。こうした自然発生的な形式の正当化は，組織が解決策を後から正当化する「ゴミ箱」理論を彷彿とさせる方法で行われる（March & Simon, 1993）。
2 社会的ネットワークにおいて，人間以外のオブジェクトを行為者（アクター）として含めることの重要性は，アクター・ネットワーク理論（Actor Network Theory; ANT; Latour, 2005）で指摘されている。とはいえ，私にとって，本来ならば ANT は理論に関するものともネットワークに関するものとも思えない。
3 ホーソン研究の方法論と結論は，Sonnenfeld（1985）がレビューしたように，長年にわたって批判されてき

た。ただ，それらの知見のここでの用い方は，もとの研究者たちの意図とは必ずしも一致しないが，そうした批判とは無関係だと私は信じている。
4 批判については，Perrow（1986）の第3章を参照。
5 ネットワークと組織を扱った最近のレビュー（Brass et al., 2004）の中で，私は，単純な工場生産現場に類似した組織に関する研究をひとつしか見つけられなかった。そのレビューで議論されているのは，一般論的な形で述べられてはいたが，実際のところ，より複雑な組織に関してだけであった。
6 組織の革新者が制裁を加えられるのは，珍しいことではない（Brimm, 1988参照）。
7 私はこの点に関して，Amalya Oliverに借りがある。バイオテクノロジー産業の複雑性についての彼女の観察に助けられた。
8 「Need to know（訳注：知る必要性のある人にのみ情報を知らせる）」は，軍隊や諜報組織にのみあてはまる原則ではない。情報化組織やイノベーション重視の企業においてもあてはまる原則である。
9 ダブルバインドのアイデアを現代の経営に適用することは，Charles KadushinとMichael Brimmによる未公刊論文の中で発案された。
10 市場は，ネットワークの興味深い形式である。そしてもしAdam Smithがいうように，市場を導く手が見えざるものであるならば，市場に関する重要なネットワークの法則と定理がそこにある（White, 2002）。
11 芸能記者は，友情や信頼が崩壊する状況下でうまくやっており，ある意味でその重要性をはっきりと際立たせている。
12 「市場と階層」や「外部経済」といった一連の概念は，どちらも制度派経済学の流派に起因しており，Commons（1934）や，企業に関するCoase（1952［1937］）の理論と明確な関係をもっている。これらの理論は，ネットワークの埋め込みに関する理論の先駆的な存在である。
13 Michael Brimmはパリに拠点を置いており，パリのバザールにかかわるこの点に貢献してくれた。彼が地元の市場でショッピングする様子を，私は楽しんで見てきた。
14 共同出版や引用といったトピックに関しては，それに専念する正真正銘の社会的ネットワーク産業が存在する（たとえば，Alesia［2006］を参照）。
15 クラスター化係数は，存在しうる全紐帯の数で紐帯の数を割った値である（Watts & Strogatz, 1998）。平均密度は，それぞれのエゴ・ネットワークにおけるペアの数で紐帯の数を割った値の平均である。

8章 スモールワールド，サークル，コミュニティ

イントロダクション

　これまでの章では，小集団に始まり，組織にいたるまでの積み重ねを行ってきたが，本章ではいよいよ社会全体について取り上げる。第1章で述べたように，われわれがさまざまな形でつながっている，という発見は，社会科学者や物理学者はいうに及ばず，ジャーナリストやブロガーたちも刺激した。物理学者である Barabási（2002）による最近の著書『新ネットワーク思考：世界の仕組みを読み解く *Linked: The New Science of Networks*』と，その表紙に記された言葉「すべてはどのようにつながっているのか？　そしてそのことは，科学やビジネス，日常生活に対してどのような意味をもつのか？」は，彼らの興奮をよく表している。*Physical Review* や *Social Networks, American Sociological Review* といった専門誌だけでなく，*Science* や *Nature* を含む一流の科学誌でも，（訳注：ネットワークのアイデアに関する）主張や反論，そして多くの専門的な論文が投稿されてきた。ネットワークの発見が何か「新しい」ものである，という主張を除くと，単純明快で基本的なアイデアは7つある。その大部分は，基本的な社会的ネットワークの概念に関する本書の解説で，すでにふれている。「スモールワールド」現象は，これらのアイデアを精緻化して組み合わせることで説明される。

　第一のアイデアは，対人環境，すなわち一次領域（first order zone）において人々が知っている他者の数（訳注：知人数）に関係する。第二のアイデアは，知人数の分布が著しくゆがんでいるという事実である。すなわち，少数の人々には非常に多くの知人がいる一方で，われわれの多くにはそれよりはるかに少ない知人しかいない。そして第三に，知人数の平均値や中央値は十分に大きく，その結果，だれもが他者と数ステップでつながることができる。しかし実際のところ，これは常に正しいわけではない。また，ステップ数の平均値（平均ステップ数）は，単純な組み合わせ計算で求められる数よりも常に大きくなる。これは，平均ステップ数が有名な「6次の隔たり」

のように6であっても，それ以外の数であっても同じである。第四に，ステップ数が大きくなる理由は，個々のユニット（民族，組織，国家など）からなるクラスターが，社会構造に基づいて形成されるからである。これらのクラスターの内部では，ユニット間のステップ数は小さい。しかし，別のクラスターからあるクラスター内の大半のユニットに到達することは困難であるため，結果として，偶然に到達するよりも多くのステップ数が必要となる。第五に，クラスターは，次の2つの条件が同時に成り立つことで解釈され，生起する。ひとつの条件は，経済的・組織的・政治的，あるいはその他の社会構造である。たとえば，狩猟採集社会で生まれるクラスターは，現代の工業地帯で生まれるクラスターとは異なる。クラスターの生起に関するもうひとつの条件は，社会構造に埋め込まれた実際のネットワーク構造である。社会的サークル（social circle）はフォーマル集団ではないが，多くの場合，ネットワークに基づくクラスターを構成する。社会的サークルは，同類性の原理に基づいて各ユニットがつながりをもつ場合に形成される。というのも，これらのユニットは数多くの異なる属性を共有しているからである。第六に，スモールワールドの「奇跡」が生まれたのは，サークルが重なり合っているため，すなわち，個々のユニットがいくつかのサークルのメンバーであるためである。社会的ネットワークが全世界を「つなぎ直す」ためには，数は少ないもののサークルの重なりが必要であり，それによって，つながるはずのなかったユニット間にもつながりが生まれる。最後に，サークルとクラスターは階層的に重なり合う傾向があり，われわれがふだん目にする垂直的な階級社会を生み出す。

　どのようにしてスモールワールドや社会的サークル，コミュニティが形作られるのかをきちんと理解するためには，これら7つの点について詳しく説明する必要がある。この章では，それぞれの点について概説するとともに，いくつかの関連するアイデアや知見，そして論争を紹介する。論争が起こるのは，（訳注：スモールワールドに関する）基本的な原理は新しいものではないが，それらを組み合わせることの新奇性は高く，さらにわれわれはその組み合わせをよく理解していないためである。これは複雑な問題だが，読者には，アウトリーチあるいはエフェクタンス（effectance）や安全（safety），所属やサポート，そして社会階層あるいは出世競争といった，これまでに説明したいくつかの基本的なメカニズムを理解することで，スモールワールドなどの非常に大きなシステムの理解もうながされることを保証する。「マタイ効果」（富めるノードはますます富むという累積的な優位性）や，非常に重要である同類性は，ネットワークに関するこれまでの議論の中で紹介されたトピックである。小集団や組織も同様である。

　スモールワールドのアイデアは新しいものではない。Paul Goodman の小説である『エンパイア・シティ *The Empire City*（訳注：ニューヨークの別名）』では，ある登場人物が「友人の理論（The Theory of Our Friends）」について以下のように説明

している。

　　もしわれわれのうち2人に共通の1人の知り合いがいるなら，300人の共通の知り合いがいることを証明することになるだろう。なぜなら，われわれは以下のような共通の活動を行っているからである。われわれは同じような隣の（訳注：学区の）学校に通っていたことがあり，ニューヨークの他の地区ではまだ知られていないダンサーを絶賛しており，そしてわれわれのうちの1人が（訳注：キングビーチにある）天気のよい人里離れた沿岸でこっそり休暇をとっていると，彼はキングビーチを裸でこちらに向かって歩いてくるもう1人と出会うことになるだろう（Goodman, 1959, p.67）。

　「スモールワールド」のアイデアを詳しく説明する中で，Goodman は，関心や活動の構造的な諸側面についても述べている。それらの側面はスモールワールドを生み出すことにつながる。スモールワールドに関するネットワーク的なアイデアは，第3章で紹介した，非公式に回し読みされ，いわゆる地下出版された de Sola Pool と Kochen による論文（最終的には1978年に出版されている）においても，同じ時期（1958年）に提案されている。

　de Sola Pool と Kochen の研究の根底には，2つの基本的なアイデアがある。第一に，個人の真の知人数は，二者間のリンクの数に明白な影響を及ぼす。このことは数学的に示されている。第二に，2人が所属する社会的サークルが同一のものであったとすれば，それぞれの知人数にかかわらず，両者とも，よそで知人を作るためにそのサークルから脱走することはできないであろう。このように，de Sola Pool と Kochen の論文は知人数に関する調査であり，社会構造が知り合いどうしをまとめる（クラスター化する）程度を明らかにするものであった。これらの点に関するさまざまな仮定をもとに，de Sola Pool と Kochen は，個人がスモールワールドの性質を数学的に形作っている可能性を示した。彼らのアブストラクトは，「この小論は，解答よりも多くの問いを投げかける」という言葉で始まっているが，彼らの論文はあらゆる領域にインパクトを与えたのである。

◈ あなたの知り合いは何人？

　これまで述べてきたように，de Sola Pool と Kochen が取り組んだのは2つの問題である。1つ目は知人数の測定に関する問題であり，2つ目はスモールワールド現象の促進・抑制における社会構造の役割に関する問題である。1978年の段階では，de Sola Pool と Kochen がこれらの問題を解決することはできなかった。第3章で紹介

したMilgramのスモールワールド実験と，それに対するさまざまな反応は，より現実に即したエビデンスを得ようとする試みであった。しかし，これらの試みは，チェーンレターの伝達課題を完了しようとする人々の意志や能力によって制限されていた。

　H. Russell BernardとPeter Killworth，そして彼らの共同研究者たちは，第一の問題——平均的な個人の知人数の解明に取り組んできた（Bernard et al., 1989; Killworth et al., 2006）。知人数は，彼らが「社会物理学（social physics）」とよぶものの本質的な要素であり，Adolphe Quételet（1835 [1969]）の著作である『人間とその能力について：社会物理学的検討 *Sur l'homme et le développement de ses facultés: Essai d'une physique sociale*』に基づいている。知人数は，過剰に宣伝された「6次」という数それ自体の影響を考慮しても，科学的な好奇心という点で重要であるだけでなく，社会政策のうえでも重要である。この数の背後ではたらいているものについて考えてみよう。基本的に，ある個人の知人数がわかっており，それに加えて，特定の性質をもった知人の数（たとえば，HIVキャリアやヘロイン中毒の知人の数）をその人に尋ねれば，これらの回答を結びつけることによって，ある母集団におけるHIVキャリアの数のような，現状では把握されていない数字を明らかにすることができるはずである。一般に，われわれは多くの「隠された」母集団のサイズを，こうした人々の社会的地位と同じように把握することが可能であり，また現在のところ解決策を見出していないような問題に取り組むことも可能である[1]。さらに，さまざまな母集団のサイズとその分布を推定することは，社会的な問題の解決に貢献するだけではなく，後で述べるように，スモールワールド理論，すなわち，大規模な社会的ネットワークの性質に強い影響を与える。

　de Sola PoolとKochenに始まる数多くの独創的な試みがあったにもかかわらず，残念ながら，個人の知人数を明らかにする明確で直接的な方法は存在しない。KillworthとBernardらの研究チームが好むアプローチは，統計的な代表性をもつサンプルに対して，さまざまな下位集団（たとえば，Michaelという名前の人[2]や，糖尿病患者，双子のいる人）の知人数を尋ねるといった方法である。「知り合い」として定義されるのは，回答者が過去2年間に連絡を取ったことのある相手である。これらの下位集団のサイズは，国勢調査のような公開情報を通じて入手できる。彼らがネットワーク・スケールアップ法（network scale-up method）とよぶ手法では，回答者のネットワークの全体サイズをcとし，その値は未知であると仮定する。母集団全体の部分pを占める任意の下位集団については，ネットワークの任意の成員がその下位集団に属する確率をpと仮定する。その下位集団内で知り合いであると報告された人々の数（m）は，確率pと平均cpの二項分布となる。多くの下位集団に関する質問への回答から，回答者のネットワークサイズ（c）に関する最尤推定値が算出される。

「多くの下位集団」がおよそ 20 かそれ以上の場合，推定値の統計誤差は小さくなる。

この手法には，非統計的な系統誤差も存在する。誤差のひとつの原因は，自分自身の対人環境に，特定の性質（たとえば，HIV キャリアなど）をもった知人がいることを，個人が理解していないために引き起こされる。これは伝達の影響である。なぜなら，あなたの知り合いが，自身に関するすべての細かな情報を話してくれる（伝達してくれる）可能性は，個人によって異なるためである。もうひとつの原因は，回答者が特定の下位集団において特別な地位を占めている場合，そのことがその集団に対する接触の増加や減少を引き起こすからである。たとえば，アルコール中毒者やドラッグ使用者は，平均的な個人よりも多くのアルコール中毒者やドラッグ使用者を知り合いにもつ傾向があり，オクラホマ州の住民は，ペンシルバニア州の住民よりもネイティブ・アメリカンを知り合いにもつ傾向がある。これは障壁効果（barrier effect）とよばれ，個人の物理的な位置，あるいは社会的な地位が，異なる特徴をもった人々と知り合いになるうえでの障壁を生み出すことによる。社会的サークルの問題と同様，このことはスモールワールドの推定にまつわる問題の一部であり，こうした誤差を小さくする明確な方法はない。

Killworth ら（2006）は，異なるモデリング手法を試みた。その手法によって，ネットワークの平均サイズはおよそ 290 に収束するが，標準偏差は大きくなる。これは，非常に大きなネットワークをもつ多数の人々と，非常に小さなネットワークをもつそれ以外の人々が存在する可能性を示すものである。第 5 章において，一般的な成人が維持できるパーソナル・ネットワークの平均サイズの上限は，およそ 150 と考えられていたことを思い出してほしい。この数はどうやら，今日の世界においては小さすぎるようである。

図 8-1 は，60 単位でグループ化されたネットワークサイズの分布を示している。Killworth ら（2006, p.105）によるいくつかの研究から描かれた曲線は，互いにかなり近接している（図 8-1）。予測したとおり，モデル化された分布は明らかにロングテールである。テール（尻尾）の部分は，非常に多くのネットワークをもつ少数の人々を意味する。

一方，多くの社会学的分析と同様に，ある研究者にとっての「誤差」は，別の研究者にとっての発見となる。Zheng ら（2006）による最近の論文では，特定の下位集団における知人数は「過分散（overdispersed）」の状態にあり，分散が期待値よりも大きくなるという事実をうまく活用している。いくつかの統計手法を用いて，Zheng らは，Killworth と Bernard の研究グループのデータを再分析し，図 8-2（Zheng et al., 2006, p.415）に示すように，平均的な知人数は男性で 650 人，女性で 590 人であることを明らかにしている。この数値は de Sola Pool と Kochen の初期の知見に合致

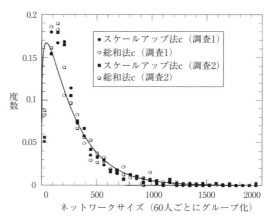

図 8-1　大きなネットワークをもつ人々の数
Killworth, P. D., McCarty, C., Johnsen, E. C., Bernard, H. R., & Shelley, G. A. (2006). Investigating the variation of personal network size under unknown error conditions. *Sociological Methods and Research*, 35 (1), p.105. Copyright © 2006 by SAGE Publications.

するものであった。なお，図 8-2 の線は，統計的平滑化によってならされている。

またもやロングテールがみられる。

図 8-2 では，男性と女性は個別に分析されている。なぜなら，下位集団の定義に用いられる Michael のような名前には性差があり，また「誤差」から抽出された重要な知見として，回答者は同性の集団内で知り合いをもちやすいためである。さらに，女性は男性よりも社会的ネットワークのサイズが 11% 小さく，65 歳以上の人々は，それ以外の人々と比較して，ネットワークサイズが 14% 小さい。また，大学教育を受けている人々，自宅外で仕事をする人々，そして高所得の人々は，全般的に知人数が多い。一方，非白人や 30 歳未満の人々は，州立刑務所や連邦刑務所の収監者を多く知り合いにもつ。最後に，ひとつのネガティブなことは，明らかに別のネガティブなことを導く。AIDS 患者，HIV キャリア，刑務所収監者，殺人犯やレイプの被害者，自殺願望者，ホームレス，自動車事故の被害者を知り合いにもつことは，いずれも互いに正の相関を示していた。これもまた，サークルや同類性に基づく現象である。また，地理的な要素も存在する。すなわち，これらの傾向は犯罪やヘロイン中毒と同様に，ある特定の地域に集中してみられやすい。

サークル現象は，後で述べるように，「ある人と知り合うためには，別のある人を必要とする」状況を作り出す。地域によるマイナスの要因をコントロールしても，マリファナ中毒者は，マリファナ非中毒者に比べて，別のマリファナ中毒者と知り合い

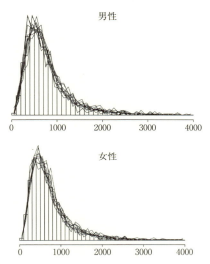

図 8-2　男性と女性の知人数
Zheng, T., Salganik, M. J., & Gelman, A. (2006). How many people do you know in prison? Using overdispersion in count data to estimate social structure in networks. *Journal of the American Statistical Association*, 101: Figure 2, p.415. Copyright © 2006 by the American Statistical Association.

である可能性が 22 倍もあり，ヘロイン中毒者は同様に 16 倍もある（Kadushin et al., 2006）。

　ドラッグ中毒者の例は，数ある例のひとつにすぎない。残念なことに，疫学研究者のコミュニティは，過去にこのような「スモールワールド」の手法に対する疑いを示しており，その利益を十分に享受していない。この手法が完全なものでないのは明らかであるが，見つけにくい母集団に対する推定を行ううえで，従来の手法よりはすぐれている。

◆ 個人の知人数に関する非対称分布

　先に図示した非対称分布は，いくつかの重要で規則的な数学的特性をもっており，多くの議論を生み出してきた。それらはベキ分布（power distributions; ベキ「法則」とよばれる場合もある）とよばれ，以下のように定義される：

　　　ある数 x は，それが確率分布 $p(x) \sim x^a$ から抽出される場合，ベキ法則に従う。ここで，

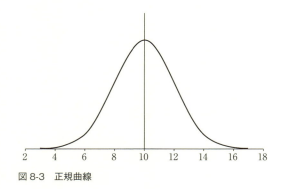

図 8-3　正規曲線

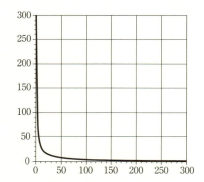

図 8-4　両軸が線形スケールのベキ分布

　　α は分布から得た定数パラメータであり，指数またはスケーリングパラメータとして知られている（Clauset et al., 2009, p.1）。

　これがベキ（累乗）分布とよばれるのは，確率分布 $p(x)$ が x のマイナス α 乗におおよそ等しいからである[3]。ベキ分布に関する最初期の社会科学的研究の例のひとつとして，Pareto は，富の 80％ が人口の 20％ に所有されていることを示した（原典［Pareto, 1896］では富を扱っているが，それ以外の文脈でも広く引用されている）。Pareto の例では，指数 α はおよそ 2 である。われわれにとってなじみのある正規曲線（図 8-3）とは異なり，ベキ分布（図 8-4）は大きな値から始まって次第に減少し，カットオフポイントはない。

　図 8-4 は，両軸が線形スケール（linear scale）のグラフである。これらの尺度を対

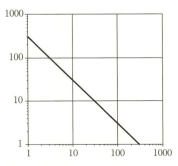

図8-5　両軸が対数スケールのベキ分布

数に変換した場合，そのグラフは対数—対数グラフ（log-log graph）とよばれる。この変換によって，曲線が直線になり，x軸に対する直線の角度は指数αとなる。図8-5は，対数—対数グラフである。この分布は，その形状がスケーリングパラメータαに依存しないため，「スケールフリー（scale free）」とよばれる。社会科学でベキ分布にフィットする多くのデータは，一般に（曲線）指数αが2から3の間に位置する。

　ベキ分布は，多くの現象にあてはまるといわれている。最初にネットワーク研究を始めた物理学者や数学者の研究対象は，自然界で発見されるネットワークであり，社会的ネットワークである必要はなかった。そのため，ネットワークのノードの次数分布がランダム，つまり，慣れ親しんだ上記のような正規分布になると仮定することは都合がよかった（Barabási, 2002; Watts, 2003）。

　正規曲線は，図8-4のように慣れ親しんだ線形スケールでプロットするのではなく，図8-5のように両軸を対数スケールとしてプロットした場合，その形状は図8-6のようになる。ここでは，確率が実質的にゼロとなる明確なカットオフポイントが存在する（Watts, 2004, p.251）。

　正規分布が現実的なネットワーク・モデルを生成しないことから，Barabásiと Albert（1999）は，ある文書から別の文書までのインターネット上のリンク，映画俳優の共演関係，そして科学論文の引用パターンが，ランダム分布（ポワソン分布）には従わず，上で描いたベキ分布に従うことを示した。彼らは，正規曲線とは異なり，描かれた曲線が（訳注：ノードの次数の限度である）カットオフポイントなしに広がり，その形状はネットワークに関するどのようなスケールにおいても同じであることから，この分布を「スケールフリー（scale free）」とよんだ。ここでのスケールは，ベキ指数αによって支配されている。実際のところ，社会科学には，ベキ分布にあ

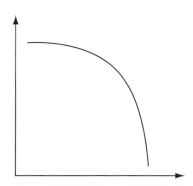

図8-6 両軸が対数スケールの正規分布

てはまるであろう多くの分布の例がみられる。しかし,以下で見るように,それらの分布はきわめて非対称的でゆがんでいるものの,必ずしもいわれているほどにはベキ分布にフィットしない。

　Barabási と Albert は社会科学者ではないため,彼らに先立って,先に述べた富の分布に関する Pareto の示唆が記述レベルで存在していたことを知らなかった。また,彼らは数学的にも Price (1976) に先行されていた。Price は,引用に関する分布がベキ分布に従うことを報告し,ベキ分布を「累積優位分布(cumulative advantage distribution)」と名づけ,「成功が成功を生むような状況を統計的にモデル化する」ものと説明している。また,Price は,Bradford の法則(訳注:重要な科学的成果の多くは少数の主要な雑誌に掲載される),Lotka の法則(訳注:多くの研究論文を発表する科学者は少数である),Pareto の法則(訳注:全体の2割の高額所得者が社会全体の所得の8割を占める),Zipf の法則(訳注:英単語を出現頻度の順に並べ,ある単語の順位を k としたとき,その単語の出現確率は $1/k$ となる)が,いずれもベキ分布に従うことを確認した。Price はさらに,ベキ分布が生まれる理由について,Merton の「マタイ効果」(「持つ者にはさらに多くが与えられる」: Merton, 1968a)に基づく解釈を行った。小集団において,「自己強化のプロセスを促進するのは,質的な判断に特有の不確実性と主観性であり,社会的評価に対する集合的信奉が生まれると,さらにそれによってその評価の妥当性が再生産される(Gould, 2002, p.1148)」。科学者は,おそらくそれほど主観的でないとはいえ,さほどの違いはない。Merton は,「著名な科学者の経験的事実に基づいて示された資料は,無名の科学者によって示されたほぼ同種の資料よりも,大きな影響力をもつであろう」と指摘している(Merton, 1968a, p.60)。このように,累積的な優位性は心理的なものであるとともに,制度的

なものでもある。「富める者は，貧しい者が相対的により貧しくなるのと同じ速さで豊かになる。したがって，業績の多い研究者は，少ない研究者よりも多くの研究資源を確保できる。そして今度は，彼らの名声が真に前途有望な大学院生を引きつけ，（訳注：そうした大学院生の）構成比に（訳注：大学間で）不均衡が生まれる」（Merton, 1968a, p.61）。

こうした心理社会的な構造的基盤は，場合によっては複雑なものとなるが，これをきわめて単純にモデル化するには，どんな理由であれ，ネットワークの各ノードが現在もっている紐帯の数に比例して，次の時点でさらに別の紐帯を獲得できる可能性があると仮定すればよい——「持つ者は与えられる」のである。Wattsが説明するように，「それゆえ，ネットワークの最も古いノードは，最近になって追加されたノードよりも多くの利益を得る（Watts, 2003, p.109）」。長い時が経過すると（コンピュータ上でモデル化することは可能であるが，現実世界で観察するのは困難である），ネットワークの次数分布（degree distribution）はベキ分布に収束し，一時点で測定された実証データの次数分布と類似する。

より最近のモデルによると，ネットワークの成長の前提となるのは，ネットワークへの新規参入者がランダムに既存集団の成員を選択し，さらにその成員の隣人たちとつながることである。これらの隣人たちの（被選択あるいは選択）次数は，ネットワーク全体の次数分布に従う。すなわち，多くの人々の次数は小さく，少数の人々が非常に大きな次数をもつ。この種の非対称分布によって，最初にランダムに選択された平均的な集団成員がもつ紐帯は，その隣人よりも少なくなるであろう。Feld (1991) は，われわれがこれまでにみてきたような，友人関係ネットワークに関するこの「悲しい」事実が，「あなたの友人には，あなたよりも多くの友人がいる」という感覚を引き起こすことを巧妙に示した。

非常に多くの知り合いをもち，分布のテール（尾）の終端に位置する人々がいる，というアイデアに関して，直感的に理解できる説明は，こうしたハブあるいはインフルエンシャル（influential; 実力者）——ローロデックス（訳注：アメリカ生まれの回転式の名刺ホルダー）に何千枚もの名刺を入れている人々——がブローカー（broker）であり，われわれ全員を結びつけ，異なる世界への橋渡しをするということである。その一方で，この原理，すなわちテールの終端に位置し，多くのつながり——あなたや私のように，あまり多くを与えられていない者に対するつながりも含む——をもつユニットによってスモールワールドが生み出されるということは，実際のところ，優先的選択に関するマタイ効果と矛盾する。優先的選択モデル（preferential-attachment model）において，高次数のノードは，低次数の他のノードとのリンクをもつ。そのため，図8-7で，ノード3や11, 24, 28は多くのリンクをもち，小さなクラスター間

を結びつける[4]。

　図8-7と図8-8において，30個のノードからなるソシオグラムを比較してみよう。図8-8は，図8-7と同様に優先的選択の傾向を示しているが，ノード11のつながりの数が13，ノード24のつながりの数が17となるよう，部分的に変更を加えたものである。ここでは，クラスター間の主なつながりが，ローロデックスに多くの名刺を入れている2つのノードによって形成されている。この例では，高次数のノードは別の高次数のノードとのリンクをもつ。これは，同類分布（assortative distribution）または同類混合（assortative mixing）とよばれる（Newman & Park, 2003）。言い換えれば，エリートは他のエリートたちと親しくする傾向がある。NewmanとPark（2003）は，（訳注：モデルにおける）同類分布のパラメータがプラスになることが，社会的ネットワークの特徴であることを見出している。また，このことは，隣接するノードどうしの次数が正の相関を示すことを意味する。一方で，送電網のような物理的ネットワークでは，図8-7のグラフのように，隣接するノードどうしの次数が負の相関を示すことが一般的である。すなわち，ここでは，高次数のノードが低次数のノードと隣接している。いずれの状況もスモールワールドモデルを導きうるが，そのメカニズムはまったく異なる。これらはいかにもありそうな状況であり，物理的な送電網が優先的選択の心理状態を示すことはないだろう。その一方で，エネルギーを分配する送電網を構築する際に，階層的なツリー状の構造を用いることは合理的である。

　どのような種類の社会的ネットワークが優先的選択のパターンをもつのか，また，どのような種類の社会的ネットワークが同類分布，すなわちエリートどうしがつながるようなパターンをもつのかを理解するためには，さらなる研究を行う必要がある。その手始めとして有用なのは，RothとCointetの研究（Roth & Cointet, 2010）である。彼らは2008年のアメリカ大統領選挙において，選挙期間中のブロガーのネットワークのダイナミクスを検討した。彼らがブロガーのネットワークと比較したのは，1999年から2006年までのゼブラフィッシュ（訳注：体長5cmほどの小型の魚）に関する研究論文，およびその著者のネットワークであった。ここでは，社会的ノード（著者）と概念（論文）の両方について検討が行われた。論文ネットワークについて分析した結果，著者と，著者らが使用する概念の両方について，強い同類分布のパターンが示された。すなわち，「すでに非常に多くの共同研究者がいる科学者は，同じように"豊か"な科学者と結びつきやすい」のである（Roth & Cointet, 2010, p.21）。一方，これはブロガーに関してはあてはまらなかった。すなわち，引用されることの多いブロガーは，ほとんど引用されないブロガーからも，引用されることの多いブロガーからも同じくらい引用されており，その逆もみられた。どうやら，ブログと科学的研究のダイナミクスは異なるようである。

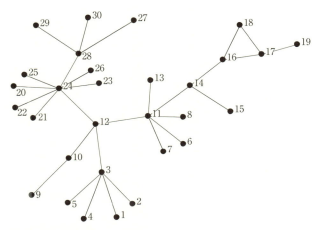

図 8-7　優先的選択ネットワーク

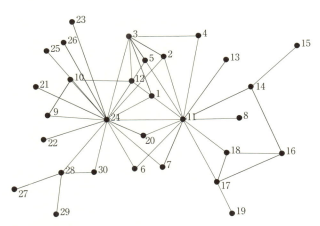

図 8-8　同類分布ネットワーク

　いずれにせよ，われわれは，社会的ネットワークと別の種類のネットワークとを区別する必要がある。社会的ネットワークの観点からみると，Barabási のベキ理論は以下のことを想定している。すなわち，ハブあるいはインフルエンシャルの存在は，すべてのノードが接続されていることを意味し，それは結果的に，というよりも，むしろ比較的早い段階でみられるものである。しかしながら，この理論によって，現実

の社会的ネットワークを十分に理解できるわけではなく，なぜスモールワールド——すなわち，比較的少数の仲介者を介してネットワークのあらゆる点に到達できる状態——が合理的な仮説となるのかもわからない。このブレイクスルーが，当初期待されたよりも社会的ネットワークの理解にあまり貢献していない理由は数多くある。

まず，ベキ分布は，ネットワークが無限に大きい場合にのみ完全にスケールフリーとなりうるが，地球上の現実のネットワークは有限である（物理学者は，インターネット上のネットワークを無限とみなすのに十分な大きさであると考えているが）。対人的相互作用にはさまざまな限界が存在するため（第5章「社会的ネットワークの心理学的基盤」を参照），対人的相互作用に基づくあらゆるネットワークは，終点と起点をもつ（「なんぴとも一島嶼(とうしょ)にてはあらず」[訳注：どんな人であっても，それ自身で完全な島である人はいない][Donne, 1624]）。近年まで，数学者はたんに，対数－対数グラフ上で，観察あるいはモデル化された分布を描いていたにすぎず，その線が図8-2のようであれば，彼らはベキ分布がそのデータを記述する妥当な方法であると決めつけていた。

近年，研究者は，グラフの見た目に基づいてベキ分布とみなし，もてはやしてきたいくつかの分布について再検討し，その記述が不正確であったことを明らかにしている。実際のところ，ベキ分布にあてはまるような分布はほとんどない。研究者らは，鳥の種の目撃数，停電によって影響を受けた顧客数，名字の件数，ウェブサイトのリンク数，そしてアメリカにおける最も裕福な人々の総資産を含む，14の連続分布について分析した（詳細はClauset et al., 2009, p.17を参照）。Paretoがもともと洞察を行っていた富は，ベキ分布にはあてはまらず，指数分布（負の指数分布に似た分布であるが，形状に影響するパラメータが事象間の間隔であるため，「スケールフリー」ではない）にあてはまっていた。14の分布のうちの6つは，「ほどほど」にベキ分布にあてはまっていた。このことは，ベキ分布へのあてはまりが良好であった一方，他にも同じように妥当と思われる別の分布が存在していたことを意味する。6つの分布は「カットオフ」ポイントをもち，これは指数カットオフ値をもつベキ分布（ベキ分布と指数分布のハイブリッド分布）が「純然たるベキ法則よりも、明らかにあてはまっていた（Clauset et al., 2009, p.26）」ことを意味する。Wattsは，社会的ネットワークにおいては，カットオフポイントをもつベキ分布がより現実的であると評価している。実際のところ，Clausetらの分析に含まれる社会的ネットワークの分布は，大規模大学のコンピュータ利用者における電子メールのアドレス帳のサイズしかない。これはカットオフポイントをもつベキ分布にあてはまるが，同様に指数分布にもあてはまる。「データに完璧にあてはまり，他にあてはまる分布が存在しないという意味で（Clauset et al., 2009, p.18）」，ベキ分布へのあてはまりが良好であった唯一の分布は，『白鯨』（訳

注：Herman Melville の長編小説）に出てくる固有名詞の出現頻度のみであった。単語の出現頻度の分布は，もともと Zipf（1949）によってベキ分布として提唱されていたものである（訳注：Zipf の法則）。

　社会的ネットワークに関するデータが，標準的な分布のどれにあてはまるかを検討する際の明らかな問題は，実際の対人的相互作用のネットワークに関する大規模なデータの欠如であり，これはネットワーク研究に引き寄せられた物理学者や数学者の多くが，当然のように指摘する問題でもある。それゆえ，最も注目を集めてきたネットワークは，必然的に物理学的または生物学的なものとなる。「ネットワーク」の概念が他のあらゆる現象を含むことは，おそらく社会科学の研究者にとって意外な驚きであろうが，社会的ネットワーク以外に関する論文の多くは，われわれにとってあまり有益ではない。テロリズムに関する研究において，アメリカ政府は大規模な社会データを収集しており，それらが「マイニング（倫理に関する第 11 章を参照）」にかけられてきた可能性はもちろんある。だが，それらのデータは一切公開されていない。

◆ スモールワールドのモデル

　スモールワールド理論が必要とするのは，ロングテールをもつ分布を介して，最終的にあらゆるノードが他のノードと接続されることだけではなく，互いに遠く離れたノードを結びつけるはたらきをする，10 ステップ未満のショートカットが存在することである。スモールワールドのアイデアを表す数理モデルの式と前提条件は，なぜスモールワールドが存在するのかを説明するための理論として機能する。モデルの長所は，まさに単純化にある。モデルは，少数の規則や原理によって広範囲の「現実世界」の現象を近似することができる。そのため，理論の基本使命を遂行すること，すなわち，はじめはまったく異なるかのように見える状況を結びつけることができる。大きな注目を集めたスモールワールドの最初のモデルは，最高峰の科学雑誌である Nature に掲載された，Watts と Strogatz（1998）のモデルであった。このモデルでは，アフィリエーション・クラスター（affiliation cluster; 訳注：所属集団に基づくクラスター）に基づくネットワークを前提とするのではなく，むしろより単純に，ノードがネットワークで最も近い k 人の隣人と結びつくことを前提とする。このモデルは，もともとの関心をメッセージの伝達経路に寄せていた一方で，構造に関するモデルでもあった。すなわち，つながりは対称的であり，だれかを知っていることを意味するのは「伝達」のみであった。ネットワークのつながりは，完全な秩序をもつわけではなく，完全にランダムでもなかった。パラメータ p は，最も近い隣人を飛び超えて，離れたところにいるだれかとつながるような紐帯の割合を規定する。したがって，最も近い隣人の

数は，このパラメータに従って変化しうる。こうした状況を，彼らは「リワイヤリング（rewiring; つなぎ直し; Watts, 2004, p.245 から引用した図 8-9 を参照）」とよんでいる。リワイヤリング，すなわちネットワークの横断は，図 8-9 の図の中央部に示されるように，スモールワールドを生み出している。p と k のどちらも，所与のノードと直接つながりをもつノード数（平均的な個人の知人数）の分布と同一ではない——これは，de Sola Pool と Kochen によるスモールワールドの定式化が最初に行われた，そもそものきっかけである。このモデルは，一般的な個人がもつ真の知人数には左右されず，むしろ，個人が所属するサークル，すなわち，あるノードと連結したサークルの局所密度（local density）に左右される。

　p が 0，つまりリワイヤリングがない場合，ネットワークの反対側に行くためには，個人はすべてのノードを通っていかなくてはならない。ここでは，サークル内の全員が互いにつながっているが，その世界は非常に「大きい」。p が 1 に近い場合，ネットワークのいたるところにつながりがあり，たとえ多くのノードがあったとしても，その世界は「小さい」。社会学的には，大きな p は極端なコスモポリタニズム（訳注：人類全体をひとつの世界の市民とみなす思想）を示すと考えられる。個人は世界中の多くの個人とつながっている。Watts と Strogatz は，係数 C，すなわちネットワークのクラスター係数（clustering coefficient）を用いて，これらの特性を定量化した。クラスター係数は，局所密度の指標であり，最も近い k 人の隣人が互いにつながりをもつ程度を表す。もうひとつの係数 L は，平均最短経路長（average shortest path length）である。L と C に関する計算は非常に複雑であるが，図 8-10 のグラフ（Watts, 2004, p.245）によって直感的に理解することができる。グラフは，10 人の隣人（k = 10）をもつ 1,000 ノード（N = 1,000）のネットワークに関する計算結果である。Y 軸

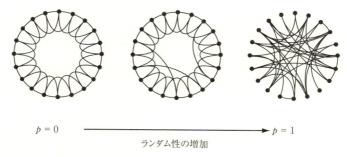

$p = 0$ ←――――――――――――→ $p = 1$
ランダム性の増加

図 8-9　「リワイヤリング」の例

Watts, D. J. (2004). The "new" science of networks. *Annual Review of Sociology*, 30: p.245. Copyright © 2004 Annual Reviews, Inc.

は，標準化した局所クラスター化の程度と平均最短経路長を示している（標準化とは，経路長を 0 から 1 の間で変化するように変換することである）。X 軸は，「リワイヤリング」のパラメータ p であり，その範囲は 0 から 1 となる。図の上部に□の記号で表されているのは，この条件下での局所クラスター化の程度である。これは凸面状の対数曲線となり，$p = 0.01$ を過ぎた後で急落している。図の下部に●の記号で示されているのは，平均最短経路長（L）であり，p によって変化する。これも対数曲線となるが，凹面状，つまり上とは逆向きの曲線であり，$p = 0.01$ の付近までは急激に減少する。ここから，局所クラスター化の程度がやや低く，なおかつ平均経路長が短いグラフの範囲を確認することができる。すなわち，局所的な秩序がある程度存在する中に，離れたノードをつなぐ，ほんの少しのランダム・ショートカットが含まれる状況である。これは，平均的な個人の知人数の推定に依存しないようにスモールワールドを定義づけるひとつの方法であり，もともとの de Sola Pool や Milgram のアイデアにも沿っている。隣人を飛び超える，つまりネットワークを「つなぎ直す」ようなつながりは，偶然（ランダム）に生まれる。重要な点は，このモデルがハブを必要としないことである。しかしながら，後に見るように，クラスター化された現実世界の性質によりよくあてはまるモデルは，ロングテールをもつ分布である。

　もちろん，図 8-10 はシミュレーションであり，現実世界の例ではない。Watts と Strogatz は，映画俳優の共演ネットワーク，アメリカ西部の送電線網，カエノラブディ

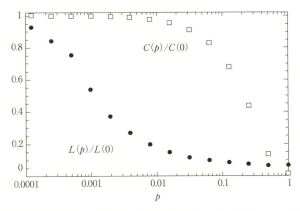

図 8-10　Watts-Strogatz モデル（$N = 1{,}000$　$k = 10$）における，ランダムなリワイヤリングのパラメータ（p）に対応した標準化平均最短経路長（L）とクラスター化係数（C）

Watts, D. J. (2004). The "new" science of networks. *Annual Review of Sociology*, 30 (1): p.249. Copyright © 2004 Annual Reviews, Inc.

ティス・エレガンスという線虫(広く研究されている線虫の種)の神経ネットワークという,スモールワールドのモデルによくあてはまる3つの完全に異なるネットワークを見出した。それ以来,物理学者は他にも多くの(訳注:スモールワールドの)例を見出すとともに,重要な条件を追加している。すなわち,「スモールワールドは,ランダム性の程度にかかわらず,ランダム・ショートカットの割合が0よりも大きければ,結果として非常に大きなネットワークとなる」(Watts, 2004, p.247)。つまり,身近な環境を超えたところに,ほんの数人の知り合いがいるだけで,スモールワールドは生まれるのである。さらに,非常に大きなネットワークでは,たった5つのランダム・ショートカットを加えるだけで,平均経路長が半分になる。最後に,社会的ネットワークにおいて重要となるのは,地域住民がアフィリエーション・ネットワークを構成するとした場合,同じような結果が得られることである。Wattsが指摘するように,「スモールワールドのふるまいに必要となる条件は,当初想定したよりもゆるい」(Watts, 2004, p.247)。スモールワールド現象を支える条件が,数学的な前提として「ゆるい」のであれば,どこにでも存在するというスモールワールドの特徴に関する知見は,非常に頑健なものとなる。とはいえ,近年,物理学者によって多くの研究が雪崩のごとく行われたにもかかわらず,スモールワールドを理解するために最も適した方法については,未解決の問題が数多く残されている。スモールワールドの数理的解明が可能であるというだけでは,それが社会的な文脈で実際にどのような作用をもつのかを理解することにはつながらない。スモールワールドの誇大広告は,当初想定したよりも少ないが,Watts自身が指摘するように,「不幸にも,Watts-Strogatzモデルは,社会的ネットワークに関するモデルとして不適切といえる,いくつかの深刻な問題を抱えている」(Watts, 2004, p.247)。

　ここに示すのは,そうしたいくつかの問題である。さまざまな社会構造に何らかの形で埋め込まれていることが,スモールワールド現象に固有の「リワイヤリング」をどのように説明するのかについて,われわれは知る必要がある。すなわち,スモールワールドを探索する際,人々はどのように(訳注:社会構造における)自らの地位を利用するのか? 経路長を延ばしたり縮めたりするのに,社会構造はどのような役割を果たすのか? 組織の役割は何なのか? スモールワールド現象における結びつきの鍵となるのはどのような人々か? 職業や,他の社会的地位の役割は何なのか? 社会的流動性や地理的流動性の役割は何なのか? ネットワークの違いは,異なる種類の伝達経路によって生み出されるのか? これらの問いに答えるために,以下では,まず社会的ネットワークにおけるクラスター化について考察する。クラスター化は,スモールワールドにおける社会的サークルの役割について,ひとつの示唆を与えるだろう。

◆ 社会的ネットワークにおけるクラスター化

社会的ネットワークにおけるつながりの分布とは別に，社会的ネットワークの特徴として重要なのは，高い推移性（transitivity）である。これは，AとBがつながっており，BとCの間にもつながりがある場合，AとCの間にもまたつながりが存在することを意味する（第2章を参照）。このようなパターンは，物理ネットワークや生物ネットワークでは生じない（Newman, 2006b; Newman & Park, 2003）。推移性は，「コミュニティ（第3章）」の形成（クラスター化）を引き起こすため，他の種類のネットワークとはまったく異なるモデルを必要とする。クラスター化が起こるのは，人々が何らかの集団や組織に所属したり，共同で論文を書いたり，同じ映画に出演したり，同じ取締役会に所属したりするためである。人々は，地理的区分に基づく地域で生活しており，小集団の章（第6章）で見たように，おそらく同じイベントに参加するであろう。人々は，これらの「コミュニティ」のいずれかの成員になることでつながりをもち，逆に「コミュニティ」どうしがつながるのは，少なくとも1人の個人がそれらに参加している場合である。こうした二重性（duality）は，『個人と集団の二重性 *The Duality of Persons and Groups*』（Breiger, 1974）という，当を得たタイトルの論文で最初に注目された。グラフ理論の数学用語では，こうした二重性は二部グラフ（bipartite graph）とよばれる。このアイデアに関するWatts（2004, p.249）のモデルを図8-11に示す。

地位，組織，その他の正規の資格に基づくフォーマルな所属関係は，現代の社会構造のひとつの側面をとらえているにすぎない。インフォーマルな友人関係や，社会的サークルのようなその他の関係もまた，社会的ネットワークをクラスター化する作用をもつ。

◆ 社会的サークル

われわれはいよいよ，社会的ネットワークのスモールワールドの根底にある，クラスター化を生み出す重要なアイデアにたどりついた。第3章では，ネットワークが「コア（中心）」をもつというアイデアに遭遇した。「中心性」の程度を明らかにすることや，空手クラブを明確に分割することの困難は，ネットワークを地域や「共同体」に分割するのが難しいという事実を示している。こうしたことが技術的に明らかに困難なのは，実際のところ，重要な理論的関心事に由来している。対人関係は混沌としており，そのため，ネットワーク理論が最初に適用された電気回路ネットワーク

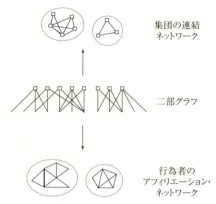

図 8-11 中央のグラフは，M 個の集団に属する N 人の成員に関する二部（二相）アフィリエーション・ネットワーク。上下のグラフは，集団（上部）もしくは成員（下部）を基準に分離した単相ネットワーク（訳注：□は集団を表す）。
Watts, D. J. (2004). The "new" science of networks. *Annual Review of Sociology*, 30 (1) : p.251. Copyright © 2004 Annual Reviews, Inc.

に比べると，社会的ネットワークははるかに複雑であり，またこれまで述べてきたように，近年研究が進んでいる生物学的・物理的現象とも異なっている。まずは，周縁部（penumbra）の問題，すなわち社会の中に明確な境界線が存在する程度についての問題が存在する。制度化された集団や組織では，境界線は比較的明確である。われわれは，だれが学級 x の成員で，だれが組織 y の成員で，さらにはだれが親族集団や半族（訳注：ある社会集団が 2 つの氏族によって構成される場合の，それぞれの集団）z の成員なのかを知っているように思える。しかし，対人関係の集まり，あるいは連鎖が，もしかすると関係性の無限後退（infinite regress；訳注：ある事柄の原因を求めるのに，その原因の原因というように，連鎖の連なりを限りなくさかのぼっていっても終わらないこと）――すなわち，ネットワーク――と考えられるのであれば，われわれはどこにカットポイントを設けるだろうか？　学級のソシオメトリー分析を行う際，ほとんど授業に出席しない生徒をどのように扱えばよいのか？　現代企業の変革の旗手であった，ゼネラル・エレクトリックの前 CEO の Jack Welch は，年次レポートの中で，企業は本質的に「境界線をもたない（boundaryless）」と株主に宣言した（General Electric Company, 2000, p.2）。顧客や仕入先，オーナーはいずれも「利害関係者（ステークホルダー）」とよばれ，彼らの要求は満たされなければならない。また，彼らは組織の中枢との再帰的な関係をもっており，それを無視できるのは組織が危機に陥った時だけである。一方，企業の境界に関しては，日本やイスラエルによ

くみられる「企業集団」などの例もある（Maman, 1997; Smangs, 2006）。そこには，きっちりとした確固たる「真の」カットポイントはない。われわれは，特定の目的のために，どちらかといえば恣意的にそれらのカットポイントを設定する。ネットワークの分割に苦心しているコンピュータのアルゴリズムの設計者は，このことをよく理解している。

単純なネットワーク・モデルに関する実用上の別の困難は，理論的に重要な意味をもつ。現実生活では，どんなノードの組み合わせも，他のノードとの間に複数の伝達経路をもち，そのため，ノードや頂点をつなぐネットワークがひとつだけということはまずない。これは，個人，組織，国家など，あらゆる水準であてはまる。われわれは，ノード間をつなぐ特定のネットワークを構築したいのである。残念なことに，ある種の経路を別の経路につけ加えるため，あるいは指数化するための計算論法は存在しない（それらの問題をすべて解決する手段が見出されない限り，社会的ネットワーク分析は大幅に制限される）。この欠点を利点として受け入れると，ネットワーク分析における重要な課題とは，経路間の関係性についての命題，および，あるいは異なる経路に基づくネットワーク間の関係性についての命題を検討することになる。たとえば，フランスの財務エリートに関する研究では，過去にフランス国立行政学院に所属していたことが，特定の個人の現在の友人関係と関連すること，また，友人関係に基づく半族が，だれと同じ取締役会に所属しているのかに関連することが示された（Kadushin, 1995）。フランスの財務エリートのつながりは，過去の長年の友人関係の紐帯に基づいており，財務上の意思決定がどのように行われるのかを部分的に説明している。

企業取引に関する付加的な情報に基づいた分析の興味深い展開例として，Frankと Yasumoto（1998）は，凝集性の高い友人関係に基づく下位集団が，集団内の敵対的な商取引の抑制と関連していた一方，集団外の他者との商取引におけるサポートとは関連をもたなかったことを報告している。（主に企業買収の試みにおける）後者のサポートについては，その下位集団に属する成員が，「強制力のある信頼」関係を形成していない財務担当責任者との間で構築した，交換原理に基づく「社会関係資本（social capital）」であると解釈された。すなわち，これらは典型的な「仲介人（brokerage）」または「ゴッドファーザー（Godfather）」の関係性（「お前が断れない提案をさせてくれ」［訳注：映画『ゴッドファーザー *The Godfather*』でのDon Corleoneのセリフのもじり］）であり，構造的すきまの存在する状況に特有のものであった。この状況で借金を求められたら，そうでなければ支援するつもりのない個人でも応じていたであろう。

複数の経路，複数の分野にわたる社会的地位，クラスターの柔軟性あるいはあいまいさ（あいまいさ［ファジィ；fuzzy］は数学的に用いられる用語である）といった現象が結びつくと，統計解析上の問題が生じる。統計量の多くは，ユニットがそれぞ

れ独立しているか，ランダムに分布しているという，BarabásiとAlbert（1999）による初期の仮定に基づいている。しかしながら，社会的現実とは，多くのネットワーク・クラスターが，複数のクラスターにまたがる小さいユニットから構成されている状態であり，これらはより大きなクラスターに発達し，互いに重なり合っていく。これは，われわれが空手クラブの例でみたとおりである[5]。社会に関するこうした認識について，最初に述べたのはSimmel（1955［1922］）である。彼は，社会について，部分的に重なり合った比較的ゆるやかなネットワークの複雑な集合体とみなし，これを「社会的サークル」とよんだ（Kadushin, 1966, 1976）。

　社会的サークルは，現代の大衆社会（mass society; 訳注：産業の発達や都市化にともない，政治・経済・社会・文化のあらゆる領域で，大衆の行動が社会のあり方を決定する社会）に固有のものであり，明確なつながりをもたない複数の一次的集団を，より大きな共同体へと統合する役割を果たしている。Simmelは，大都市において，人々の関心，活動，そして性格はさまざまであるが，一方で，人々はこうしたさまざまな側面を共有できる他者を見つけられると述べている。このことは，現代の大都市における，いわゆる社会的孤立を埋め合わせるものである。大都市において，個人は，対人関係を「自分で作る（do it yourself; DIY）」ための道具一式をこしらえることができる。個人は，オペラ愛好家，スキーヤー，ビール愛好家のような，ありそうもない組み合わせのさまざまな社会的サークルが交差する場所にいることができる。インターネットやオンライン・コミュニティは，つながりの可能性をさらに促進するにすぎない。離れた場所での相互作用はさておき，都心の主要な魅力のひとつは，さまざまな同好の士が集うコミュニティを生み出す能力にある。これは「ひとたび彼らに陽気なパリを見せてしまったら，どうやって彼らを農園にとどまらせておくつもりなのか？」という言葉に表されているかもしれない。社会的サークルの交差する場所は，おそらく，それほどランダムというわけではなく，Wattsのモデルで説明される「リワイヤリング」の背景にある主要な要因のひとつである。

　誤解のないようにいうと，サークルは「集団」ではない。サークルには明確な境界線もなければ，フォーマルなリーダーシップもない。むしろ，サークルは，ネットワークにおける密度の高い領域であり，完全なつながりをもつセグメントは必要とされない。ノードは何であってもよいが，Simmelのもともとのアイデアでは，個人である。ノードは必ずしも直接のつながりをもつ必要はない。たいていは，2ステップか，（めったにないが）3ステップを介してつながる。つまり，社会的サークルはスモールワールドのミニチュアであり，スモールワールドを端的に表すモデルである。だれも知り合いのいないパーティーに参加し，「Xさんを知っていますか？」と質問することは，ネットワークにおける自分自身とパーティーの出席者たちの位置を知るためのひとつ

の方法である。何人かに同じ質問をし，多くの人が X を知っていた場合，それは質問者とパーティーの出席者たちが同じ社会的サークルに所属していることのしるしである（それこそが，そもそも質問者がどうしてこのパーティーにたまたまやって来たのかの説明となる）。何回か質問をしたあと，そのパーティーではだれも X を知らないことがわかったら，それは十中八九，帰るべきサインである。質問者は「間違った」パーティーに参加し，「間違った」サークルに入ってしまったのである。

　社会的サークルの概念がスモールワールドと関連していることは明らかである。世界は重なり合った社会的サークルへとクラスター化しているため，縮小すると同時に拡大していく。ある個人が同じサークルに所属している場合，ノード間の距離はより短くなる一方で，密度はもとの一次的集団よりも低いままである。ある個人が所与のサークルに所属していない場合，異なるサークルにいる人々との経路長はより長くなる。以下では，このアイデアをスモールワールドのモデルで活用する方法を説明していく。

　社会的サークルのノードを通じて「流通」するものは，同じアイデア，関心事，価値観に対する興味であり，経済的サークルの場合は，価値ある商品の交換に対する興味であるといえる。サークルのような現象を産業全体があてにしている場合もある。これは，外部経済に基づく産業（第 2 章を参照）とよばれ，その産業を成立させるのに必要な，さまざまな有用な資源に埋め込まれている（Coser et al., 1982; Uzzi, 1996）。ここに含まれるのは，（文芸）出版産業や，ニューヨーク市のハイファッション産業（7 番街），金融産業（ウォールストリート）である。これらの産業の呼称に意図的に含まれる地理的メタファーに注目してほしい。これらの産業において，組織の中で生産に関するあらゆる要素をまかなうことは，経済的に不可能である（Williamson, 1981; 第 7 章を参照）。たとえば，ハイファッション産業の場合，商品の回転は速く，タイムリーでなければならない。期待されるあらゆる生地やボタンの在庫を抱えることや，ミシンや裁断機を自己所有することは合理的ではない。出版産業の場合，電話とコンピュータだけで会社を設立することも可能である。ライターや編集者，広報，印刷，製本といった，生産に関する他のあらゆる要素は，本を作る際に集めればよい。電子出版やインターネットは，この種の外部経済を新たな高みへと引き上げており，伝統的な出版産業は攻撃を受けていると感じている（Epstein, 2010）。しかし，インターネット時代である現代においてさえも，ウォールストリート（金融産業）が見出してきたように，少なくとも将来的な非対面の相互作用の基盤を確立し，信頼を創出あるいは回復するための手段として，対面の相互作用に代わるものはない。したがって，アメリカでは，たとえ実際の場所が変わり，地理的な中心から離れても，これらの産業のすべてに，ブロードウェイ，ハリウッド，マディソン街[6]，7 番街，ウォー

ルストリートといった地理的なよび名がつけられている。これらのよび名は，対面の相互作用の有用性を示すものである。

　多くのサークル現象の根底にあるのは，アイデアや情報の交換である。いわゆる知識人は典型的な例である。『アメリカの知的エリート *The American Intellectual Elite*』（Kadushin, 2005a）において，私は，知的エリート層の50%がエンパイア・ステート・ビルのおよそ50マイル以内（私が「ランチ距離」とよぶ範囲で，作家が市の中心部にやってきて，編集者と一緒にランチを食べ，日帰りで気軽に家に帰れる距離）に住んでいることを明らかにした。したがって，この距離は，実際に何マイル離れているかというよりも，むしろ交通手段に基づいて計算される。Simmel や，後に Barry Wellman が示唆したように，現代社会は未だにコミュニティの「ソーシャル・サポート」の重要な側面を保持している（Wellman, 1979, 1999; Wellman et al., 1988）。ソーシャル・サポートは，地理的基盤，文化的基盤，そしてインターネット上の基盤に基づいている。

　Simmel のもともとの定式化において，彼は社会的サークルが一次的集団のいくつかの属性，特に，一次的集団が提供するソーシャル・サポートの代替となりうることを指摘している。重要なことに，社会的サークルが生み出すのは，（訳注：単なる）信頼のための場だけではなく，強制された信頼のための場でもある。信頼が裏切られた場合には，制裁が期待されており，またそれは実際に与えられる。たとえば，フランスの財務エリート（Kadushin, 1995）や，新規移民の経済システム（Portes & Sensenbrenner, 1993），ルネサンス期のイタリア人のエリート（Padgett & Ansell, 1993）の社会的サークルにおいて，そのメンバーであるノードは，信頼が強制されたものであると考えている。

　まとめると，社会的サークルは，一般に共通の興味に基づいて形成されるインフォーマル・ネットワークである。全員が全員と直接のつながりをもつ小集団とは異なり，社会的サークルではつながりが直接的ではなく，「友達の友達」を介してつながることもある。サークルには秩序だった構造が存在しないため，フォーマルなリーダーはいない。しかしながら，リンクや次数の分布の非対称性というおなじみの現象は，社会的サークルにも内包されているため，ある個人が他者よりもネットワークの中心に位置するということは起こりうる。そして，少数の個人が多くのつながりをもち，大多数はそれより少ないつながりしかもたないという，分布の「テール（尻尾）」がある。大都市においてさえ，サークルの直径は比較的小さいため，それらはスモールワールドのミニチュアとなる。したがって，われわれがサークル内のあるエゴ（個人）をランダムに選び，そこから始めたとすると，ランダムに選ばれたエゴの知り合いではない相手が，エゴの知人と知り合いである可能性は非常に高い（先ほどのパー

ティーの例である)。サークルや共同体の重なりが「短絡経路(ショートサーキット)」を生み出すはたらきは，Watts-Strogatz モデルにおいて作用するだけではなく，「世界全体」ではない，より小さなネットワークの中でも作用する。

社会的サークルは，さまざまな制度の様式と関連し，そこから発展するものであるため，完全に単独で機能することはない。社会的サークルは，地位や役割，組織に「釘留め」されているのである。それに加えて，Simmel が議論した 1920 年代のベルリンの文化的・知的サークルのケースでは，さまざまな「興味と共通の目的」が釘の役目を果たしていた。Peter Blau (Blau, 1964; Blau & Schwartz, 1984) は，社会的サークルを直接測定する代わりに，社会人口学的な変数を用いた多くの研究を行い，人口学的地位の組み合わせが，社会的サークルの重なりをどのように規定するのかを明らかにした。McPherson (2004) は，彼が Blau に敬意を示して「Blau 空間 (Blau Space)」とよぶものが，個人間の社会的距離を定義するために用いられてきたことを示唆している。McPherson は，たとえば「若者たちがオバマを支持している」といった意見や価値観を分類するためには，社会調査でよく行われる個人の標準的な人口学的変数を用いるよりも，「Blau 空間」を用いるほうがすぐれていると主張した。むしろ，McPherson が好むのは，「Blau 空間」内で相互に同じ社会的距離を共有している個人のクラスターを同定することである。このクラスターは，職業や教育歴といった社会調査の標準的な人口学的変数を，個人間の社会的距離の計算に用いることで形成される。この測定法は，社会的サークルやその重なりに関する大規模マッピングの代替となる。意見や価値観は，社会的サークルの成員であることとの間に相関を示しているが，このアイデアには賛否両論があり，広範囲にあてはめるのは早計である。

ネットワークのクラスター化に関しては，人口学的変数に加えて，さらに別のフォーマルな基盤があり，これは Watts が描いたような二部グラフを形成する (訳注：図 8-11 を参照)。人々が結びつけられるのは，取締役会のようなフォーマルで組織的なユニットに所属していたり，近所に住んでいたり，共著者であったり，同じ地位を共有していたりするためである。たとえば，私の知り合いである可能性が高いのは，企業の重役よりも社会学者である。このように，結びつきを固定する「釘」は，たとえば，同じ大学 (場所) に所属する社会学者 (地位) のように，複数の次元にまたがる。私の共著者は，だれか別の研究者の共著者でもあり，その人と私との間のリンクは 1 つしか離れていないであろう。「入れ物」すなわち「所属」は，たとえば，同じ大学内の，同じ部門内の，共著者といったように，階層的に配置される。この種のネットワークは小規模なスモールワールドを形成する。

Moody と White (2003) が指摘するように，社会的サークルの重なりが，場合によっては階層構造を生み出すこともある。第 4 章では，あらゆるサイズのネットワー

クのクラスター化に関する彼らの手法について述べたが，ここではその詳細について説明する。彼らの基本的な直観は，Simmel のアイデアに由来する。それは，集団やサークルが，その特徴を維持するために，複数の特定の個人に依存しているというものである。彼らは，「その集団のつながりを維持するために，継続して存在することが必要とされる最低限の個人の数（Moody & White, 2003, p.105）」という指標を提案し，このアイデアを定量化している。彼らはこの概念を「構造的結合（structural cohesion）」とよんでいる。よりフォーマルにいえば，彼らはグラフあるいはソシオグラムの連結（connection）を考慮している。グラフの成分（component）には，少なくとも1つの経路で互いに連結することが可能な，すべてのノードあるいは成員が含まれる。また，「カットセット（cutset）」とよばれるノードの集合は，それが取り除かれた場合，グラフの成分が2つかそれ以上に分割されてしまう。図 8-12（Moody & White, 2003, 図 1, p.108）に描かれているように，k-連結グラフ（k-connected graph）は，カットセットとなる k 個のノードを含んでいる。

図（a）は，2つの非連結成分を含む。図（b）は，図（a）と同じノードの集まりであるが，カットセットを1つ含む（ノード 11 とノード 13 に連結されたノード 7［網掛けの○］）。このノードによる連結が存在しない場合，図（b）は図（a）のように，2つの非連結成分をもつネットワークとなる。したがって，図（b）は，$k = 1$ のグラフと定義される。図（c）では，網掛けの○で示したノード 6 と 13 が，図（a）の2つの成分をそれぞれ連結する。したがって，$k = 2$ となる。図（d）は一目瞭然で，図（a）の非連結成分間に異なる3つの連結をもち，$k = 3$ となる。図（c）は2つのカットセッ

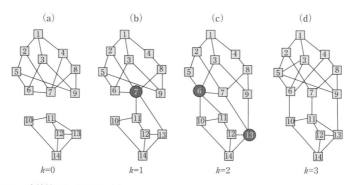

図 8-12　連結性のレベルの一例

Moody, J., & White, D. R. (2003). Structural cohesion and embeddedness: A hierarchical concept of social groups. *American Sociological Review*, 68 (1): 108, Figure 1. Copyright © 2003 American Sociological Association.

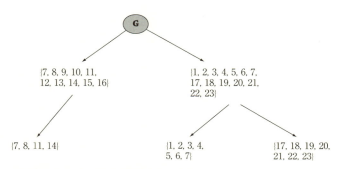

図 8-13　階層性と重なりをもつ結合性の高い集団

Moody, J., & White, D. R. (2003). Structural cohesion and embeddedness: A hierarchical concept of social groups. *American Sociological Review*, 68 (1) : 111, Figure 3. Copyright © 2003 American Sociological Association.

トをもち，したがって，単一の個人に依存していない。Simmel 流にいえば，図（c）は真の社会的集団であり，図（b）よりもずっと結合性が高い。

　この現象を説明するアルゴリズムは，いくつかの下位集団を生成し，それらは互いに非連結だが階層的な重なりをもつ。Moody と White による図（図 8-13）は，ネットワーク G から結合性の高い集団を同定する手続きに関するものである[7]。ノード 7 は，階層構造の第 1 段階，第 2 段階のそれぞれで，2 つの集団に出現している。

　結合性と社会的サークルのアイデアを用いることで，図 8-13 で示したような階層的な連結は，重なりをもつ社会的サークルの特徴である二部グラフと，重なりをもつ集団の連結を表している。これによって，見かけ上の結合性の高い集団やサークルがどのように連結され，スモールワールドを実現するのかを示すことができる。重要なのは，社会的サークルにおける k が，たいていの場合，これまでの図で見てきたような 2 または 3 よりもはるかに多いことである。このことは，アイデアや情報の伝達に関して，ダイアドに依存しない冗長性（redundancy）を生み出す。Moody と White は，2 つの例（高校への愛着の深まり，アメリカの大企業に共通の政治活動）を通じて，冗長性（大きな k）が結合性を生み出すことを明らかにしている。つまり，結合性は必ずしも小集団の特性ではなく，また空手クラブのように「肉眼」で見えるものではないが，結果としてスモールワールドを作り出す要因となりうる。

◆ スモールワールドの探索

　Watts-Strogatz モデルが社会的ネットワークを単純化しすぎている一方で，リワイ

ヤリングの原理が合理的なのであれば，社会理論の枠組みにおいて，さまざまな社会構造の帰結として生まれる，ランダムではないリワイヤリングを説明するのは何なのか？　この章では，これまでリワイヤリングの原因と考えられる要因を数多く紹介してきたが，それらはいずれもスモールワールドを生み出しうる。社会的サークルの共通性もそのひとつである。サークルそれ自体は，ランダムに生まれるわけではなく，制度的な社会構造や個人の興味と関連している。「Blau 空間」内の場所の共通性や，職業や学歴といった地位の共通性は，Watts が「洞窟（cave）」とよぶクラスター間のリンクとして作用する可能性がある。また，所属組織の共通性や，階層型組織における地位は，いずれもリワイヤリングを生み出す可能性がある。地理的な移動も組織の移動も，個人にとってはきわめて異なる社会システムとの接触をもたらす（Martin, 2009, p.33）。スモールワールドの数理モデルによると，スモールワールドを生み出すのには，比較的少数の個人が現在の環境の外部とのつながりをもつことで十分である。しかし，どのようなリンクや状況が，あるつながりを他のつながりよりも顕在化させるのかについては，さらなる検討を行う必要がある。最後に，こうしたリンクを生み出す要因となる個人や組織は，たとえば，優先的選択モデルのように，低次数の別のノードにつながる高次数のノードなのか，もしくは，同類分布（同類混合）モデルのように，高次数の別のノードとつながる高次数のノードなのか。言い換えれば，ブローカーや橋渡し役として，弱い紐帯を介して世界をまとめる役割を果たすのは，どのような人々なのか？　Moody と White のグラフ（図 8-12）において，2 つに分かれた階層を連結するノード 7 は，どのような社会的特性をもつのか？

　この点を明らかにするために，個人のつながりがスモールワールドを形成することの基本的な原理を理解しようとした，Milgram のスモールワールド実験を振り返ってみよう。人々は，階層や社会構造上の地位を十分に考慮して，ターゲットを見つける傾向がある。たとえば，私であれば，ターゲットを見つけるために，ターゲットと同じ都市に住む，同じような職業の知人に連絡をとることを考えるだろう。このモデルから得られるネットワークは，経路長が短く，高度にクラスター化したネットワークである。また，それらのネットワークは（伝達経路が存在しうるという意味で）検索可能であり，このことは，メッセージが連鎖を通じてターゲットに到達する可能性が，少なくとも一定の確率よりは大きいことを示している。Milgram の研究において，各ステップにおける失敗率は 0.25 であった（Watts et al., 2002）[8]。もしこれがモデルの失敗率として設定された場合，到達率は 0.05，最長パスはおよそ 10.4 となる（訳注：これらの値は Watts ら［2002］で報告されている）。検索可能なネットワークが最も効率的にモデル化されるのは，多くの集団同類性のうち，2 つか 3 つの社会的次元のみが用いられる場合である（Watts et al., 2002）。これは，Killworth と Bernard（1978）

の知見と一致する。この研究では，逆スモールワールド実験（reverse small world experiment; 有名な都市で，特定の職業や性別，民族のターゲットをどのように見つけるのかを参加者に尋ねる方法）において，連鎖の完成につながるようなターゲットのカテゴリーを選択する際，参加者のおよそ半数が場所を選択し，残りの半数が職業を選択することを明らかにした。次点のカテゴリーの選択率は7%未満であり，大半の参加者が「Blau空間」内にいたようである。

Milgramのオリジナルの実験は，これまで再現が困難であった。電子メールを用いた近年の追試では，60,000人以上の電子メール利用者が13か国の18人のターゲットに到達することを試みたが，24,163の連鎖のうち，0.016%（訳注：384の連鎖）しかターゲットに到達しなかった（Dodds et al., 2003）。私としては，完成したネットワークが少数であることを考慮すると，ステップ数と参加者が用いた戦略に関する考察には疑問が残る（訳注：到達ステップ数の中央値は5から7と推定されたが，Doddsら自身も，参加者のインセンティブが連鎖の完成に強く影響すると指摘している）。この研究が示すのは，大規模な社会的ネットワーク上で実証データを収集することの難しさである。

全世界規模ではないが，HP（Hewlett-Packard）研究所における430人（それでも比較的大きい）の従業員の電子メール・ネットワークに関する研究では，知人数の中央値は10，平均値は12.9であった。この研究において，コミュニケーションは，主にフォーマルな階層構造に規定（釘留め）されていた。したがって，つながりを生み出すための効果的な戦略としては，高次数の個人に注目するよりも，むしろフォーマルな階層構造に注目するほうがよい（Adamic & Adar, 2005）。

スモールワールドに関する全体的な理論的枠組みは，すでに構築されている。しかし，スモールワールドが現実でどのように作用するのかについては，依然として明らかにされていない。次の節では，視点を下げて，世界全体ではなく，より小さなセグメントについて考えた場合，何が有益な意味をもつのかについて説明する。

◆より小さな世界へのスモールワールド理論の適用

政治研究で繰り返し登場するテーマは，政治的影響および政策的影響の性質である。その端緒は，組織化されたマイノリティが，実際に「民主主義的」であるかどうかにかかわらず，あらゆる政治体制をコントロールしているという，Gaetano Mosca（1939[1923]）の指摘にある。Moscaは正しいのか，そしてそれがどのような環境下で，どのような国家や地域コミュニティで成立するのかを議論するにあたり，重要なデータを含むのは，Mills（1959），Domhoff（1978），Higleyら（1991），Hunter（1953），

Dahl (1961), LaumannとKnoke (1987) などである。Watts-Strogatzによるスモールワールドの革新的なモデル化，Newmanの手法によるコミュニティの検出，橋渡しとブローカーの概念，そして関係性の分類（情緒的サポートと，効果性あるいは道具的サポート）は，いずれも政治的影響および政策的影響の性質に関する本質的な議論につながっている。

　BaldassarriとDiani (2007) は，イギリスの2つの都市における市民組織の研究を行い，これらの組織の影響力のネットワークが，階層的で中央集権的（組織化されたマイノリティ）なのか，水平的で多心的（polycentric）（より「民主主義」的）なのかを検討するために，図8-14 (Baldassarri & Diani, 2007, p.741) に示すような，スモールワールドに関するWatts-Strogatzの「洞窟」あるいはサークルのモデルを援用した。

　図8-14は，階層的または多心的ネットワークの構造について，典型的な理想型の例を示している。左図は階層的ネットワーク，右図は多心的ネットワークである。右図は，分割された複数のネットワークの間をつなぐ1つのリンクの存在を示した，先ほどのスモールワールドの図に似ている。これらは巨大なスモールワールドではなく，グラスゴー市の124の市民組織と，ブリストル市の134の市民組織について，可能な限り典型的な理想型となる配置を概念的に示したものである。問題となるのは，それぞれの市の実際のネットワークが，左図と右図のモデルのどちらにより類似しているかである。ネットワークを構成するためには，市民組織間につながりが存在しなければならない。Baldassarriらは，社会的・情緒的なつながり（似たような組織の間で同一性と連帯感を高める関係）と，道具的なつながり（弱い紐帯を通じて異なる組織を橋渡しする取引関係）とを区別している。これらは，第5章「社会的ネットワーク

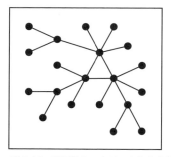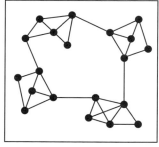

図8-14　階層的ネットワークと多心的ネットワークの典型的な理想型

Baldassarri, D., & Diani, M. (2007). The integrative power of civic networks. *American Journal of Sociology*. 113 (3) : 741, Figure 14. Copyright © 2007 The University of Chicago.

の心理学的基盤」で議論した，サポートと効果性に対応する。データベースやインターネットのクローリング（訳注：ソフトウェアなどを用いて Web サイトの情報を自動的に収集する作業）から収集されたデータとは異なり，組織間のつながりを同定するには，注意深く徹底的なフィールドワークを必要とした。ここでは，フィールドワークで得られたネットワークに基づいて，Watts-Strogatz のクラスター化係数 C（局所関係の密度）と，先に議論した L（平均最短経路長）が算出された。さらに，階層性と連結性の指標についても分析が行われた。その結果，いずれの都市でも，階層性の指標はチャンスレベルよりもはるかに低く，連結性の指標はあたかもクラスター化しているかのように高かった。このことは，これらの都市のネットワークがスモールワールドであることを示すものであった。ネットワークの階層性が低いことから，連結性の高さは，少数の組織が中心に位置することによるものではなく，むしろ社会的サークル内部の連結性によるものであることが示唆された。一方で，平均経路長はチャンスレベルよりも高かったことから，いくつかのセグメント間が橋渡しされていることも示唆された。

　この検証方法は，理論的に興味深い示唆を提供する。実際のネットワークから算出された指標は，同じ次数分布とサイズをもつ 1,000 個のランダム・ネットワークからなる「代替世界（alternate worlds）（私の概念であり，著者らのものではない）」と比較することが可能となる。1,000 の都市をサンプリングするのは現実的でないため，この手続きはなくてはならないものである。たとえサンプリングが可能だとしても，ブリストル市やグラスゴー市のケースとは本質的な違いが存在するであろう。

　量的な指標から導かれる直観は，組織がクラスター化して「コミュニティ」を形成することや，クラスター内外の社会的絆や取引関係のパターンに基づいている。詳細な分析によって，同じクラスター内の組織は，インフォーマルな社会的絆を介してつながりやすく，一方で，異なるクラスターに含まれる組織は，フォーマルで道具的な取引関係を介してつながりやすいことが示されている。この結果は，社会的絆がクラスター内で作用し，取引関係が（訳注：クラスター間の）橋渡しとして作用するという直観を支持する。

　最後に，スモールワールド理論における「リワイヤリング」のアイデアは，「代替世界」を考慮したうえで作用する。（訳注：Baldassarri らの研究では，）観測されたネットワークにおいて，ランダムに選ばれた辺（つながり）を，ランダムに選ばれた組織へと「リワイヤリング（つなぎ直し）」することで，クラスター化の程度は弱まり，階層性の程度は強まっていた。これは，ランダムな相互作用のパターンによって，観測データに含まれていた，紐帯間のバランスのとれた相互依存状態への志向（私はあなたと相互作用を行い，あなたは私と相互作用を行う）が弱まったためである。したがって，

ランダムなリワイヤリングは，特に社会的絆に影響を及ぼす。その一方で，ランダムなリワイヤリングは，社会構造が生み出したつながりを無視するために，経路長を増加させてしまう。

　このことは，多心的ネットワークと階層的ネットワークを比較する社会理論に対して，微妙な影響をもたらす。ひとつには，Moody と White の凝集性の指標にみられるように，多心的ネットワークの典型的な理想型は，単一の成員や単一のつながりに依存せず，また多くのカットポイントをもつ。これに対して，階層的ネットワークは，重要な成員やつながり，あるいはカットポイントを「除去（テイクアウト）」することで，破壊されてしまう可能性がある。統率をとるにはよいが，脆弱なのである。テロリストのネットワークの研究者は，地域活動のネットワークの研究者と同様に，このことを心にとどめておくべきである。その一方で，クラスター内のサポート，あるいは社会的絆への過度の信頼は，つながりをもたない複数のサークルによるネットワークの分断化を生み出し，社会を崩壊させてしまう。緊密な相互作用は，社会的サークルの外部へとつながる経路をほとんどもたないため，奇妙ではあるが，Putnam の元の理論（Putnam, 2000）とはまったく逆に，おそらく『孤独なボウリング Bowling Alone』状態を生み出してしまう。Simmel（1955［1922］）がそもそも指摘していたように，分野横断的な社会的サークルの理論において，異なる社会的地位やサークル間の橋渡しは，社会を統合する方向に作用する。Baldassarri と Diani（2007）の研究において，橋渡しは，主に道具的な取引関係の紐帯を通じて形成されている。コミュニティの政治活動には，サポートと効果性の両方のネットワークが必要であることを思い出そう。これらのネットワーク間の絶妙なバランスを検討するには，スモールワールドに関する新たな概念や理論を用いるのが最良の手段である。ブリストル市とグラスゴー市の限られた例だけでは，政治的影響の構造に関する議論は決着しない。しかし，それらはまさに，理論に基づく今後の研究の方向性を示している。

◆ われわれは今どこにいるのか

　以下に示すのは，現在のところ明らかになっていると思われる，スモールワールドに関する大規模社会的ネットワーク理論の基礎である。驚くほど少ないステップ数――チャンスレベルに基づくステップ数よりは多いものの――で，すべての人々が他のすべての人々とつながることは，十分な裏付けのある命題に思える。これは，7つの基本的な原理がもたらしたものである。第一に，ほとんどすべての人々が他のすべての人々とつながる理由は，現代社会の平均的な個人の知人数がおよそ 300，あるいはその倍にもなる，という事実にあり，これによって対人環境のつながりの形成が可

能となる。第二に，母集団における知人数の分布は非常にゆがんでおり，少数の人々（またはノード）が非常に多くのつながりをもっている。第三に，スモールワールド実験における実際のステップ数は，各ノードの紐帯数のみに基づく予測値よりも多くなる。第四に，個々のユニットで構成されるクラスター（サークル，組織，国家など）の間には障壁が存在しており，異なるクラスターに所属するユニット間をつなぐパスの数は，チャンスレベルよりも大きくなる。第五に，興味や属性の同類性に基づいて形成された社会的サークルは，ネットワークの障壁や構造を説明する主要な要因となる。サークルは，組織，社会階層，その他の社会的構造に埋め込まれている。第六に，ネットワークの構造の間には重なりがあり，それらが交差する場所は，スモールワールドを生成する役割を果たす。しかし，現在のところ，ネットワークにおける重なりや障壁の程度については，比較的小さなコミュニティを除き，測定することは不可能である。そして第七に，スモールワールドを予測するためのさまざまなモデルが提案されてきたが，これらのモデルは対人環境のサイズに左右されない。それにもかかわらず，個人の知人数に関するパラメータは，付加的な文脈において役に立つ。というのも，知人数は，たとえばHIV患者やヘロイン中毒者といった，未知の，あるいは隠された母集団のサイズを社会科学者が見積もる際に利用できるからである。

　われわれが数理モデルを通じて理解しているのは，あらゆるサイズの対人環境において，また，それがどのような形態に基づいていても——社会的サークルのようなインフォーマルなものでも，あるいは階層的，組織的，または作業グループの一員のようなフォーマルなものでも——「リワイヤリング」によるつながりを通じて，孤立したサークルや集団，組織の間にほんの少数のリンクがあれば，原理的には，社会のほぼ全体とつながることが可能になるということである。しかしながら，スモールワールドのモデルは，こうしたつながりやその逆——つながりを阻害する社会的障壁——を生み出すノードや頂点の属性を，これまで体系的に検討してこなかった。われわれは，つながりを生み出す人々（リンカー；linker）——知人数の分布における偏ったテールの端に位置する人々——が，平均的な個人や組織よりも多くのつながりをもち，必然的に「コスモポリタン」になりやすいことを実際に理解している。なぜなら，彼らのつながりは多くの異なる世界を含むからである。リンクは，累積的な優位性をもつノード，すなわち，多くのリンクをもつノードとつながる少数のリンクをもつノードによって形成される。一方，「同類分布」は，スモールワールドにおけるつながりが，互いに多くのリンクをもつエリートを介して生み出されると説明する。社会的ネットワークで一般的なのは，累積優位分布よりも同類分布であるが，この点に関する見解は一致していない。いずれにせよ，これらのモデルはスモールワールドを非常にうまく予測している。物理システムとは対照的に，社会システムの中でスモールワールド

が実際どのように生じているのかの詳細は，依然として解明されておらず，さらなる研究が必要である。

スモールワールド理論は，伝達経路に関するさまざまな研究に応用されている。それらは非常に重要かつ実践的であり，カスケード，普及・拡散（diffusion），伝染，そして，次の章で検討する「インフルエンシャル」の役割に関する研究を含む。今もなお，リンクの性質，すなわち，重要なリンカーあるいはブローカーを見つけ出すことや，そうした人々の分布が社会構造に規定されていることについては，ほとんど解明がなされていない。理論構築の特定の段階で典型的にみられるように，われわれが足踏みしている理由の多くは，理論的な思索と対峙させるためのデータを収集する能力にある。スモールワールド理論に関するほとんどすべての「データ」は，シミュレーションや計算によって得られたものである。これまでのところ，新たなアイデアや洞察を刺激するような理論の検証に役立つ，現実の大規模な社会的ネットワークは非常に限られている。大規模な相互作用ネットワークのデータをどのように集めるかという困難な課題は，電子メールや遠距離電気通信（訳注：電話，電信など），あるいは（共著者ネットワークや引用ネットワークのような）準社会的な相互作用（semi-social interaction）からマイニングしたデータ以外では，まだその萌芽期にある。たとえば，通話のネットワークは，今のところ可能性のある分野だが，倫理に関する第11章で示すように，この可能性から浮かび上がるのは技術的な問題以上のものである。一方で，2つの都市における市民組織のネットワーク構造の例や，凝集性に関するMoodyとWhiteの研究から示されるように，スモールワールドのアイデアが効果的に適用できるのは，より小規模な状況である。

スモールワールド理論に関するいくつかの重要なアイデアは，次章において，普及・拡散という異なる文脈で検討される。次章では，アイデアやイノベーション，そして疾病が，つながりを通じてどのように普及・拡散するのかをみていく。スモールワールドの概念を必ずしも明示的に用いる必要はないが，普及・拡散は，ノードのつながりの程度や，ノードの置かれた状況に左右される。連結性，クラスター化，密度，中心性，仲介といった，これまで扱ってきたトピックは，普及・拡散に関するトピックの中でも再び取り上げる。普及・拡散の理論は，おそらくスモールワールド理論とは異なり，マーケティングや世論形成，そして疾病のコントロールといった，幅広い問題に対して，即座に実践的な応用が可能である。

注

この章のトピックのひとつである，スモールワールドおよび大規模ネットワークは，近年，物理学者や数学者によって執筆された，いくつかの書籍や多くの論文のテーマとなっている。これらの論文は，普通の社

会科学者にとっては，実際のところ読みづらいものである．それと同時に，一般読者のために書かれた書籍は，この領域の非常に速い進歩をそもそもフォローすることができておらず，自分たちの編み出した「あっと驚く」ような内容を取り上げることに終始しており，社会学の勉強にはなりにくい．その結果，多くの社会科学者はこれらの書籍にあまり関心をもっていない．例外として，社会学的に注目すべきなのは，すでに古くなってはいるが，Duncan J. Watts（2004）のレビュー論文である．この論文は，多くの読者が取っつきやすい内容だと感じる書き方で，彼の重要な発見をまとめている．本章のさまざまな点にコメントを寄せてくれた，H. Russel Bernard，Tom Snijders，Barry Wellman，そして Douglas R. White に感謝する．もちろん，私の文章における脱落や誤記の責任は，彼らにはない．

1 「スモールワールド」の手法を，HIV キャリアの数を見積もるために利用することについては，Shelley ら（2006）を参照．ヘロイン中毒者に関しては，Kadushin ら（2006）を参照．
2 アメリカの国勢調査によると，Michael というファースト・ネームをもつのは 4,075,682 人で，4 番目に多い名前である．こうした人数は，以下のウェブサイトで確認できる（http://howmanyofme.com/）．
3 この章では，今後これらをベキ法則分布（power law distributions）ではなく，ベキ分布（power distributions）とよぶ．「法則（law）」の用語は，必要以上の暗示的な意味をもつからである．
4 Hamill & Gilbert（2009）による．
5 凝集作用のこのような様態に基づいた，ネットワークのクラスター化に関するアルゴリズムがいくつか存在する（初期の試みに関しては，Alba と Kadushin（1976）を参照）．
6 TV シリーズの『マッドメン Madmen』のタイトルは，1960 年代に，広告産業がニューヨークのマディソン街（Madison Avenue）に集中していたことによる．現在では，広告代理店の多くはマディソン街にはない．1928 年に設立された BBDO（訳注：アメリカの広告代理店）は，現在，BBDO World Wide として 79 か国にオフィスを設けており，その本部は Avenue of the Americas（Madmen 時代の 6 番街）にある．オフィスの数の多さは，クライアントとの対面でのコンタクトの必要性を反映している．
7 このアルゴリズムと，ネットワーク内での位置や関係を同定するための他の手法との関連性については，Moody と White（2003）を参照．
8 実際のところ，これは正しくない．Milgram の論文では，オマハのサンプルの到達率は 0.25 であったが，再計算の結果，正しくは 0.18 であることが示されている．モデルの目的からすると，両者の違いは大した問題ではない．

9章 ネットワーク, 影響, 普及と拡散

◆ ネットワークと普及・拡散——イントロダクション

　地理や時間, 世代を超えた文化や社会システムの広がりと伝達は, 文明の発展の重要な推進力であるといって間違いない。文化において,「普及・拡散 (diffusion; 訳注:本章では diffusion の訳語として, 普及と拡散を文脈に応じて使い分ける) とは, 一般的に地理的な広がり」をさし,「伝統 (tradition) とは, 時間を経た内部の伝達」をさす (Kroeber, 1948, p.411)。われわれは, 原始的な石器を使用していた狩猟採集社会から, 現代のハイテクな社会へ, また, 小さな血縁集団に基づく社会システムから, 国家, そして国際的なグローバルシステムへと進化してきた。その過程で, われわれは, フォーマルあるいはインフォーマルなシステムを通じて, 学んだことを——よいことも悪いことも含めて——次の世代に伝達してきた。われわれはまた, 生態学的あるいは社会的なプロセスを通じて, 疾病を蔓延させてきた。ネットワークは, これらの伝達すべてにかかわっている。基本的には, 主観的な社会のレベル (訳注:すなわち, 個人レベル) における伝達や普及は, 以下のプロセスに基づいて行われる。(1) 何らかの影響 (influence) や説得, あるいは強制をともなう接触——たとえば, だれかから何かを教えてもらうこと, また, 何かをするように, あるいは考えるように影響されること, さらには新しい道具を受け取ること, (2) ある種の模倣 (emulation) をともなう接触——たとえば, 便利であると思えるようなアイデアや道具を友人がもっていること, (3) 直接的な社会的接触をともなわない採用 (adoption) や模倣——たとえば, 好きなことについて見聞きすること。これらの状況は, いずれも伝達の受け手の意思決定や行為と関連している。

　約1万年前, ヨーロッパに農業が普及した。この普及は, すでにイノベーションを採用している人口が移動すること (人口移動 [demic diffusion] とよばれる) や, あるいは, すぐれたシステムだろうという推定に基づく模倣や採用 (文化普及 [cultural diffusion] とよばれる) によって引き起こされた (Armelagos & Harper, 2005;

Pinhasi et al., 2005)。現代に生きるわれわれには，そのプロセスの詳細はわからないが，こうした重要な普及の中心には，社会的ネットワークがある。

人類学者は，普及・拡散の社会的文脈を考慮することの重要性に気づかせてくれる。たとえば，道路のインフラがなければ，自動車はここまで広く普及しなかっただろう。さらに，伝達や普及は，必ずしも行為者の主観的な賛同や反対を必要としない。近所に引っ越してきた人々は，古くからの住人に，彼らがそれまでもっていなかったものをもたらす。あるいは，飛行機で隣の席の人がくしゃみをしたため，風邪を引くこともある。疫学は，生態学的な普及・拡散について研究する学問であり，後者の種類の接触を追跡するための知の拠点である。最後に，普及には，相互独立的に発生したイノベーションは含まれない。古典的な例は，人類学や「可能性制限の原理（the principle of limited possibilities）」（Goldenweiser, 1922）[1]にみられる。ボートやいかだで水面を移動するのに適した方法は，パドルやオールを使うことである。パドルやオールは，細い柄に板がついたものであり，柄にハンドルがついていたり，重量が軽かったりするとより扱いやすい。歴史的には明らかに関係がなくとも，世界中の地域で，パドルやオールは似た形状をしていることがわかっている。なぜなら，「こぐ」という行動には，共通した物理学的・解剖学的な制約があるためである。このような例外はあるものの，文明化の歴史とは，それが伝染病の拡大や，農業・産業のテクノロジーの発展にかかわるものであれ，ネットワークを通じた普及や拡散の物語である（Armelagos & Harper, 2005; Pinhasi et al., 2005）。

本章は，社会的ネットワークの基本的なアイデアを普及と疫学にあてはめて考えることを目的とする。前章で学んだスモールワールド・モデルにおけるつながりのアイデアは，明らかに普及と関連をもつ。本章ではまず，本質的には非社会的である基本的な普及のモデルと，それに対する構造的影響についてレビューする。そして，社会的影響やマスメディア，マーケティングの領域をレビューすることで，普及のプロセスにおける個人と社会的ネットワークの関係を確認する。第5章「社会的ネットワークの心理学的基盤」でみた，構造的すきま（structural holes）や密度（density）といった概念は，社会的影響やオピニオン・リーダーシップを理解するうえで重要である。小集団やリーダーシップに関する研究は，オピニオンリーダーがどのように機能するかを理解するのに役立つ。社会的サークル（social circle）は，青年期に維持される社会システム（訳注：仲間内でのルールや慣習など）についての理解や，そうしたシステムが高校での学習内容に及ぼす影響を理解するうえで，重要な役割を果たす。本章では続いて，疫学について検討する。驚くべきことに，疫学において，社会的ネットワークによるアプローチは比較的新しいものであることがわかるだろう。従来，疫学者は，ある時点において，人口のどの程度の割合が疾病にかかっているか，どの程

度の割合が疾病に感染するリスクにさらされているか，また，感染した場合に回復する確率はどの程度かを測定することで，拡散をシンプルにモデル化してきた。同様のモデルは，組織によるイノベーションの採用に関する研究でも用いられている。ネットワーク化された人々の社会的つながりのダイナミックスは，HIV-AIDS の蔓延にともなって，ますます重要な意味をもつようになった。

本章ではさらに，その意味をとらえにくいが，普及や拡散において鍵となる2つの概念として，「ティッピングポイント（tipping point）」と「閾値（threshold）」について検討を加える。ティッピングポイントが生まれるのは，伝染病やイノベーションが「急激に拡散し」，それ以外の外因性の力や影響による刺激を必要としなくなる時である。スモールワールドは，いわば，それ自身によって人々をつなぐのである。一方，閾値が生まれるのは，行為（acting）と非行為（not acting）のバランスが崩れる時であり，これは内的な傾向と外的な出来事による影響の結合に対する反応である。これはたとえば，「みんながそうしている」という認識のようなものである。これらの魅惑的で重要な概念の欠点は，ティッピングポイントも閾値も，後から振り返ったときに発見されることが多く，予測するのが難しいことである。しかし，モデリングやネットワーク理論のおかげで，普及や拡散のプロセスが，リワイヤリング（rewiring；第8章を参照）によって，いつどのように局所的な社会的サークルから飛び出し，社会システム全体に広がっていくかを理解することが可能となる。ここ数年で，これらのアイデアは，伝染病の抑制方法を示唆するモデルの提案へとつながってきている。

▶▶▶ 基本モデル

普及とは，要素（elements）が社会システムに伝達されたり，模倣されたり，採用されたりするプロセスである。要素の例としては，疾病やアイデア，意見，価値，特性（traits），物理的対象，慣習（practice）といったものがあげられる。定型的な普及のモデルを図 9-1 に示す（Valente, 2010, Table 10-1 から引用）。

この図では，初期の時点で少数の人々が新たなアイデアや慣習を採用することを想定している。そして，次の時点において，初期の採用者は，残りの人口とランダムに相互作用をし，一定の少数の人々を説得する。このプロセスは長い期間にわたって繰り返され，新たなアイデアや慣習を採用した人の割合は，各時点で増加する。この増加は，全員が新たなアイデアや慣習を採用するまで続く。新たな採用者の割合は，イノベーションを伝達できる人々が増えるにしたがって高くなる。しかし，イノベーションの未採用者が減るにつれ，新たな採用者の割合も減っていく。これにより，古典的な普及の「S字」曲線が生まれる。ここでは，イノベーションの普及を例としたが，疾病の拡大も同様にモデル化できる。

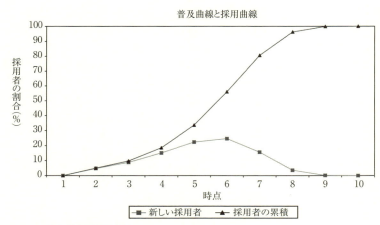

図 9-1　普及曲線と採用曲線
Valente, T. W. (2010). *Social networks and health: Models, methods, and applications* New York: Oxford University Press.

　この定型モデルは，ネットワークの性質に影響を及ぼす条件によって変化しうる。グラフの形状は，伝達者と受け手の特徴および彼らの潜在的なリンクに部分的に依存して変化しうる。普及のプロセスは長い期間にわたって起こるため，歴史的な要因や，その他のマクロな要因が曲線の形状に影響を及ぼす。
　S字型の普及曲線では，ネットワークが潜在的な採用者（potential adopters）を結びつけることが想定されている。潜在的な採用者は，すでに採用した者を「真似する」のである。これとは別のモデルとして，（全体ではなく）一定の割合の人々に到達する中心源からのイノベーションについて，潜在的な採用者が各時点で耳にすると仮定した場合，そのプロセスは修正指数曲線の形状で表され，初期の時点で下に凸型となる部分はみられない（訳注：中心源モデルとよばれ，図 9-2 のモデル A に対応）。図 9-2 に示されるように，（非ネットワークの）指数モデル A では，普及モデル B よりも，採用者の割合が人口の 2 分の 1 に達するのが速い。しかし，モデル B では，最終的には，中心源モデル（モデル A）よりもはるかに速いペースで採用者の人数が増えていく。
　S字曲線は，いくつかのプロセスによって生み出される（Geroski, 2000）。先行研究で扱われた最も一般的でシンプルなプロセスのひとつは，先に述べたような，全体の採用率に基づく流行の普及や伝染病の拡散である。このプロセスは，潜在的な採用者の個人特性や，採用者間のつながりよりも，ネットワーク全体からのマクロな影響に敏感である。より複雑なプロセスは，統計家がプロビット回帰モデルとよぶもの

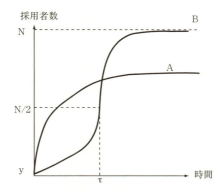

図9-2 普及に関する修正された指数関数（A）とロジスティック関数（B）
Geroski, P. A. (2000). Models of technology diffusion. *Research Policy* 29 (4-5): p.605, Figure 1. Copyright © 2000, Elsevier.

である。このモデルは，価値や目標，欲求，抵抗性といった受け手の個人的な特徴を考慮することで，採用するタイミングの違いに関する説明を伝染モデル（普及モデル）に加えたものである。情報カスケードのモデルや「バンドワゴン」効果（訳注：多数の人々に支持されている選択が，他の人々からも支持を受ける傾向）もS字曲線を描く。このプロセスでは，初期段階の採用者は，イノベーションの有用性を評価する。後期の採用者は，あたかも「隣人に負けないように見栄を張る（keep up with the Joneses）」よう，初期のユーザーが採用し，成功したとみなされるイノベーションを模倣する。さらに，S字型の普及曲線は組織生態学モデルでもみられる。このモデルは密度（訳注：ここでは企業数）と企業間の競争から着想を得ているが（Hannan & Freeman, 1989），ネットワークに基づいた説明を行っていないため，ここでは考察しない。

▶▶▶ イノベーションの採用における外因性の要因

アメリカの文化とテクノロジーの象徴である電話と自動車は，普及プロセスに及ぼす外因性の影響を描き出している。模倣や伝染は，市場や政府によって促進される（Fischer, 1992）。自動車が初めて市場に登場した時は，富裕層のレジャーとしてマーケティングが行われ，価格が下がってからは，ビジネスや家族の必需品としてマーケティングが行われた。電話は，当初は社会的につながる手段ではなく，ビジネスのツールとしてマーケティングが行われた。ベル・システム（訳注：AT&Tの前身となるアメリカの電話会社）は，農村地域の孤立を克服する手段として電話を売り出すこと

には関心が薄かった。また，アメリカ政府は，AT&Tの独占を1984年まで保護していた。AT&Tの広告は，農村の新規顧客を熱心に開拓することよりも，ベルシステム時代からの独占を守ることをねらっていた。自前の電話システムを有していたカナダ政府やヨーロッパ政府とは異なり，アメリカ政府は，電話サービスを農村に普及させるための助成を行わなかった。その一方で，アメリカ政府と州政府は道路網を構築し，自動車の普及を促進するとともに，事実上の補助金を支給した。そのため，農場主に採用されたのは，電話ではなく自動車であった。

非生物学的な普及では，個々の行為者（actors；組織などの集団（corporate）も行為者に含める）が——狩猟採集よりも穀物の栽培や牧畜を採用する先史時代の人々であろうと，電話サービスの加入者であろうと——新たな慣習を採用するかどうかの意思決定を行う。Fischerによれば，「人々は，自分の好みと必要性に基づき，［電話サービスに］加入するか否かを決定する」が，奇妙なことに，「電話会社自身は，住宅用の電話サービスをどのように売ればよいかがわからず，困難に直面している」という（Fischer, 1992, p.261）。当時の電話会社は，どのように個人の行為を分析すればよいのか，概念的・方法論的な理解に欠けていた。次節では，この点について検討を加える[2]。

◆ 影響と意思決定

普及は，だれかが新しい製品やふるまい（behavior），あるいはアイデアを学習・採用しないことには生じない。普及に関するあらゆる理論の根底には，（明示的であれ非明示的であれ）人々が何かを行う方法を学習・決定することに関しての枠組みがある。ネットワークに対する動機づけの章では，このアイデアについて扱わなかったため，本章では以降で取り上げる。

マス広告（訳注：マスメディアを利用した広告）の新時代において，採用に関する意思決定プロセスについて最初に検討がなされたのが，消費者の購買行動であったことは特に驚くべきことではない。早くも1935年には，KornhauserとLazarsfeld（1955 [1935]）が，購買行動に関する数々の研究をレビューした。そしてそれらを，その時点における個人の知識や動機づけの状態，あるいは状況——商品の属性，販売方法，個人に対するさまざまな影響——といった，個人の特徴に分類できると主張した。彼らは，影響を状況の顕在的な側面とみなした。Lazarsfeldは，なぜ消費者がその行為を行ったかの理由を説明することに関心があった。これを明らかにする方法のひとつとして，決定にいたらせた要素を整理し，回答者に選択肢を重みづけしてもらうというやり方がある。しばしば引用される自身の著書『理由を問う技術 *The Art of*

Asking Why』（Lazarsfeld, 1972 [1935]）の中で，Lazarsfeld はその基本的なテクニックを紹介している。彼はこの方法を，洗剤の購入や投票行動といった日常的な行為に応用した。Lazarsfeld は，洗剤や候補者の知覚された属性，それらの属性についてのメディアによるメッセージ，行為者の決定に影響を及ぼそうとしている周囲の他者からの影響など，相対的な影響力の強さを分類しようとした。もし研究者が，たんに「なぜ？」と尋ねるだけで，詳細については質問しなかった場合，上にあげたすべての側面が実際の決定に関係していたとしても，回答者からはその一部しか聞き出せないからである。そして，当該の意思決定にいたるまでに関連のあった要因をあげてもらったあと，回答者にはどの要因が最も重要であったかを評価してもらう。このテクニックにより，コミュニケーションの「2段階の流れ（Two-Step Flow）」というアイデアが生まれた（これは後に，より多段階の流れへと拡張された）。Elifu Katz (1957) は，社会的ネットワークでの普及に関する，Lazarsfeld 学派による初期の研究の歴史やロジック，知見，さらには方法論的な限界をレビューした。後に Katz (1960) は，同様の研究が農村社会学の領域でも行われており，農場主が新たな慣習を採用するプロセスを検討した研究について述べている。

　農村社会学や，個人的影響を重視する学派における初期の問題のいくつかは，未だに解決していない。そのひとつに，時系列的な影響プロセスをたどることの困難さがある。これは，現実的な問題としては，インフルエンシャル（infuluential；実力者）を見つけ出すことであり，理論的な問題としては，影響源や影響の性質をモデリングしたり，メディアや社会的環境の影響と，情報を提供したり説得を行う特定の個人の影響とを弁別することである。また，因果関係を特定することも困難である。ただし，横断的な分析でも，あるメディアに接触した者や個人的影響を受けた者と，それらの影響を受けていない者との採用の違いを弁別することはできる。たとえば，選挙で特定の候補者を支援する個人は，その候補者のスピーチを聞くことが多いだろう。このことは，特定のメディアと特定の行為との間に関連を生み出す。しかし，こうした関連は，メディアの内容による影響ではなく，行為者のもともとの傾向によって生じたものである。個人的影響に関しては，同類性の原則がある。すなわち，個人は，自分と同じ考えや社会的特徴を共有している他者と関係をもちやすいのである（第2章を参照）。ここでも，友人と自らの意見との相関は，分化的接触（differential association; 同じ考えをもつ人々が関係をもつ傾向—第2章で説明した同類性の原則）を反映したものであり，友人からの直接的な影響の産物ではない。パネル調査や，同一個人を時系列的に追う研究によって，因果関係の特定という難題を必ずしも克服できるとは限らない。実験室における無作為化実験は，この問題を「解決」することができるものの，現実世界の状況に含まれる社会的要素は，普及プロセスの本質的な部

分であるため，実験結果を安易に一般化することはできない。影響と同類性の役割を測定するのは，普及の研究における今後の重要な課題として残されている[3]。

　Lazarsfeld は，ある行為を採用あるいは実行した個人に対し，さまざまな影響源の影響力の強さや，採用の理由，そして動機づけを評価してもらうため，しばしば面接を通じた質的な測定法を用いた（Kadushin, 1968b）。特に複雑な意思決定に対し，この方法を用いるのは困難であり，時間もかかる。たとえば，なぜ人々が心理療法を受けることを選んだのかを理解しようとする場合，何年もかかってそうすることを決めたのかもしれないし，自己啓発本，さらにはマスメディアが原因であったかもしれない。あるいは，自分が心理的な問題を抱えていることを知り，治療を受ける場所を見つけるうえで，他の人々，特に重要な他者が決定的な役割を果たしていた可能性もある。一方，調査研究によると，治療に行くという最終的な決定においては，他者の影響の重要性は低かった（Kadushin, 2006［1969］）。また，心理療法や精神分析に詳しい友人がいる社会的サークルやネットワークに埋め込まれていることは，治療に行くかどうかの決定において非常に重要な役割を果たしていた（Kadushin, 1966）。

　普及のターゲットは，受動的な受け手として記述されることが多い。しかし，Katzと Lazarsfeld（1955）の著作『パーソナル・インフルエンス *Personal Influence*』のような初期の研究においても，ターゲットは能動的な役割を担っていた。たとえば，若い女性は最新の流行やファッションを追いかけると想定でき，その能動的な関心が普及プロセスに影響を及ぼしていた。同様に，アイデアや意見，製品を自ら能動的に追い求める人々は，パーソナル・ネットワークにいる他者からアドバイスをもらいやすく，また心理的援助を求める人々は，友人に専門医への照会を頼んでいたのである。

　最近報告された興味深い実験によると，たんに何かについて話しただけで，その送り手は，影響のターゲットよりも，自分自身を説得することになる（Kashima et al., 2010）。宣教師や牧師は，実際には，異教徒を改宗させるよりも，自らの信仰心を高めているのかもしれない。

▶個人的影響の現状

　個人的影響について，現段階で何がわかっているのだろうか？　この問いに対する答えは，どのように個人的影響が特定され，それがどのように測定されているか，ということに左右される。

　概念的には，個人的影響のプロセスには，3つの可能性がある。(1) 受け手がインフルエンシャルにアドバイスを求める，(2) インフルエンシャルが，受け手に対して特定の行為や意思決定を実行するよう，能動的な説得を試みる，あるいはたんに伝える，(3) インフルエンシャルがモデルとして機能する——特定の製品のユーザーであっ

表 9-1　影響の分類

		他者にアドバイスを求めたか？	
		いいえ	はい
他者から説得されたか？	いいえ	受動的（Passive）	知識（Informed）
	はい	説得（Persuaded）	納得（Convinced）

たり，その製品に対する意見をもっていたりするが，受け手と直接つながっているわけではない。実際には，(1) と (2) の可能性は，2×2 の表にまとめることができ（表9-1），その帰結は，条件間で明らかに異なっている。

　普及や個人的影響に関する研究では，表 9-1 の 4 つの状況のうち，どれが起きているのか明確でない場合が多い。実際の違いを生み出すのは，受け手の能動的な探索の程度である。(3) の可能性，すなわち権威者や有名人による製品の宣伝は，マーケターが用いることの多い戦略である（Amos et al., 2008; Dean, 1999）[4]。この戦略は受け手とインフルエンシャルの直接的なつながりを必要としないが，マーケターからは「オピニオン・リーダーシップ（opinion leadership）」とよばれている。

　ネットワークの視点から考えてより興味深いのは，Ronald Burt（1987）が行った「医師と新薬」研究の再分析から導かれた議論である。Burt は，初期に新薬を採用した医師と，あとからその薬を採用した医師との直接的な接触は，両者の構造的類似性と比べて影響力が小さいと主張した。医師による新薬の処方は，他の医師とのつながりに関するネットワークにおいて，同様の地位にある他者の後を追うように行われていたのである。これは，まさに「隣人に負けないように見栄を張る」現象であり，先述したS字曲線の「バンドワゴン効果」の説明と同様である。「医師と新薬」研究に関する新たな解釈として，Burt は，結合性や実際の個人的な接触を通じた伝染や普及と，構造的類似性を通じた普及が，相補的な機能をもつことを見出している。

> オピニオンリーダーは，より正確にいえば，オピニオン・ブローカーであり，集団間の社会的境界を越えて情報を伝達する。彼らは，すべてを把握している人物というよりも最先端にいる人物であり，集団内のリーダーというよりも集団間のブローカーである。コミュニケーションの 2 段階の流れは，オピニオンリーダーが情報を集団内に持ち込むことによる，結合（cohesion）による伝染と，集団内の採用を引き起こす構造的同値（[structural] equivalence）が生み出す伝染という，まったく異なる 2 つのネットワークのメカニズムから構成されるのである（Burt, 1999, p.51；[ ] 内は訳者による）。

　Valente（2010）による Burt のデータの再分析では，結合性と構造的類似性をまったく同じネットワーク的手法で測定することを可能にする新しいモデルが提唱され

た。このモデルに基づく分析によって，直接結合した紐帯やネットワークの密度と，地位の類似性や構造的類似性は，新薬の処方に対して同程度の重要性をもつことが明らかとなった。つまり，過去の分析結果とは異なり，どちらか一方のみが特に強い影響力を有していたわけではなかった。

個人的影響の影響力の強さに関する仮説については，近年，ネットワーク・シミュレーション（Watts & Dodds, 2007）やマーケティング研究（van den Bulte & Joshi, 2007）によって実証的・概念的な再検討が行われている。Van den BulteとLilien（2001）は，「[『医師と新薬』研究における] 医療イノベーションのデータセットについて，新しく収集した広告のデータを補完し，再分析を行うと，マーケティング活動を統制した場合，伝染の効果は消失する」（van den Bulte & Lilien, 2001, p.1429）と述べている。すなわち，もとの研究では見過ごされていた外因性の要因が，普及を説明するということである。また，インフルエンシャルがメディアから受けたアイデアや知識を，受け手となる他者に伝えたり，さらにそれが連鎖的に他の潜在的な採用者に伝わっていったりという，二段あるいは n 段階のプロセスに異論を唱える者もいる（Lang & Lang, 2006）。彼らは文脈や外因性の要因を重視し，個人的影響の仮説やそれにともなう研究は，マスメディアのもつ，広範囲にわたる影響力に対する理解を妨げていると主張している。マスメディアは，文化や政治において重要な課題を設定するのに大きな効果をもち続けているのである。

これらの批判は，Valenteによって再批判されている。Valenteは，個人的影響に関するさまざまな領域の多くの研究をまとめ，以下のような結論を述べている。

> オピニオンリーダーの重要性を誇張することはできない。オピニオンリーダーは，必ずしも初期の採用者ではないということも重要である。オピニオンリーダーはコミュニティの規範を考える必要があり，コミュニティに受け入れられていることから大きくは逸脱することはできない（さもないとネットワークでの特権的な地位を失ってしまう）。そのため，オピニオンリーダーは集団を先導することはできるが，あまり前に行きすぎることはない。一般的には，最初期の採用者は，革新的であり，コミュニティの周辺部に位置していることが多い。彼らは異なる存在であるため，新しいことを採用するのである。そして，オピニオンリーダーが，このイノベーションをコミュニティの残りの人たちに伝える。これがオピニオンリーダーのスキルであり，彼らは多くの人々とつながっているため，多くの人から称賛され，環境を見渡すのに長けているのである（Valente, 2010, p.180）。

これらの知見の相違は，どのようにオピニオンリーダーを見つけ出し，どのようにオピニオン・リーダーシップが測定されたかということと関係している。さらに，

ネットワークにおけるオピニオンリーダーの地位に関する検討も始まっている。初期の研究では，ネットワーク分析の技術不足による制約があった。また，介入に関する研究や，オピニオンリーダーが訓練されており，受動的というよりも能動的である研究は，そのような付加的な要因を含めていない研究とは異なるということもある。「医師と新薬」研究や，オピニオンリーダーに関する政治的研究，マーケティング研究の大部分では，オピニオンリーダーを訓練し，検討の対象とすることはなかった。むしろ，ターゲットとなる集団において，自然発生的にみられるオピニオンリーダーが分析の対象であった。オピニオンリーダーを計画的に見つけ出し，育て，情報を与えるといった介入実験で得られた知見は，オピニオンリーダーの影響の効果性を支持している（Valente, 2010）。その理由としては，(1) 先を見越して行動したり，解決策を求めたりすることには価値がある，(2) イノベーションはささいな問題ではなく，「どのようにイノベーションを進めるか」が必要とされている，(3) たんに情報を利用できるようにすることよりも，説得が重要である，といった実験の状況があげられる。介入に関する最近の研究は，その多くが健康に関連する領域でみられる。また，普及に関する初期の研究である，農場主による新しい技術の採用決定に及ぼす農事顧問の影響（Valente, 1995, p.2 から引用）も，このモデルにあてはまる。一方，介入の特定のターゲットとされていない，偶発的なオピニオンリーダー，あるいは自然発生的なオピニオンリーダーに関する知見は一貫していない。

　影響は，人々の間で繰り広げられる取引である。したがって，他者を積極的に説得しようとするインフルエンシャルには，影響のターゲットとなる集団の中に，能動的に情報や解決法を求める相手が存在している。コロンビア学派による投票行動研究（Berelson et al., 1954; Lazarsfeld et al., 1948）の流れを汲んだ，その後の研究によると，政治におけるオピニオンリーダーは，積極的にアドバイスを求める人々には影響を及ぼす一方，政治について議論をしない人々は，直接マスメディアから情報を得ようとする傾向がみられた（Weimann, 1994）。つまり，マスメディアを通じた直接的な説得は，「カウチポテト族」に対して明白な効果をもつのである。しかし，すでに自分の立場に賛同するメディアへの接触と，無信仰者を転向させるメディアへの接触の効果を分類することは，影響の研究に関する今後の課題として残されている。

▶▶▶ 自己報告によるオピニオンリーダーとインフルエンシャル

　本書は「ハウツー本」ではないが，オピニオンリーダーが影響力をもつかどうかを査定するうえで，測定の問題は避けられない（Valente & Pumpuang, 2007）。普及は，新しいアイデアや製品，慣習のフローをたどることに関する問題であり，ネットワークに基づいた方法は，出来事の連鎖における個人的影響の生起を査定する方法として，

明らかに最善な選択肢である。しかし，非常に大規模なシステムにおいてネットワークデータを収集するのは困難であり，電子メールのように履歴が残るものでなければ，ほとんど不可能に近い。標本調査は，だれがさまざまなメディアに接触したのかということや，回答者の直近のサークルの他者から受けた影響を明らかにすることができるが，回答者どうしの「点をつなぐ」ことができない。シミュレーションや実験は有用ではあるが，現実世界をどれだけ反映しているかという点では限界がある。

有名人を，事実上のオピニオンリーダーや，あるいは役割モデルとみなして分析することについてはすでに述べた。別の方法として，回答者に自らがどの程度，影響力をもっていると思うかを直接尋ねる調査尺度がある。たとえば，「他者がアドバイスを求めてくるか」，「他者をリードすることが好きか」などといった質問に回答してもらう。調査尺度の例としては，パーソナリティ強度尺度（PS 尺度；Personality Strength scale; Weimann, 1994）や，Roper ASW 社（訳注：アメリカの調査会社，現 NOP World 社）の調査に基づいて構成された関与尺度（engagement scale; Nisbet, 2006）といったものがあげられる。これらの自己報告式の測定法は，ナイーブな方法にみえるが，後にみるようにメリットがないわけではない。

いずれの方法にも，影響の原因の推測を困難にするバイアスが含まれる。『パーソナル・インフルエンス』で報告されている，イリノイ州ジケーターの女性を対象とした有名な研究では，インフルエンシャルとして指名された個人を発見し，その特徴について追跡することは困難であり，また Katz と Lazarsfeld が「『調査計量社会学（survey sociometry）』へと向かう，われわれのきわめて慎重だが冒険的な小旅行」（Katz & Lazarsfeld, 1955, p.329）と述べたように，別の困難さもあった。質問紙にすべての関連要因を含むことができないことも，回答者に直接，自身に及ぼしたさまざまな影響を評価してもらう方法の妨げとなっていた。こうした問題が含まれるものの，Katz と Lazarsfeld の先駆的な試みはその後の研究を刺激した。この研究は，サイエンス・サイテーション・インデックスでこれまでに 700 回以上引用されている。

PS 尺度は，オピニオンリーダーの尺度というよりも，影響に焦点を当てたものである。そのため，2 段階の流れにおいてオピニオンリーダーを特徴づける，メディア消費の全体量を測定できていない。むしろ，PS 尺度で得点が高い人は，質の高い出版物を読み，アドバイスを求められることが多いと自己報告する傾向にある。このような人は，「『増幅器』，流行の仕掛け人，指導やアドバイスのリソース，マスを媒介とした世論の動向の人間発信機」である（Weimann, 1994, p.286）。Katz と Lazarsfeld の『パーソナル・インフルエンス』で報告されているように，影響やオピニオン・リーダーシップは，個人内で一般化された属性というよりも，特定の領域に特化したものである。つまり，ファッションリーダーは，必ずしも公的な問題につい

てのリーダーではない。また，最近の研究では，PS尺度は伝統的な社会ではうまく機能しないことが示唆されている（Weimann et al., 2007）。

ヨーロッパの15か国を対象としたヨーロッパ社会調査（European Social Survey; ESS）では，自己報告式のオピニオン・リーダーシップの測度として，政治における関与行動（engagement behavior）の自己報告尺度が用いられた。Nisbetによれば，「メディア行動と比較した場合，調査対象のすべての国において，政治に関する対人的な議論，すなわち，情報探索や情報提供といった，オピニオン・リーダーシップの鍵となる伝達メカニズムは，（訳注：関与行動に対する）普遍的な予測因であった」（Nisbet, 2006）。

まとめると，近年の研究は，自己報告によるオピニオン・リーダーシップの実用性を認めているものの，その効果は欧米の先進国に限られているようである。一般的なマスメディア消費に基づく情報が対人間で伝達するという，より包括的な考え方は支持されていない。また，最近の研究によると，現代のインフルエンシャルは，前時代のように雑食的なメディア消費者であるというよりも，富裕層向けのメディアに受動的に接触する傾向がある。これらの研究の多くは横断的であり，数少ないパネル調査もソシオメトリックな指標を測定していないため，影響の連鎖の全容は確かめられていない。最後に，ブログやFacebook，YouTubeが普及するにつれ，インフルエンシャルの影響はより幅広く拡散し，「民主化される」可能性がある（Kadushin, 2005a, new Introduction）。Rosenblumによれば「KloutやPeerIndex，Twitter Graderといった企業（訳注：いずれも，ソーシャルメディアでのユーザーの影響力を示すサービスを提供する企業）は，何百万，何千万という人々を影響力の強さによってスコアリングしている——専門用語でいえば『インフルエンシャル』の格付けを行っている」（Rosenblum, 2011）。これらは新しいテクノロジーとして紹介されたが，根底にあるアイデアは，権力（power）について議論した第3章を読んだ人ならだれでも思いつくものである。

▶▶▶ オピニオンリーダーとインフルエンシャルの特徴

どのような人々がインフルエンシャルやオピニオンリーダーとなるのか？　すなわち，特定の社会的地位は，彼らによって占められる傾向があるのだろうか？　この問いに対する答えは，オピニオンリーダーやインフルエンシャルをどのように同定するかによる。KatzとLazarsfeldの『パーソナル・インフルエンス』では，社会経済的地位（Social Economic Status; SES）はさほど重要ではなく，いずれの階層にもオピニオンリーダーがいることが見出されていた。一方で，PS尺度を用いた近年の研究では，社会経済的地位が高いほど，PS得点がやや高い傾向が見られた。すなわち，

「人々は，自分とほとんど同じだが，少しだけ自分よりすぐれた他者を尊敬する。そのため，リーダーはフォロワーよりも，非常に高い地位ではなく，やや高い地位にいることが多い」（Valente, 2010, p.98）のである。これはリーダーシップ理論（第6章「小集団と社会的ネットワーク」を参照）とも整合している。PS 尺度を併用した集団ソシオメトリーの研究では，PS 得点が高いほど，ソシオメトリックな中心性が高かった（Weimann, 1994）。このことは，オピニオンリーダーになるためには，将来のフォロワーと多くつながっている必要があるということを示していると考えられる。新たなアイデアや情報に関する普及のダイナミックスを考慮すると，強い紐帯のシステムに埋め込まれた中心的な人物は，アイデアを伝達できるだけでなく，アイデアや慣習を共有する他者にメッセージを送ることができる。別の種類の中心性としては，つながっていない集団どうしを結ぶ媒介性がある。強い「制約」を受けていない，しがらみの少ないブローカーや，構造的すきま（Burt, 2005）を橋渡しする人々は，非常に効果的なオピニオンリーダーになりうる。新しいアイデアは，ネットワークの周辺や，他のネットワークからもたらされることが多く，特に，普及の初期段階では，それらは型破りなものであることが多い。しかし，オピニオン・リーダーシップは，新しいアイデアをもつことと他者とつながる能力のバランスのうえで成り立っている。そのため，オピニオン・リーダーシップが高い人々は，最初期の採用者にはなりにくい。小集団に関する章で見たように，リーダーは所属する集団の規範を模範的に示す傾向があるため，最先端を突っ走ってしまうということはない。ただし，初期採用者は称賛される傾向がある。特に，初期採用者がだれであるかを知り，製品を世に広めるのに役立てたいと考えている製品の開発者は，称賛を与える傾向が強い。ただし定義上，初期採用者は異端者である。

　研究開発部門（R&D）は，初期採用者がヒーローとなる，わかりやすい事例である。概して，最も多くの特許を取得している人々は，最新の知見に対してアンテナを張ることのできる人々である。彼ら・彼女らは，周囲の状況や文献について精査した結果を，研究所にいる他の人々に伝達する。「すなわち，情報には2段階の流れが存在するという証拠がある。そこでは，研究所のおよそ6人が技術のゲートキーパー（門番）としてふるまっている……いずれの研究所でも，彼ら・彼女らはより多くの特許を取得し，同僚よりも多くの論文を書き，第一線のスーパーバイザーとなる傾向がある」（Allen & Cohen, 1969, p.18）。

　このような人々は，ソシオメトリック調査と，その後の分析を通じて見出される。彼ら・彼女らは，常識的な感覚からも，ネットワークの専門用語からも，確かに橋渡し役であるといえる（Allen, 1978）。しかし，これらのリーダーを同定するために用いる方法が，得られた結果をゆがめてしまうこともある。先行研究の知見を応用すべ

く，Allen は，別の研究所の責任者を訪ね，オピニオンリーダーやブローカーを同定するよう求めた[5]。同定されたオピニオンリーダーやブローカーは，報告や情報の特別な受け手となった。しかし，先行研究の知見に反し，この介入は何の効果も示さず，Allen は困惑してしまった。その後の調査により，実際のリーダーに大量の情報が殺到し，彼ら・彼女らの有効性が失われないように，責任者が意図的に別の人々の名前をあげていたことがわかった（Allen, 1977）。

　影響力をもつオピニオンリーダーには，別のタイプも存在する。エリートサークルにいる人々である。彼ら・彼女らは互いに影響し合い，そのアイデアは一般人に「トリクルダウン（trickle down; 浸透）」する（訳注：もとは「したたり落ちる」という意味で，富裕層が裕福になることで貧しい人々にも富が行き渡るという，経済学の理論のひとつ）。エリートサークルは，企業と同じように国の政策に対して影響を与え，現在のアジェンダ（課題）を設定する。政治やビジネス，メディア，知識人といった異なる領域のエリートは，自分のサークルにいる他のエリートに注意を払い，彼ら・彼女らに対する反応として，意見や政策概観（大綱）を形成する傾向がある（Higley et al., 1991; Kadushin, 1968a, 2005a; Laumann & Knoke, 1987; Steinfels, 1979; Useem, 1984）。ネットワークの手法は，これらの研究の基盤となっているものの，この現象は通常，普及の研究の範疇に入るものではない。一方で，アメリカの知識人がベトナム戦争に反対した（Kadushin, 2005a）ように，新しいアイデアは抵抗勢力のエリートや周辺的なエリートからもたらされることも多い。イノベーションやアイデア，価値，意見，製品などの普及において，オピニオンリーダーの役割や影響を理解することは実践的にも非常に重要であるが，研究が始まって50年経った現在もなお，明らかにすべきことは数多く残されている。

▶▶▶ 集団的影響

　ここまでは，個人としてのインフルエンシャルに焦点を当ててきたが，影響に関する初期の研究では，個人の意見や意思決定に及ぼす集団の影響を検討しており，Katz と Lazarsfeld の『パーソナル・インフルエンス』の前半は，この領域に関するレビューであった。特に青年期では，（得てして親や学校の言うこととは逆の）憧れや価値を形成するうえで，仲間集団の影響が非常に大きい（Coleman, 1961; Friedkin & Cook, 1990）。ファッションやアイデアだけでなく，薬物やアルコール，非行行為などは，仲間集団を通じて拡散する。Facebook はティーンエイジャーの間で広く普及しており，バーチャルな仲間集団を生み出している。その意味についての検討はまだ始まったばかりである一方で，「デジタル・デバイド」の存在も徐々に明らかとなりつつある。社会階層の低い人々は，コンピュータやインターネットを利用する機会

が限られているのである（boyd, 2008; Hargittai, 2008; Subrahmanyam & Greenfield, 2008）。

　より伝統的な研究領域では，非行青年や，仲間集団が非行に及ぼす影響に関して検討が行われてきた。Haynie によれば，「多くの研究において，地位犯罪（status offences）や万引き，凶悪犯罪，薬物使用といった犯罪の種別にかかわらず，他のどの独立変数よりも，仲間非行（peer delinquency）が自己報告の非行と関連していた」（Haynie, 2001, p.1014）。理論的な争点は，この統計的な関連の因果関係にあった。この相関は，非行青年が他の非行青年と選択的に関係をもったり，非行グループにスカウトされたりすることで生じるのか，あるいは，親や学校，他の普通のティーンエイジャーへのアタッチメントによって育まれる社会的コントロールが，非行青年には欠如していることによって生じるのだろうか。

　この問題を解決する社会的ネットワークのデータは，最近まで得られていなかった。一般的に，他の年齢層の人々と同様，青年は，「密度が高く，隔離された単一の友人クリークではなく，複数の境界のゆるい友人集団に所属しており，その凝集性や透過性はさまざまである」（Haynie, 2001, p.1014）。すなわち，単純に非行をする友人の数をカウントするだけでは，測定としては粗すぎるのである。1950 年代の初頭に，James Coleman は，『青年期の社会 *The Adolescent Society*』（Coleman, 1961）の中で，比較的少数の高校のネットワークデータを報告している。とはいえ，青年のネットワークの全体像を把握するのは明らかに困難な課題である。Add Health（The National Longitudinal Study of Adolescent to Adult Health; National Institutes of Health, 1997）は，青年の健康に関するより最近の大規模な縦断調査であり，青年のネットワークに改めて注目を向けている。1994-1995 年に行われた第 1 波の調査では，145 校の 7 年生から 12 年生まで，延べ人数でおよそ 90,000 人が調査の対象となった。ランダムに選ばれた 120 校について，回答者と，回答者にノミネートされた個人の自己報告の逸脱行動のデータが得られた。調査には，質問紙と家庭での面接の両方に参加した約 13,000 人のエゴ・ネットワーク（男女それぞれの親友を 5 人まであげる）のデータも含まれていた（Haynie, 2001）。分析の結果，明らかになったのは，「逸脱行動と仲間との関連が，他の多くの要因を統制してもなお，頑健に残っていた」（Haynie, 2001, p.1048）ことであった。さらに，逸脱行動と仲間との関連の強さには，ネットワークの要因が影響を及ぼしており，エゴの友人どうしが友人であることが特に重要であった。凝集性の高い非行者のネットワークは，当該のエゴをさらなる非行に走らせていた。この結果は，社会的影響の効果が，全方位からの影響を受けることで最も強くなるという，われわれの直感と一貫している。社会的影響はしばしば，集中的な接触を必要とするのである。

高校生の友人関係が互いに影響を及ぼし合う効果については，Add Health において3波にわたるデータ収集で得られた，およそ15,000人の生徒における友人関係のソシオメトリー（完全ネットワーク）でも見出されている。このデータによって，調査対象の高校ごとに，友人を集団に分割して検討することが可能となった（ネットワークの分割については第4章で紹介した）。こうした友人関係のかたまりやクラスター，地位は，影響のプロセスにおいて重要な役割を果たす。青年ギャングという発想は一般的なものだが，高校における社会構造の形式化を誇張しすぎている。高校における Coleman の先駆的なネットワーク研究は，「ナード（nerds; 訳注：いわゆる「おたく」集団）」や「ジョックス（jocks; 訳注：スポーツマンの人気者集団）」，「人気者グループ」といった聞き覚えのある，さまざまな社会的カテゴリーがあることを示唆している。これらのカテゴリーは，生徒の関係性を互いにクラスター化し，その結果，高校生活の志向性をもクラスター化しているのである。当事者あるいは観察者によって付与された社会的カテゴリーを超えて形成されるサークルは，その基盤を，共通の関心や活動，たまり場が同じであることに置いている。これらのサークルが作り出すのは相互作用の基地(ベース)であり，新たなサークルの創出や，さらなる結束を導くこととなる。これは前章に示した Simmel の社会的サークルの元々の考え方と同じであり（Kadushin, 1966; Simmel, 1955 [1922]），Feld (1981) が社会的焦点（social focus）とよんだものである。これらのサークルの特徴は，友人の友人を通じた直接的・間接的な相互作用にある。また，これらのサークルはフォーマルな構造をもたず，集団，ギャング，あるいはクリークですらないが，それにもかかわらず，「成員」に強力な影響を及ぼす。Simmel は，サークルについてとりとめもなく書き記しているが，サークルを測定するのは困難であった。サークルを測定するには，その状況にいる人々のネットワークとともに，サークルの環境，出来事，関心を同時に測定しなければならないためである。

　近年のコンピュータによる計算や，マルチレベル分析（Raudenbush & Bryk, 2002）といった統計的な概念化の進歩にともない，サークルとそこに所属するメンバーを同時に扱う分析を系統的に行うことが可能となった。高校という環境では，局所的な位置（"local position"; 訳注：ここでは生徒のクラスを意味する）は「受講する授業に基づいた，社会的・アカデミックな空間を共有する青年の集団」と定義される（Frank et al., 2008, p.1648）。Add Health のデータを分析した結果，こうした「位置」やサークルは，生徒の数学の授業選択に影響を及ぼしていたことが確認された。仲間のうち，直接の友人ではないが，同じ位置にいる「成員」は「インフルエンシャルであった。なぜなら，重要な情報や機会（たとえば，数学の本質に関する知識や，数学の授業でうまくやるためのアドバイス）をもたらしてくれるからである」（Frank et al., 2008）。

このように，単独の個人と比べた場合，集団やサークル，社会的地位は，社会的影響や普及のプロセスにおいて，より高い効果性をもつと考えられる。次節からは，社会的ネットワーク研究の疫学への応用について議論する。

疫学とネットワーク上の拡散

　ここからは，社会的影響に関する研究の話から，「疫学」として知られる，生物学的な拡散の話に移る。疫学は，アメリカ疾病対策センター（Centers for Disease Control and Prevention; CDC, 2010）によって，「人間の集団（human populations）における疾病やけがの分布や決定因を明らかにする学問」と定義されている。この分布は，ある期間における新しい症例の数である発生数（incidence）と，ある集団におけるその時点でのトータルの症例数である有病数（prevalence）という2つの要因によって決まる。伝染病では，疾病の発生数は急激に増える。従来，疫学者は，疾病の伝染をモデリングするのにS字カーブを用いてきた（図9-1を参照）。疫学における専門用語は，これまでみてきたイノベーションの採用モデルのものとはやや異なる。というのも，疫学では「SIR」（感受性［Susceptibility］，感染［Infection］，回復［Recovery］）をモデリングするためである。イノベーションにおける「回復」の部分には，イノベーションを採用し，「感染」（あるいは採用）のリスクにさらされている集団から採用者を取り除くことが含まれている。

社会的ネットワークと疫学

　発症（新たな症例）は，伝染によって引き起こされる――口語的にいえば，他の人から病気を「もらう」。したがって，疫学にとっては，社会的ネットワーク理論やその方法を，予防策の検討のためのツールとして用いるのは自然なことである。たとえば，ある集団における疾病の特異的な有病率は，社会的ネットワークを通じた特異的な拡散のプロセスと関連していると考えられる。特に，HIV-AIDS（ヒト免疫不全ウィルス-後天性免疫不全症候群）では，このことに着目する必要がある。HIV-AIDSの広まりは，注射針の回し打ちによる伝染によって，ある程度説明できる。無料の針を配布し，回し打ちを減らすことは，HIVの発生を劇的に減らすことができる「わかりやすい」介入である。ただし，現状の社会的・政治的な情勢では，その実現可能性は低い（De et al., 2007）。このように，疫学において，社会的ネットワーク理論やその手法を応用することの有用性は明らかである。しかし，Rothenbergが述べているように，「社会疫学と社会的ネットワーク分析の間には，奇妙な隔たりがある……社会疫学の研究が社会的ネットワークに言及することはめったにない」（Rothenberg,

2007, S149)。Valente によれば「現行では，公衆衛生の分野において，社会的ネットワークの手法や理論を用いる場面はまだ限られている。1990年代中盤まで，公衆衛生のトップジャーナルである *American Journal of Public Health* に，ソシオメトリックの手法を用いた研究は掲載されなかった」(Valente, 2007, p.154)。疫学は，S字型の拡散曲線という興味深いモデルを生み出したものの，そのもととなったのは，ネットワーク上の社会的拡散のダイナミックスではなく，総感染率や，社会的影響に関するこれまでの議論で取り上げた，その他のマクロな要因であった。このことは，疫学への社会的ネットワーク分析の導入が遅れたことの原因のひとつであるかもしれない(Geroski, 2000)。しかし，現状は変わりつつある。この変化自体が，まさにアイデアの普及やティッピングポイントを体現しているのである。その徴候として，最近の *Annual Review of Public Health* には，社会的ネットワークのレビューが掲載されている(Luke & Harris, 2007)。

HIVへの世間の注目の高まりによって，疫学に関する社会的ネットワーク・アプローチへの関心が再興した。アメリカの国民がAIDSについて意識を向けるようになってきた1985年には，ネットワーク方法論者の草分け的存在であり，非常に大規模な社会的ネットワークをマッピングする革新的な方法を開発したAlden S. Klovdahlが，10の都市における40件のAIDS患者の事例を分析した。これは，「ある疾病，あるいは原因不明の疾病の集団発生を研究する際の，感染因子仮説(the infectious agent hypothesis)の検証を行ううえで，またパーソナル・ネットワークを介して感染した病原体の拡散を防ぐための対策を考えるうえで，ネットワーク・アプローチが有用である可能性を示す」ためであった(Klovdahl, 1985, Abstract)。しかし，HIVの伝達ネットワークを研究することは，常に難しい問題をはらんでおり，自身がAIDSやHIV陽性であることを開示することは，個人にとって深刻な結果をもたらすと知覚されてきた(第11章の社会的ネットワーク研究における倫理的ジレンマを参照)。そのため，AIDS問題の活動家や国家機関は，AIDSに関するパートナー通知システムを開発することにためらいがある(現在では，医師はHIVの新たな患者をCDCに報告する義務がある)。淋病などの性感染症(STD; sexually transmitted diseases)や結核については，公的機関への通知やパートナーへの通知が法的に定められている[6]。Klovdahlら(1994)は，コロラド大学の公衆衛生や疫学の分野の同僚とともに，大規模なHIV-AIDSネットワークデータを収集・分析する，興味深くかつ倫理的な方法を開発した。「コロラド研究」のアプローチは，その他の性感染症や結核の疫学的研究にも応用された。CDCは，以下のように述べている。

薬物の回し打ちやアルコールの回し飲みの場(バーやドラッグの密売所など)は，[HIV

の拡散と同様に，]髄膜結核の拡散の場でもあった。潜在的な要因としては，人々の近接性，繰り返しの接触，不十分な換気があげられる。通常の面接調査では，これらの状況における完全な接触リストを作成することができない。そのため，患者の社会的ネットワークを探るには他の情報源を用いる必要がある（Centers for Disease Control and Prevention, 2005, p.29）。

　従来の疫学的な接触者の追跡方法では，せいぜい，共通の生物学的な「指紋」（同じ結核のDNAマーカー）をもつ患者の10％程度しか特定できなかった（Klovdahl et al., 2001）。一方，ネットワークのハイパーグラフの原理（第6章「小集団，リーダーシップ，社会的ネットワーク」を参照）を用いて，ヒューストンにおける結核の集団発生の追跡が行われた。「結核の集団発生のネットワークに含まれるのは，要するに人々，場所，さらにそれらの間のつながりである」（Klovdahl et al., 2001, p.684）。こうしたネットワーク・アプローチに基づいて，人々と場所を縦断的に追跡し，個々人の中心性スコアが算出された。「今回の集団発生の初期段階で，場所を原因とする感染を食い止めることができたなら，"Print 4"型の結核菌が原因である患者の90％の感染を防げた可能性があった」（Klovdahl et al., 2001, p.691）。

　社会的ネットワークの考え方を用いて，集団でドラッグを使用してハイになり，セックスを行っていたティーンエイジャーのコミュニティにおける梅毒の蔓延を追跡した研究もある。アメリカでは，パートナー告知が疾病の蔓延の予防やコントロールに有用であると考えられていたが，この研究（Rothenberg et al., 1998）は従来のパートナー告知によるアプローチの限界を示した。

　　ネットワーク・アプローチによって，感染者と未感染者へのインタビューは，結果として，感染した接触者（コンタクト）を見つけるという点では実質的に同一であることが明らかとなった。梅毒の集団発生状況において，感染者と性的な関係をもつ確率は，自分が梅毒に感染しているか否かにかかわらず同程度であった。梅毒患者に関する臨床知見と履歴データを詳細に検討した結果，「発生源と拡散（source and spread）」という概念があまり意味をもたないことが明らかとなった。ある相手から梅毒をもらう可能性は，単一の梅毒トレポネーマ菌の伝達経路よりも，複数の感染したパートナーから感染する確率によって決まっているようであった。
　　伝統的な……疫学曲線は——こうした梅毒患者における性的基盤の発展とその複雑さをとらえきれていない……疾病への介入は，これらの患者を生み出す背後にあるネットワーク行動に対しては，ほとんど影響を及ぼしていなかった（Rothenberg et al., 1998, p.159）。

後ほど説明する「共起性（concurrency）」という概念は，場所が重要であること，そして従来の接触者追跡による手法が明らかな失敗であったこと，これら両方の根拠となるものである。

▶▶▶ 社会的ネットワークとHIV-AIDS

接触者の追跡が困難なHIV-AIDSといった疾病に関しても，さらなる検討を行うことの重要性が指摘されている。実際，この領域における社会的ネットワーク・アプローチは困難であり，明らかになっている知見は不確実なものであった。とはいえ，社会的ネットワーク分析を用いた疫学の領域では，大きな方法論上の進歩がみられ，それらはHIV-AIDSや性的関係の解明に応用されてきた（Morris, 2004）。これにより，疾病の広がりや，若者と黒人におけるこれらの疾病の特異的な発生地域について，より正確な推定が可能となった（Morris et al., 2006）。以下にその知見を紹介する。

まず，社会的ネットワークに関するHIV伝染の生物学について，いくつかの事実がある。一般に流布している信念に反して，感染は，必ずしも1回の接触によって引き起こされるわけではない。

HIV保有者は，初感染の直後の方が他者を感染させやすい。長い間続く潜伏期の間には，免疫機能がはたらき，血液や精液，膣分泌液に含まれるウィルスの数が抑えられているからである。このことは，すでに潜伏期間に入っている血清反応の陽性者が，リスクの高いネットワークにおいて「防火壁（firewall）」の役割を果たすことを意味する。伝染したウィルスは，抗体ができている「防火壁」のメンバーに向かうため，（ウィルス量が多い参加者の）ネットワークに新たなHIV患者が参入することによる，さらなる感染の急速な拡大を防ぐのである（Friedman et al., 2007, p.644）

初感染の直後であっても，他のさまざまな要因が影響するため，他者への感染拡大の確率は100％とはならない。このことが意味するのは，ある感染者が何人もの人々を感染させ，その人々がさらに感染を拡大させるような，「コミュニティ」における共起的な接触よりも，ネットワークのツリー構造における連続的（serial）な接触の方が，感染の伝播力は弱いということである。ただし，「コミュニティ」という言葉にはポジティブな含意があるため，HIVの文脈で用いられることは少ない。とはいえ，実際のところ，HIVのリスクが高い集団におけるコミュニティは，ポジティブな側面をもつ。このようなコミュニティでは，リスクが高い行為に関する警告や，それを抑制するための口コミが，社会的影響やオピニオンリーダーを通じて拡散する。さらに，ドラッグ使用者のコミュニティのメンバーは，公的機関にはできないようなやり

方で，清潔な注射針を配布することができる。

　HIV はどのようにして「コミュニティ」を飛び出し，その結果として「リワイヤリング」（第8章を参照）が生じて感染が拡大するのか？　基本的には，弱い紐帯を通じてである。

> 　静注薬物使用者（Intravenous Drug Users; IDU）のネットワークにおける不安定な関係性は，HIV の拡大やその予防への示唆をもたらしてくれる。こうした不安定な関係性が，弱い紐帯として他の IDU のネットワークと結びついているほど，HIV に接触する確率は高くなる。また，人々の出入りが激しいネットワークでは，HIV の広がるスピードは速くなる。そのため，短期的な関係性を通じた HIV の感染は，長期的な関係性のネットワークの範囲を超えて広がり，またその結果として，社会的カテゴリーをも超えてしまう（Neaigus et al., 1995, p.34）。

　Friedman はまた，感染力の変化が意味するのは，リスクを冒す頻度が変化することの重要性だということを指摘している——実際に，集団内の HIV の拡散において鍵となるパラメータは，集団内でどのくらいの割合の人々が，リスクの高い行動からリスクの低い行動へと切り替えるのかということである。ここでも，結核と同様，場所が重要となる。売春宿や薬物の密売所，バー，浴場は，弱い紐帯の形成にうってつけの場所である——人々は，他の場所では関係をもたないような他者とつるむのである。ネットワーク的な現象として，人々は，疾病の伝染を促進するような特定の場所や施設と結びついている。場所は，ツリー型の接触よりも，共起型の接触を促進する傾向がある。また，回し打ちをする人々は，一般に強い紐帯の他者と針を共有するが，その成員は入れ替わり，長期的な関係は形成されない。紐帯のもつこうした多様性によって，HIV は閉じたサークルにとどまらず，それを超えて感染するのである（Valente & Valahov, 2001）。

　共起性の重要性は，どれほど強調してもしすぎることはない。これまでみてきたとおり，共起性は結核の伝染において重要であったが，HIV-AIDS の伝染ではさらに重要性を増す。Morris と Kretzschmar は，彼らの研究結果を以下のようにまとめている。

> 　共起的なパートナーシップは，感染の初期において，感染者数や疾病の成長率を指数関数的に増加させる。たとえば，ある集団におけるパートナーシップの2分の1が共起型であった場合，連続的に一対一のパートナー関係を結んだ場合と比較して，5年後の疾病の規模は10倍にもなってしまう。こうした増幅が起きる主要な原因は，共起性により，いずれの時点でも，ネットワークにおいてつながっている人々の人数，すなわ

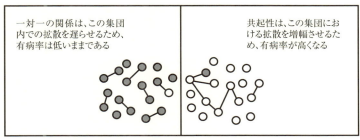

図9-3　同類混合と共起性
Morris, M., Kurth, A. E. Hamilton, D. T., Moody, J., & Wakefield, S. (2009). Concurrent partnerships and HIV prevalence disparities by race: Linking science and public health practice. *American Journal of Public Health*, 99（6）:1025, Figure 1. Copyright © 2009 The Sheridan Press.

ち，ネットワーク内で最も大きな「コンポーネント（構成要素；component）」のサイズが大きくなるためである。共起性は，このコンポーネントのサイズを増大させる。その結果，感染が起きたあと，感染者は一対一のパートナーシップに閉じこもるのではなく，このパートナーシップを超えて，直ちに他の人に感染を広めてしまう（Morris & Kretzschmar, 1997, Abstract）。

　また，共起性は，同類混合（assortative mixing；第8章でみた，同じ種が集まるという傾向）と組み合わせることで，非ヒスパニック系黒人と非ヒスパニック系白人の間でみられた，性感染症の有病率における大きな差異を長期的に引き起こしうる。このことは，10年を期間とする統計的なシミュレーション（図9-3）によって示されている（Morris et al., 2009, p.1025, Figure 1）。

▶▶▶ 疾病の伝播——大規模モデル

　ここまでみてきた社会的ネットワークに基づく疫学の知見は，主にフィールド研究に基づくものであった。スモールワールドの方法を用いた，シミュレーションや大規模社会的ネットワークのモデリングは，先にみた性感染症の例[7]にもあるように，多くの感染症についての新たなアイデアや知見を生み出すことに成功している。

　航空輸送ネットワークのもつ特徴は，しばしば新たな疾病の世界的な拡散の原因となることがある。航空輸送ネットワークは，複雑で不均一な拡散を見せたSARS（重症急性呼吸器症候群；severe acute respiratory syndrome）のような，世界的な規模

で発生した感染症の原因である（Colizza et al., 2006）。世界規模での感染症の到達のタイミングは，輸送ネットワークのデータと，スモールワールドの理論およびモデルによって，うまく説明することができる（Gautreau et al., 2008）。

　都市間の旅行を制限することで，高い感染力をもつ疾病の伝染のスピードを，地理的にも感染者数的にも効果的に抑えられる可能性がある。このことは，都市間の感染に関する幅広い推算値（plausible value; PV）についてあてはまる。また，（訳注：あるシミュレーション研究では，）ルールの遵守の程度が70％と低い場合であっても，旅行の制限は効果的であった（Camitz & Liljeros, 2006）。検疫に基づく従来の公衆衛生の方法は有効ではあるが，その強要は困難である。同様に，スウェーデンでは，（訳注：別のシミュレーション研究において，）児童デイケアの集団サイズを16.7人から13.4人に縮小することで，連鎖球菌性肺炎の拡散が82％も減少すると予測されている（Karlsson et al., 2008）。少人数クラスの効果は，学習の促進だけにとどまらないのである。

　インフルエンザの予防接種の方法に関する興味深い知見もある。ソシオメトリー的なスター（訳注：他成員からの選択が集中している者）に予防接種を受けさせることは，わかりやすい方法だが，結局意味のない対策である。一方，スモールワールド理論から導かれたのは，あまり着目されてこなかった方法であった。すなわち，互いに緊密に結びついている人々に予防接種をするよりも，ランダムに予防接種を受けさせたほうが，その効果は高いのである（Hartvigsen et al., 2007）。密度の高い集団の人々が免疫を獲得したとしても，同類混合によって，この効果は集団の外に広がらない。その一方で，ランダムな予防接種によって，より広い範囲の集団にまで，予防接種の効果が行き渡る。なぜなら，免疫力をもった人々は，互いにつながりをもたない他者と弱いつながりをもつようになるからである。免疫力をつけた個人は，感染の連鎖を断ち切ることができるのである。

◆ ティッピングポイントと閾値

　ティッピングポイントは，流行やアイデア，感染が，それ自身によって広がる際に生じるものである。拡散や普及の成長曲線は，図9-1にあるように，はじめはゆるやかに増加する。そのあと，感染者や採用者の累積割合がある程度まで達すると，急激に広まる——これがティッピングポイントである。ほとんどの人々が疾病に感染したり，アイデアを採用したりすると，徐々に増加は頭打ちになる。

　Malcolm Gladwell（2000）の著書『ティッピングポイント *The Tipping Point*』は，疫学から借りたティッピングポイントのアイデアを鮮やかに世に広め，犯罪から社会

政策，広告にいたるまでさまざまな現象に適用した．この本は 200 万部以上を売り上げたといわれており，現在（訳注：2012 年）でも *New York Times* のペーパーバックのベストセラーリストに載っている．このアイデアそのものは，かつては専門家コミュニティに限られたものであったが，直感に訴えかけるところが大きかったため，世間にも広まった．しかし，彼の分析にはいくつかの問題がある．ティッピングポイントを見つけるのは，数学的なグラフを読み取る訓練のように思えるが，Gladwell 自身はティッピングポイントの形式的な定義を行っていない．だとすれば，彼の言うことをどのように理解すればよいのだろうか？ Gladwell は巧みな表現によって読者を魅了したが，ここでは，ティッピングポイントの根底にある数学的な理解を深めたい．以下では，本書の目的に沿って，主に図やグラフを用いてその要点を説明していく．

　古典的な S 字あるいはシグモイド成長曲線を図 9-4 に示す．これは，（直線ではなく対数に基づく）ロジスティック分布である．数学的な「変曲点」は $x = 0$ にあり，垂直線が描かれている．おそらく，グラフを「じっと見る」と，-2 が急速に増加しはじめたポイントであり，$+2$ で収束していると判断するだろう．しかし，この判断には何ら実質的・数学的な根拠があるわけではない．普及や疫学の観点から見た際に，このグラフをより意味のあるものとするためには，普及に関するさらなる情報が必要となる．まず，基本的なアイデアとして，伝染や模倣は S 字曲線を描く．続いて，今やなじみのアイデアとなった，影響についても加味する必要がある．影響によって，人々はアイデアを採用するようになり，集団には新たな疾病がもたらされるのである．影響が導入されることで，アイデアや疾病は，模倣や伝染の結果として，それ自身で広まっていく．このモデルでは，伝染と影響は同時に作用している．ただし，それは同じ個人に対してではない．「初期の段階では，ほとんどの新規採用者は，外因性の影響によって採用を行っている．明らかに，そして容易に証明できるのは，その後の各段階において，新たな採用者の増加のほとんどが模倣によって生じていることである．こうしたシンプルで直感的にも魅力的な結果は，ティッピングポイントが大きな意味をもつことを示している……」(Phillips, 2007, p.721)．ティッピングポイントが出現するのは，外因性のインプットがない状態で，採用や疾病が自ら持続するときである．ティッピングポイントは，図 9-5 に示したようにモデル化することが可能である．このモデルは Phillips が例として用いたもので，ティッピングポイント $t1$，時点 t，採用者あるいは感染者の割合 x からなる．

　真ん中のグレーの曲線は，外因性の影響（広告など）を変曲点（ティッピングポイント）で打ち切った場合の結果を示している．その増加の程度は，外因性の影響が打ち切られていない，明るいグレーで描かれた上の曲線と比べるとゆるやかである．下の黒色の曲線は，外因性の影響が変曲点の 2 時点前で打ち切られている．そのため，

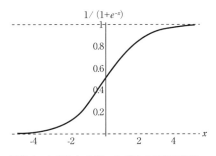

図 9-4 古典的な S 字・シグモイド成長曲線

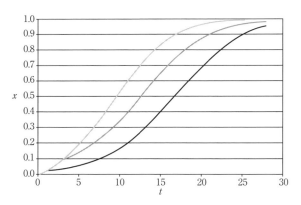

図 9-5 ティッピングポイント

Phillips, F.（2007）. On S-curves and tipping points. *Technological Forecasting and Social Change* 74（6）: 721, Figure 2.（訳注：t は時点，x は集団内の採用者または感染者の割合である。）

真ん中のグレーの曲線よりもさらに増加の程度がゆるやかになっている。このモデルの変形版では，後期採用者がより価格やコストに敏感であり，価格が下がった場合にのみ採用を行うという要素を加味している。簡単にまとめると，直接的な介入をやめた際に何が起こるかを観察することで，ティッピングポイントは「事後的に」発見することができる。一方，数学を用いることで，異なる介入を行った際に何が起こるかについても見通すことが可能になる。

　このモデルの問題点は，個人は外因性の影響と模倣のいずれか一方の影響を受けやすいとするが，両方の影響を同時に受けることはないと仮定していることである。「いずれか一方の」というのは，いささか非現実的ではあるが，Phillips 自身は，このモ

デルは「うまく機能」し，他のこともうまく説明できると述べている。たとえば，事前に何人の乗客が予約したかによって，同じフライトの座席の価格が変わる「動的価格設定（dynamic pricing）」も，このモデルで説明できる。Phillips は，伝染と影響という２つの前提に，第三の要因として，採用や変化，疾病[8]への抵抗力を付加している。感染のティッピングポイントは，模倣のインパクトが抵抗力を超えた際に生まれる。イノベーションや疾病に対する抵抗力の要因は，「明らかに」重要であるにもかかわらず，普及と影響に関するほとんどの形式モデルに組み込まれていない。

このことは，どのようにこのモデルのパラメータを設定すればよいのかという，悩ましい問題を必然的にもたらす。一般的には，事後的に，なんらかの疫学的な研究やその他のデータに基づいてパラメータを設定する。確かに，ティッピングポイントは存在する。しかし，それはあくまで事後的にしか知りえない。たとえば，ある介入を止めた場合，その後になって，初めて結果がどうなるかがわかる。しかし，ティッピングポイントのモデルは，いつ介入を止めるべきかについては教えてくれない。最終的に何が起こるのかを予測するためのパラメータを設定するには，その前に，フィールドワークや研究を行わなければならないのである。

▶▶▶ 閾値

閾値（threshold）は，ティッピングポイントと区別せずに用いられることが多い。Gladwell の著書である『ティッピングポイント』の帯にも，「ティッピングポイントは，アイデアやトレンド，社会的行動が，野火のように閾値を超えて広がる不思議な瞬間」と書かれているが，実際にはさらに多くの意味をもつ概念である。ここまでみてきたように，ティッピングポイントは，それ以上の外因性の影響やインプットなしに伝染が広がる集合的（collective）な現象である。すなわち，普及や拡散がある閾値に達し，急速に拡大するということである。この成長をモデル化する際に，個々人の特性を想定する必要はない。一方，集団だけでなく，個人もティッピングポイントを経験しうる。そこでは，一定以上の影響や，周囲で何が起きているかに関する認知が，個人の判断や行為を促進する。通常，これが閾値とよばれるものである。閾値とは行為を導く最終的な「理由」であり，閾値の概念は，個人の意思決定や行為を集合的な現象と結びつける。また，個人はそれぞれの閾値をもちうる。それは，個人が商品を買ったり，暴動に加わったり，投票をしたりするポイント（時期）である[9]。特に，集団はさまざまな閾値をもつ個人を含むという意味で，異質性が高い（heterogeneous）――すなわち，これらの閾値には分布がある。今となっては古典的な論文であるが，Granovetter は閾値挙動（threshold behavior）を説明するために，「人々の決定や行為が，時間的に先行した他の人々の決定や行為に依存する」モデルを提案した

(Granovetter, 1978; Granovetter & Soong, 1983)。このモデルは，普及や拡散の大部分にあてはまる。Granovetterは，暴動の拡散を例にあげている。

i) 暴動の進行のどの時点においても，個人が暴動に加わるかどうかの判断は，部分的には，現在何人の他者が暴動に参加しているかに依存する――参加者が少ないと，逮捕されるリスクが高い。

ii) ある個人は他者よりも大胆だったり（パーソナリティ要因），ラディカルな思想をもっていたり（イデオロギーの影響），逮捕されることにより失われるものが大きかったりする（合理的な経済的動機：たとえば，就業者 vs. 非就業者）。

　これらの影響を組み合わせると，その結果として，ある個人は非常に早い時期――リスクの高い段階――に暴動に加わろうとする一方，別の個人は，暴動に加わることが安全になり，ほぼ全員が参加するようになってから加わろうとするだろう。俗に言えば，こうした人々は低閾値と高閾値の個人とよばれる。

iii) 状態ベクトル――たとえば，時点 t においてだれが暴動に参加し，だれが参加していないか――は，時間とともに変化する。その結果，いずれの時点も，部分的には直前の時点の布置（configuration）から影響を受けることになる（Granovetter & Soong, 1983, p.167）。

モデルの観点からは，閾値を規定する要因が自己利益なのか，体制順応主義なのか，あるいは他の動機づけなのかは問題とはならない。興味深いのは，これがネットワークでつながった行動であるため，閾値の分布のわずかな違いが結果に大きな影響を及ぼしうるということである。GranovetterとSoongは，以下のような例をあげている。まず，0から99の閾値を一様にもつ100個体の集団を想定する。この集団では，閾値0の個体から暴動が始まると，次に閾値1の個体が暴動に加わる。そして，閾値2の個体が加わり，最終的には全員が暴動に参加することになる。しかし，もし集団に閾値1をもつ個体がいなかった場合，「暴動」はすぐに収まってしまう。個人の傾性（disposition）としては，これらの集団は（訳注：閾値1の個体がいるか否かというだけの違いしかないので，）ほとんど同一である。しかし，ネットワークがもたらした結果はまったく異なる。実際のところ，閾値モデルは見た目よりも複雑である。なぜなら，閾値の分布の多様性や，さまざまな閾値をもつ個人の社会的・地理的なつながりによって，採用の程度は大きく変わってくると考えられるからである。

GranovetterとSoongによると，スノッブ効果（snob effect; 訳注：大衆化にともなって需要が減る現象）は，採用の程度にかかわる閾値の別の例である。個人は，すでに普及しすぎているものを採用したいとは思わない。Yogi Berraの言葉を借りれば，「とても混雑しているところには，それ以上だれも行きたがらない」のである。この状況

では，形式モデリングは 2 つの可能性を与えるが，いずれも直感に反するものとなる。まず，イノベーションが急速に流行し，勢いを保ち続けたとしても，その後はスノッブ効果に陥る可能性がある。ここで，2 つの累積分布の違いを考えてみよう。ひとつは下限の閾値を上回った人々（採用者）の分布で，もうひとつは上限の閾値を上回った人々（スノッブ）の分布である（訳注：下限の閾値は，非採用者が採用者となる値，上限の閾値は，採用者が非採用者（スノッブ）となる値）。これらが合成された累積分布は非常に不安定であり，予測不能な挙動をする。一方で，イノベーションが安定解に落ち着く可能性があるのは，それがゆっくりと流行し，なおかつスノッブ効果がすぐに生じた場合である。

　Granovetter のモデルでは，話をシンプルにするために，それぞれの行為者が行為を行うか否かを決定する際，集団内のすべての他者の行為を完全に把握していると想定した。しかし現実的には，各行為者の視点からすれば，すべてのネットワークは局所的である（All networks are local）。これは，下院議長であった故 Tip O'Neill の言葉（訳注：「すべての政治は地方政治」（All politics is local））のもじりである。すなわち，行為者は，周囲の人々にはダイレクトに反応しうるが，システム全体に対しては反応しない。また，個人の意思決定に関する閾値を測定した実証研究はほとんどないが，接触の程度と採用の時期との関連を検討した研究（Valente, 1996）では，エゴのパーソナル・ネットワークにおける採用者の割合を閾値の指標としている。たとえば，ある人は，自分の社会的ネットワーク上の 25% がイノベーションを採用したら自分も採用し，別のある人は，周囲の 50% が採用したら自分も採用するかもしれない。この場合，個人の「心理的閾値」を直接的に測定しなくても，前者の方が後者よりも閾値が低いとみなされる。また，同じ心理的閾値をもつ個人が 2 人いたとしても，採用の時期は，それぞれのネットワークに採用者が何人いるかによって異なると考えられる。さらに，閾値は文脈によって，全体ネットワーク閾値（total network threshold）と局所ネットワーク閾値（local network threshold）に分けられる。全体ネットワーク閾値は，ネットワーク全体における所与の採用率のもとでの，新たな採用者の割合を表し，局所ネットワーク閾値は，直接的な対人環境における所与の採用率のもとでの，新たな採用者の割合を表す。このことは，イノベーションの概念に対してさらなる意味を付与するが，それは必然的に複雑なものとなる。

　　パーソナル・ネットワークにおいて革新的である個人と，社会システムにおいて革新的である個人がいる。社会システムにおける初期採用者で，ネットワーク閾値が高い個人は，自身のパーソナル・ネットワークにおいては革新的ではなく，社会システムにおいてのみ革新的である。一方，低いネットワーク閾値をもつ個人は，パーソナル・ネットワー

クにおいては初期採用者となるが，社会システムにおいては（必ずしもそうとはいえないが）後期採用者となる可能性がある（Valente, 1996, p.73, 傍点は原文のまま）

Valente（1996）は，「医師と新薬」研究（Coleman et al., 1966），韓国の村落における避妊法の導入に関する研究（Rogers & Kincaid, 1981），ブラジル人の農場主におけるハイブリッド・コーンの採用に関する研究（未公刊）の3つの古典的な知見について再分析を行った。これらの研究を概観すると，局所ネットワークにおける初期採用者は，全体ネットワークにおいても初期採用者となる傾向があった[10]。

閾値と普及についての観察的な研究は少ないが，シミュレーション研究もまた有益な情報を提供しうる。特に関心を集めているのは，コンピュータを用いたエージェント・ベース・モデリング（Agent-Based Modeling; ABM）とよばれる手法である。この方法では，研究者は「エージェント」（人，組織，微生物）の人工的な集団を作り，特定のルールに基づいて「相互作用」を行わせる。相互作用は複数回にわたって何世代も繰り返され，その結果を記録・分析する。本書ではその詳細は扱わないが[11]，シミュレーションの結果は明らかに設定したルールに依拠する。社会システムの相互作用は，予測しえない，そして予期しなかった結果を生み出すことがあり，これこそがABMを用いる理由である。ABMでは，閾値や他者との結合の程度がエージェントごとに異なる状況，さらにクラスター化の程度やスモールワールドの特徴が異なる状況を設定し，シミュレーションをすることができる。

Valente（2010, p.224-231）とChiang（2007）は，いくつかの例を示し，似たような結果にたどり着いた。これまで引用してきた疫学モデルと同様，ランダム・ネットワークでは，人々の素朴な予測よりも普及のペースは速かった。ランダム・ネットワークでは，ネットワーク内を横断する短いパスがあり，ごく少数のクラスターがボトルネックを生じさせる。ランダムに選択されたノードに隣接するノードは，選択されたノードよりも多くのつながりをもっており，伝播を促進する（あなたの友人には，あなたよりも多くの友人がいる［Feld, 1991］のである）。理論から示唆されるように，クラスター化したネットワークはクラスター内での普及を促進するものの，普及がクラスター内に集中するため，全体への普及は妨げられてしまう。高い中心性をもつノードがクラスターの周辺部に位置する場合，構造的すきまの効果によって伝播の効率性は非常に高まる。Valenteは，（訳注：ネットワーク内のある個人のうわさに関する）実際のネットワークのデータをシミュレーションに含めた。このネットワークにおける拡散のスピードは遅かったが，それはクラスター化の性質によるものであった。うわさ話はランダム・ネットワーク上でより速く拡散するが，このネットワークはクラスター化されておらず，うわさの張本人にはうわさが戻りにくい構造であった。その

結果,(残念ながら)うわさを訂正することは不可能だったのである。

　Chiang は,個人,あるいはモデリングの用語でいえば「エージェント」が,閾値が同じか,あるいは異なる他者と新しくつながる,すなわち,ネットワークを「リワイヤリングする」状況をモデリングした。このような状況では,S字曲線が用いられることが多い。採用のレベルが「最大化するのは,エージェントが,さまざまな閾値をもつ何名かのエージェントと,類似性の高い他者で構成されるコアの集団,これら両方に隣接している場合である」(Chiang, 2007, p.64)。エージェントどうしの異質性が非常に高い場合,採用は比較的早まる。一方,このモデルにおいては,閾値の高いエージェントが,閾値の低いエージェントより早い時期に採用を行うことも可能となる。これは,閾値の高いエージェントがさまざまな閾値をもつ他のエージェントに囲まれ,閾値の低いエージェントの何名かが閾値の低いエージェントに囲まれる,くぼみ (pocket) にはまり込んでしまう場合である。普及を支えているのは,多様性とバランスである。Chiang は,経験的な事例をいくつか紹介し,それらに一致するモデルを見出している。たとえば,ローマ帝国でキリスト教を普及させるプロセスにおいて,信者以外の人々とある程度の接触を行うことは有益だったと考えられる。また,統一教会における勧誘ディナーでは,新しく信者になりそうな人々は,常に古参のメンバーに囲まれている。

　シミュレーションに基づくこれらの知見は,おそらく基本的なネットワーク理論によって説明できる。同類性が作用するのは,エージェントや行為者が,行為について類似した閾値をもつ他者に囲まれている場合である。また,行為者がそうした他者に完全に囲まれてしまった場合,カスケードは自己完結型となり,失速するだろう。同類性の高い閉じたサークルを飛び出すには,異なる閾値をもつ他者が必要となる。自分と似た人々とつるんでも,何も新しく学ぶことはないのである。ここでも,サポートや密度と,橋渡しや構造的すきまの二重性の問題(第5章「社会的ネットワークの心理学的基盤」を参照)や,横断的な社会的サークルがコスモポリタン的な視点を生み出すという Simmel の重要な原則 (Simmel, 1955 [1922]) に向き合うことになる。

　こうした一連のアイデアは,外因性の閾値を扱っており,これは個々のエージェントがもつ特徴である(訳注:周囲の他者の閾値は,影響を受ける個人にとって,外因性の影響源となる)。また,個人の傾性ではなく,集団内でイノベーションを採用した個人の人数に基づく閾値の研究も,非常に多く行われてきた。このようなモデルは,システムの外在性を強調するのに有用である。たとえば,FAX を採用するのは,周りに FAX を受信できる人がいるからである。こういった閾値は,カスケード効果やスノーボール効果を生み出す。また,ネットワーク効果についての異なる帰結もある。すなわち,最初に採用された製品は,他の製品を駆逐する傾向にある。異なる規

格の競合製品が2つある状況を想定してみよう。FAX やテレビ会議システムのように，他者とのつながりに強く依存する製品の場合，初期に採用された規格がもう一方の規格を駆逐する（Kornish, 2006）。Facebook は，MySpace が創出した若者向けのすきま市場（ニッチ）で，きわめて多くのユーザーを獲得して初期の成功を収め，MySpace はその地位を追いやられた。2011 年 5 月時点で，アメリカのインターネット人口に占める Facebook の訪問者数の割合は 73%（Lipsman, 2011）だったが，［筆者の計算によると，］MySpace の訪問者数は Facebook の 22% にすぎなかった。

われわれは今どこにいるのか

本章は非常に広い領域をカバーしてきたため，普及や拡散に関する社会的ネットワーク理論についてまとめ，いくつかの結論を出しておくことは有益であろう。はじめに，妙に聞こえるかもしれないが，普及の基本的なモデルによって明らかになることよりも，むしろわからなくなることのほうが多い。程度の差はあるが，y 軸に採用者の累積割合，x 軸に採用の時点をとると，普及は「S 字」あるいはシグモイド曲線に従う。採用者や感染者の割合は，初期段階ではゆっくりと増え，その後は急速に増加し，最終的には次第に収まっていく。なぜこのようなことが起きるのか？　古典的な理論では，アイデアやイノベーションの源については未検討であり，これらは他の理論で検討すべき課題として残されている。しかし，いったん種がまかれると，少数の行為者（たとえば人，組織，国家）がその種を育てる。また，その後の急速な成長は，伝染によって引き起こされる——リスクにさらされている人々の割合が増加するにつれ，未採用者または「未感染者」が，採用者・感染者と相互作用をする可能性が高くなる。しかし，採用者が増えるにつれ，リスクにさらされた個人，すなわち将来の採用者の割合も低くなるため，成長は収まっていく。

本章では，このプロセスに関する説明を試みた。あるアイデアや疾病の起源については知りえないとしても，既知の伝染やその拡大の背後にあるダイナミックスについて，われわれは説明を行う必要がある。多くのメカニズムが伝染を引き起こしうるが，その大部分はいずれもネットワーク理論の核心である。ティッピングポイントは，イノベーションがそれ自身によって広がるポイントであり，集団内の普及や拡散の大部分に共通してみられる特徴である。個人の閾値は，特定の個人，あるいは人々の集まりが，変化への抵抗や疾病への抵抗を終えるポイントを決定する。社会文化的な文脈は，採用のスピードを変化させ，さらには採用を終わらせることもある。集団全体が採用するまで普及が進む場合もあれば，拡散が上限に達して採用が止まってしまう場合もある。

もちろん，ネットワークの相互作用理論は，普及のすべての側面を説明できるわけではない。普及には，外因性の要因も関係している。たとえば，政府の介入は，ヨーロッパにおいて電話の普及を促進し，アメリカでは自動車の普及を促進することとなった。一方，マーケティングや広告の取り組みは，まさにネットワークの要素を含んでおり，1930年代からネットワーク理論の興味の対象であった。本章では，メディアからの情報や，潜在的なイノベーションの属性，行為者を取り巻く他者の影響を踏まえた意思決定の理論について議論してきた。このことは，伝染の一側面である個人的影響の解明につながっている。個人的影響は，新たな慣習やアイデア，製品の採用，あるいは投票先の選択に重要な役割を果たしており，潜在的なターゲットがアドバイスを能動的に求める場合，特に重要となる。議論の的となってきたのは，個人的影響が影響源との直接的な接触によって引き起こされるのか，または「隣人に負けないように見栄を張る」，すなわち，構造的に類似した他者を模倣することで引き起こされるのか，あるいはその両方なのか，という点であった。最近の研究では，直接的な接触と模倣は同程度に重要であるが，マーケティングやメディアといった外因性の要因も同様に重要であることが示唆されている。影響の理論においては，影響を及ぼすサークルのサイズや，潜在的な採用者を取り巻く構造的類似性が特に重要である。多くの場合，行為者は直近の他者，あるいは2，3ステップ離れた他者からの影響を受けることとなる。相互的な関心や活動に基づいた，行為者を取り巻くインフォーマルな社会的サークルもまた，影響のプロセスにおける鍵となる。

　本章では，個人的影響に埋め込まれた概念として，オピニオンリーダー——他者に採用をはたらきかける個人——を紹介した。コンピュータ・シミュレーションの結果は，オピニオンリーダーの効果性に疑問を投げかけている。しかし，最近の知見の多くは，的を絞って選出され，訓練されたオピニオンリーダーが，特に健康関連の領域で高い効果性をもつことを示唆している。一方，自然発生的なオピニオンリーダーは，第6章で見た他のタイプのリーダーと同様，フォロワーとの距離をあまり遠くに取ることはできない。また，オピニオンリーダーの傾向としては，フォロワーよりも社会的地位がやや高く，情報通である。多くのオピニオン・リーダーシップの研究では，完全なソシオメトリックデータは利用できない。しかし，利用可能なデータや，コンピュータ・シミュレーションの結果も踏まえると，普及や拡散が成功するための鍵は，リーダーが周辺にいること（異端者が初期採用者になりうる）と，中心にいること（中心にいるエージェントは，多くの他者に到達できる）の絶妙なバランスにあることが示唆されている。また，イノベーションを促進し，密度の高い集団にリーダーが埋め込まれていることと，リーダーが他の集団との橋渡しの役割を担うこととの間にも，バランスが存在する。これは，もとのサークルの外部にイノベーションを普及させる

ためである．バランスとトレードオフの問題は，普及の理論において非常に重要である．

オピニオンリーダーの概念は，多段階の採用プロセスを考えるうえでも重要である．多段階の採用プロセスでは，オピニオンリーダーがメディアや専門家からアイデアを得て，それを直近のサークルの中に広める．ネットワーク化された影響のカスケードにおいては，そのアイデアがさらにそれぞれのサークルに広まっていく．いわゆる「バイラル・マーケティング」は，この発想をもとにしている．しかし，オピニオン・リーダーシップの n ステップの連鎖は，これまでのところ明確に支持されていない．その理由のひとつは，ネットワーク全体での連鎖について，現時点では利用可能なデータがないことがあげられる．

伝統的な疫学モデルは，「伝染」というアイデアを，感染した人数と，将来の感染リスクがある人数の関数として理解することで満足していた．その一方で，疾病の伝播に不可欠な，相互作用のプロセスについて詳細に検討してきた社会的ネットワークのさまざまなアイデアは，不必要なものとみなされていた．しかし，HIV-AIDS の研究によって，伝染の原因はセックスや注射針の共有を通じた社会的接触にあることが明らかとなり，関連するネットワークのメカニズムを理解することが重要となった．個人と集団の二重性というおなじみのアイデアに根差した社会的ネットワーク分析は，疫学者が用いる接触者の追跡ツールに加わることになり（HIV の感染者を追跡するのは容易ではないが），疾病の拡散には，サークルやコミュニティ，場所が重要な役割を果たしていることが明らかとなった．本章では，ティーンエイジャーの社会的サークルで，同時期に複数のセックスパートナーと関係をもつことが梅毒を拡散させること，薬物中毒者のコミュニティにおける注射針の回し打ちが HIV の感染を広めること，公衆浴場や売春宿において HIV が拡散すること，結核がたまり場において広まることを見てきた．一方で，サークルやコミュニティは，ネガティブな伝染だけでなく，教育や介入の普及の拠点となる可能性についても示唆された．

近年のスモールワールド・モデリングによってもたらされた社会的ネットワークのアイデアは，疫学のモデリングにも導入され，直感では説明できない前途有望な結果をもたらした．モデリングから示唆されるのは，航空機での旅行を制限するだけで，たとえそれが完璧に遵守されなくても，SARS の拡散が大幅に縮小しうる可能性である．また，デイケアセンターのサイズを小さくすることで，小児疾病感染の広がりを抑えることもできる．

ティッピングポイントと閾値は，まさに最後の未開拓領域(フロンティア)であるが，いわば未来のようなものでもある——これらは，精緻なモデリングをもってしても予測が困難なことで悪名高い．ティッピングポイントや閾値の存在は，事後的にしかわからないことが多い．普及曲線のどこにティッピングポイントがあるのかを，ピンポイントで示す

ことすらも困難である。それよりは，採用に関する個人の閾値に注目し，その帰結をモデリングすることのほうが実りは多く，社会的ネットワーク理論における重要な問題を提起する。

個人間の閾値の違いやその分布を ABM によって検討することは，ネットワーク理論の最先端へとわれわれを導いてくれる。普及は，個人を取り巻く直近の対人環境ネットワークに影響されやすいと同時に，ネットワークの全体的な特徴によっても影響を受ける。両者のバランスは重要な問題であり，これから詳細に検討すべき課題である。同様に，密度の高いネットワークの中心性や，ブリッジとしての中心性は，普及において異なる役割を果たし，後者のほうがより迅速な普及をもたらす。他方で，ランダムな種まきもまた効果的である。スモールワールドにおけるリワイヤリングは，疾病の拡散やイノベーションの普及における主要な方策となる。ほとんどの普及理論において最も重要となるのは，影響源やイノベーター，オピニオンリーダーとしての個々の行為者（個人あるいは組織）である。とはいえ，普及については，サークルや，社会的焦点に基づいて形成されるクラスターを通じて生じていると考えた方が，おそらく将来的な実りは多いであろう。疫学への社会的ネットワーク理論や方法の導入は，せいぜいここ 15 年くらいに始まったものである。社会的ネットワークのアイデアや方法が，こうした応用的なフィールドと接合することで，普及理論や疫学の理論はより豊かなものになるだろう。また，応用的なフィールドで問題が詳細に解決されることは，そのフィードバックを通じて理論的基盤の価値を高めるだろう。

便利なモノやアイデア，イノベーションの広がりといった，普及のポジティブな側面を考えた場合，個人や組織は，その内部や身近な範囲にあるものよりも，さらに遠く離れた広範囲のものにアクセスできる潜在性を有していることがわかる。身近な範囲を超えて，商品やアイデア，そして影響力を利用できる可能性は，まさに次の章で検討する「社会関係資本（social capital）」の中心的な関心である。

注

　本章の内容は，*Social networks and health: Models, methods, and applications*（2010）の原稿を快く提供してくれた Thomas Valente との議論に大きく支えられている。Garry Robins は，重要な点をいくつも指摘してくれた。Cynthia Epstein は，アイデアを明確化するのに貢献してくれた。

1　Goldenweiser は，主に文化の文脈においてこの語を用いていた。オールとパドルの例を示してくれたのは，Robert Merton の講義である。
2　今日，AT&T はもはや独占企業ではなく，マーケットでの競争に勝たなければならない。また，AT&T は，社会的ネットワーク研究を含む，アクティブで革新的な消費者リサーチのプログラムを提供している。
3　近年，社会的影響と紐帯の選択（同類性や他の要因）を同時に分析可能なモデルの開発が進んでいる（Steglich ら，2010 を参照）。Tom Snijders は，社会的ネットワーク分析のための国際ネットワーク学会（International

Networks for Social Network Analysis; INSNA) のメーリングリストにおいて，以下のように述べている（本人の許可を得て転載）：「選択と影響を弁別できるのは，因果のプロセスにおいて機能するすべての変数が，利用可能で観測されたネットワークのデータと個人変数に含まれているという前提があり，さらには分布の仮定も可能な場合のみである……分布の仮定に対する過敏性は深刻な問題であり，今後の検討が必要なトピックである……すべての関連する変数が観測されたという仮定は常に疑わしいが，統計的推測はこの仮定のもとで行われることが非常に多い……偉大な統計家である R. A. Fisher は，実証研究において因果関係を解明するにはどうすればよいかと問われた際，『理論を洗練させよ』と答えている」。

4 「メリーランド大学カレッジパーク校の経済学者である Craig Garthwaite と Timothy Moore は，Ms.（Oprah）Winfrey（訳注：アメリカの有名なトーク番組の司会者）が，昨年，Barack Obama を支援したことで，彼は予備選挙と党大会において 100 万票を獲得することになったと述べている」Brian Stelter, *New York Times*, Monday, August 11, 2008, C4.

5 Allen は，オフィスで技術者どうしがコミュニケーションをとるのに最適な物理的距離──50 メートル以内──を特定した「Allen 曲線」でよく知られている。

6 確かに，公衆衛生法があるにもかかわらず，人々はパートナーに接触したり，公衆衛生の機関に結核や性感染症について報告したりすることをためらう。一方，これらの疾病への関心や，関連する法律は，HIV のものとはまったく異なっている。「症例発見は，結核の制御プログラムにおいて重要な要素であり，接触者追跡は，長年，積極的な症例発見のための有用な方法であった」（Klovdahl et al., 2001）。

7 これらのモデルに関する一般的な数式の扱いについては，Meyers（2007）を参照のこと。

8 抵抗力という概念が，ここまで議論してきたどの普及のモデルにも含まれていなかったことは「明らか」である。例外として，Dubos（1959）は，抵抗力の原型を彼の理論の中心的な要素に据えていた。この理論では，細菌が自動的に疾病を導くのではなく，病気になることの説明には，いわゆる「疾病における細菌理論（germ theory of disease）」が必要となる。組織におけるイノベーションは，理論では賞賛されるものの，実際には多くの反対の的となり，革新者が賞賛されることはめったにない（Brimm, 1988）。

9 閾値というアイデアは，先に述べた病気への抵抗力の重要性ともフィットする。抵抗力の閾値は，超えられなければならないのである。

10 オピニオン・リーダーシップと閾値との関係は，より複雑である。オピニオンリーダーは，仲間をはるかに追い越してしまうことはできない。なぜなら，彼らは適切な役割モデルとなり，他者に意見を聞いてもらわなければならないからである。これは，外因性の影響の性質や，ネットワーク全体の採用のフェーズに依存している。これらの点については，本書では踏み込まない。

11 ABM を自分で試してみたい人々には，フリーの NetLogo システムの入門サイトである http://ccl.northwestern.edu/netlogo/docs/ をおすすめする。よりネットワークの発想に基づいた ABM としては，Construct（http://www.casos.cs.cmu.edu/projects/construct/）があげられる。

10章 社会関係資本としての ネットワーク

イントロダクション

　社会関係資本は，社会的ネットワークの研究領域を要約するのに適したトピックである。この概念の中心にあるのは，社会的ネットワークのもたらす帰結である。それは，主としてポジティブであるが，ときにネガティブでもある[1]。単純化しすぎかもしれないが，社会関係資本には必然的に「社会的ネットワークには価値がある」（Putnam, 2008）という意味が含まれている。このことは，われわれに社会的ネットワークの基本的な前提を思い起こさせる。それは，密度の高い社会関係のネットワークに由来する快適さやサポートと，そうした局所的なサークルの輪を超えて，より広い世界への橋渡しによって得られる利益とのトレードオフである。社会的ネットワークに基づくアイデアの特徴として，社会関係資本は複数のレベルで作用する。たとえば，社会システム内のネットワークは，産業ネットワークの中の組織ネットワークに包含される（ネスト）かもしれない。また，個々の行為者からなるネットワークもある。

　それぞれのレベルで，社会関係資本には，2つの主な帰結がある。社会関係資本への投資と，個人レベルの社会関係資本である。社会関係資本への投資は，金融資本の場合と同様に，より多くの社会関係資本を生み出す可能性がある。たとえば，ボランティア組織への参加率の高さは，コミュニティにおける投票数を増加させる。一方，個人レベルの社会関係資本は，個人のウェルビーイング（well-being; 訳注：「良好な状態」をさす語で，個人の幸福や安寧，健康といったさまざまな側面を含む多義的な概念）を増進する——典型的には，身体的・精神的健康，あるいは適応や幸福感の増進である。また，個人レベルの社会関係資本は，金銭面でのウェルビーイングや，社会的・職業的な上昇移動をもたらす可能性もある。さらに，社会関係資本は複数のレベルをまたいだ（クロスレベルの）帰結をもたらす。たとえば，コミュニティレベルでの豊かな社会関係資本は，個人のウェルビーイングを高める可能性がある。これらの主張は強い印象を与えるものであり，そのため，社会関係資本は複合的な概念になっ

ている。この章では，この概念をひもとき，測定の問題について取り上げるとともに，異なるレベルにおける社会関係資本の帰結についてのデータをレビューする。社会関係資本のアイデアは，どちらかといえば単純明快に思えるが，ひとたび掘り下げてみると，この概念が多くの問題を提起することがわかるだろう。

Putnam（2000, p.19）によると，社会関係資本の概念は，少なくとも1916年には登場していた。しかし，「社会関係資本」という用語が広く使われるようになったのは，比較的最近のことである。ウェブ・オブ・サイエンスで検索すると，「社会関係資本」を含む文献は，1990年には7件だったが，2010年には12,000件以上にのぼった（図10-1）。

この急激な増加を助長しているのは，「社会的ネットワークには価値がある」というフレーズの包括性である。そして，社会関係資本に関する近年の論文の多くは，この用語のさまざまな定義に言及することから始まる。Claude Fischer は，Putnamの『孤独なボウリング Bowling Alone』（Putnam, 2000）が重要な争点を提示したことを称賛しつつ（ウェブ・オブ・サイエンスによれば，2011年6月現在，この本は700回以上引用されている），社会関係資本とは，「ある人物についての心理的，社会的なるものすべて，というのとそれほど変わらない」と記した。アメリカ社会学会の一般向け雑誌である Contexts の元編集委員として，彼は「社会関係資本」を使うべきではない用語の例に含めている（Fischer, 2005）。しかし，よく定義されたとは

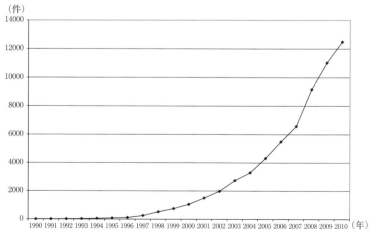

図 10-1　ウェブ・オブ・サイエンスにおける「社会関係資本」を含む論文数

いえない社会学の重要な概念には、先例がある。たとえば、アノミー（anomie）である。ある意味で、ネガティブな概念としてのアノミーは、ポジティブな社会関係資本の鏡像であり、また社会関係資本と同様に、2つのレベルにまたがる概念である。社会構造(ソシエタル)のレベルでは、アノミーは社会における倫理的基準の欠如と定義され、個人レベルでは、社会統制（訳注：社会秩序を維持するために、社会の成員に一定の拘束を強いるプロセス）の欠如から生じる個人的な孤立状態および不安と定義される。アノミーは、Émile Durkheim（1951［1897］）によって、100年以上前に社会科学的分析に導入された。彼の主張は、現代的なネットワークの用語でいうなら、ネットワークの紐帯が弱くなったとき、個人レベルでも社会構造のレベルでもアノミーが起こるというものだった。それにもかかわらず、アノミーが厳密には何を意味するのか、その影響、その測定法、そしてその原因は、依然として議論の的になっている。数え上げるときりがないほどに定義され、再概念化されながら、この概念は多くの研究を生み出し、社会科学におけるすぐれた知性の持ち主たちの関心を集めてきた。アノミーについては、社会学の入門書でも扱われているが、その概念は依然として難解であり、さまざまな解釈や矛盾する証拠にさらされている[2]。

社会関係資本の定義上の複雑さに踏み込む前に、この概念にまつわる多くの側面を描いたひとつの物語を示そう。

▶▶ 社会関係資本の一般的なアイデア

私は、ケーキを焼いている最中に、砂糖を切らしてしまった。とはいえ、私は隣の家に行って、隣人にいくらかの砂糖を分けてもらうことができる。たとえ私が彼女を特に好きでなかったとしても、そのことは、私にとって、彼女に親切にするだけの価値をもつだろう。私は、彼女に同じ量の砂糖を返さなくてはならないだろうか？　おそらく、彼女は必要なときに私の芝刈り機を借りることができるだろうし、それは、今回の親切のお返しとみなされるだろう。おそらく、その砂糖の価値は、支払いを求めるには取るに足らないものである。さて今度は、私は新しいケーキのためのレシピを必要としている。私の隣人は、まさしく、私が必要とするレシピをもっている。しかし、感謝の念以外に、お返しをすべきものはないだろう。なぜなら、私にレシピのコピーを渡しても、私の隣人は、自分のレシピを手元に置いておけるからだ。同じ日に、通りの3軒隣に住む私の知らない男性が、私がコンピュータについていろいろと知っていると私の隣人から聞きつけて、私に助けを求めてくる。私は忙しいのだが、少なくとも助けようとする義務があるように感じる。なぜなら、われわれは互いにこの地域に住む隣人なのだから。いつか、私はその隣人に、あるいは別の隣人に、傷んだ芝刈り機の修理を手伝ってくれるように頼まなければならないかもしれない。情け

は人のためならず，である。実際には，私はご機嫌ななめである。ケーキはあまりおいしくはなかったし，レシピはそれほど役に立たず，その上，私の芝刈り機は壊れているからだ。ちょうどそのとき，長年のつきあいの友人が電話をかけてきたので，私は自分のフラストレーションについて彼に話す。彼はくだらない冗談をいくつも言って，私の気分をすっきりと晴らしてくれた。

「社会関係資本」の概念は，これらの状況すべてをカバーするといわれている。隣人がいくらかの砂糖をもっていれば，私が砂糖をもっている必要はない。また，砂糖ではなく，同じ価値をもつ他のものでお返しをすることもできるかもしれない。私は，かつて隣人に親切にしたことで，まさにその関係に「投資」したのである。3軒隣の男性は，私のことをろくに知らなくても，私の助けを当てにすることができる。なぜなら，われわれは「近隣社会」に住んでおり，したがって，何らかの共通点をもつからである。そして，彼を助けるときに，私は「自分のパンを水の上に投げる」(訳注：かならず報いがあるのだから，無意味にみえても善きことをなせ，という格言。『伝道者の書』11:1)。なぜなら私は，隣人のだれかが，やがては私を助けてくれると信じているからである。これが，豊かな資源をもつ近隣社会である。ここでいう資源とは，たとえば，砂糖，レシピ，小型エンジンに関する機械的知識，コンピュータに関する知識である。私が個人的に「社会関係資本」をもつだけではなく，近隣社会も集合的な資源を通じて社会関係資本をもっている。最後に，社会関係資本は，地理的近接性を通じてのみアクセス可能なわけではない。私は，遠方からそれなりの「ソーシャル・サポート」を受けていた。また，GlanvilleとBienenstock (2009) は，実際の資源以外にも，社会関係資本に信頼が含まれる可能性を示唆している——個人レベルでは，私の隣人は，私が彼女から何かを奪おうとしていたとは思っていない。そして集合レベルでは，人々は互いを信頼し，家庭でパンを焼くことの大事さや，他者への敬意といった価値観を共有している。これが近隣社会である。

社会的ネットワークが価値をもつのは，それが資源へのアクセスや，信頼，互恵性，コミュニティにおける価値観といった，重要な社会的属性へのアクセスを可能とするからである。資源へのアクセスには，2つの基本的なタイプがある。第一のタイプは，私が砂糖を切らしていた時に，1カップの砂糖を借りた例に示されるように，ある個人が，自身の社会的ネットワークの産物として利用可能な資源である。第二のタイプは，「コミュニティ」によって生み出される資源であり，社会科学において長い伝統をもつ。先ほどの話に登場した私の隣人たちの資源は，彼ら・彼女らがコミュニティ感覚 (sense of community) をもっていることで利用できるようになるし，隣人たちはおそらくその感覚をもっているだろう。悲しいことだが，コミュニティの資源のありがたみが最もよくわかるのは，しばしば，それらが失われるときである。すなわち，

自然災害や人災によって，コミュニティが破壊されるときである（Erikson, 1976）。

コミュニティは，社会関係資本と同じくらい意味の拡散した用語であり，それ自体がおびただしい数の定義をもつ主題である[3]。ここでは，コミュニティとしての社会関係資本という現象について説明しよう。その前に，個人レベルの社会関係資本に含まれる資源（たとえば，富，権力，評判）が，行為者がそれらの資源を借りてくる可能性のある社会的ネットワークの中に，どのように埋め込まれているかについて述べる。

ほとんどの社会学者は，社会関係資本を，社会関係を通じて利用可能になる資源と定義している。「資源と関係は，情報の流れ，影響力の流れ，社会的信用証明の付与，そして自己のアイデンティティの確証を促進する……その結果，市場で収益を生み出すために利用することができる」（Lin & Erickson, 2008b, p.4）。LinとEricksonは，「社会関係資本の理論は……社会関係資本の生産（production）と収益（return）に焦点を当てており，個人ならびに集合的行為者が，多様で豊かな資源へのアクセスを得られる社会関係に対し，期待収益（expected return）を求めてどのように投資するのかを詳細に説明する」（Lin & Erickson, 2008b）と結論づけている。

Putnam（私信）は，社会的資源がそれに投資した当人に利益をもたらすことに加えて，コミュニティレベルのネットワークが「隣人の影」から利益を得ていると述べている。必ずしも自分自身が社会関係に投資していない他者にとっても，評判，行動，そして利益（私の芝生に落ち葉が飛んでいかないように，自分の芝生の落ち葉をかき集めてくれる隣人）は，目に見えるものであり，利用可能なものとなる。集合的な問題解決は，その結果として促進される。

▶▶▶ 投資としての社会関係資本

社会関係資本は，金融資本（financial capital）の類例であることから，ここでは経済学者が用いる資本の原理について簡単にレビューしておこう。Marxの「剰余価値（surplus value）」の理論は，労働者を搾取することで得られる生産物の価格から，労働者を生存させておくために必要なコストを引いたものとして表現される。剰余価値には，2つの要素が含まれる。ひとつは経常収入（current revenue）であり，これは，現在の生産プロセスを繰り返し，資本家の消費スタイルを維持するために利用されうる。もうひとつは将来の投資のためにたくわえられる収入であり，それによって価値ある資源を増加させることができる。そうした価値ある資源の中で，最も重要なのが「資本」である。Adam Smithは，同様の，漠然としたアイデアをもっていたが，「資本」という語は使わなかった。しかし，彼は資本の生産と労働との関係に疑問をいだいていた。彼は，「生産的な」労働が「資本」のストックを増大させるのに対し，「非生産的な」労働はそうではないと考えていた。

確かに，現代の経済学者たちは，資本に関して Marx を引用しない。だが，彼が肩の上に立つ別の「巨人」である Adam Smith は参照している。この章は，われわれを Adam Smith, John Stuart Mill,「オーストリア学派」, John Maynard Keynes, そして Joan Robinson からポスト・Keynes 派へと導くような，資本に関する諸理論の入り口ではない。それはこの本の主題ではないだろう。これらの理論は，起業家が，現在の資源を直ちに消費するかわりにそれを保持し，さらなる資源の生産に寄与する因子に投資することで，自分が何を稼げるのかを見積もろうとする，という点については，少なくとも意見が一致している。

「剰余価値」の計算，その源泉とそれを受け取るべき者の決定，剰余価値がいかにして労働と消費に結びついているかの見積もり，そしてどのように起業家を見つけるのかに関しては，終わりなき論争がある。また，投資がどのようにして割り引かれるのか，だれが割引率を設定するのか，そして，経済全体に対する異なる貯蓄率の帰結についても，異なる見解がある。これらがすべてわかっていれば，2008 年の金融危機は起きなかっただろうし，素早く景気を反転させるためのもっとよいアイデアを出せただろう。あの危機は，社会関係資本と同様に，金融資本も社会構造に依存しており，投資プロセスが社会システムに埋め込まれていることをわれわれに気づかせるものだった。

さしあたっては，国家やコミュニティ，組織における金融資本，あるいは社会関係資本という主題は無視し，「起業家」としての個人に焦点を当てよう。最終的な見返りのために即時の満足を否定するというアイデアは，「人的資本（human capital）」という概念に明確に現れている。この用語は，経済学者の Gary Becker (1964) によって編み出されたものであり，彼がノーベル賞を受賞した理由のひとつである。彼の理論によると，労働者はスキルや教育に投資することができ，それによって賃上げ交渉が可能になるとともに，結果として，生産プロセスの中で生成される剰余価値のいくばくかを得ることができる。人的資本の類例としての社会関係資本は，ネットワーク上の資源への投資によって，行為者が市場における優位性を獲得するということである。一般教養，あるいは技術的スキルや手先の器用さを獲得することは，骨が折れるし，コストがかかる。こうした人的資本を蓄積する間，行為者は，将来の利得のために即時的な見返りを先延ばしすることになる。個々人が，将来の利得を見据えて実際に社会関係に投資するかどうかは，より疑わしい。私の例では，隣人から何かを得るために親切にしたわけではなく，世間一般の社会規範のためにそうしたのである。立身出世をねらう野心家（social climber）たちは，職場や市井での政治にかかわりをもち，意識的に社会関係に投資するかもしれないが，それは結果として得られる個人の利得を見越してのことである。この投資は，侮蔑的な色彩のある「野心家」という言葉か

ら連想されるように，ときとして品のないものとみなされる。

近年，社会的ネットワークのアイデアが大衆化した結果,「ネットワーキング（networking）」という名詞が辞書に追加された。『オックスフォード英語大辞典オンライン版 *The Oxford English Dictionary Online*』（2011年6月現在）は，その4番目の用法を,「情報などの交換や，職業上その他の優位性を獲得するために，人々のネットワークを利用する行動あるいはプロセス」としている。この辞書では，最初の用例は1970年代後半とされている。本書のイントロダクションでは，2002年からのSNSの急速な発展が，人々の結びつきを生み出していることを指摘した。しかし，本書の執筆時点では，こうしたSNSが社会関係資本に及ぼす影響について，広範に研究されてきたわけではない[4]。ほとんどの個人にとっては，何らかの物質的・象徴的な利得を見越して，意識的に社会関係に投資するとしても，その程度は限定的だろう。また，金融資本の類例としての満足遅延（deferred gratification）も，人的資本理論ではいくぶん誇張されているかもしれない。教養教育の支持者が擁護するように，多くの人々は，長期的な市場価値とは無関係に，教育それ自体を喜びにあふれた経験だと考える。社会関係資本についていえば，ほとんどの人々は，おそらく友人を作ることから即時的な満足を得ているのだろう。

社会関係資本に関する投資戦略の有効性が，実際に示されることはめったにない。FernandezとCastillaによると,「『社会関係資本』という用語が,『ネットワークには価値がある』ということ以上の何かを意味するのであれば，われわれは『本物の』資本に対するアナロジーとして，その鍵となる特徴を明らかにしなければならないだろう。もしも『社会関係資本』が『本物の』資本に類似するものであれば，われわれは投資の価値，収益率，そして収益が実現される手段を分離できるはずである」（Fernandez & Castilla, 2001, p.85）。彼らは，採用候補者を紹介した従業員にボーナスを出す，ある企業について調査を行った。「この企業の250ドルの投資は（［雇用にいたった人物］の紹介ボーナスとして実施され），416ドルの採用コスト削減という収益をもたらした」（Fernandez & Castilla, 2001, p.101）。こうした紹介によって，より適切な候補者が集まり，結果としてスクリーニングのコストが節約された。一方，長期的には，いったんある人物が雇用されると，紹介が離職を減少させることはなかった。従業員からみると，よりよい職に就いている人物のほうが他者を紹介しやすく，そのためにボーナスの恩恵を受けやすい。Fernandezらは，ありうることとして，従業員がボーナスを得ることの道具的価値に気づくのは，自身がそうしたよりよい位置にいることに気づいた後であると論じている。したがって，「そうした位置の占有を投資と考えることは，誤解を招く」としている（Fernandez & Castilla, 2001; 強調は著者による）。社会関係資本への投資については，質的な研究もある。『友達の友達

Friends in Friends』で，Boissevain（1974）は，（彼の用語でいうところの）「ブローカー（broker）」，すなわちネットワークへの投資から利益を得る人々に，ひとつのセクションを丸ごと割いている。この本のサブタイトルには，「操作者（manipulators）」という単語が含まれている。相手にいつか「断れない提案」をすることをもくろんで，人々に親切という投資をするマフィアのボスは，大衆小説でおなじみである。今のところ，社会的ネットワークへの投資戦略と，予想されるペイオフについての研究は十分ではない。しかし，現在進行中のSNSに関する研究が，重要な知見をもたらす可能性はある。

　社会関係資本の金融資本へのアナロジーは，限定的なものかもしれない[5]。しかし，この限定性は，社会関係資本という用語を広く応用して使うことの障壁にはなっていない。アナロジーの限定性にもかかわらず，ネットワーク上の資源や，集合行為の機能を向上させることがもたらす影響は計り知れない。社会的ネットワークは個人または集合としての行為者にとって価値がある，という理論について，その背後にある証拠を探り出すことは興味深い挑戦であり，これまでにも見てきたとおりである。個人あるいはコミュニティに関するネットワーク上の資源を測定するには，ネットワーク全体の地図を描き，ネットワークの成員それぞれが多様な領域で利用可能な資源を確認し，さらに，多様な個人やコミュニティ全体にとって，それらの資源を利用可能にする，あるいは不可能にする方法を明らかにすることが必要となる。コミュニティ全体における潜在的なつながりの数は膨大になるため，コミュニティ全体のマッピングは現在のところ不可能である。また，そうしたプロジェクトで必要となる視点や明確さが欠如しているという点で，望ましくもない。とはいえ，社会関係資本において鍵となる側面と，それらを測定する方法に焦点を当てた，独創的なアイデアやツールもいくつか考案されている。悪魔は細部に宿るため，この章では，前の章以上に，社会関係資本に含まれる基本的な概念と，それらの概念を測定するために用いられる指標との関連に注意を払っていくことにする。

　社会関係資本への投資の重要性は，鍵となるもうひとつの争点であり，以下に示すあらゆる分析の背後に潜んでいる。ある個人やコミュニティは，他の個人やコミュニティよりも社会関係資本が豊かである。どうしてそうなったのか？　そうした個人やコミュニティは，社会関係資本を生み出すために，意識的に投資をしたのだろうか？　あるいは，それは自らの投資戦略の結果ではなく，より豊かな社会関係資本を有するように，構造的に位置づけられていたからだろうか？　豊かな人々はしばしば，富の対価を賢明な投資の当然の結果だと主張する。現実には，彼ら・彼女らは富を相続するか，より多くの富をたくわえることを可能とする，構造上の位置から利益を得ている。富の不平等な分配は，一般的に，不公正な分配である。本書で繰り返し述べてき

たように，社会的ネットワークは本質的に不公正なのである。われわれは，自分たちのつながりを改善しようと努力することができる。しかし，たとえばエリート大学への入学資格を得て，そしてよりよい生活へのチケットを手にする者は，自分たちで作ったのではない，連鎖的（カスケード）なつながりから利益を得ている。コミュニティごとの資源の違いは，非常に大きい。アフリカの村落で多くのつながりをもつことは，確かに役に立つだろう。しかし，ニューヨーク市で多くのつながりをもつことは，より大きな物質的アドバンテージをもたらす。「諸国民の富」を測定し，説明することは，Adam Smith（1778）が提起して以来，経済学者たちが苦闘してきた課題である[6]。

以降の分析は，2つのパートに分かれる。個人の社会関係資本に関する分析と，社会システム，コミュニティ，組織の社会関係資本に関する分析である。説明のためにはこの区分が必要だが，両者はもちろん関連している。個人が，非常に豊かな社会関係資本をもつ社会システムの中にいる場合，その人たちの社会関係資本も豊かになる傾向がある。あるレベルから別のレベルへと移行する分析については，社会システムのレベルにおける社会関係資本に関するセクションで説明する。それぞれのセクションでは，社会関係資本への投資に関する概念化と測定の問題，そして重要性（あるいはその欠如）について取り上げる。

個人レベルの社会関係資本

ソーシャル・サポート

社会関係資本の重要な一側面は，ソーシャル・サポートである。ビートルズの1967年の歌にあるように，ソーシャル・サポートは「友人たちからの小さな手助け *With a little help from my friends*」を意味する。ソーシャル・サポートは，ネットワークの研究者と，社会的ネットワークの学徒だと自認していないその他の研究者によって検討された，最初の実践的な問題のひとつである。もともと，ソーシャル・サポートは社会関係資本とはよばれておらず，ソーシャル・サポートを研究する人々は，必ずしもこの概念を援用しない。「ソーシャル・サポート」という用語は，社会関係資本よりも広く使われており，2011年には，ウェブ・オブ・サイエンスで28,000件以上の文献が見つかった。

社会的ネットワーク研究者が好むソーシャル・サポートの指標は，主として「ネーム・ジェネレータ」に拠っている。ネーム・ジェネレータとは，調査で用いられる質問であり，回答者に，何らかの形で関係のある人々，たとえば親密だと感じる人々や，何らかの手助けを頼める人々の名前をあげてもらう。最も有名な「あなたが重要なこ

とを議論する人はだれですか？」という質問は，総合的社会調査（GSS）で用いられてきた（Bailey & Marsden, 1999; Burt, 1984）。調査では，あげられた名前――たいていは，たんにイニシャルか，ファースト・ネーム――を用いて，その人たちの特性，たとえば性別，年齢，教育，どのようにして知り合ったか，そしてだれとだれが知り合いであるかについて尋ねる。最後の質問は，回答者を取り巻く人々のネットワーク，専門的にはエゴ・ネットワーク（ego network）とよばれるネットワークを構成するのに用いることができる。

　ソーシャル・サポートは，その親戚である社会関係資本と同様，あいまいな概念である。サポートには，友人や親戚，パートナー，コミュニティが自身に好意的であるという知覚が含まれる可能性がある。あるいは，ネーム・ジェネレータを用いると，一般的な出来事，あるいは特定の出来事（砂糖を1カップ借りる，コンピュータについて助けてもらう）について，サポートを提供できる，あるいは，サポートしてくれると思われる人物としてカウントされた人数が含まれる可能性がある。最後に，ソーシャル・サポートには，ある個人（「エゴ」）が埋め込まれたネットワークの構造が含まれる。

　サポートに関する研究論文の多くは，援助を必要とする可能性のある人物に影響を及ぼす，疾病やその他のストレッサーに関心がある。ストレス研究の争点は，ストレスフルな状況に直面する前に，人が適切なサポート・ネットワークを有しているかどうかである。サポート・ネットワークは，社会的にサポートされている人々にストレスを生じにくくさせる，予防接種のようなものかもしれない。これは，「バッファ（緩衝）」仮説として知られている。あるいは，サポートが行われるのはストレスを経験した後であり，それによってストレスへの対処が支援されるのかもしれない。いずれのタイプのサポートもありうる。ソーシャル・サポートに関する文献は，非常に広範囲にわたり，レビューのレビューが公刊されるほどである。

　近年のソーシャル・サポートに関する研究は，職務への適応や金銭的援助といった，職場の問題を扱ったレビューもあるが，その多くが（訳注：身体的）健康や精神的健康の分野で行われる傾向にある。健康の分野における最近のレビュー（Smith & Christakis, 2008）は，構造的で，個人の直接のコンタクトを超えた部分を扱うことの多い社会的ネットワーク研究と，直接的なソーシャル・サポートとを区別している。このレビューが指摘するように，「ソーシャル・サポート研究は，個人の社会的紐帯の質または量を評価する。これに対して，社会的ネットワーク研究は，そうした紐帯そのものを，興味の対象であるアウトカムに関連する可能性のある研究対象として扱うため，紐帯を明示的に描いている（p.407）」。SmithとChristakisは，社会関係の構造が個人のアウトカムを規定するという，2レベルの分析を好んでいる。彼らは，

個人レベルのソーシャル・サポートが，従来の定義にあるように「気分をよくする」側面だけでなく，疾病と死亡率にかかわる基礎的な生物学的メカニズムにさえも影響することが，近年の研究によって解明されたと指摘している。「たとえば，多くのソーシャル・サポートを受けることは，ライノウィルス（訳注：呼吸器疾患を引き起こすウイルス）の接種試験における感染可能性を4分の1に低減するなど，全体的な免疫機能を改善する（p.406）」。彼らは，「夫婦に関しては，一方の健康が，もう一方の健康に影響するという，説得力の高い証拠がある（p.409）」ことを示している。近年のレビューに対するレビューは，個人レベルのソーシャル・サポート（ここでは，ソーシャル・サポートを社会関係資本と読み替える）とネットワークの効果に関する知見が，個人レベルの他の心理社会的要因の効果よりも頑健だと結論づけている。そうしたレビューは，いくつかの研究の質だけでなく，しばしばみられる独立変数と従属変数の定義のあいまいさに苦言を呈している。より包括的なレビューでは，ソーシャル・サポートの質とサポートのネットワークのサイズが，いずれも（後で述べる）冠動脈疾患やガンと関連するかもしれないという，強い証拠が示されている。高齢者の健康は，配偶者からのサポートや，より広範なコミュニティにおける社会的ネットワークからのサポートと関連する可能性がある（Egan et al., 2008）。

　ソーシャル・サポートは，全体的な免疫機能のケースにみられるように，病気に「かかる」可能性を下げるのか，あるいは病気にかかった後でその症状を改善するのか，それともその両方だろうか？　多くの研究によると，ストレスや病気とサポートとの関係や，サポートを行うタイミングを見極めるのは困難である。一方，心的外傷後ストレス障害（PTSD; Post Traumatic Stress Disorder），特に，戦闘にかかわるPTSDについては，ストレッサーのタイミングを同定することが比較的容易である。戦闘を経験する前の社会的ネットワーク因子は，戦闘経験のある退役軍人のPTSDの発生率にほとんど影響しない（Lerer & Kadushin, 1986）。これには，戦闘時の集団凝集性がPTSDの発生率を下げるという，よく引用されるが誤った「知見」も含まれる。しかし，さまざまな形で測定されたソーシャル・サポートが，戦闘後のPTSDの長期的影響を改善することは，多くの研究によって明らかにされている（Charuvastra & Cloitre, 2008）。さらに，このメタ・レビューによると，ソーシャル・サポートはPTSDと強く関連する変数のひとつであり，ソーシャル・サポートがPTSDの影響を弱めるという相関関係がみられる。とはいえ，サポートの適切なタイミングについては，おそらく研究がなされていない（Charuvastra & Cloitre, 2008）。また，このレビューは，サポートされていることに関する主観的な報告が，構造的なネットワーク測定よりもポジティブな影響をもつ可能性が高いことを示した。CharuvastraとCloitreは，トラウマの後に続く社会的つながりと安全の感覚が，これらの効果を説

明するかもしれないと示唆している。

　ネーム・ジェネレータのテクニックには，いくつもの欠点がある。第一に，尋ねられる名前の数には限りがある——多くの場合は5人程度であり，名前のあがった人々について追加の情報を尋ねる場合は，特にそうである。さらに，名前のあがった人々にとって，サポートは個人的なコストをともなうものかもしれず，そのため，名前があがるのは弱い紐帯よりも強い紐帯になりやすい。先に述べたように，社会関係資本の研究を進める原動力のひとつは，ホワイトカラーの職が強い紐帯よりも弱い紐帯からもたらされる，という発見に由来していた（Granovetter, 1973）。したがって，ソーシャル・サポートにおいても弱い紐帯は重要かもしれない。最後に，概念−指標モデル（Klausner, 1964）に基づくと，ソーシャル・サポートは，社会関係資本の単なる一例にすぎない。もちろん，それ以外の指標も数多く存在する。

▶▶▶ ネットワーク上の個人レベルの資源：ポジション・ジェネレータとリソース・ジェネレータ

　社会関係資本の諸側面を測定するもうひとつの方法は，ある種のルール，あるいは理論的に導かれた指標を用いること，そして，それを帰納的な実証的検証と組み合わせることである。物理学における古典的な例は，温度の測定である。多くの科学者による多くの観察によって，200年以上にわたって発達した理論によると，物質は，閉じ込められていない限り，温度上昇にともなって体積が増加する。これは，温度上昇あるいはエネルギーの上昇にともなう分子運動の増加によるものである。体積が増加できないように気体が閉じ込められている場合には，温度上昇にともなって圧力が上昇する。とはいえ，体積の増加を実験的に観察するにはどうすればよいだろうか。体積が増加する物質は数多く存在するが，われわれには，目盛つきのガラス管に閉じ込められた水銀がおなじみである。科学者たちは，方程式の定数を探し求め，水の凝固点（0℃）や沸点（100℃）といった測定点を決定した（Gillies, 2008）。

　「ポジション・ジェネレータ（position generator）」は，理論的かつ実証的に導かれた，ネットワーク資源へのアクセスの指標である。LinとDumin（1986）によって提唱された，この理論の命題は以下のとおりである。第一に，社会の本質として階層化を位置づけたとき，価値ある資源は，職業構造における高次の階層で見つかる可能性が高い。第二に，行為者が価値ある資源にアクセスできるとき，道具的行為が成功する可能性は高まる。第三に，高い地位に到達できる場合は，職の紹介といった価値ある資源にアクセスできる可能性も大きくなる。したがって，相続あるいは自らの功績によって，より高い地位にアクセスできる人々は，よりよい職を得ることができるであろう（古くからの言い伝え「何を知っているかではなく，だれを知っているかだ」）。さらに，「弱い紐帯の強さ」に関する命題は，高地位の親戚や親密な紐帯をもたない人々が，

そうした状況にもかかわらず，高地位の人々との何気ない交友関係を通じて，より高い地位を獲得できることを示唆する。この理論の当然の帰結は，後に展開されたように，幅広い地位にある人々とのつながりもまた，道具的な利得につながるというものであった。というのも，低地位の人々は，高地位の人々が所有していない（冒頭のストーリーにある芝刈り機の修理のような）スキルや知識にアクセスできる可能性をもつからである。そのため，幅広い地位にある人々との交友関係は，結果として，文化的コスモポリタニズムを生み出すかもしれない（Erickson, 1996）。これは，いくつかの威信の高い職業において有益である可能性が示されている。さらに，資源への潜在的なアクセスが可能であるということだけで，道具的な側面において有益な結果がもたらされうることも仮定されており，それらの資源が，実際に利用されたかどうかを実証する必要はなかった。1986年に行われた最初の定式化では，ネットワーク上の価値ある資源を「社会関係資本」とはよんでいなかった。これは，後に再概念化されたにすぎない。

「ポジション・ジェネレータ」の理論は，機能主義的成層理論（the functional theory of stratification; Davis & Moore, 1945）に基づいている。高地位の人物は，より多くの資源をもつ。なぜなら，「集合体あるいはコミュニティは，より価値ある資源をもつ個々の行為者に，相対的に高い地位を授けることで，（訳注：集合体あるいはコミュニティの）自己利益を高める」（Lin, 2001, p.31）からである。したがって，高地位の人物を知っている行為者は，そうした人々の価値ある資源を利用することができる。機能主義的成層理論は広く批判されているが（Hauhart, 2003），この理論をポジション・ジェネレータに応用することは，まず測定の点で，次にその予測力の点で有用である。以降では，これらの論点について取り上げよう。

温度測定の試みの中で直面する，較正（こうせい）（訳注：目盛りを定め，調整すること。キャリブレーションともいう）という難題は，「ポジション・ジェネレータ」でも同じく特徴的である。その難題とは，さまざまな社会に属する回答者が直ちに認識可能で，質問に含めることのできる職業を，広い範囲にわたって見つけることである（とはいえ，回答者を疲れ果てさせるほどたくさんの数ではない——無駄なく効率的な数は20だとされている）。質問文の表現は，研究の目的によって異なる。たとえば，「あなたの親族，友人，知人の中で，以下のような仕事に就いている人はいますか」という質問は，弱い紐帯から親密な紐帯まで，広い範囲にわたる回答を引き出す。一方，「名前を知っていて，話しかける程度には見知っている人のことを考えてください」という質問は，強い紐帯に焦点を当てている（Lin & Erickson, 2008b, p.10）。ポジション・ジェネレータに加えて，（オランダ語版の）「リソース・ジェネレータ（resource generator）」も開発されている。この方法では，「どなたか，以下のような方をご存

じですか。家具調度品を修理してくれる……パソコンについて一緒に何かしてくれる……あなたの子どもの世話をしてくれる」といった項目を含む，全部で 33 の項目について尋ねる（van der Gaag et al., 2008）。この研究では，回答者は親戚，友人，知人について尋ねられる。それに加えて，この研究では，標準的なポジション・ジェネレータを利用して，最大威信スコア（訳注：あげられた地位［職業］に付与された威信スコア［評価］の最大値），威信スコアの範囲，アクセスした地位（ポジション）の数，職業のジェンダー構成，そしてアクセスした地位に付与された威信スコアの合計といった多くの尺度も開発された。ほとんどの母集団において，これらは互いに強い相関を示す。個人のサポートや技能に関するいくつかの信頼性の高い尺度は，リソース・ジェネレータの質問項目から作成された。van der Gaag らは，「興味の対象であるアウトカムに，社会的ネットワークの存在が影響力をもつかどうかについては，どの測定指標を用いても答えが得られる」(van der Gaag et al., 2008)と結論づけている。とはいえ，アクセス可能な複数の資源を特定して尋ねる質問については，異なる複数の尺度を用いるのが有効かもしれないとも結論づけている。ポジション・ジェネレータは，（就職などの）道具的な (instrumental) 効果の測定には有用だが，（他者の価値観を理解するなどの）表出的な (expressive) 行為の測定にはそれほど有用とはいえない（訳注：ここでの「道具的」，「表出的」とは社会学者 Talcott Persons の用語であり，前者は目標達成のための外部への適応，後者は集団の維持を目的とする調整を意味する）。

さらに，Lin と Erickson (2008b) の指摘によれば，ポジション・ジェネレータとリソース・ジェネレータは，異なる社会的文脈に適合させることができる（そして，そうすべきである）。同じ職業であっても，異なる社会では異なる意味づけがなされている。チベット仏教の「ラマ」，ブリティッシュ・コロンビア州沿岸地域の鉱山管理者，中国の共産党幹部といった重要な職業のいくつかは，他の社会では存在しないか，あるいは威信をもたない。しかし，ジェンダーによる階層化は，あらゆる既知の社会に存在しており，それぞれの職業における威信のレベルは，ジェンダーによって異なる価値をもつかもしれない。そのため，こうした資源へのアクセスも，ジェンダーによって異なってくるであろう。また，ひとつの研究で複数の文化を扱うときに重要なのは，自身の民族集団と他の民族集団の両方で，さまざまな職に就いている人々を知っておくことかもしれない。

▶▶▶ 個人レベルの社会関係資本の関連要因

ネットワーク上の資源へのアクセスとして定義される社会関係資本には，観察可能な関連要因が数多く存在する。よい職を得ることは，もともとポジション・ジェネレー

タの一連の指標から得られるアウトカムとして想定されていたが、ネットワークの多様性や、（個人のもともとの社会的威信を適切に統制したうえで）アクセス可能な地位の威信に関連する要因としても広く認識されてきた。そのはたらきは、社会によって異なるかもしれない。たとえば、中国では、Granovetter がアメリカで見出した弱い紐帯よりも、強い紐帯のほうが有用である。オランダでは、「経済資本が豊かな職業へのアクセスが良好な者ほど、その人の職業の経済資本（文化資本ではなく）は豊かになる」(Lin & Erickson, 2008b, p.6)。多様性の高いネットワークは幅広い興味や情報をもたらすが、そのことは意見の多様性に関連するのと同時に、政治的活動にも関連するようになる。因果の方向性は明確ではないものの、多様なネットワークはボランティア組織への所属と関連している。

　社会的ネットワーク研究における一貫した知見は、社会的ネットワークと「ネットワーキング」の有用性に対する熱狂の中では、しばしば無視される。社会的ネットワークとは、排他的で不公正なのである。人々は、自らと類似した他者と関係をもつ傾向がある（同類性原理、第2章を参照）。そのため、人々が形成するネットワークは、似たような特徴をもつ人々によって構成されやすい。職業威信や社会経済的地位の低い人々、あるいは差別の対象となっている人々のネットワークは、同じ点、あるいはその他の点で不利な立場に置かれた人々で構成される傾向があるだろう。ならば、いかなる社会においても、不利な立場の人々が利用できるネットワーク上の資源が、有利な立場の人々がアクセスできる資源に比べて、弱い影響力しかもたないのは当然のことである。このことは、社会関係資本という概念の効用に関する信用度を高めるという、ポジティブな意味でとらえることができる。つまり、「指導経験、職業的階層、収入といった人口統計学的な特徴を統制しても、社会関係資本へのアクセスは、現在の地位の獲得に有意に寄与していることが明らかになった。『だれを知っているか』ということは、以前よりも高い地位の獲得を促進していた」のである (Cross & Lin, 2008, p.377)。とはいえ、だれを知っているかということが、不利な立場によって制約されることも確かである。Cross と Lin によるアメリカのデータでは、人種的・民族的な同類性が、不利な立場にある人々に社会関係資本の不足をもたらし、そうした人々の出世や、アメリカの一般社会への統合の機会を制限していることが明らかになった。同様の考察は、女性についても成り立つ。女性たちは、歴史的に不利な立場に置かれており、主に弱い紐帯に関する知見に基づくと、より少ない社会関係資本しかもたない (Marsden, 1987; Marsden & Hurlburt, 1988)。また、人種的・民族的少数派と同様に、彼女らは職場で形成可能なネットワークの種類についても不利な立場にある (Ibarra et al., 2005)。一方、Cross と Lin (2008, p.378-379) は、自らのデータの慎重な分析と、ポジション・ジェネレータを用いた北アメリカの社会関係資本に

関する他のデータについてのレビューを行ったが，社会関係資本に対するアクセスが男女間で不平等であるという十分な証拠を見出していない。おそらく，彼らが示唆しているように，ここで問題となるのは社会関係資本へのたんなるアクセス可能性ではなく，むしろ社会関係資本の活性化なのかもしれない。というのも，リソース・ジェネレータは，資源への実際のアクセスではなく，その可能性のみを測定しているからである。彼らは，地位達成の要因として，資源動員（resource mobilization; 訳注：資源を利用して目標の達成を追求すること）に全面的に立脚した研究が，今のところほとんど存在しないことにも言及している。

ネットワーク上の資源に関するその他の指標

ポジション・ジェネレータとリソース・ジェネレータは，個人が利用可能なネットワーク上の資源について，その程度や範囲を確認することを目的としている。このアイデアは，ネットワーク上の資源に関するその他の指標を用いることで，拡張および変化させることができる。ここでは，開発可能なネットワーク上の資源という，基本的なアイデアを拡張した例をいくつかあげよう。SonとLin（2008）が分析した『2000年社会関係資本とコミュニティに関するベンチマーク調査 *The 2000 Social Capital Community Benchmark Survey*』[7]には，11の項目が含まれていた。質問は，「あなたが個人的な友人だと思う，すべての人々について考えてください。最も親密な友人だけではありません——あなたの個人的な友人には，次のような人がいますか……自営業者……肉体労働者……異なる宗教の人……コミュニティのリーダー」といった項目と，さまざまな社会的地位にあるターゲットに関する同様の項目を含んでいた。SonとLinは次のように示唆している。「これらの項目は，一見すると個人レベルの社会関係資本の体系的な指標には見えないかもしれないが，回答者の友人の職業，経済的地位，そして人種といった，友人関係の紐帯のさまざまな特徴をとらえている（すなわち，社会関係資本の橋渡し的側面と，結束的側面である）。言い換えると，これらの項目は，社会経済的地位の観点に基づいて，友人関係ネットワーク内に埋め込まれた資源の多様性と豊かさの両方を意味している」。この調査は親密な友人に限定されていたわけではないため，弱い紐帯がいくつか含まれていた。したがって，これらの11項目の合計は，社会的資源に対する個人のアクセスの多様性に関する指標となる。

別のタイプのネットワーク上の資源としては，個人とボランティア組織とのつながりがある。先に述べたように，ネットワークの多様性はボランティア組織への所属と関連する。したがって，所属するボランティア組織の数は，その人にとって利用可能な資源の範囲を表しているかもしれない。さらに，所属する組織のタイプ（たとえば，宗教，政治，スポーツなど）が多いほど，ネットワークの多様性は高まる。同様に，

組織の人口統計学的特徴，ジェンダー的特徴，民族的特徴もまた，別の多様性の指標になりうる。さらに，アクセスできる資源の量は，組織によってさまざまである。因子分析を用いてこれらの複数の指標を合成し，単一の指標を作成することで，ボランティア組織への所属を通じて個人がアクセスすることが可能な，ネットワーク上の資源の総量を表せることが示されている。

ある個人が所属する組織の数とその多様性は，（価値観や生活水準の保持といった，表出的な）市民問題への関与を予測していた。一方，（特定の利益を得るための）道具的な活動への関与を予測する変数は，組織の数ではなく多様性であった。一般的に，集団所属以外の個人レベルの社会関係資本に関する指標は，道具的な市民活動を一貫して予測していた。

資源へのアクセスに関する指標を用いて検証されたのは，先に移住した人々から提供される情報が，後続の人々の移住コストを下げるという理論であった（Garip, 2008）。村落と世帯の両方のレベルを視野に入れ，縦断調査やフォーカス・グループ，フィールド観察の手法を用いることで，Garip は，タイで農村から都市部へと移住した人々の職業と目的地の分布について検討した。ネットワーク上の資源の有用性に関する量的な研究と同様に，彼女は，移住のパターンがさまざまな要因に左右されることを明らかにした。彼女が記したように，「職業による資源の多様性が移住の可能性を高める一方で，目的地の多様性は移住を抑制する。移住に対してより強い効果があったのは，同じ世帯の住人のような強い紐帯から得られる資源よりも，同じ村の住人のような弱い紐帯から得られる資源であった」。

Son と Lin，そして Garip の事例は，ネットワーク上の資源という一般的な概念が，価値ある結果に対するこれらの資源の重要性を検討する際に，どのように応用できるのかを示している。標準化された測定法は有益であるが，さまざまな応用，すなわち，それらの測定法に基づく新しい指標を開発するために，ネットワーク上の資源というアイデアを新奇な方法で扱うことも，同じように有益である。

ネットワーク上の資源が，文脈に応じて異なる形で機能することを明らかにした研究は，他にもいろいろある。いくつかの例をあげよう。

● 試作品の開発に従事しているチームは，その社会的ネットワークの構造が，（訳注：チームの）外部に向かう冗長性の低い紐帯を多く含んでいた場合，プロジェクトをより早く完了させていた。一方，同じネットワーク構造の場合でも，既有の知識を活用するチームでは，プロジェクトの完了により多くの時間がかかっていた。その主な理由は，課題には必要とされないような外部に向かう紐帯を，必要ではないにもかかわらず，維持しなければならなかったからである（Hansen et al., 2001）。

- 投資クラブにおいて，クラブに加入する前から存在していたメンバー相互の道具的な紐帯の数と，クラブの財政的なパフォーマンスとの間には，（適切な［訳注：剰余変数の］統制を行ったうえで）直接的な正の関連がみられた。厳密には，その理由ははっきりしない。これらのクラブでは，課題志向性が改善され，組織の多様性が期待されたとおりに高まり，このことがさらに課題志向性を向上させていた。しかし，多様性はパフォーマンスと負の関連を示していた（Harrington, 2001）。これは，個人レベルの社会関係資本が集団レベルの社会関係資本を増加させるという，クロスレベルの分析である。
- イスラエルの新興ソフトウェア業界では，ネットワークの中心性と地理的近接性が，採用する戦略の類似性に関連していた（Gabbay et al., 2001）。
- フィンランドの大規模保健機関において，密度の低いネットワーク（構造的すきま）をもつ従業員は，直接のつながりをもたないが，自分のために問題を解決してくれそうな人物の名前をよりあげやすい傾向がみられた。このように，従業員は密度の低いネットワークからいくらかの道具的な利益を得ていた。一方，作業ユニットは高い信頼感をもつことによって，凝集性の高い内部ネットワークから利益を得ていた。間接的なネットワークは，優先順位を決定するのにきわめて重要となる情報の流れを弱めていた。密度の最も低い社会的ネットワークと，密度の最も高い社会的ネットワークは，いずれも最適な結果を生み出さない。最適な凝集性のレベルを決定することは，複雑な作業のように思える（Johanson, 2001）。
- Linら（2001, p.228）によると「ある環境で価値ある社会関係資本は，他の環境では役に立たないか，かえって有害かもしれない」。一般的には，学歴が高い人ほど，より多くの資源へのアクセスをもつ。しかし，この関係はすべての状況で保たれるわけではない。たとえば，ハリケーン被害の後では，学歴の低い人々ほど親族を頼り，より多くのインフォーマルなサポートを得ていた（Hurlbert et al., 2001）。

社会システムの属性としての社会関係資本

社会関係資本は，社会システムそれ自体の属性としてもとらえられてきた。社会システムのネットワーク構造は，システムに重要な利益をもたらすかもしれないが，同時にネガティブな帰結ももたらすかもしれない。このことは，「集団レベルでの社会関係資本に焦点を当て，(1) ある集団が，集合的資産（collective assets）としての社会関係資本をどのようにして発達させ，ともかくもそれらを維持するのか，(2) そうした集合的資産は，どのようにして集団成員の人生のチャンスを高めるのか……といった議論を引き起こす」（Lin, 2001, p.22）

集団レベルでは，社会関係資本のひとつの側面が，いかにしてその集団の他の資産を増やすのかについての命題が存在する。言い換えれば，社会関係資本は，より多くの社会関係資本を生み出すことができる。集団レベルの社会関係資本は，Tönnies，Marx，Weber，Durkheim，Pareto，Simmel，Kroeber，Parsons，Lévi-Strauss，そして Merton といった偉大な理論家たちが，さまざまな方法で詳細に述べてきたアイデアである。そこには実証的な知見だけでなく，きわめて広い範囲にわたる概念や理論的志向性，命題がかかわっていることは，言わずと知れたことである。社会システムの属性としての社会関係資本について，その内包（訳注：潜在的な意味）と外延（訳注：明示的な意味）を広い視野から見渡すことは，測定の問題につながるだけでなく，幅広い命題を生み出すことにもつながる。ここでは，理論への主な貢献をいくつかレビューしよう。

▶▶▶ 社会システムとしての社会関係資本の理論家たち

Pierre Bourdieu は，構造的な社会関係資本の定義を示した最初の社会科学者である。彼は，社会関係資本を，集合体と個人の双方にとってのネットワーク上の資源と解釈した。彼が述べているように，社会関係資本は「実際の，あるいは潜在的な資源の集合であり，大なり小なり制度化された関係として，相互に知り合い，あるいは承認し合う，永続的なネットワークの所有とつながりをもつ（Bourdieu, 1985, p.248）」[8]。Bourdieu はさらに，社会関係資本は「社会的義務（『つながり』）から構成されており，一定の条件下で経済的資本に変換可能であるとともに，高貴な称号の形式へと制度化される可能性がある（Bourdieu, 1985, p.243）」と説明している。資本（経済的資本と，文化的あるいは情報的資本を含む）の概念に関するセミナーでの議論で，彼は自身の初期の定義に，集団あるいは個人のいずれかが，社会関係資本の資源を得ている可能性を付け加えた（Bourdieu & Wacquant, 1992, p.119）。

James Coleman は，以下の機能的な定義を提唱している。「社会関係資本は，その機能によって定義される。それは単一の実体ではなく，2つの共通した特徴をもつ，異なるさまざまな実体である。それらはすべて，社会構造のいくつかの側面から構成されており，その構造の内部にいる個人のある特定の行動を促進する」（Coleman, 1990, p.302）。Coleman の立場では，社会構造は関係性からなる。社会構造が社会関係資本となるのは，それが行為者のさらなる目標の追求に役立つものとなるときである。Sandfleur と Laumann（1998）は，Coleman の社会関係資本論における三種の利益を見出している。それらは，情報，影響とコントロール，そして社会的連帯である。これらは分析上区別されるが，一体となって作用しうる。

集団レベルの社会関係資本は，時宜にかなった信頼性の高い情報を個人に提供する。

Colemanは，閉鎖的なネットワーク・システムによって生成された信頼の例を紹介している。ニューヨークのダイヤモンド地区では，47番街を掌握しているハシディズム派（訳注：ユダヤ教の立法の内面性を尊重する，神秘主義・敬虔主義的な一派。黒い帽子，黒い服に長いあごひげが特徴）のユダヤ人の緊密なネットワークのおかげで，不正が直ちに明るみに出る。こうした環境によって，人々は何千ドルもする宝石を握手だけで（訳注：書面なしで）取引することが可能になる。緊密な近隣社会において，友人や隣人が子どもたちを見張ることで，子どもたちは両親がいないときも安全に遊べるようになる。また，移民にとって，自民族の居住地は，相互の助け合いという社会関係資本上の利点をもたらし，雇用を提供する。一方，そうした居住地はネガティブな帰結ももたらす。部外者は立ち入れなくなり，個人の自由にも深刻な影響がある。そして，個々人が（訳注：社会の）主流に加わることや，「白人っぽくなりすぎる」のを妨げてしまいがちである（Portes & Sensenbrenner, 1993; Waldinger, 1996）。また，緊密なネットワークはプライバシーの喪失にもつながってしまう。もうひとつの奇妙な欠点（少なくとも世間一般にとっての）は，緊密な近隣社会が，「売り渡された共存（negotiated coexistence; Browning, 2009）」（訳注：都市部における近隣住民と犯罪者とのつながりが，資源の交換に基づく社会的ネットワーク上での相互依存関係を強める一方，コミュニティの集合的効力感を低下させ，犯罪の統制を困難にするというモデル）の中で，外部の訴追から犯罪集団を守ることができてしまう点である。

　第7章「組織とネットワーク」では，鍵となるプレイヤーたちが，構造的すきまをもつシステムによって，いかにして多様な情報源からの情報を素早く利用できるようになるかを学んだ。社会的ネットワークは排他的で「不公正」であるため，構造的すきまを多くもつシステムは，情報へのアクセスを操作できる人々に優位性を与える。

　SandfleurとLaumannの見解では，指示を出したのが従うに値する相手だと考えて，人々が自分に対する指示を受け入れるとき，影響とコントロールは正当だとみなされうる（第7章を参照）。信頼はこうした権威の基礎であり，さまざまな社会的行動――あるものは望ましく，あるものはそれほど望ましくない――を生み出す社会関係資本の属性である。したがって，社会関係資本の影響とコントロールの側面は，意思決定と行動を促進する。

　社会的な連帯は，集団レベルの社会関係資本の，最も一般的な側面である。その理論は，相互の信頼とコミットメントが，集団規範，相互作用の繰り返し，あるいはその両方から生まれるというものである。信頼と価値の発達は，時間の流れの中で起きるプロセスであり，社会的ネットワークの発達にフィードバックされるため，一般的には直接観察できないプロセスである。しかし，シミュレーションは，このプロセスがどの

ように生まれるのかについての手がかりを提供してくれる（Glanville & Bienenstock, 2009）。GlanvilleとBienenstockのシミュレーションによると，間接互恵性（indirect reciprocity），あるいは一般互恵性（generalized reciprocity）は，時間とともに増加する。一般互恵性とは，他者への援助行為が集合的な義務としてなされ，即時の報酬を期待してなされるのではないことを意味する（第5章を参照）。一般互恵性は，社会的連帯と信頼の発達の重要な帰結であり，西武開拓時代の辺境社会（フロンティア）における納屋の棟上げは，その典型的な事例である。そのため，社会関係資本は社会とコミュニティを結びつける基礎とみなされる。

▶▶▶ 孤独なボウリング

社会システムの属性としての社会関係資本は，一般的に，Robert Putnamの『孤独なボウリング *Bowling Alone*』と関連づけられているアイデアである。Putnamは，Colemanを土台として，以下のように話を始めている。

> 社会関係資本論において中核となるアイデアは，社会的ネットワークが価値をもつ，ということにある……社会的接触は，個人と集団の生産性に影響する……［さらに，］社会関係資本がさし示しているのは個人間のつながり，すなわち社会的ネットワーク，およびそこから生じる互酬性と信頼性の規範である。この点において，社会関係資本は「市民的美徳」とよばれてきたものと密接に関係している。違いは以下の点にある——市民的美徳が最も強力な力を発揮するのは，互酬的な社会関係の密なネットワークに埋め込まれているときであるという事実に，「社会関係資本」が注意を向けているということである（Putnam, 2000, p.18-19; 柴内訳, 2006, p.14, 一部改変）。

この本が広範囲にわたって影響を与えたのは，ひとつにはPutnamのとっつきやすい散文体のおかげだろう。それと同時に，そのスタイルによって，彼が示す概念と指標との形式的な関係を追うことは難しくなってしまった。ここでは，彼のいくつかのアイデアがもつ意味を明らかにしてみる。

彼の基本的なアイデアは，政治活動，市民活動，宗教活動，職場活動，ボランティア，そしてインフォーマルなネットワークへの参加が，社会的信頼の文化を醸成し，異なる集団を橋渡しする一般互恵性のネットワークを生み出すというものである。社会関係資本によって得られるのは，民主主義，寛容，そして市民的コミュニティへの参加である。また，社会関係資本は，その結果として，低い犯罪率，安全な近隣社会，少ない脱税，よりよい学校（教育），そして経済成長をもたらす。しかし，アメリカにおける地域参加は減少してきており（比喩ではあるが——人々はチームやリーグでボ

ウリングをするのではなく，1人でやっている），社会関係資本の量も減少している。このことは，ポジティブな結果の減少にもつながってしまう。

　この議論における社会関係資本と社会的ネットワークは，潜在的な概念である。つまり，それらは直接的には観察できない。ネットワークは，社会関係資本の指標でもあり，社会関係資本へとつながるプロセスでもある。Putnam が使う意味でのネットワークは，潜在変数である。なぜなら，すでに述べたように，原理的にはコミュニティ内のすべての社会的ネットワークを描くことが可能だとしても，現実には不可能だからである。それができたところで，だれも結果を理解することはできないだろう。Coleman の理論にあるように，われわれが関心をもっているのは，単なるネットワークではなく，互恵性と信頼によって特徴づけられたネットワークである。互恵性が最良のものとなるのは，それが一般化されたときであり，網状一般交換がそうである（第5章を参照）。ある人が，別のだれかに何かをしてあげる。しかし，何らかの直接的な見返りは期待しない。その人はむしろ，社会システムや集団がいつかお返しをしてくれると信じている。この種のネットワークを大きな社会システムの内部で測定することは，ほとんど不可能である。そのため，ネットワークに関する一連の指標が存在しており，その多くは何らかの社会参加を基準にしている。これまで述べてきたように，Putnam の理論では，社会参加が社会的ネットワークを生み出す。また，社会参加は信頼を高めるとともに，一般的な文化としての信頼も高め，今度はそれが社会参加を促進するという好循環をもたらす。したがって，信頼は社会関係資本のひとつの属性である。社会参加と教養としての信頼は，政党のための活動や，だれかを家でもてなすなどの行為，あるいは態度——ほとんどの人は信頼できると信じること——で示される。コミュニティレベルの豊かな社会関係資本は，コミュニティにおける犯罪を減少させるといった，さまざまなポジティブな結果をもたらす。つまり，全体として，コミュニティ内の個人が政治的にアクティブで，だれかを家でもてなし，ほとんどの人は信頼できると考えているならば，コミュニティにおける犯罪は減少する傾向がある。統計的な用語でいえば，これは2レベル・モデルである。すなわち，（訳注：第1レベルは）さまざまなことを行い，互いを信じる個人であり，第2レベルはコミュニティにおける犯罪である。『孤独なボウリング』では，アウトカムの変数はすべてコミュニティの変数であるが，ほとんどの予測変数は個人レベルの変数か，個人レベルの変数を集計したものである。

　Putnam の概念化には，いくつかの問題がある。いくつかの指標，たとえば民主主義にかかわるものは，民主主義の原因でもあり，社会関係資本のプロセスの結果でもある。このことは，議論が循環的だという非難につながる（Portes, 1998）。しかし，その関係は，社会関係資本が好循環の中でさらなる社会関係資本を生み，逆に，社

会関係資本の少なさがさらなる社会関係資本の減少につながる，と述べているようにも解釈できる。『孤独なボウリング』では，こうした重要な点が十分に明確になっていないが，Putnam は，別の場所でこのことについて言及している（Putnam et al., 1993）。しかし，社会関係資本のアウトカムのいくつか，たとえば健康の増進は，トートロジー的ではない。健康そのものは，社会関係資本の指標ではないからである。したがって，いくつかの概念や指標は循環的であるが，その他のものは実証的に検証可能である。Putnam が，これまで指摘されてきたような意味でトートロジー的であり，しかも実証的に誤っているということはありえない。『孤独なボウリング』の中でも，社会関係資本のアウトカムについての広範な検証は示唆に富んでいる。とはいえ，これらのアウトカムは「生態学的誤謬（ecological fallacy）」にさらされている。なぜなら，それらは州レベルで集計されたアウトカムであるとともに，個人レベルの属性やアウトカムについても示唆しているからである。生態学的誤謬とは，集合レベルでの属性間の相関が，個人レベルでの相関にもあてはまると解釈してしまうことである。たとえば，（Putnam によって指標化されたように）社会関係資本のより豊かな州に住んでいる人々ほど，幸福感がより高くなるとしよう。ここから示唆されるのは，個人レベルでより豊かな社会関係資本をもつ人々も，同様に幸福感がより高くなるということである。これは真実かもしれないし，真実ではないかもしれない。統計学者たちは，長い間，この種の相関を誤謬とみなしてきた（Robinson, 1950）。この問題には解決法がある。『孤独なボウリング』では明らかでないが，その後の研究で Putnam が採用してきたマルチレベル分析である。

▶▶▶ 社会システムレベルの社会関係資本とその帰結に関する近年の知見

影響力の強い『孤独なボウリング』以降の研究は，その成功の程度はさまざまながら，コミュニティレベルの社会関係資本症候群(シンドローム)を解明しようと試みてきた。Son と Lin による『社会関係資本とコミュニティに関するベンチマーク調査』は，独立した個人レベル，集合レベルの指標を数多く含んでおり，有用である。これらの指標は，鍵となる独立変数，従属変数の選択によって，さまざまなタイプの尺度分析に使うことができる。しかし，彼らや他の研究者も指摘しているように，集合的なコミュニティレベルの社会関係資本がもたらす帰結は，個人レベルの社会関係資本のさまざまな指標がもたらす帰結に基づいており，これは階層線型モデル（Hierarchical Linear Model; HLM; Raudenbush & Bryk, 2002）のような，複雑なマルチレベル分析を必要とする。こうした分析では，集合レベルのデータと個人レベルのデータを同時に検討する――これは，『孤独なボウリング』や，それに基づくほとんどの研究では行われていない。

いくつかの研究は，James Coleman のアイデアに直接基づくものである。社会

関係資本に関するColemanの仮説のひとつは，両親と子どもたちの間の「閉鎖性（closure）」が，子どもたちのウェルビーイングを促進するというものだった（Coleman, 1990, p.590-600）。Dufurら（2008）は，『1979年全国若者縦断調査 *The National Longitudinal Survey of Youth; NLSY79*』の母親‐子どもデータに含まれる指標で，Colemanが用いた指標と類似のものを用いて，家族レベルの社会関係資本を子どもたちに投資することが，1年生から8年生までの子どもたちの問題行動に及ぼす影響を，学校レベルの社会関係資本との比較を通じて検討した。家族レベルの社会関係資本への投資に含まれていたのは，両親が名前を知っている子どもの友人の数，子どもが家にいないとき，だれといるのかを両親がどのくらいわかっているか，子どもの教会（礼拝）への参加，そして両親の週あたりの通常労働時間であった。それに加えて，それぞれの学校の校長は，子どもの両親が学校へのアドバイスをどの程度行ったか，プログラムデザイン（訳注：課外活動の方針などの具体的な設計）にどの程度参加したか，方針の決定にどの程度従事したか，そして課外活動のプログラムにボランティアとしてどの程度参加したか，といった点について評定を行った。これらは，ネットワーク上の個人の資源とは異なる指標であることに注意してほしい。むしろ，これらは投資に関する間接的な指標であり，その投資先は，個人に見返りをもたらすような集合レベルの2種類の社会関係資本である。2つの潜在変数——家族レベルの社会関係資本と学校レベルの社会関係資本，そして適切な統制変数——で表されるこれらの指標によって，家族レベルの社会関係資本は問題行動と負の相関を示していたが，学校レベルの社会関係資本はそうではないことが明らかとなった。この研究で得られた知見は，Colemanがもともと主張していた家族レベルの社会関係資本の重要性に立ち返ったようにも見えるが，他の研究では，家族レベルの社会関係資本よりも，学校レベルの社会関係資本が重要であるとの指摘がある。この論争は未だに解決していない。

「一般的信頼」の測定にしばしば用いられるのは，「一般的に言って，ほとんどの人は信じられると思いますか，それとも，用心するに越したことはないと思いますか」（General Social Survey, since 1972）という社会調査の質問か，あるいは似たようなバリエーション（最初の使用は1950年までさかのぼる）である[9]。人を信頼するというのは，一見するとあいまいな項目である。なぜなら，Abraham Lincolnの言葉を言い換えると，「すべての人をしばらくの間，信頼することはできる。何人かの人は常に信頼できる。しかし，すべての人を常に信頼することはできない」からである（訳注：Lincolnの1858年のスピーチは，「すべての人をしばらくの間，だますことはできる。何人かの人をずっとだましておくこともできる。しかし，すべての人をずっとだまし通すことはできない」）。一般的信頼の質問は，Lincolnの言葉を割り引いたとしても，見た目ほどには調査項目として信頼できないわけでも，妥当性がない

表 10-1　互恵性と信頼の類型

	互恵性／信頼のレベル	
	低い	高い
資源が多い	高い取引コスト	効率的な市場
		ソーシャル・サポート
資源が少ない	職に関する情報だが，質の低い職	頼母子講
		ソーシャル・サポート

Glanville, J. L., & Bienenstock, E. J. (2009). A typology for understanding the connections among different forms of social capital. *American Behavioral Scientist*, 52, Copyright © 2009 SAGE Publications.

わけでもない。国という集合レベルでは，この質問はかなり信頼できる。ただし，この測定法が，Putnam が仮定した市民的美徳の関連要因として妥当であるかどうかは，また別の問題である。「ほとんどの実証研究は，市民社会［原因または結果としてのボランティア組織での活動］に立脚した一般的信頼の説明を大事にしてこなかった」(Nannestad, 2008)。

　問題の一部は，信頼が資源へのアクセスと同義だとみなされていることにある。しかし，資源が豊かな環境もあれば，そうではない環境もある。また，互恵性と信頼が高い環境もあれば，そうではない環境もある。Glanville と Bienenstock（2009）は，互恵性と信頼のいずれの次元も変化しうることを示し，こうした状況がもたらす結果を表 10-1 (Glanville & Bienenstock, 2009, p.1518 の Figure 1 を改変）のようにまとめ，いくつかの示唆を与えている。

　社会システムが，信頼のレベルは低く，資源は多いということで特徴づけられるのであれば，多くの商いや取引がある一方で，取引コストは高いだろう。このことは，多くの財があるが，買う者も売る者も用心深くなければならないことを意味する。互恵性のレベルも信頼のレベルも低く，資源も少なければ，（Granovetter の弱い紐帯の状況で）職に関するどのような情報が伝えられるにしろ，それはあまりよい職ではないだろう。高いレベルの信頼にともなうのがソーシャル・サポートだが，資源の少ない環境ではほとんど助けにはならない。信頼のレベルが高く，資源も多いとき，市場は有用で効率的である（Coleman のダイヤモンド地区の例）。一方，資源は少ないが，信頼のレベルは高いという場合，貧しい人々の間では頼母子講（無尽）を結成するのが一般的である。

　世界銀行は，集合レベルの社会関係資本を築くというアイデアに取り組んできた（Feldman & Assaf, 1999）。その例として，社会基金がある。これは「複数のセクターにまたがるプログラムであり，貧しく脆弱なコミュニティのニーズに合わせることと，地域レベルでの社会関係資本，および地域レベルでの発展への貢献をターゲットとす

る，小規模な公共事業への融資（通常は補助金）を提供する」。しかし，近年の研究によると，社会基金は新たな社会関係資本を築くというよりも，むしろ既存の社会関係資本を利用しており，また新たな関係を生み出すというよりも，むしろ既存の関係の上に築かれている（Vajja & White, 2008）。一方で，南アフリカの農村におけるランダム化比較試験では，「信頼区間は広かったものの，介入群において，対照群よりも高いレベルの構造的，認知的社会関係資本が」見出された（Pronyk et al., 2008）。この点に関する結論は，まだ下されていない。

ここ数年の間，コミュニティレベルの社会関係資本と個人的健康を結びつけようとする研究が数多く行われてきている。得られた知見はさまざまである。「コミュニティレベルの社会関係資本と健康との関連は……何を健康上のアウトカムとするか，調査対象の母集団は何か，そしてどの場所で調査を行ったかによって異なってくる……この事実は，コミュニティレベルの社会関係資本と健康との関連を概念化しようとするとき，そうした多様性（diversity）を考慮する必要があることを示している」(van Hooijdonk et al., 2008)。得られた知見に食い違いがみられる理由の一部は，コミュニティレベルの社会関係資本に関する定義や測定法が異なること，個人レベルの健康の測定法が異なること，そして正しいマルチレベル・モデリングが用いられていないことによる。

以下に示すのは，心臓発作とボランティア組織への所属との関連についての最近の研究であり，「どのようにすればよいのか」の具体例である。この研究が示すのは，奇想天外でかなり強引な，ネットワーク理論の「魔法」である。ボランティア組織で働く人々の数は，どのように心臓発作の発生率に影響するのだろうか。実証的な問いは，コミュニティレベルの社会関係資本と，冠動脈疾患の再発との関連である。コミュニティレベルの社会関係資本は，個人レベルの社会関係資本とは区別され，後者は，自身の社会的ネットワークに埋め込まれた資源に対する，個人レベルのアクセスとして概念化される。Scheffler ら（2008）は，これまで議論してきたのと同様に，個人レベルの社会関係資本がソーシャル・サポートのアイデアと重複することを指摘している。彼らのモデルで仮定されているのは，コミュニティレベルのソーシャル・サポートが，(1) 治療や予防策に関する情報の利用可能性を高める，(2) 政治的な組織化を行う際に必要な労力を低下させ，それによって，より多くの医療施設をコミュニティに誘致するための労力も低下させる，(3) ソーシャル・サポートにアクセスしやすくする，ということである。コミュニティレベルの社会関係資本がもたらすこれら3つの結果は，直接測定することはできないものの，示唆的であり，ひいては健康の増進につながる（図10-2）。

Putnam の理論における，コミュニティレベルの社会関係資本のひとつの側面は，

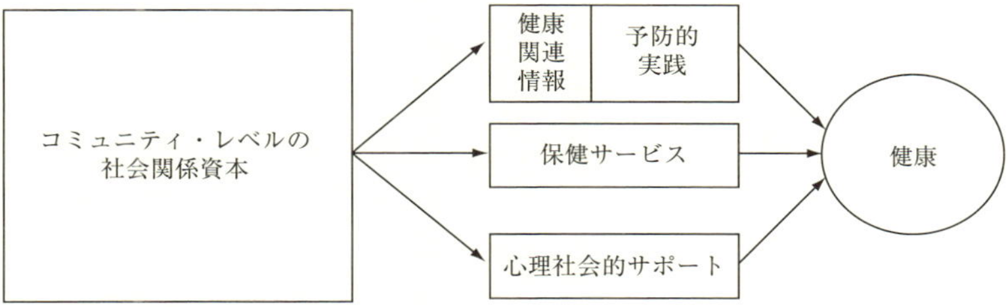

図10-2 社会関係資本から健康への経路
Scheffler, R. M., Brown, T. T., Syme, L., Kawachi, I., Tolstykh, I., & Iribarren, C. (2008). Community-level social capital and recurrence of acute coronary syndrome. *Social Science & Medicine* 66(7):1604, Figure 1.

ボランティア組織の活発さである。Schefflerらの研究では,ボランティア組織への参加度を個人レベルで集計するのではなく,Petris社会関係資本指標（Petris Social Capital Index; PSCI）を用いていた。これは,ボランティア組織の職員数に関する,郡別産業統計（County Business Patterns; CBP）の人口調査報告に由来する。この指標を算出するために選択されたボランティア組織は,Putnamのベンチマーク調査でリストアップされていたものである。この指標は,そうしたボランティア組織に従事している人数を郡ごとにカウントする（Brown et al., 2006）。そのため,これは理論的に導き出されたコミュニティレベルのネットワーク上の資源を示す指標となり（直接それを測定しているわけではないが）,個人レベルの測定とは明らかに異なるレベルに位置する。一方,個人レベルの従属変数には,医療関係者から報告されたカイザー・パーマネンテ（訳注：アメリカ最大規模の医療保険団体。保険とメディカルケアの両方を一体で提供し,この団体が運営するカイザー保険は,系列のメディカルセンターでのみ利用可能である）の記録を用いている。この記録は,個人の自己報告には一切基づいていない[10]。分析では,個人の健康状態と多くの個人属性が統制され,また,国勢調査の地域ブロックごとに,世帯収入の中央値,収入格差,人種的分断程度といった属性についても検討が行われた。したがって,ここでは3レベル（訳注：個人,地域,コミュニティ［郡］）の統計解析が適用された。この複雑な研究の本質は,コミュニティレベルの社会関係資本が,急性冠症候群の再発に関する相対リスク（relative risk; 訳注：ある要因の非曝露群と比較した場合の,曝露群での疾病の発生頻度）の9％もの減少と関連していたことである。交互作用効果もみられたが,その理由は,冠状動脈疾患の発症リスクに関するいくつもの重要な要因を統制したうえでも,この結果が,居住地域の世帯収入の中央値が全体の中央値よりも低い人々にしか

あてはまらなかったからである（Scheffler et al., 2008, p.1611）。Scheffler らは，得られた関連性は強くはないが，それでもなお，この研究は公衆衛生に対する潜在的に重要な示唆を含むと指摘している。なぜなら，急性冠症候群はアメリカにおける死因のトップであり，およそ1,400万人に影響するからである。居住地域の影響が，主に収入の低い地域で発生するという事実は，アメリカのヘルス・ケアに関する議論において重要な部分である。

われわれは今どこにいるのか

社会関係資本は拡散した概念である。そのアイデアの核心には「社会的ネットワークには価値がある」という仮説がある。金融資本は社会関係資本の類例であるが，マネーとは価値であり，人々はより多くのマネーを得るためにマネーに投資する。それとは異なり，社会的ネットワークには共通の貨幣が存在しない。社会的ネットワークは多くの形態をとり，生み出す価値はきわめて多様である。社会関係資本論の基礎をなす2つの前提――（1）行為者は将来のアドバンテージを見越して，能動的に社会的ネットワークに投資する，（2）社会的ネットワークは，行為者が自身の利益のために引き出すことができる資源を含む――が直接的に検証されることはまれである。むしろ，そこで仮定されているのは，自身が勝ち取ったものであれ，相続したものであれ，価値の高いネットワークをもつ行為者は，価値の低いネットワークをもつ行為者よりも，結果的に高い価値をもつアウトカムを得られる，ということである。鍵となるのは，資源への潜在的なアクセスである。投資のプロセスそのものに関する説明，あるいは必要な資源を実際に活性化することに関する説明は，ほとんど行われていない。この章の冒頭で述べたお話は，たんなるお話にすぎない。それにもかかわらず，社会的ネットワークには効用があるという主張は，どう見ても非常に魅力的であり，多くの関心や研究，サポートを引きつけてきた。ネットワークに関するいくつかの構造と属性は，適切に定義された場合，いくつかの重要なアウトカムと一貫した関連を示す。この点については，十分な証拠が得られている。

例によって，悪魔は細部に宿る。ネットワークには2つのレベルが存在する。すなわち，コミュニティあるいは集団レベルと，個人レベルである。後者の方が扱うのは簡単なため，この章ではそれをまず紹介した。最も成功し，広範に検証された社会関係資本の仕様書は，Nan Lin とその共同研究者のもので，彼らが見出したのは，多くの，そして（または）広範囲の職業に就いている友人をもつか，高地位の職業に就いている友人をもつ人々は，職業上のアウトカムが向上するということであった。このことが意味するのは，（直接的には検証されていないものの）よりよい職業に就くために，

人々は友人ネットワークから提供される資源を引き出すことができる，ということである。多くの場合，介在するメカニズム——ネットワーク上のこれらの資源に実際にアクセスすること——が測定されていないことを考えると，ここで得られた知見は印象深い。クロスレベルの分析もいくつかあり，豊かな職業的資源をもつコミュニティに所属する個人は，よりよい職業上のアウトカムを得られることが示されている。移住と移民の居住地に関する研究は，資源としての緊密なネットワークがもつ，ふたつの顔を明らかにしている。場合によっては，個人レベル，あるいはコミュニティレベルのネットワークは，移住者が新しい国や地域で職を見つける際の助けとなる。ひとたび移民のコミュニティができあがると，その成員は，一般的に，緊密に結びついた自民族のネットワークを通じて職を見つける。一方，民族ネットワークの活動の中心が民族コミュニティに偏っていることは，外界へのつながりを制限する可能性がある。同じような諸刃の剣は，職業ネットワークでもみられ，緊密なネットワークが内部の資源へのアクセスを与える一方で，より広い範囲に分布する資源へのアクセスを制限してしまう。

　健康の領域において，社会関係資本はソーシャル・サポートとして概念化され，それは社会的ネットワークによって与えられるもの，または潜在的に利用可能なものとされているようである。ソーシャル・サポートに関する文献は非常に多く（その多くは社会関係資本の概念が広まるよりも前のものだが），その知見をたどるには，レビュー論文のメタ分析という手法に頼らなければならなかった。それらのレビューは，個人レベルのサポート・ネットワークの概念化に関する問題を指摘している——単純に，どのような種類のネットワークが，最もすぐれたサポートを提供するのかということである。また，健康に関連する従属変数もさまざまであり，健康状態は良好である，あるいはそれほど不安はない，という自己の認識から，医師による非常に個別的な診断までが含まれる。さらにタイミングの問題もある。ソーシャル・サポートは，心身の不調を予防するのか，それとも緩和するのか？　全体として，これらの知見は，ソーシャル・サポート（それがどのように定義されるとしても）がもたらすポジティブなアウトカムを示すものである。独立変数と従属変数，すなわちサポートと健康に関する概念化と測定の問題は，研究者と学術雑誌を思いとどまらせるにはいたらないようである。異なる状況やさまざまな条件下でのソーシャル・サポートの効用を示す論文は，相変わらず定期的に出版されている。

　コミュニティレベルの社会関係資本に関する研究は，Putnamの『孤独なボウリング』の影響を強く受けてきた。彼の主張は，アメリカのコミュニティが直面している社会関係資本の減少は，ますます顕著になってきており，それはボランティア組織の活動，政治参加，他者への信頼，そして市民的美徳といった指標の落ち込みに表れて

いること，また，このトレンドが多くの不幸な社会的帰結をもたらしてきたということである。これが循環論法であると指摘する評者もいるが，Putnam の議論における金融資本のアナロジーは，おそらく適切である。すなわち，富める者はますます富み，貧しい者はますます貧しくなる。社会関係資本は，より多くの社会関係資本を生み出す。あるいはその逆に，社会関係資本の減少は，さらに社会関係資本を減少させることにもつながる。多くの人が感じるのは，Putnam によるコミュニティレベルの社会関係資本の概念化と測定が不十分だということである。それにもかかわらず，この概念は多くの関心を集めてきた。その基本的なアイデアがもつ魅力は，新奇性が高く興味をそそられる，マルチレベルの研究へとつながっている。たとえば，多様性の高いコミュニティは，個人間と民族間の信頼が低いコミュニティになりやすい。また，社会関係資本の少ない郡では，収入の低い地域において，冠状動脈性の心臓発作の再発件数が多くなる。

　社会関係資本のネットワーク研究には，目立って欠けているものがひとつある。コミュニティレベルの社会関係資本の欠如は深刻であり，たいへん嘆かわしい。だが，たとえそれが真実だとしても，それに対して何をすればいいのかは明らかではない。むしろ，われわれのすぐ眼の前にあるのは，人種，民族，性別，あるいは収入による，個人レベルの社会関係資本の不平等な分配である。社会関係資本の源泉として，SNSやインターネットの利用をさかんに吹聴することは，「デジタル・デバイド」を生み出す。それは，持たざる者たちに対する，持てる者たちの優位性をたんに高めるだけである。社会関係資本の不平等は深刻な帰結を生むが，その多くは十分に探求されないままである。もしかすると，社会関係資本に関する研究は，いくつかの社会階層の研究に特徴的な，Marx 主義者の情熱を取り入れるとうまくいくかもしれない。

　この章の冒頭で述べたように，社会関係資本は，社会的ネットワークの概念が生み出されるずっと以前に発展した，アノミーの概念と多くの共通点がある。アノミーの概念がなければ，Durkheim（1951 [1897]）が行ったように，プロテスタントの割合や未婚率が自殺率の高さと関連していると考察することなどできなかった（その関連が長期的に見て正しいと証明されるかどうかは，また別の問題である）。アノミーは，議論の余地があり，その原因を突き止めるのが難しいにもかかわらず，数多くの理論と研究を生んだ。社会関係資本も同じことのように思える。すべきことはまだまだある。社会関係資本に関する最近の概念化は，概念をひもとくための新たな方法の確立を目指し，さまざまな指標間の関連性を検討するという点で，将来性がある。

　そもそも，ほとんどすべてのネットワーク分析は，社会関係資本に基づいて解釈することが可能である。一方，すべての社会関係資本に関する命題が，必ずしも明示的あるいは暗黙裏にネットワークを含むわけではない。「[彼らがレビューした] 社会的

ネットワークに関する論文アブストラクトのうち，4.5％だけが社会関係資本に言及し，社会関係資本に関する論文アブストラクトのうち，2％だけが明示的に社会的ネットワークに言及している」(Moody & Paxton, 2009, p.1491)。社会関係資本には，ネットワークの側面と同様に，文化的，心理学的な側面もある。BakerとFaulkner（2009）は，「二重の埋め込み（double embeddedness）」という概念を提案し，コミュニティや組織，市場における経済的，政治的，そして社会的行動が，社会構造としてのネットワークと文化の両方に，同時に埋め込まれている，というアイデアを表現している。彼らは，文化と社会構造は，ときには互いにフィードバックし合うが，ときには食い違いながら作用すると主張している。こうした二重の埋め込みを解明するための探求は，まだまだ先が長い。社会的ネットワークと社会関係資本におけるマクロ－ミクロの側面は，より多くの分析を行うのにふさわしい。GranvilleとBienenstockは，たとえば，マクロに密度の高い社会的ネットワークが規範の強制につながる一方で，ミクロに密度の高いネットワークが個人レベルのソーシャル・サポートと関連する，といった事実があることに注意するようよびかけている。近隣社会レベルの社会関係資本一般について語るのは，まったくもって結構である。しかし，シカゴの近隣社会に関する綿密な調査は，近隣社会レベルの社会関係資本が少なくとも4つの次元をもち，それらが特定の質問項目群で構成されていることを示した（Sampson & Graif, 2009）。他者との単純接触は，一般的な社会関係資本に関する指標としては，十分に厳密とはいえない。なぜなら，この指標はだれと接触するかに依存し，また接触は社会的連帯だけでなく，社会的影響の指標にもなるからである（Cote & Erickson, 2009）。社会関係資本に対するネットワーク構造の効果については，さらなる検討が必要である。たとえば，社会関係資本による優位性の多くは，資源が下位集団間で流通し，より大規模な社会システムに利益がもたらされるときに生じる（Frank, 2009）。これは，よく知られた疫学的な伝染のメカニズムに見えるかもしれないが，Frankは，この流れが，直接的なネットワーク現象というよりも，より大規模な社会システムへの認知的・心理的同一視の所産である「疑似紐帯」の結果として生じうることを論じている。

　社会関係資本の概念が広まることの利点は，まさにその豊かさにある。その一方で，この豊かさが意味するのは，社会関係資本の示唆を発展させ，確かな基礎を与えるために，さらなる概念的探索と実証的研究が必要だということである。期待できることは数多い。

注

　この章は，James Moody, Robert Putnam のコメントと，Cynthia Epstein の精読に助けられた。この章は，部分的に Kadushin (2004) の内容に基づいている。

1　社会関係資本概念の歴史や，その長所と問題点に関する有益なレビューは，Portes (1998), Moody と Paxton (2009), *American Behavioral Scientist* の第4巻，第11号と12号も参照。
2　近年の概念的分析については，Bjarnason (2009) を参照。
3　きわめて多くの定義にもかかわらず，あるいはそれゆえに，社会学者は「コミュニティ」という語を，ゆるく，しばしば定義されていない「(論理的な意味で)原始的な」語として用いる。アメリカ社会学会におけるコミュニティと都市社会のセクション，ならびにこの学会が発行している *City & Community* 誌は，拡張的にコミュニティを定義している。すなわち，自分たちがそうだと考えるようなコミュニティの例を与えるが，フォーマルな定義は行わない。心理学者はコミュニティを「自身の環境にいる人々」とゆるく定義する。その意味するところは，自然な状況にいる人々である (Riger, 2001)。
4　最近の知見は，SNS とインターネットの利用が，こうしたメディアに熟達した人々と，そうではない人々との間に，社会関係資本に関する「デジタル・デバイド」を生じさせることを示している (Hargittai, 2008)。
5　「それは，誤解を招きやすいメタファー（比喩）である。社会関係資本は，どこで借りることができるのだろうか？　現行の利率はいくらだろうか？　私は，自分の社会関係資本のいくらかを，オフショア地域（訳注：タックスヘイブン［租税回避地］など，規制が少なく国外の所得に対する課税が行われない地域）に移すことができるだろうか (Fischer, 2005)」。
6　「収入の低い社会は，独立執行力のある取引から多くの利益を得るが……これらの社会は，公平に契約を強制する制度をもたず，そのために最も大きな利益の多くを失う。……そうした社会は，財産権を長期的に安全なものとする制度をもたず，そのために資本集約型の生産活動から得られる利益の多くを失う。……複雑化した市場がずらりと並んだときに出現する複雑な社会的協力は，ほとんどの国に備わっているものよりも，はるかにすぐれた制度と経済政策を必要とする。市場の誤りを効果的に修正することは，さらに難しい」(Olson, 1996, p.22)。
7　http://www.hks.harvard.edu/saguaro/communitysurvey/
8　Bourdieu が最初にこの概念を用いたのは，1980年である (Bourdieu, 1980)。
9　Putnam は，2001年に始まったヨーロッパ社会調査 (The European Social Survey) と同様に，「それとも，用心するに越したことはないと思いますか」という質問を用いている。最初に用いられた質問の形式は，Almond と Verba による「ほとんどの人は信頼できる，という人がいます。また，用心するに越したことはない，という人もいます。あなたはどのように思いますか」というものであった (Almond & Verba, 1963)。これは，Adorno (1950) のオリジナルの「F」尺度で用いられた「ほとんどの人は信頼できる」という質問に由来する。
10　特に，個人レベルの社会関係資本の指標が，自己報告の健康状態との相関を示すときは，ハロー効果がこの相関の原因となっている可能性がある。ひとつ「よい」ことを報告した回答者は，他のことについても同様に報告してしまう。

11章 社会的ネットワーク研究における倫理的なジレンマ

研究パラダイムとしてのネットワーク

　本書の読者が学んできたように，ネットワーク分析は個人の研究でも，集団，組織，制度の研究でもない。その両方である。より大きな文脈の中に個人を埋め込むことは，個人を対象とした医学研究にルーツをもつ研究倫理にとって，対処すべき特有の課題を生じさせる。ネットワーク研究において，個人にかかわる研究は，その個人がつながりをもつあらゆる人々に影響を与える。Facebookは，ネットワークの原理とアルゴリズムを用いており，ある人がだれかを「友人」として指名し，接触することを可能にする。しかし，その友人が指名した人とまったく面識がない場合や，情報を共有したくない場合でさえも，そうした接触は行われてしまう。最近，イランの出入国管理事務局は，ある旅行者が入国しようとした際に，その名前をFacebookで照合し，イランに住む彼女の友人全員の名前を記録していた（Morozov, 2009）。ネットワーク情報は，調査の中でネットワークの質問に回答しなかった個人の正体を明らかにすることができ，さらに，その人がつながりをもつあらゆる組織とも密接に関係する。同様に，特定の組織に関するデータは，その組織とつながりをもつ個人とも密接に関係する。

　本章では，研究倫理のための標準的な指針として，連邦ヒト被験者規則（Federal Human Subjects Code; U.S. Department of Health and Human Services, 2009）の基盤となっている，ベルモント・レポート（The Belmont Report; National Commission for the Protection of Human Subjects of Biomedical and Behavioral Research, 1979）について議論する。以下で述べるように，ベルモント・レポートの原則は賞賛に値するものの，それを社会的ネットワーク研究，さらにいえば社会科学の研究に適用することは困難である。

　ベルモント・レポートや，その後のヒト被験者の保護に関する規制，そして治験審査委員会（Institutional Review Boards: IRB）の設立は，第二次世界大戦中の生体医

学的実験におけるヒト被験者への虐待に端を発している。その詳細は，ニュルンベルク戦争犯罪裁判や，その後の「ニュルンベルク綱領」（訳注：第二次世界大戦後に定められた被験者の生命や人権に関する基本原則）などで述べられている。この綱領は，さまざまな事柄に加えて，善行とヒポクラテスの倫理（訳注：「医学の父」とよばれるギリシアの医師ヒポクラテスによる神への誓い）を指針にした場合であっても，医学研究者だけで研究を倫理的に施行するための規則を設けることはできない，と主張している。また過去には，悪名高いアメリカのタスキギー梅毒研究（American Tuskegee Syphilis Study）もあった。アメリカ公衆衛生局は，40年以上もの間，研究プロトコル（研究計画）を維持するため，ペニシリン（1947年までに，梅毒に対する標準的かつ効果的な治療法となっていた）を使用できないようにして，治療の施されなかったアフリカ系アメリカ人男性の貧困層が梅毒を発症していく経過を観察していたのである。この研究は1972年まで続き，多くの対象者を死にいたらしめたとともに，その妻や子どもたちをも梅毒に感染させてしまった。同様の議論を巻き起こしたのは，スモールワールド理論の提唱者であり検証者でもあった，Stanley Milgramであった。彼は権威への服従に関する研究を行い，ボランティアの被験者に対して，他の参加者に「電気ショックを与える」ように依頼した（Milgram, 1974）。実際に電気ショックを与えられた参加者はおらず，その反応はあくまでもサクラによる演技であった。Milgramは，かなりの数の本当の被験者（電気ショックを与えていると信じていたボランティア）が，電気ショックの強度を上げていくようにという実験者の要請に従うことを明らかにした。本当の被験者はデブリーフィングを受けたものの，きわめて印象的なこの実験手続きは，多くの人々から倫理的ではないとみなされた。同様に，社会的同調に関する重要な研究も，ディセプション（虚偽の教示）に基づいたものであった。1951年に，Solomon Aschは，被験者に線分の長さを判断しているとうまく信じ込ませるような実験を行った。実験者に雇われたサクラが誤った回答をすると，本当の被験者の3分の1が誤った回答に同調してしまった（Asch, 1951）。Stanley SchachterやPhilip Zimbardoといった，1960年代や1970年代の影響力のある社会心理学者たちも，今日ではもはや認められていないディセプションを被験者に対して行い，未だ幅広く引用されている知見を提供した。実験でのディセプションをどの程度認めるべきかについての議論は続いているが，その部分的な解決策として，コストと利益の比率に関心が集まっている。社会にとっての利益は，被験者の一時的な苦痛よりも優先されるのか？　研究の手続きに関して，「インフォームド・コンセント」として被験者に説明すべき事柄とは何なのか？　難しい問題である。

　ベルモント・レポートが用いている基本的な原則は，この点を明確にしようとしている。それらは以下のとおりである。

1. 人格の尊重：人格の尊重は，少なくとも2つの倫理的信念を含んでいる。第1に，個人は匿名の行為主体として扱われるべきである。第2に，行為主体性の弱まった個人には，保護される権利が与えられる……。
2. 恩恵：人々の倫理的な扱いに際しては，彼らの決定を尊重し，危害から保護することだけでなく，その幸福を保障するための努力を払わなければならない……この意味での恩恵的な行動を補う表現として，2つの一般的な規則が定式化されている。すなわち，（1）危害を加えるようなことをしない，（2）起こりうる利益を最大限にし，起こりうる危害を最小限にする。
3. 正義：だれが研究の利益を享受すべきで，だれが負担を担うべきなのか。

ネットワーク研究と特に関連をもつと思われる，いくつかの具体的な必要条件は，これらの一般的な原則から導くことができる。

1. インフォームド・コンセント：人格を尊重するには，被験者が，自らに起きるはずのこと，あるいは起きないはずのことについて，可能な範囲で選択する機会を与えられる必要がある。この機会は，インフォームド・コンセントの適切な基準が満たされるときに与えられる……。
2. リスクと恩恵の評価：……リスクと恩恵の評価は，起こりうる危害や期待される恩恵の確率とその大きさに集約される……研究のリスクと恩恵は，個々の被験者やその家族，そして社会全体に影響を与えるかもしれない（National Commission for the Protection of Human Subjects of Biomedical and Behavioral Research, 1979）。

これらの原則は連邦ヒト被験者規則に含まれている。それとともに，研究者の調査プロトコルが，上述の原則，あるいは他の原則に従っているかどうかを独立した第三者機関が評価できるように，特に治験審査委員会が定める要件にも盛り込まれてきた。実際には，治験審査委員会は全国的な組織ではなく，それぞれの研究機関や大学ごとに構成される組織であり，調査やネットワーク研究に適さないような，生物医学的な研究・実験のために作られた規則を厳格に適用することが多い。治験審査委員会の承認にまつわるさまざまな問題は，社会的ネットワーク分析のメーリングリストでよく見かける不満である。治験審査委員会や社会調査，社会科学研究に携わる全米アカデミーの委員は，策定当時の規則の多くが，社会科学の研究にうまく応用されておらず，不必要に研究を禁止したり遅らせたりしていると報告した（National Research Council, 2003）。こうした問題の中には，書面による同意が，調査法をはじめとする社会科学のある種の研究にはふさわしくないという決定にいたったものもある。調査研究は，まさにその性質上，特定の設問に答えるのを拒否してもよいと伝えられた回答者にも，問いを投げかけることになる——なぜなら実際のところ，回答への同意は，

調査全体に対してだけでなく，友人の名前に関する設問など，調査上のあらゆる項目に対しても要求されるからである。一般的にみて，調査の中でネットワークについて尋ねることが，回答者にとって問題になるとは思えない。収入に関する設問では，友人関係のネットワークに関する設問よりも「答えたくない」という回答が多くなる[1]。また，全米アカデミーの委員は，インターネットを通じて多くの個人情報を入手できる現代では，プライバシーに関する問題を吟味する必要があるとも述べている[2]。この新しい世界については，本章の後半で詳しく説明する。ネットワーク研究では，インフォームド・コンセントやプライバシーの問題は複雑なものとなる。組織における個人の埋め込みは，われわれが組織研究について議論する際に取り上げる概念だが，多くの場合，治験審査委員会にはなじみの薄いものである。だれがその研究によって恩恵を受けるのかは，ベルモント・レポートの原則でも言及されているが，そこに特定の裏づけはない。最後に，犯罪者やテロリストのネットワークに関する分析や研究には，個人に危害を加えようと意図しているものもある。倫理とは，決してたんなる抽象的な概念ではない。そのため，これらの問題については，具体的な事例とともに説明を加える。

◆ 匿名性，守秘性，プライバシー，同意

社会科学の研究において，調査回答者や情報提供者，実験や観察の被験者の匿名性（anonymity）と守秘性（confidentiality）は，慣例的に認められている[3]。少なくとも数百名の回答者を対象とする大規模な調査研究では，匿名性と守秘性を保証することは難しくない[4]。研究者は，過去の回答者に再びコンタクトをとる必要のあるパネル調査の場合を除いて，回答者の具体的な名前には関心がない。回答者を特定することは，何の目的も果たさないのである[5]。しかし，組織や小さなコミュニティを対象とした研究のように，より小規模な質的研究では，回答者の匿名性を保証するという約束にもかかわらず，リーダーとなりうる人物や社会科学の研究者が，回答者の身元を知ってしまう可能性がある。研究者は，回答者がどういった人物なのかを知らなければ，データをうまく分析できない場合が多い。出版の際には，たいていの場合，回答者の年齢，職業，時には性別といった情報と同様に，名前も変更される。こうした属性が被験者の身元を明らかにしかねないという懸念は，被験者の回答にまつわる背景情報の重要性よりも優先される。組織，あるいはコミュニティの比較研究に関していえば，組織やコミュニティの名称を偽装することは，分析の目的からすると受け入れがたく，また好ましくもないため，いっそう困難となる。また，組織のコンサルタントは，学術的なバックグラウンドがあるかどうかにかかわらず，自らの行う観察や

調査が，研究参加者に予期せぬ影響をもたらすかもしれない，というさらなるジレンマに直面する（Borgatti & Molina, 2003）。すぐれたアイデアの拡散や伝播をうながす従業員を特定するのと同じように，じゃまな従業員を特定するためにネットワークデータを使う企業も存在する。

　社会的ネットワークのデータには，独特のやっかいな性質がひとつある。すなわち，個人（あるいは社会的ユニット）の名前（あるいは呼称）の収集が，研究における些末な点ではなく，まさに研究の目的そのものとなることである。さらに，だれとだれがつながっているかという情報を収集する際，ネットワーク・アナリストが扱うデータは，その研究における回答者，あるいは情報提供者の名前だけに限定されない。回答者や情報提供者が名前をあげた他者は，そのことを知る由もないかもしれない（Borgatti & Molina, 2003）。たとえば，エリートに関する研究では，慣例的に，研究に参加していない2人の間にもつながりがあるとみなすことがある。それは，研究に参加する回答者の1人がその2人の名前をあげた場合である（Alba & Kadushin, 1976; Alba & Moore, 1978; Higley & Moore, 1981; Moore, 1979; Moore, 1961）。政治や政策にまつわる個人間の関係性や紐帯は，公共政策における社会的影響の研究と直接的にかかわっている。しかし，だれとだれが友人なのかといったより個人的な問題も，政策の立案に際しては非常に重要な意味をもちうる（Kadushin, 1995）。組織の文脈では，だれとだれが仕事をするのかは正当な話題といえるかもしれないが，だれとだれが友人であるのかについては，おそらく雇用者は関心をもたないであろう（Borgatti & Molina, 2003）。しかし，Facebook, MySpace, Twitter といった SNS の近年の発展が示唆するのは，ほとんどの利用者，特に40歳以下の人々が日常的に友人の名前を投稿しており，その結果，自己のネットワークに含まれる人々をリストアップするよう研究者が求めたとしても，それが取るに足らない些末なこととみなされるようになったことである。

　研究者は，必ずしも回答者に情報を求める必要はない。一般公開されたデータベースを丹念に調べることで，個人間や集団間の紐帯を描くこともできる。一方，ネットワーク分析は，それまで見ることのできなかったものを可視化するための，まさに「魔法」であり，こうした情報を公にすることを望んでこなかった，個人間や集団間のつながりをもあらわにする。送電網のネットワークを描くことと，テロリストや犯罪者，企業とその経営者（全員が同じ道徳の平野に立っているわけではない）のネットワークを，もともと発掘されるべくしてそこに存在していたデータに基づいて描くこととは，また別の話である。ネットワーク分析を含むあらゆる統計分析の目的は，「肉眼」では見えないものを可視化することである。Ronald Breiger（私信）は，多くの国公立大学で入手可能な，大学教員の給与の公開情報に対する回帰分析の例を提供してく

れた。仮にその分析が，外れ値となる人々の名前――その収入が，同程度の資質をもつ人々の期待値よりも，2SD（標準偏差）以下，もしくは2SD以上となる人々――を含んでいる場合，そうした人々のプライバシーは侵害されてきたといえるのだろうか。そのデータは合法的に利用可能であり，こうした統計分析が法律侵害となることはない。ただし，名前を使われる個人はおそらく，こんなふうに自らの給与を同僚と比較されるとは考えていないだろう。

　一方，これとは正反対の視点もあり，その起源は社会的ネットワークの分野における歴史に根差している。ソシオメトリー（ネットワーク分析の最初の呼び方）の考案者である Jacob Moreno は，自らの回答に影響力があることを被験者が理解していなければ，ソシオメトリーのデータは妥当性をもたないと主張した。それこそが，彼と Helen H. Jennings が行った，10代の非行少女を対象としたコテージ（訳注：ここでは平屋の住居の意）での有名な研究の背景に隠された原則であった。ネットワーク分析を適用した最初期の研究のひとつは，1930年代初頭に行われた。この時代には，同じ組織の中にある独立したコテージに収容された非行少女たちを対象に，ソシオメトリーによって一次的集団を人為的に作り出す方法が示された（Moreno, 1953）。その目的は，仲の悪いクリークどうしを同じコテージに居住させるよりも，むしろお互いに親しい少女たちを同じコテージに割り振ることであった。より凝集性の高いコテージで集団を形成した場合，少女たちの意地の悪さは和らいだ。Moreno は一次的集団をうまく作り出したが，それは自然なクリーク，あるいはすでに述べた「強い紐帯」であり，この状況下で機能不全に陥っていた家族の代わりとなる集団であった。一方，Moreno 以降の一般的な傾向として，ネットワークの領域では，個人の身元を明らかにしないようになってきている。たとえば，有名なバンク配線室研究（訳注：第7章を参照）では，被験者の身元を明らかにしかねない詳細は削除されていた（Roethlisberger & Dickson, 1939）。

　ネットワーク研究におけるインフォームド・コンセントは，想像以上に複雑である。本書ではすでに，Facebook 上の名前が政府機関によって利用されている可能性があり，それはアカウント保持者が考えもつかないような方法であることを見てきた。*Christian Science Monitor*（訳注：アメリカ・ボストンで発行されている国際的なオンライン新聞）によれば，Facebook ユーザーのうち，コンテンツを規制するためのプライバシー設定を信頼しているのは20％にすぎない（Farell, 2009）。Facebook はプライバシーの問題に苦心してきた。第三者が，SNS から個人の名前や電子メールのアドレスを手に入れる可能性がある，というのは一般論として正しい。そのような第三者は，ターゲットとなった個人が，何らかのかかわりをもちたいと思う人物かもしれないし，そうでないかもしれない。さらに，ネットワーク研究では，研究に関す

る状況が十分に知られてしまった場合，その研究に参加した個人の身元を確かめるのはそれほど難しくないことが示されてきた。「身元が特定されない (deidentified)」通話記録のデータは，もしあなたが手がかりとなる情報を少しでももっていれば，「身元を再び特定 (reidentified)」できてしまうだろう。ネットワークがもつ可能性の複雑さを研究同意書に盛り込むことは，ユーザーを混乱させるだけかもしれない。一方，数百万人の SNS ユーザーは，そうした可能性を気にかけていない。私は，回答者に対してこうした問題を説明している研究プロトコルを見たことがない。

だれが恩恵を受けるのか

倫理的な観点からは，だれがネットワーク分析によって恩恵を受けるのかが主要な問題となる。この点は，政府の要請のもとで治験審査委員会が行う，コストと恩恵との比較に関する倫理的判断の基盤となる——これは通常，被験者（ネットワーク研究における大部分の回答者）が支払うコストと，社会全体，および科学が享受する恩恵との比較である。だがしかし，以下で述べるように，すべての重要な利害関係者の関心が必ずしも考慮されるわけではない。研究者にとって，抽象的な倫理の問題は，ヒト被験者の保護に関する治験審査委員会にすべての研究プロトコルを提出せよ，という「お役所的な」要求の前ではしばしば影が薄くなる。ヒト被験者審査委員会は，医学方面の経歴をもつ研究者で占められることが多い。その主な関心はたいてい，研究によって被験者が精神的・肉体的に傷つけられるかどうかにある。多くの場合，この委員会は，ネットワーク研究において，個人に対する危害は科学に対するいかなる恩恵をも上回ると結論づける。さらに，治験審査委員会の多くは，個々の参加者を特定するいかなる手段も正当性を欠いており，倫理的ではないと考えている。このように見てみると，絶対的な権利としてのプライバシーのもとでネットワークデータを収集することは，それにどのような恩恵がありうるとしても有害である。「科学」が関与せず，治験審査委員会が助言を与えることもない場合——テロの容疑者に対する取り調べや，他の国防関連の研究例，ある組織の「真の」リーダーを特定する試み，さらには名前のつながりからデートの約束や取引相手，または販売利益を特定するといった例にみられるように——こうした問題はさらに後ろ暗いものになっていく。ネットワーク研究者は，プライバシーに対する個人の権利を一括りにして申請することが，挙げ句の果てには社会的ネットワークの領域全体を駆逐してしまうのではないかと懸念している。社会的ネットワーク分析のメーリングリストでは，治験審査委員会によって研究プロトコルを却下された研究者が，助けを求める事例が多くみられる。治験審査委員会も時には寛大になるが，それは将来にわたって守秘性を保護する方法につい

て，研究者が説明を行う場合である。ネットワーク研究者は，匿名性を付与することはできないが，守秘性を保護することは可能である，という説明を試みる。治験審査委員会が守秘性を保証し，さらにこうした保証に実効力をもたせるような制度的な構造を提供すれば，研究参加の意思を示す回答者が実際に増加し，その結果，研究もさらに進展するかもしれない。治験審査委員会から求められる保証は，通常であれば，ネットワーク研究の特徴をはっきり説明することと，回答者の書面による同意を得ることである。一方，通常の調査研究の手法でも，被験者に対して，質問されるということに関する何らかの形での承認，研究の全体的な内容に関する説明，そしてあらゆる質問に回答しなくてもよい権利を保証することが求められる。しかし，（親が同意書を提出しなければならない）未成年を除いて，書面による同意は，実施が難しいために求められていない（訳注：この点に関して，書面による同意の省略は，現在の倫理基準にはそぐわないので，十分な注意が必要である）。

ネットワーク研究では，被験者，回答者，あるいは抽象的な意味での科学以外にも，多くの利害関係者が恩恵や危害をこうむる可能性がある。それはたとえば，テロリストや犯罪者の捜索を行う州や政府，組織研究における経営者，HIVの疫学研究における同性愛者や薬物使用者のコミュニティ，そしてあらゆる研究において市民的自由を主張するリバタリアンである。その一方で，倫理はまた政治でもある。調査者や研究者自身は，給与や昇進についてはいうまでもなく，評判や名声，そして自分自身に大きな関心を寄せている（Merton, 1973）。最後に，もしかするとわかりきったことが見落とされているかもしれない。なぜならネットワーク研究には，治験審査委員会が必ずしも配慮しないような，被験者に対する関心とは別の側面が存在するからである。それは，社会科学の報告書，論文，著書において，被験者の生活や関係性の詳細についての隠された真実を明らかにすることへの教養ある「未開人（ネイティブ）」たちによる反発である。このことは，プライバシー，あるいは守秘性の欠如への反発というよりも，むしろ研究の状況や得られた知見に対する全体的な解釈への反発である。これは，ネットワーク研究のみならず，すべての社会科学研究にとっての問題であり，クリークやインフォーマルなネットワーク構造について議論する際には，深刻な問題となる可能性がある。結局のところ，倫理は抽象的な問題ではなく，具体的な事例や例証の検討を通じてこそ，最もよく理解されるものである。以下では，こうした例について述べる。倫理審査の詳細は，特定の研究に関する出版物を見てもわからないことが多いため，私自身の経験についてもいくつか報告する。

◆ 事例と例証

▶▶▶ 調査研究

　調査やネットワーク研究は，それ自体が特別な問題を提起する。第9章で示したとおり，ネットワーク分析は，特にAIDS研究において疾病を追跡するために幅広く利用され，あらゆるネットワーク研究のモデルとしての役割を果たしうる安全装置(セーフガード)になると仮定されている（Klovdahl, 2005）。HIV検査陽性が，しばしばやむをえない理由によって秘匿されるという事実は，多くの問題を生み出す（Shelley et al., 2006）。接触者追跡は，結核や性病に関する研究において一時的な妥協の産物とされていた。当初，HIV検査陽性は，残り少ない苦痛に満ちた人生や，無視することのできないスティグマ（烙印）の宣告に等しかった。結果として，この疾病が発見された初期には，接触者追跡に基づいた研究を行うことは事実上不可能であった。たとえば，ゲイ・メンズ・ヘルス・クライシス（Gay Men's Health Crisis; GMHC; 訳注：ニューヨークにあるHIVやエイズの予防・治療を行う施設）は，HIVに関する多くの疫学研究について引用やレビューを行っているが，接触者追跡には強く反対していた過去があり，それは今も変わらないようである。この組織のウェブサイトには，「ニューヨーク州のHIV守秘義務法は，医療事業者や社会福祉事業者に対して，書面による同意なしにクライエントのHIV検査の結果を開示することを禁じている」と記されている。しかし現在，多くの州では，接触者追跡，あるいはいわゆるパートナー通知を必要としている。現時点（2011年9月）で，疫学的な接触者追跡に関する研究について，GMHCのサイト上には何も記載されていない。ただし，GMHCは過去に行われた強制的な接触者追跡には反対してきた。GMHCのサイトに投稿されているのは，アメリカの国家HIV-AIDS戦略や，その実行計画に関する知見である。いずれも戦略としての接触者追跡については明言していない。

　調査研究では，方法論に関する補足資料として，その調査における倫理的問題についての説明が含まれることはほとんどない。したがって，ここでは私自身の経験に基づく具体例をいくつか示す。ネットワークデータを含む通常の調査は，ときどき予期せぬ問題を引き起こすことがある。私がネットワークの調査に取り組んだ最初期の研究のひとつに，1960年代のジュリアード音楽院（訳注：ニューヨークにある名門音楽大学）の研究がある（Kadushin, 1969）。この研究の意図は，エゴセントリック・ネットワークではなく，学校全体のネットワークを把握するためのデータを利用することにあった。実際のところ，学校全体のネットワークよりも，個人を取り巻くネットワー

クの特徴を扱うことで，われわれは満足すべきだったのかもしれない。われわれは郵送法による質問紙調査で，『あなたの「親友を3名」あげてください』（当時用いた表現）と尋ねた。この設問はどうやら，私が同性愛者を見つけ出そうとしているといううわさの原因となったらしい。いくつかの学部では回答率が非常に悪く，欠損値も多かったために，この設問について分析することはできなかった。これは治験審査委員会が設立される以前のことであった。今にして思えば，まさに治験審査委員会という組織がこの研究方法を承認していれば，調査に関する疑いをある程度晴らすことができたのかもしれないが，おそらくそれはないだろう。児童・生徒からデータを収集することと，若者からデータを収集することは別の問題なのである。

　エリートと権力を対象とした調査にも，また別の罠がたくさんある。1960年代の後半，私は，コロンビア大学の応用社会調査研究所とユーゴスラビア世論調査センターのチームとともに，ユーゴスラビア人のエリートに関する研究を実施した。その後，われわれは，チェコスロバキアの共同研究者と一緒に，チェコ人のエリートに関する研究にも携わった。同時期に，私はアメリカ人の知的エリートについても検討した（Kadushin, 2005a）。それぞれの研究には，どの回答者がだれと何を語ったのかに関するデータが含まれていた。これらのデータは，非常に大規模なソシオグラムをコンピュータで描くために用いられた（Alba 1973; Alba & Guttman, 1972）。明らかに，われわれはこのソシオグラムを作成するために回答者の名前を必要としていた。1968年のコロンビア大学のキャンパスにおける「学生運動」の最中，私はこれらのデータを運び出し，自宅で保管した。なぜなら，ユーゴスラビア人のデータが，回答者の名前とともに公に流出してしまうことを恐れたからである。結局，著書は刊行され，その中ではユーゴスラビア人のさまざまなエリートサークルの特徴を分析したが，ソシオグラムは公表されなかった（Kadushin & Abrams, 1973a, 1973b）。1968年に起きた有名な「プラハの春」（訳注：チェコスロバキアの首都プラハで起きた民主化運動）の後，8月にソ連がチェコスロバキアに再び侵攻すると，データは一時的に貸金庫の中で保管された。結局，そのデータとコードブックは回収され，チェコ科学アカデミー社会学研究所のPat Lyonsが最近になって問い合わせてくるまで，私の自宅の書斎に保管されていた。私は，骨董品のコンピュータを蒐集しているお店を見つけて，古いパンチカード（訳注：厚手の紙に穴や切り込みを入れることで情報を記録するメディア）のデータを読み込んで電子ファイルに変換した。ファイルはコードブックと一緒にチェコ科学アカデミーに郵送した。これらのデータに基づく報告が最近になって出版され（Lyons, 2009），私はうれしく思っている。

　その後，われわれは，オーストラリア人やドイツ人のエリートに加えて，アメリカ人のエリートからも同様のデータを収集した（Higley et al., 1991）。不思議なことに，

調査の対象に選ばれるエリートは，いつも特別「免除」枠——治験審査委員会による審査の対象ではあるが，決まって通常の守秘性に関する制限からは外れている人々——である。もちろん，多くのエリートたちは調査の対象に選ばれていない。エリートを対象とする私の最近の研究は 1990 年に行われ，フランス財界のエリートに関するデータを収集した（Kadushin, 1995）。これらのケースではいずれも，われわれは治験審査委員会と争う必要はまったくなかった。しかし実際のところ，われわれは，もし危険でないとしても，その扱いには注意を要しかねないデータを入手していた。もちろん，人々は自分たちの人間関係について，しらを切ることができる。アメリカ人のエリートサークルのメンバーに対するインタビューの最中には，ウォーターゲート事件（訳注：1972 年のアメリカ大統領選挙で，共和党がウォーターゲート・ビルの民主党本部に盗聴器を仕掛けようとした事件。ニクソン大統領の辞任につながったスキャンダル）の（未だ表沙汰になっていない）重要な人物のひとりに対するインタビューも行われた。その人物は，自らの主な政治的・社会的な関心に基づいて，（一部は真実である）事件の状況を描写し，それに関する人間関係のリストをわれわれに提示した。いうまでもなく，彼のリストの中では，この事件を隠蔽しようとしていた人々についてはふれられていなかったのである！　物事がたんに「センセーショナル」すぎて，ネットワーク研究を行うことができないときもある。もしもわれわれがウォーターゲート事件について知ってしまった場合，これらの人々にインタビューすべきだったかどうかは，私にもわからない。彼らの人間関係は重要な機密事項だからである。実際，私は 1960 年代の半ばにアメリカ人の知的エリートに関する研究を初めて申請したあと，それを取り下げている。なぜなら，当時ベトナム戦争に反対しようとしていたアメリカ人の著名な有識者たちの忠誠心について，上院の調査があったからである。一方，私はこの戦争をネットワークの「追跡子〔トレーサー〕」として利用したかった。上院の調査が終了した 1 年後に，私は申請書を改めて提出した。結局，私は アメリカ国立科学財団（National Science Foundation; NSF）からの助成を得ることとなり，その成果は『アメリカの知識エリート *The American Intellectual Elite*』（Kadushin, 2005a）として出版された。

　この本の中で，私は，ネットワークに関する 7 つの設問の中で言及された，上位 70 名の名前のリストを出版した。これらの設問では，回答者に影響を与えた人物や，さまざまな話題に対して一般的に最も影響力をもつ人物を尋ねた。それらの名前は，トップ 10，11 位から 20 位，21 位から 25 位，そして 26 位以下の 4 つのランクに分けてリストアップされていた。下位 2 つのランクには，非常に多くの紐帯が含まれていた。それぞれのランク内で，名前はアルファベット順に並べられたのだが，それは嫉妬をあおるような比較を最小限に抑えるためであった。しかし，Daniel Bell（訳注：

『脱工業社会の到来 The Coming of Post-Industrial Society』や『イデオロギーの終焉 The End of Ideology』といった著作をもつハーバード大学の社会学者)の名前は，トップ10ランキングにおいてアルファベット順で先頭にあげられていただけにもかかわらず，軽率な評論家によって，最も重要なアメリカの知識人として注目されてしまった。インタビューは匿名で行われ，人々の間のつながりも匿名で報告されたため，リストの目的は，研究対象となったのがどのような人々だったのかを示すことであった。私は，このリストがプライバシーに関するいかなる問題も侵害していないと考えているが，今思えば，少なくとも知的な誤りは犯していた。読者や評論家は，この本の内容よりも，リストに対してより多くの関心を向けていた。私はこのような失敗を繰り返さないだろう（実際，繰り返さなかった）。リーダーについてのソシオメトリック・リストは，名前そのものよりも，リーダーシップにかかわる性質を表しているかもしれない。これは，知的な観点と倫理的な観点の両方から見て適切な物差しである。とはいうものの，ソシオグラム上で名前を把握することは，分析者がデータを解釈する際の一助となる。どの人がどの地位にあるのかという情報は，もともとの状況を知る分析者に対して，公式に検証される可能性のあるネットワークの形式的な性質や，クラスターの属性について，多くの手がかりを提供してしまう。したがって，出版の際にはリストの名前は削除される。『アメリカの知識エリート』(p.85, 図1)で報告された，コンピュータで描かれたエリートサークルに関するソシオグラムの中で，図の右側にクラスター化された人々（もしくは，そうした人々の知的活動上の弟子，あるいは血縁上の子孫）は，数年後，右派の新保守主義の中核となっていた。彼らがソシオグラムで右側に布置されたことは，もちろんまったくの偶然であった。その名前を知っているのは私だけであり，彼らの属性のみでは，ソシオグラムから25年後の政治的態度を完全に予測することは難しい。したがって，私は公の場でそうした主張をすることができない。しかし，ソシオグラムのネットワークに描かれた彼らの個人的なつながりは，すぐれた予測因となっていた。

　私が行ったフランス人の財界エリートの研究は，いくつかの倫理的問題を提起した。その調査は，フランス人のエリートサークルとつながりをもつジャーナリストの依頼で行われた。われわれはある取引をした。すなわち，彼女は，私が決めたネットワークの設問とサンプリングの計画に従ってインタビューを行い，私は，学術雑誌でデータを発表する権利を得る代わりに，彼女のためにデータの分析を行うことになった。彼女はそのデータを書籍として出版することになった。治験審査委員会の審査はなかった。彼女のもつつながりは，回答者がだれとつきあいがあるかについて，われわれが尋ねられることを意味していた――それはこの集団にとって危険なことであった。われわれは，インタビューを受ける人々に対して，少なくともネットワークに関

する内容についての匿名性を保証するということで同意した。しかし，書籍を刊行する段階になって，そのジャーナリストはソシオグラムのノードに回答者の名前を入れようとした。われわれは激しく口論した。彼女にとって名前のリストは重要であった。なぜなら，その書籍の目的は，フランスの金融機関とその仕事ぶりを記述することにあったからである。だれとだれがどのような取引をするのかが，その著書の重要な要素となっており，ほとんどがインタビュー記録の一部であった。そのため，名前を掲載しないという選択肢について，いずれにせよ出版社は承諾しなかったであろう。そこでわれわれは，以下のように折り合いをつけた。書籍では，ソシオグラム上で付置されるとおりに名前を印刷するが，エッジ（紐帯）はひとつも印刷しない。したがって，人々の全体的なクラスター化の傾向は提示されるが，だれとだれがつながっているかまではわからない。その書籍の読者や銀行員，投資家は，アングロサクソン的な世界に属しており，*American Sociological Review*（訳注：社会学の専門的な学術雑誌）を読むことは決してないと考えられていた（Kadushin, 1995）。

　ネットワーク図に関する一般的な規則では，ラベルのIDは1から始まり，Nで終わる数値である。これは，Stephen Borgattiが勧める方法であり，彼が開発したUCINET（Borgatti et al., 2004）に実装されている（メーリングリスト上でのやり取りによる）。数値によるID化を行ったとしても問題になりうるのは，多くの研究ではデータを追跡できるようにするために，手がかりとなるキーを用いてIDと本名とを関連づけなければならない点である。機密データを扱うためには，連邦政府が要求する複雑なプロトコルがあり，これはいくつかの関連づけされたキーからなる。これらのキーは，暗号化され，ロックがかけられ，保護された，いわば特別な審査と許可を受けたコンピュータからしかアクセスできない。私は，発表した論文では数値のIDを使用しなかった。その代わり，それぞれのノードには，対象者の支持政党（4つの可能性）に関する情報や，最も関連のあるグランゼコール（訳注：フランスのエリート養成のための高等専門学校）を卒業したかどうかの情報をつけ加えた。回答者が何名であっても，そうした情報の組み合わせを適合させることは可能であった。Frank（Frank & Yasumoto, 1998）は，私の行ったフランス人の財界エリートに関するデータセットの再分析を行う際，彼自身の研究から苦心して得られた，企業間の関係や取引に関する多くの詳細な情報をつけ加えた。これらの追加された情報から，彼が対象者の名前とソシオグラムを容易に対応づけられることは明らかであった。われわれは，たとえ分析の際に多少の不都合が生じたとしても，彼がそうした対応づけを行わないようにすることを取り決めた。

▶▶ 組織研究

　第7章で述べたように，組織におけるネットワーク分析は，組織設計や効率性，そしてコミュニケーションの改善に焦点を当てている。いずれも立派な目標である。しかし，有名なバンク配線室の研究で見たように，こうした試みには，（訳注：ネットワークの）認知を扱うことに関する問題が存在し，それは勝者と敗者のリアリティと同義である。これが特にあてはまるのは，リーダーや，すぐれたアイデアの種をまく人（訳注：組織やそのメンバーに情報提供をする個人），イノベーター，もしくはある個人に固有の特性を見つけ出すことが，ネットワーク分析のひとつの目標となるような場合である。その際，事態が危険なものとなりうるのは，人々が（訳注：ネットワークの測定時に他者から）指名された場合に，そのキャリアや報酬がおびやかされるときである。これに対するひとつの解決策は，同意書でこうした可能性について明示することである。経験を積んだ組織ネットワークの研究者は，次のように述べている。

> 　ある個人に対して経営者や同僚がいだいている認知は，研究を行うことで部分的に変化しうるものであり，個人のキャリアに（解雇といった）大きな打撃を与えかねない。したがって，同意書は［一般的な調査研究の場合よりも］いくぶん明確なものでなければならない。さらに，ネットワーク分析は，たいていの回答者にはほとんどなじみがない。そのため，回答者にとっては，「あなたはだれと話をしますか」といった単純なデータの分析がもたらす痛みを予測することは，かなり難しいと考えられる。したがって，組織ネットワークを扱う場合，回答者となりうる人々が十分に情報を得てから判断できるように，同意書はネットワーク分析の具体例を含む形に修正する必要があるだろう。われわれは，真実を伝えるインフォームド・コンセントの書類を作成したが，そうした個人的な経験は有益な示唆に富んでいる。いうならば，いやな経験である。なぜなら，それによって自分たちがうっかり秘密を漏らしているように感じてしまうからであり，またネットワークの項目に回答してくれる人々がそうする理由について，われわれに疑問をいだかせるからでもある。われわれにとっては，回答者にこうした情報を隠しておくほうがずっと楽だろう。以上のことは，真実を伝えるインフォームド・コンセントなしに社会的ネットワーク研究を実施することが，回答者を欺く間違ったものであることを示す確かな証拠である。(Borgatti & Molina, 2005, p.111)

　BorgattiとMolinaが勧めるのは，「経営情報公開契約書（Management Disclosure Contract; MDC）」を作成し，経営者と研究者による署名のうえ，同意書の一部として回答者に配布することである。MDCは，経営者や回答者が何を知ることになるのか，データがどのように使用される可能性があるのか，さらにデータに基づいてどの

ような結論が下される可能性があるのかを明記している。

　組織データの収集方法は，リアルタイム性に疑問が残る質問紙法に比べると，ますます洗練されてきている。Alex(Sandy)Pentland がディレクターを務めるマサチューセッツ工科大学（MIT）のメディアラボでは，携帯電話のデータを収集したり，従業員に電子バッジをつけて，その相互作用を追跡したりしている（Olguín et al., 2009）。その一方で，彼らが述べているとおり，

　　　プライバシーについての懸念も，この種のセンサー技術を採用する場合は常に議論されなければならない。取り扱いに注意を要する機密データを，特定の個人へとたどり着くことができないよう匿名化することは重要であり，またこの匿名化はデータが保管される前に行われなければならない。同様に，われわれは，ユーザーが自分のデータのどの部分を出版してよいかを，自分で簡単に選択するためのツールを提供しなければならない。このことは，研究に対するユーザーの関心をよりいっそう高めるだけでなく，プライバシーの重大な侵害を防ぎ，研究への参加による被験者の満足感をより高めることにつながるだろう（Waber et al., 2008）。

　私は，リーダーやイノベーター，種をまく人の特徴や，そうした人々の効果性を高めるために何ができるのかを一般論として議論する場合を除き，特定の人々の身元を明らかにすることは避けている。とりわけ，研究が一般的な「360度フィードバック」（訳注：上司，同僚，部下，関連する部署や顧客からの意見に基づいて，従業員を多面的に評価する方法）によるコンサルティングの一部でなければ，雇用や報酬に直接影響を与えるような研究を行うことには反対している。このツールを通じて，従業員は，上司や部下から職務パフォーマンスに関するフィードバックを受ける機会を得る。その後，従業員は，そのフィードバックに応じて変化や改善の機会を与えられる。もし一定期間が経過しても，従業員と上司の双方にとって，物事が計画どおりに進んでいないことが明らかとなったら，従業員は仕事を変えるように勧められるかもしれない。「360度フィードバック」は，人的資源管理（human resource management）の一部であるが，ネットワーク研究は，人的資源管理のためのツールとしては利用されていないし，また利用されるべきではない，というのが私の見解である。それは，倫理に反するというだけでなく，最終的には望ましくない結果を生む。従業員は，ネットワークに関する質問への回答で「裏をかく」ことを学び，結果として研究を無駄なものにしてしまう。

　それにもかかわらず，企業における従業員へのフィードバックは複雑である。企業を改善し，発展させる方法として，従業員に対する調査の結果が，回答した従業員に公表されることも多い。もし，調査やネットワーク分析を行っても，企業に何ら変化

がみられなければ，次に調査を受けるとき，従業員の研究参加への動機づけは低下してしまうだろう。一般的な調査プログラムは，経営を改善するためには適切なツールである。フィードバックによって，特に職場集団のレベルで状況の変化がもたらされ，また回答者は，調査への参加が有益で意義深いものであったと感じるようにもなる。しかし，フィードバックは，それが一般的なものであったとしても，リーダーシップを発揮する地位にある回答者の特定につながる可能性がある。フィードバックと告発の中間で，妥協点を探ることが必要である。ある企業で私がコンサルタントを務めたとき，そこには 25 名ルール（a rule of 25）があった。フィードバックを専門的に管理することに加えて，24 名以下の職場集団に対するフィードバックは一切行われなかった。

テロリストと犯罪者

さて，われわれは，ベルモント・レポートや連邦政府の規制では想定されていない領域に到達している。ネットワークの分析や調査には，「ならず者」である特定の個人や組織に対して，危害を加えることを前提として実施されるものもある。これらの分析や調査は，社会に利益を供与することや，犯罪者・テロリストから身を守るために計画されている。その一方で，近年の情報公開によって，アメリカ市民社会の保護という名のもとに行われてきた研究の多くが，実際にはむしろ市民社会に危害を与えてきた可能性が示唆されている[6]。この分野の研究には，機密情報の傍受や盗聴も含まれているが，テロリストを対象とした社会的ネットワーク分析の重要な研究成果は，公開データベース，もしくはデータベースに変換可能なアーカイブ資料を用いて行われる。ネットワーク分析のツールを用いて，この分野で何ができるのかに関しては，Valdis Krebs による研究の例がある（Krebs, 2002）。組織コンサルタントとして高く評価されている Krebs は，公開データに基づいて，9/11 に関与したテロリストのネットワークを分析した。彼は以下のように示唆する。

> これらの［身元の判明した］容疑者たちをどう扱うのか？　直ちに逮捕するのか，あるいは国外に追放するのか？　違う，アルカイダのネットワークをさらに突き止めるため，われわれは彼らを利用する必要がある。いったん容疑者が発見されれば，われわれは彼らの日常の活動を利用して，そのネットワークを暴き出すことができる。彼らが，われわれの技術をわれわれに対して利用したように，われわれは，彼らの計略を彼らに対して利用することができる。彼らを観察し，その会話に耳を傾けるのは，以下のことを知るためである……
> 彼らはだれに電話や電子メールをするのか。

その地方や他の都市で，だれが彼らと雑談をするのか。
彼らの資金はどこから来ているのか（Krebs, 2002）。

　テロリストに関するネットワーク分析のすべてが，公開データに依拠しているわけではない。諜報機関はむしろ，Krebs が示唆するように，目につきやすいきっかけから始め，その後，証拠を集めて全容を明らかにするためのスタンダードな調査のテクニックを用いる。新しい点は，まさに全容を明らかにするためのネットワーク手法にある。この手法は，2006 年 8 月に，大西洋を横断する航空機を爆破しようとしていたテロリスト集団を突き止めるために使用されたといわれている。強大な「ビッグ・ブラザー（訳注：Geroge Orwell の小説『1984』に登場する独裁者で，常に大規模な監視を行っている）」による電話や財務記録に関するデータマイニングは，この件には関与していない。これは Krebs によって確認されている（Krebs, 2008）。Krebs の研究成果は倫理的問題を引き起こすだろうか。私はそうは思わない。では，彼の示した応用例は問題を招くだろうか。おそらくそうであろう。ネットワーク分析のテクニックを用いることは，公共の安全のために役立つ。一方，問題が生じる可能性があるのは，「スタンダードな調査テクニック」がどのように用いられるのかであろう。このテクニックは，無関係の人々を誤って特定してしまうことにつながるかもしれない。この点については後ほど議論する。また，このテクニックは情報提供者に苦痛を与える可能性がある——それは非倫理的かつ違法なやり方であり，たいてい不正確な情報を引き出してしまう。

【ネットワークとテロリスト：CASOS プロジェクト】

　カーネギーメロン大学の社会・組織システム計算分析センター（The Center for Computational Analysis of Social and Organizational Systems; CASOS）は，一流のネットワーク社会学の研究者である Kathleen Carley が代表であり，ネットワーク分析の複雑なツールを公開し，NSF の博士論文・研究助成のプロジェクトと同様に，アメリカ国防総省，アメリカ海軍，海軍研究局，国防高等研究計画局（Defense Advanced Research Projects Agency; DARPA），陸軍研究所，空軍科学調査室，海軍軍令部長室などのプロジェクトを遂行している[7]。CASOS の主要なソフトウェアツールは，*ORA（Organization Risk Analyzer）であり，公刊された多くの論文（たとえば，Carley et al., 2003）で用いられている。「*ORA はリスク評価ツールであり，社会・知識・作業ネットワークの情報を考慮したうえで，潜在的リスク要因となりうる個人や集団を付置するために用いられる[8]」。CASOS はさらに，所与のネットワークから個人を「取り除く」ことが，そのネットワークを「弱体化」させることを示

唆している。*ORAは，無料でダウンロードすることができ，多くの革新的で強力なネットワーク分析の手法を実装している。DyNetは，*ORAと連携したツールであり，「インテリジェンス・コミュニティ（訳注：CIAやFBIなどの諜報活動のための組織，情報機関）の担当者や研究者，軍事戦略家が用いるデスクトップ・システムを目指している[9]」。他にも，「NetEstは，最小限のコストでネットワークを弱体化させてその機能を損なうために，法律を施行する組織がとるべき行動を提言する[10]」。ただし，現在は利用できない。

著名なネットワーク研究者で，第1章でもその成果を引用しているJames Fowlerは，最近になって，インテリジェンス・コミュニティ博士研究員プログラム（Intelligence Community［IC］Postdoctoral Research Fellowship Program）での自身の共同研究を推進するため，このプログラムに申請するよう人々にはたらきかけている。このプログラムは2000年に開始され，インテリジェンス・コミュニティの関心が高い分野での基礎研究に対して資金を提供している。申請書については機密扱いにしないことが明確に求められているが，実際の研究の一部が機密扱いとなるかどうかは定かでない。Fowlerの開発したネットワーク分析ツールはダウンロード可能である。

Stephen Borgattiによって開発された「KeyPlayer」というフリーソフトは，

> ネットワークにおける最適なノードの組み合わせを同定することを目的としており，それは以下の2つの目標のいずれかに基づくものである。すなわち，(a) 重要な (key) ノードを取り除くことでネットワークを弱体化させること，および (b) どのノードを監視下に置き続けるか，あるいは何らかの介入を通じてどのノードに影響を与えようとするかを選び出すことである。2つの目標は異なっており，その達成には異なる手続きが必要になる。KeyPlayer 1.4は，第1の目標に対して2つのアプローチを用意し，第2の目標に対して1つのアプローチを用意している[11]。

「KeyPlayer」は，ネットワークの中心性を測定するというBorgattiの全体的な関心に基づいており，その内容は2編の学術論文（Borgatti, 2003, 2006）で説明されている。この研究は海軍研究局の支援を受けていた。この分野での彼の研究知見は他に見当たらず，彼のウェブサイトで述べられているのは，国家安全保障以外への関心である。

可能な限り機密扱いされたインテリジェンス・コミュニティの研究と，公刊されている論文や，研究者によって開発されたソフトウェアとの組み合わせは，比較的新しいものである。また，これは国家安全保障へのわかりきった要求と，科学研究のより一般的な倫理性との間に折り合いをつけようという試みを表している。この事例は

1970年代にはみられなかったものであり，少なくとも私は個人的に経験していない。1970年代の初頭，インテリジェンス・コミュニティの依頼を受けて，機密扱いの研究に携わっていたある調査会社が，事業を社会的ネットワークの分野に拡大したいと考え，共通の友人を通じて私に話をもちかけてきた。私が研究責任者となって，NSFと教育省からの助成金を受けることで，われわれは，メインフレーム・コンピュータ上で非常に大規模な行列を扱うことのできる社会的ネットワークのプログラムをいくつか開発した（Alba, 1973; Alba & Guttman, 1972）。こうした研究は，私に対するインテリジェンス・コミュニティの興味を惹きつけたのだろう。しかし，私は彼らを拒否した。1970年代の終わりに，私はインテリジェンス・コミュニティとつながりの深い同僚を通じて，インテリジェンス・サービスが大きな社会的ネットワークを扱えるまでに成長するかどうかを調べた。私は，彼らがコンピュータに関する技術的な研究成果や，あるいは少なくとも一般的なアイデアのいくつかを共有してくれることを期待していたのだが，そうではなかった。Albaと私の研究は，もちろん一般に公開されていた。Albaは，彼の人生の中で初めて妨害行為に遭ったと報告した。インテリジェンス・コミュニティは，実際ある程度の成長を遂げていたのだが，そのことをだれにも知られたくなかったのだろう。こうした一面的なアプローチの仕方は，科学研究にとっても，社会の発展にとってもまったく有益ではなかったし，私の考えでは倫理的でもない。すでに述べたように，最近の状況の進展によって，社会的ネットワーク研究はより協同的なものになった。それと同時に，秘匿性と科学コミュニティへの情報開示の間の境界線もあいまいになっている。

　組織研究における明白な問題は，国家安全保障の研究にもきわめて密接に関連する形で残っている。それは，非倫理的なデータ収集と同じく，データの誤差に関する問題である。データマイニングと国家安全保障に関する学会で，CASOSのグループは以下のように指摘している。「社会的ネットワーク分析は，敵対関係にある組織を検討する際のすぐれたツールである。一方で，この分析は，所与のネットワーク構造に特有の誤差による影響も受けやすい。したがって，正確な分析を行うには，ネットワーク内のつながりを再構成することが必要になる。こうした再構成は人間のアナリストによって行われることが多い」（Moon et al., 2008）。しかし，国家安全保障や国防総省の研究に関するデータや情報は，機密扱いとされており，「need to know」の原則（訳注：第7章の脚注8を参照）に基づいている。ネットワークのアナリストは，たとえ誤りを探す場合であっても，自分が扱うデータについて掌握しているわけではなく，倫理的配慮のもとでそのデータが収集されたかどうかもわからないのである。

　ネットワークデータに含まれる人々の動機づけも，ネットワークの記述のゆがみ，あるいは不正確さのひとつの要因となるかもしれない。この問題が適切に表現されて

いるのは，Elin Waring が 2004 年 8 月 5 日に社会的ネットワーク分析のメーリングリストに投稿した内容である。Waring 教授は犯罪者の社会的ネットワークの専門家であり，この分野でさまざまな論文や書籍を刊行している（Finckenauer & Waring, 1997, 1998; Waring, 2002）。彼女は，「個人的には，ネットワークはまさに犯罪組織を調べるための方法であると考えており，多くの社会的ネットワーク分析のためのツールはその手助けをしてくれる。その一方で，私は非常に警戒もしている」と述べた。さらに，彼女は以下のように付け加えた。

> 多くの組織犯罪やテロリストのネットワーク分析における問題は，これまでも指摘されてきたように，利用可能なデータが，特定の関係者，たいていは検察官や取材記者が語りたいストーリーを反映している場合が多い，という点である。そのため，新聞報道は，しばしば有名人との非常に印象的なつながりを含むスモール・ネットワークを生み出しやすい。一方，裁判記録は，個別的で非常に構造化されたスモール・ネットワークを生み出し，それらはすぐれた事例となる。もし連邦捜査局（FBI）から派遣された組織犯罪の捜査員をネットワークに加えると，そのネットワークは，ほとんど必然的に 5 つの階層からなる一族のように見えるはずである。もしもあなたが，（通話記録や捜査報告といった）あまり手が加えられていないデータを手に入れたとしたら，世界は混沌としており，構造化されていないように見えるだろう。このようなネットワークでは，ほぼ全員が，最終的にはひとつの大きな要素にまとまるはずである（それはもちろん興味深い）。一方，その構造は，秩序だった犯罪者ネットワークのように見えてくるだろう[12]。

私自身の研究には，いかなる場合であろうと，だれが調査対象者であろうと，以下の原則がある。データは，常に私の直接的な管理下にあり，私が執筆したガイドラインのもとで収集されなければならず，データと関連づけられた調査対象者の名前と一緒に，私のコンピュータに保存されていなければならない。守秘性は常に保証されている。組織は，自らが委託した調査のデータを保有するのが一般的だが，ネットワークのデータは，委託調査の場合や，私がコンサルタントを務めた場合でも，決してその組織の所有物にはならない[13]。回答者の名前が，ネットワークのグラフやネットワーク指標と関連づけられることは決してなく，当局者や経営者，従業員に開示されることも決してない。むしろ，こうしたデータは全体的なパターンの記述に用いられ，それに基づいて，ある事柄が現在ネットワーク内でどのように伝達されているのか，ならびに（あるいは）それがどのように変化する可能性があるのかを示すために使われる。研究の対象となる伝達の種類は，調査の目的によって異なる——そこには，コミュニケーション，名声，権威，さらには友人関係も含まれる。国家安全保障に関する研究は，これらの条件を満たすことができない。したがって，私はそうした研究にはか

かわらない。とはいえ，国家安全保障上のリスクは，「ならず者」とよばれる人々を含む，調査対象の被験者を保護する必要性よりも優先される，と考える人々もいるようである。

◆結論：ベルモント・レポートよりも複雑に

　ベルモント・レポートと連邦治験審査委員会規定が，ネットワーク研究における倫理の複雑さについて，たんにその表面をなぞっているにすぎないことは明らかである。こうした問題を要約するひとつの方法は，もう一度この問いを投げかけることである。「だれが恩恵を受けるのか？」

　害をなすものは大きな論争を巻き起こす可能性があるが，私はネットワーク研究の恩恵について説明するほうが容易であると理解している。なぜなら，しっかりと管理されたネットワークのデータや分析を適用した場合，もしその恩恵が本質的なものであれば，いかなる最小限度の危害が被験者にもたらされたとしても，一般的にはそこから得られる恩恵のほうが優先されるからである。しかし，恩恵というのは扱いに注意を要するテーマである。われわれはよく，被験者や回答者に対して，彼ら・彼女らが行っていることは人類の利益につながるということを理解してもらおうとする。このことは，科学における一般的な前提であり，とりわけ医学研究において強調される。たとえ個々の被験者がその研究から直接的な利益を享受せず，また被験者に対する最大の危害がほんの迷惑程度にすぎないとしても，彼ら・彼女らの研究参加によって，最終的にはだれかの命が救われるかもしれない。これは，特に疫学で顕著である。しかし，学術研究によって直接の恩恵を受けるのは，科学や人類といった抽象的なものではない。むしろ，恩恵を受けるのは研究者である。なぜなら，自身のエゴ，名声，論文の被引用回数，そして（あるいは）給与がかかっているのだから。教育に携わる者は，研究知見を講義における実例として用いることで，さらなる恩恵を得ているかもしれない。こうした営みは，科学の制度構造の基礎を支えており，批判されるものではない。私は，（訳注：科学や人類への貢献といった）われわれの抽象的な訴えかけを，必ずしもこのような現実を反映させた形に変更すべきだと提唱しているわけではない（大学院生や博士号候補生が，被験者に対して，必修単位や博士号を取得するために助けてほしいと直接訴えかけるのは効果的であるが）。とはいえ，恩恵にまつわる問題を，しかるべき文脈で議論することには意味がある。最大の受益者は，多くの場合，われわれ学術研究者である。

　ネットワーク研究は，特定の集団にも恩恵をもたらす。クライエントの委託で行う組織研究は，それが組織の目的に合致していれば，組織はその恩恵を受けられる。組

織の受ける恩恵が，従業員にもある程度共有されているならば――組織がさらに働きやすい場所となる，生活がさらに合理的でうまくいくようになる，あるいはだれもがさらに高い収入を得るというように――研究を行うことに問題はない。もしも，研究の恩恵にあずかれるのが管理職だけ，あるいはさらに悪いことに，特定の管理職の人々だけであれば，研究者はその状況の倫理性を慎重に検討したほうがよい。犯罪者やテロリストのネットワーク研究は，当該の国家や州に恩恵を与えることが想定される。一方，このケースにおいて，個々の被験者（訳注：犯罪者やテロリスト）は恩恵を受けられないだけでなく，意図的に危害を加えられてしまう。上述したとおり，ここには３つの危うい倫理的な問題がある。第一に，ネットワークの「密告」が，司法審査（訳注：国家機関の行為が合憲かどうかの審査）の対象となるかどうかである。第二に，人々――個人と集団のいずれであっても――の生命が危険にさらされるとき，その研究のデータが必要な精度に基づく信頼性をもつかどうかである。第三に，そのデータが倫理的な方法で収集されたかどうかである（国家安全保障のケースにとって，これは不運なことに，回答者が苦痛を感じないことを意味してきた）。第一と第三の点に関しては，本章では議論されていないが，多くの人々は強固な意見をもっているだろう。第二の点に関する私の見解は，こうしたデータが，人々の生死にかかわる判断，あるいは人々を刑務所に送るかどうかの判断に足るだけの十分な質を備えていないというものである。しかし，問題はつながっている。対審手続き（訳注：裁判官の面前で，対立する当事者どうしがそれぞれの主張を述べること）に基づく公開法廷での司法審査は，ネットワークデータの正確性や，証拠としての許容可能性の評価を可能にする。訴訟手続きにおいては，他のデータに対しても司法審査は行われる（証拠として採用される調査については，慎重に吟味される）。しかし，こうした審査が，テロリストに対する訴訟手続きの中で行われることや，テロリストや犯罪者に関する告発が公にリークされた後に行われることはめったにない。

　疫学研究において，第二者（訳注：当事者以外で利害関係のある他者。この場合は，被験者と同じ疾病をもつが，自身は調査に参加していない人々をさす）への恩恵はきわめて重要である。第二者は，疾病のリスクについて自覚することができるが，もしこうした考え方があらゆる障害の保持者や，不倫といった社会的に望ましくない特徴や行動傾向をもつ人々に適用されたら，そのことを「暴露された」被験者（当事者）にはコストとなる。その一方で，疾病を封じ込めることの社会的な恩恵は非常に大きい。

　最後に，ネットワーク研究では，個々の回答者にも直接的な恩恵がある。ただし，私はこうした状況は比較的珍しいと考えている。Morenoの研究で，少女たちを対象としたコテージにおける最初の状況設定は，「当事者どうしが望ましい結果を得るこ

と（win-win）」であった。少女たちは仲の良い者どうしで生活することができ，その結果，コテージの騒々しさは全般的に軽減された。ところで，二次的な恩恵は組織の管理職側に集約されるため，集団への恩恵というカテゴリーに属する。個々の回答者が受け取るのは，その大部分が分配的な恩恵であり，これは集団への恩恵の結果として生じるものである。一方，ネットワークのスノーボール・サンプリング（回答者に対して，類似した特徴をもつ他者や，プレゼントを贈る約束をした他者の名前を尋ねる手法）では，回答者は名前をあげた他者にプレゼントを贈ることで，直接的な信用を得ることができるかもしれない。

私が，疑問に答えるよりも多くの疑問を浮かび上がらせたことに，読者はお気づきだろう。これは，倫理をめぐる議論において必要なことであると私は考える。

注

本章は，私の論文（Kadushin, 2005b）で発表された文章や素材に基づいている。執筆に際しては，Leonard Saxe と Andrew Braun に協力を受けた。

1 全国世論調査センターによる総合的社会調査（GSS）の中で，社会的ネットワークに関する測定モジュールでは，「あなたが重要な個人的問題を話し合う人はどなたですか……お名前かイニシャルをお答えください」と尋ねている。無回答は全体の 0.1% であった。一方，収入に関する設問では，全体の 2.3% が回答せず，0.7% がわからないと回答していた。
2 ハーバードメディカルスクール・バイオセーフティ研究所の前所長である Andrew Braun は，今日，プライバシーに関する規則が不適切であるとの意見に同意し，そのことを実感している（私信）。
3 「統計上の機密保持は，現代の人口統計学的・経済的なデータ収集，および関連する統計調査において不可欠な原則である。今日では，『統計上の機密保持』という用語は，現在幅広く知られているさまざまな活動の略称となっている。こうした活動に含まれるのは，法的保護，職業上の行為の基準，回答者に与えられる一連の非開示権の保証，さらに回答の不適切な使用からデータ提供者を保護するために計画された，データの集計と頒布に関する習わしがある」（Anderson & Seltzer, 2009）。
4 私が所属するブランダイス大学現代ユダヤ研究コーエンセンターでは，オンライン調査に以下の記述を設けている。「この調査は無記名式です。調査内の特定の設問で明記されている場合を除き，あなたの回答を保存した記録には，あなたの身元を特定するような情報は一切含まれていません。調査にアクセスするために，もしあなたが身元確認のためのトークン（訳注：本人認証のための小型の装置）を使用した調査に回答していた場合も，そのトークンはあなたの回答を保存していませんので，ご安心ください。トークンのデータは独立したデータベース上で管理されており，あなたがこの調査を完了している（あるいはしていない）ことを示すためにアップデートされるだけです。トークンのデータをこの調査の回答と紐づける方法はありません」
5 コンピュータのデータベースが出現する以前，ある特定の回答者の身元を確かめることはほとんど非現実的であった。今日では，コンピュータと，リンク構造をもつデータベースのファイルを用いることで，リンクが存在しているかどうかをきわめて簡単に調べることができる。ただし，実用的な観点からみた場合，データベースは研究者にとって未だ使い物にはならない。一方，司法当局にとっては，たとえば違法薬物の使用者を見つけ出そうとすることが調査の目的だとすると，データベースは価値をもつ。健康調査など，公開されている個人のデータセットは，回答者の特定を事実上不可能にするため，多くの場合，シミュレーション計算によって偽装された人口統計学的データを使用している。その一方で，重要なのは，フラミンガム心臓研究（Framingham Heart Study; FHS）のデータに基づくネットワークに関する革新的な研究について，もしも名前や住所とともに，追跡のための重要なデータを入手できないようにしていたならば，おそらくそ

の実施は不可能であっただろうということである。とはいえ，それらのデータはもともと，コンピュータで読み込めるフォーマットにはなっていなかった（Fowler & Christakis, 2008）。また，オリジナルのFHSの開始時には，治験審査委員会は設置されていなかったが，事情はどうであれ，回答者はフォローアップのための追跡調査に同意してくれた。

6 2009年7月16日の *New York Times* の社説を参照。
7 これらはすべて公開されている。http://www.casos.cs.cmu.edu/projects/ora/
8 http://www.casos.cs.cmu.edu/projects/ora
9 *ORAとDyNetにはどちらも，以下の断り書きがある。「本ソフトウェアは試用版のみであり，危険をともなう使用に対する設計，検査，承認はなされておりません。本ソフトウェアのご利用について，当方は一切責任を負いません。本ソフトウェアやその使用に基づいて導かれるあらゆる結論は，あなた自身のものになります。個人，肉体，財産，業務へのさまざまな悪影響，および過失，故意，それ以外の原因，ソフトウェアの使用もしくは不使用，ソフトウェアのエラー，ソフトウェアそのもの，ソフトウェアの使用もしくはマニュアルにまつわる誤解によって，直接的あるいは間接的に生じた，一切の損害や損失に関するいかなる責任や義務についても，われわれは明示的に否認します」。http://www.casos.cs.cmu.edu/projects/DyNet/dynet_info.html
10 http://www.casos.cs.cmu.edu/projects/NetEst/netest_info.html
11 http://www.analytictech.com/keyplayer/keyplayer.htm
12 2004年8月4日の社会的ネットワーク分析のメーリングリスト。Waringの許可を得たうえで転載した。http://lists.ufl.edu/cgi-bin/wa?A2=ind0408&L=SOCNET&T=0&F=&S=&P=1718
13 もしその仕事が学術研究機関をとおして実施されるのであれば，その機関の規則を適用する。一般的に，ほとんどの大学は，すべての報告書を刊行あるいはウェブ上で閲覧できるようにするとともに，政治・社会調査のための大学協会（Inter-university Consortium for Political and Social Research; ICPSR）といったデータバンクを通じて，個人情報を削除した後のデータを公開するように求めている。

12章

おわりに
: 社会的ネットワークに関する
10の基本的なアイデア

◆ イントロダクション

　私がコロンビア大学の社会調査局で駆け出しの社会調査士だった頃，政府の官僚主義や研究費の獲得に長けていた局長は，期末リポートや研究費申請のための決まり文句を次のように説明してくれた。「多くのことが明らかになったが，解明すべき点も多く残されている」。これは終章にふさわしい標語だろう。ネットワークの理論と分析は，1736年に数学者のLeonhard Eulerが最初のネットワーク図形とされる一筆書きの有名なパズルを解いて以来，大きな進歩を遂げてきた。20世紀には，協力の網の目で構成される社会関係や，相互作用のネットワークというアイデアは，単なるメタファーから，特定の概念，理論，操作へと変化した[1]。1930年代に精神分析家のJacob Morenoが考案した「ソシオグラム」とよばれるネットワークのグラフ化と，それに続くグラフ理論や他のネットワーク分析に関する数学的なツールの発展は成功を収め，数学的・統計学的な「ハードサイエンス」を志向する物理学者のネットワークへの関心の高まりとともに，近年全盛をきわめている。こうした歴史は，社会的ネットワークの分野が主に方法論に関心をもっているという印象を強めてきた。この本では概念や理論に焦点を当て，こうした考え方に挑戦しようとしてきた。確かに社会科学の領域でも，理論と知見の発展は，「ハードサイエンス」のように，理論的なパズルを解くための方法論の発展と切り離して考えることはできない。新たな方法は，結果として新たな理論的問題を提起するのである。しかしこの本では，数学的な基盤と解決すべきパズルにもふれつつ，理論的な考え方や基本的な概念に主に焦点を当ててきた。

　社会的ネットワークの領域は，20世紀後半から成熟し始めている。社会的ネットワークとしての社会関係に関する詳細な研究は，質的にも量的にも社会学の中心にあり，地位，役割，規範，価値，制度といった古典的なアイデアを徐々に置き換えるであろう，という見解が多勢である。他にも，私の考えと一致するのは，近年，「二重

の埋め込み」としての社会的ネットワークとよばれる見解である（訳注：第10章を参照）。すなわち，ネットワークは社会制度としてのシステムに埋め込まれている一方で，社会制度は社会的ネットワークのシステムに埋め込まれており，ネットワークと制度との間では，絶え間ないフィードバックのメカニズムが生じている。このレビューでは，ネットワークの概念，理論，分析における本質的な特徴を説明する，10の「基本的なアイデア」に注目する。ネットワークに関する研究は進行中であり，基本的なアイデアはそれぞれ多くの未解決問題を含んでいる。読者の中に，社会的ネットワークに興味をもち，これらの問題に取り組む人々が生まれることが私の願いである。

 10の基本的なアイデア

1. 相互作用と関係性

　社会的ネットワークの理論は，人間や集団，組織，国家，アイデア，社会的ルール，あるいは社会的な実体をもつすべての社会的ユニット間の相互作用を記述し，説明し，予測することを目指している。したがって，社会的ネットワークの理論とアイデアは，あらゆる社会的レベルに適用可能である。たとえば，普及の原理は，人々の間の病気の拡散や，企業間のイノベーションの拡散にも適用可能である。同様に，人間，企業，国家はいずれも社会関係資本をもつ。ネットワークに関する概念や知見の中には，物理的ネットワークと社会的ネットワークの両方に適用可能なものもあるが，社会的ネットワークは送電網などの物理的ネットワークとは異なる。

　社会的ネットワークは，動機づけや期待，そして認知的な限界に基づいて決定されている。これらは，社会規範や制度に影響されるとともに，社会規範や制度に反応しやすい。すなわち，新しい規範や制度は，相互作用の繰り返しを通じて形成される。一方，物理的なモノである変圧器は新しい送電網を作ることはしないし，そうした動機ももたない。社会的ネットワークは，複合性——同一の社会的ユニット間で複数の関係性をもつこと——によっても特徴づけられる。異なる関係性を表す行列を複数作成することで，ネットワークを「積み重ねる」ことも可能である。現代社会において，人々が友人であり，同僚であり，隣人であるのは特別なことではない。仕事における上司と部下の関係や，職場の外での友人関係は，組織の寿命を縮めるかもしれないし，逆に延ばすことになるかもしれない。重なり合ったこれらの関係の解釈は，文化的な文脈によっても変わりうる。伝統的な権威システムのもとでは，縁故主義は忠誠や服従を保つための規範的な考え方である。しかし，合理的な法律システムのもとでは，縁故主義は規範と矛盾し，法律に反することもある。また，組織はさまざまな方法で相互につながりをもつことが多い。互いの得意先で

あるかもしれないし，互いに定期採用を行っているかもしれない。もしくは，紹介ネットワークを通じて共通の取引先をもっているかもしれない。複合性は今後の研究の発展につながる有意義な概念であり，実用性も高い。とはいえ，方法論的な観点からは，複合的な関係の分析にはまだ課題が山積している。

　繰り返しの相互作用は社会システムを変化させる可能性がある。したがって，既存の社会システムの特徴は，組織化されたシステムへと進化した，繰り返しの相互作用にその起源をもつ，というアイデアは魅力的である。たとえば，権威システムの起源は，三者間の相互作用の構成要素にあるとも考えられる。長年にわたって循環的に繰り返される相互作用を直接観察することはできないが，このような循環はコンピュータモデルによってシミュレーション可能である。これらのシミュレーションは理論的に有益なことが多い。しかし行きすぎると，シミュレーションは200年にわたって社会科学を悩ませてきた「発生論的誤謬」(fallacy of origins; 訳注：妥当性と論理的順序についての問題を，起源と時間的順序の問題と混同してしまうこと）を導きかねない。今日の宗教の起源について，文字を使用しない部族の観察を通じて思索することは魅力的だが，現代の学問は，こうした方法に基づく原因の追求には懐疑的である。一方，軍隊における権威システムの起源は，相互作用の基本的なルールに由来する可能性がある。とはいえ，そのシステムが最初に生まれた時に，われわれがそこにいたわけではない。相互作用はあらゆる組織や権威にかかわりをもつ一方で，制度はそれ自身が複雑きわまる歴史をもつ。とはいえ，あらゆる種類のネットワーク構造は，繰り返しの相互作用を通じて徐々に発展している。この領域には新しいアイデアやツールがあり，研究の発展が期待される。

2. ソシオグラム：社会的ネットワークのグラフ

　この領域はおそらく，最も注目を集めてきた。ネットワークの図は印象的だが，同時に問題も含んでいる。1934年に発表されたMorenoの初期のソシオグラムは，託児室の10人の赤ちゃんが互いに関心を払う程度について，その関係をグラフ化したものだった。ソシオグラムは手作業による配置で描かれ，その解釈は容易だった。しかし，点の数が15やそれ以上となると，個人やつながりをグラフに配置するのは難しく，恣意的となり，誤りを含んでしまう。それとともに，その解釈も恣意的となってしまう。現代のネットワークは数千もの点を含む可能性があり，手作業での配置は不可能である。この問題に対処するには3つの方法がある。第一に，さまざまな数学的アルゴリズムを用いて，コンピュータでネットワークを描くことである。なかには3Dでの表示や，ネットワークの縦断的な変化を示す「動画」による表示もある。「動画」はもちろん印刷されたページでは見られないが，ネットワー

クの変化を示すには効果的である。この本でもコンピュータで描かれたグラフを使用しており，この領域はまだ発展途上である。第二に，ネットワークを分割し，意味をもった扱いやすい部分に区切るための多くの方法がある。しかし，この手順を複雑にしているのは，社会集団は部分的に重なる傾向をもつという事実である。ネットワークの要素やセグメントは，グラフ化して描画することが可能であり，その結果，巨大なネットワークを扱う必要はなくなる。分割されたセグメントは，それ自身が，より大きなネットワークに含まれるさまざまなコミュニティや集団を表している。ネットワークの分割やセグメント化は，物理学者や他の「ハード」なサイエンティストといった，社会的ネットワークの領域外の人々の関心も集めている。第三に，非常に重要な点として，実際の関係性と単なる偶然（チャンスレベル）によって生じる関係性との比較が，数学的モデルを用いることで可能となった。これによって，恣意的な直観を用いずにネットワークの解釈を行うことができる。

　ネットワークのビジュアル化や分割，仮説検定は，ネットワークの特徴や意味に関する理解を深めるため，しばしば同時に利用される。これらの方法のもつパワーや，ネットワークに対する直観的な解釈との決別は，社会的ネットワークが「単なる」方法論にすぎないという認識を生み出してきた。しかし，これら3つの方法はすべて，ネットワークのアイデア，概念，理論に基づいている。たとえば，以下のような事柄について考えてみよう。グラフに表示することができるような相互作用の構成要素は何か？（訳注：紐帯の）結合性の特徴は何か，また，その効果は？結合性に関する理論は，ネットワークをセグメントに分割するアルゴリズムの基礎となっている。適切なネットワークの最小単位，あるいは「分子」は何か？　上で述べた方法は，その基盤となっているネットワーク理論そのものの改良や発展にもつながる。本書では，専門家に対するこれらの方法の詳細な説明は行っていないが，社会的ネットワークの研究を発展させたいと願う読者にとって，ここで議論した方法はさまざまな示唆に富んだものになるだろう。

3. 同類性

　これは，「同じ穴のむじな（訳注：一見関係がないようでも実は同類・仲間であることのたとえ）」の原理であり，社会システムについて直接的に考慮することにつながる。類似性の構成要素や伝達サインについての問いは重要である。人々の同類性について考える際には，ネットワークの原理を集合体（collectivities）に適用することができる。同類性は，単純な近接性，共通の地位もしくは他の社会的に定義された属性（肌の色など，争点となるような属性を含む），または単純に同じ時間に同じ場所にいるだけでも生じる。また，同類性は結果と同様にプロセスでもあ

る。同じ価値観や態度をもつ人々は，互いに関係をもつ傾向がある。一方，相互作用は共通の価値観をもつ可能性を高める。たとえば，構造的地位や階級，職業，教育水準がそれぞれ同程度の人々は，同じ価値観をもち，共通の活動に従事し，互いに関係をもつようになる。また，相互作用は，相手のアイデアや価値観に対する影響力ももちうる。同類性という用語が1955年に生まれて以来，興味の中心は，何が何を生み出すのかという因果関係を理解することであった。最近発展してきた大規模データセットは多くの測定時点を含んでおり，これらの疑問の解決につながるかもしれない。しかし今のところ，その多くは未解決である。最後に，同類性は必ずしも「よいこと」ではない点に留意する必要がある。同類性に基づく社会的ネットワークは，本質的に「不平等」である可能性を含む。同類性は，ソーシャル・プランナーにとっても解決が困難なことで悪名高い，人種差別や偏見を生み出してしまう。

4. トライアド

トライアドは社会システムの真の原点である。トライアドはネットワークの分子である。トライアドには可能な16の組み合わせがあるが，その多くはほとんど観察されない。なぜなら，関係性はバランスを志向するからである。他の友人から嫌われている友人との関係を維持するのは難しい。また，恋人どうしの秘密や二人の間柄は，第三者が加わると変化する。他の多くの問題についてはいうまでもない。さまざまな社会的ネットワークにおける諸種の条件下で，さまざまなタイプのトライアドが広まることを通じて，統計学者は本質的な社会的ネットワークのもつ数多くの特徴を教えてくれる。さまざまなタイプのトライアドやダイアドの分布を予測する構造モデルは，特に縦断的な予測において，広く利用されるようになっている。この領域がどのように発展し，データ分析における回帰分析のような一般的な手法となるかどうかは興味深い。本書で引用した同類性に関するいくつかの知見は，こうした分析に基づいている。さらなる探求の機が熟した領域である。

5. 動機づけ

人間の基本的な動機は，社会的ネットワークの2つの基本的な側面に対応している。ひとつは密度——ネットワークのメンバー間における多くのつながりである。自分が生まれた家族にみられるように，密度は，安全やソーシャル・サポートに対する動機的な欲求に起源をもつ。社会的ネットワークのもうひとつの側面は，局所的なネットワークの間の橋渡しとなり，その関係性をとおしてのみつながる，構造的すきまである。効果性（effectiveness）を高めるためには，人はある時点で他者

に接触し，安全で快適な空間を乗り越えなければならない。安全と効果性の二重の動機は，あらゆる社会的ネットワークに存在している。企業家は，構造的すきまの橋渡しとなり，「ブローカー（仲介人）」としてふるまうことで利益を得るが，サポートの拠点をもつ必要もある。こうした二重性は，小集団や組織など，あらゆる社会的レベルで展開されている。閉鎖性および密度と，構造的すきまの橋渡しとの効果的なバランスについては，さらなる検討が行われており，また組織研究にも深く関連する。つながりの形成が「利益を生み出す」というアイデアは魅力的である。ここでの利益とは，組織内で優位に立つことや，政治の舞台において優位に立つこと，もしくは悪名高い「断れない提案」をだれかに行うことをさすといえる。また，ネットワークそれ自体が動機を生み出すこともありうる。われわれは類似した地位にいる他者を見て，張り合おうとするのである。

6. 地位

　ネットワークにおける地位は，第6の基本的なアイデアである。地位は多くの側面をもつ。最もわかりやすいのは度数（degree）である——これは，個人や他の社会的ユニットが受け取った指名（ノミネーション；nomination）の数であり，成功者としての立場をもたらすものである。よく名前があがる人からの指名は，無名な人からの指名よりも明らかに重要であり，たんなる人気度の集計を超える権力について示唆している。地位についての研究が最も容易なのは，小集団である。小集団の成員は安全と効果性のバランスを取る傾向がある。個人は，どんなものであれ，集団が価値を置くものを自分よりも多くもつ人々とつながろうとする。しかし，安全の欲求は，人々に自分よりも少しだけ価値のある他者をノミネートする傾向があることを示唆する。人々は，「自分の電話に折り返して連絡してほしい」のである。組織のトップに連絡を取っても，返信は期待できない。また，集団内での地位の安定を生み出すのは，仲間からのサポートと，自分より上の地位にある相手とのかかわりとのバランスである。このバランスは，不思議なことに，リーダーがフォロワーとの相互作用を始めるのは，フォロワーがリーダーとの相互作用を始めるよりも多い，という説にも一致する。

　媒介性は，ネットワークの異なる局所間に位置し，切り替えポイントや関所としての機能をもつ地位の指標である。媒介性は度数とは異なる。媒介性の高い地位にある個人は，ネットワークの異なる局所をつないでいる。だれかが他の地位に到達するためには，高い媒介性の地位にある人を経由しなければならない。個人はネットワークの局所間の重要な橋渡しとなりうるが，その場合，直接つながりをもつのは少数の人々のはずである。媒介性と権力は普及や拡散の重要な要因である——普

及・拡散については別の基本的なアイデアとして後述する。ネットワークにおける特定の個人から他者への距離や近接性は，媒介性の測定に関連する。距離は一般的に，ユニット間や個人間を結ぶ，最も短く冗長でない経路として測定される。ただし，冗長性に意味がないわけではない。われわれは時として，意味を確認したり納得したりするために，同じことを何度も聞く必要がある。経験的には，ある個人やユニットが特定の個人に与える影響は，2, 3ステップの間に大きく減少する。なぜこれが正しいのかは理論的には明らかでなく，解決すべき課題である。

　弱い紐帯の強さは，橋渡しと媒介性の特徴的な側面をもちあわせている。密な関係のまとまりから抜け出し，周囲の社会的環境では得られないような新しいアイデアや仕事を手に入れるためには，あまりよく知らず，普段のつきあいもあまりなく，多くの密な関係で縛られていない人とのつながりが必要となる。2, 3のステップを介することで，個人は自分が知ることのなかったであろう世界に出会える。弱い紐帯の強さには，あいまいな定理がある。すなわち，新しい仕事を探しているのなら，親しい知り合いに頼むのではなく，周囲の対人関係からなるべく遠いところにいる人に頼みなさい，ということである。

　ネットワークは分割可能であるが，これはネットワーク全体を把握し理解することがしばしば困難なことによる。ネットワークを分割するひとつの方法は，他者に対して類似した関係をもつ人々，たとえば，互いにかかわりが薄いかもしれないが「人気者グループ」を尊敬する人々を，集団としてまとめることである。こうした基盤をもつ人々の集まりは，社会的な役割の側面で，ネットワーク的に等価である。社会的に制度化された役割，たとえば教師と生徒との役割関係は，教師がどのように生徒とかかわるか，またその逆のかかわりについて記述し，規定する。こうしたかかわりには，文化的・社会的な規範が存在する。一方，「ブロックモデル」は，ネットワークの分割と同様に，ネットワークの観察者の視点から役割を記述する。役割の中身は，その状況における他の側面から推測される。分割のひとつのタイプとしては，コア／周辺モデルがある。こうした状況については多くの例があり，中心的な「第一世界」と周辺的な「第三世界」との交易関係などを含む。

　ブロックモデルのアイデアが，社会学の既成概念である役割に基づいて構築されているように，分割に関しては，クリークの概念に由来する他のアイデアがある——人々は，同じクリークに所属しない相手よりも，所属する相手と互いに仲良くなる。これは単純で，伝統的な社会学の考え方や常識に一致するアイデアである。だが，事前に知識がなくクリークの境界線が引けない場合，クリーク内部の密度を最大化して外部へのつながりを最小化することを，系統立てて行うのは困難である。モジュール性の原理は，最近になって発展している。この方法は，経験則に基づくか，

もしくは「コミュニティ」や集団内のつながりの数と，同じサイズのランダムなネットワークにおけるつながりの数とを比較するアルゴリズムを用いている。このアルゴリズムは，実際に分割されたネットワークと，同じサイズでランダムなつながりをもつネットワークとの間で，統計的に有意な差がみられなくなるまで二値分割を行う。しかし，モジュール性のアイデアは社会システム的な視点に基づいていない。また，実際のところ，社会システムにおいて集団は重なり合う傾向にある。たとえば，集団の結合性に基づく分割の方法は，ある集団成員がいなくなると集団が分裂してしまうかどうかを検証している。この方法は，社会システムにより適合するとともに，社会システムに共通する階層的に重なり合った集団を生み出す可能性がある。モジュール性および集団の結合性はいずれも比較的新しいアイデアであり，ネットワークの地位や分割に関する方法論やその意義については，今後さらなる検討が求められる。近年，Facebook は友人関係のサークルをクラスター化する多くのアルゴリズムを検討しているが，決定打は得られていないと主張している。この分野は未だ発展途上である。

　ネットワークの分割にともなう問題には，社会学における古典的な「所属」の問題が反映されている。だれが実際に集団や組織の一員なのかという問いは，意外と明確ではない。インフォーマルな集団や自発的に形成された組織の多くには，「成員」だけでなく，「取り巻き連中」や「旅の道連れ」も含まれている。営利目的の企業は，常に「自製か購入か」の決定を迫られているはずである。一部を製造するべきか，それとも供給元から購入するべきか？　社内の法律顧問に頼るべきか，それとも社外に頼るべきか？　自社で Web サイトを構築するべきか，それとも他社を頼って「クラウド・コンピューティング」でサイトを構築するべきか？　たとえ，企業の活動に不可欠な商品やサービスの供給元が自社の一部ではないとしても，多くの産業において，企業は商品やサービスを提供する「外部経済」のサポートなしには存在できないだろう。消費財を生産する組織はしばしば，自社の商品の定期購入者を意味する「営業販売権（フランチャイズ）」について述べる。ネットワークは，企業や組織を，他の企業や組織，消費者や顧客，さらには大きな社会的環境へとつなぎ，理論の発展に有益なだけでなく，それぞれの組織にとって実践的な意味をもつ点で重要である。この領域では，伝統的な市場調査から組織戦略の発展まで，非常に多くの応用研究があり，その多くはビジネススクールで行われている。「戦略」と名づけられたコースは，ネットワークの領域を専門とする教員が教えていることが多い。

7. 組織の権力構造

　社会的ネットワークは階層的なシステムとして分類することも可能である。小集団において考慮すべきリーダーシップの例からわかるように，地位の中には社会的相互作用に固有のプロセスによって生じるものもある。しかし，多くの地位は，ネットワークの外部の力によって与えられる。これが最も顕著なのは，フォーマルな組織であり，そこには何らかの階層的な権威システムが含まれる。近代組織論の研究者は，階層的な構造の受容が，支配力に起因する服従に加えて，低い地位にある者が関係性に不本意ながら同意することによって生じると主張している。これは，組織における基本的な「契約」である。労働者は自分の組織の範囲内で，上司の意志や要求を受け入れる。組織は賃金を支払うことでこれに応える。したがって，組織における関係性は，ネットワークの文脈で理解するのがベストだといえよう。ネットワーク分析は，服従やフォーマルな義務に基づく相互作用に加えて，継続的に生じるインフォーマルな相互作用が存在することを示している。こうしたインフォーマルな相互作用は，フォーマルな権力構造を「短絡（ショート）」させ，変化させる。この作用は時には有益だが，時には有害でもある。インフォーマルな相互作用は，ネットワーク分析によって可視化され，権力構造に取って代わり，フォーマルなルートではつながらない組織の各部を水平につなぎ，生産現場のリーダーを変える。社会的ネットワーク分析の歴史の初期に発見された，こうしたインフォーマルな相互作用のパターンは，組織内の地位に関する理解を促進し，組織に対するコンサルタント産業の隆盛に拍車をかけ，ビジネススクールに社会的ネットワーク分析の専門家が配置されることにもつながった。それにもかかわらず，インフォーマルなリーダーシップを組織の目的に沿うように制御するのは，芸術的な意味でも，おそらく科学的な意味でも見果てぬ夢である。

8. スモールワールド

　これは，基本的なアイデアの中で，一般から最も注目を集めてきたものだろう。ネットワークが物理的にも社会的にも世界全体をつなぐというアイデアは，よく考えてみると，おそらく正しいと思われる。さらに驚くべきことは，ネットワークが何億ものユニットを含んでいたとしても，比較的少ないステップで世界がつながるという説である。ここでいうスモールとは，まさに驚くべき小ささである。算出方法はわかりやすい。それぞれの人に1,000人の知人がいれば，3ステップで1,000,000,000人にたどり着くことができる。しかし，これはそれぞれの友人に重なりがない場合に限られ，社会的ネットワークがクラスター化しているという事実の前では非現実的な想定である。社会的サークルとは，都市部に典型的にみられる，

友人関係や興味や価値観が重なり合う人々のゆるやかなネットワークであり，社会的ネットワークのクラスター化の重要な要素である．スモールワールドにおける，ある人から他の人への実際のステップ数が，偶然の確率の計算から導かれる3ステップもしくは4ステップよりも大きいのは，社会的サークルなどの同類性を導く要因がもたらす結果である．チェーンレターを用いた初期の実験では，有名な「6次の隔たり」によって，手紙が設定されたターゲットまで到達することが明らかとなったが，実際には多くのつながりは未到達であった．そこで，スモールワールドの大きさを突き止め，その詳細を明らかにするために多くの研究が行われ，人々の対人的な環境のサイズを説明するための方法が発展してきた．対人的な環境に多くの人が含まれる場合，人々がつながる確率は高まる．近代社会における平均的な個人の知り合いの数（知人数）は，少なくとも300である．SNSの普及は知人数を増加させるだろう．しかし，すべての社会的ネットワークにおいて，知人数の分布はきわめて偏っており，知人数が5,000以上の人は非常に少ない．知人数の推定法は，スモールワールド理論から発展してきた．つながりを逆向きにたどることによって，調査の回答者の知人数から，未知の母集団分布を知ることができる．たとえば，HIVキャリアの知り合いや，ヘロイン中毒の知り合いの数を尋ねることで，それぞれの母集団のサイズが推定できることになる．この分野はさらなる研究が必要であるが，対人的な環境のサイズを決める他の要因は未だによくわかっていない．

　まったく異なるアプローチでは，非常に大きなネットワークを「洞窟」の連なり，もしくは社会的サークルのつながりとしてモデル化する．サークルはそれぞれ他のサークルと隣り合っており，その結果，直接隣り合っていないサークルにも長い経路をたどってたどり着くことができる．しかし，スモールワールドを成立させ，すべての社会的サークルをつなぐには，少数の「ショートカット」が必要であることも，モデルによって示されている．ただし，非常に多くの物理的ネットワークの例はあるものの，同じ都市に住む人々などの非常に大きな社会的ネットワークのデータは未だに少なく，実証データに基づくモデルの検証を困難にしている．密度の高い地域や社会的サークルをつなぐ人々を説明するために，2つのメカニズムが提案されている．ひとつは累積的な利点であり，「持つ者にはさらに多くが与えられる」という聖書の教えに表されている．ひとりのスターは，自分自身で多くのつながりをもたない人々を互いに結びつけるのである．もうひとつは同類分布であり，多くのつながりをもつエリートや類似した特徴をもつ人々を結びつける．スモールワールドはキャッチーなアイデアだが，他にも数多くの技術的・理論的な研究がある．第一に，マクロ社会学の理論に対するスモールワールドの意義は，ほとんど検討されていない．社会システムにおける異なる側面の結びつきに関する定理は，再概念

化や修正が必要なのか？　多くのメンバー間のつながりからスモールワールドのグラフを作成できる, Facebook などの新しいテクノロジーに対する意義は？　つながりやその欠如に関するメカニズムは, さらなる検討が必要であり, それによって, スモールワールドの意義についての理論的な理解が深まるだろう。だれがつながりの鍵となっているのか, またどのようにしてそうなったのか, われわれはほとんどわかっていないのである。

9. 普及・拡散

　この基本的なアイデアは, 社会的ネットワークの中核となる。なぜなら, 社会的ネットワークの本質は, あるユニットから他のユニットへと, 何か, たとえば, 友情や愛, お金, アイデア, 意見, 疾病などを伝達することにあるからである。ネットワークのサイズと同様に, ネットワークの形状や密度, ある人と他の人をつなぐ代替の経路の数, 相互作用が同時に起こる程度, リーダーとフォロワーという序列の存在は, いずれも普及・拡散に影響する要因である。弱い紐帯や, 橋渡しとなる個人は, 内輪のサークルから広い世界へと拡散を行うのに不可欠である。一般に, 普及・拡散はＳ字カーブに従う。すなわち, 初期には少数の人々しか参入しない。さまざまな相互作用のパターンを通じて, これらの人々から少数の他者に「感染」が起こり, 参入者が増える。採用者, あるいは「感染者」の数は, 急速に増加する。最終的には, その成長は鈍化する。なぜなら, 潜在的な採用者や新たな感染のリスクにさらされる人々の集団は, 徐々に小さくなるからである。このモデルは, 人々の治癒率や忘却率, あるいは影響の受けやすさなど, さまざまな要因によって変化しうる。普及・拡散のプロセスには, ある時点で外的なインプットを必要とせずに自ら急激に拡散が進行していく, ティッピングポイントがある。誘因はもはや必要ない。ティッピングポイントを予測することは, マーケティングにおける「金の羊毛」(訳注：ギリシャ神話で, 英雄イアソンがアルゴ船隊員たちを率いて捜し求め, 黒海東岸の蛮地コルキスより奪還した) であり, また公衆衛生局の関心事でもある。前者は商品がどのように売れ出すのかを知りたいのであり, 後者は疾病の広まりを食い止めたいと思っている。残念ながら現在の知識では, ティッピングポイントは後から振り返ったときにわかるものであり, 予測するのはほとんど不可能である。疫学から世論形成, 市場調査, 文化史にいたるまで, 普及・拡散は「ホットな」トピックである。モデルは複雑で, アイデアは見かけによらずシンプルだが, 実装するのは困難である。この領域のさらなる理解を深めることは, 大きな意義がある。

10. 社会関係資本

　社会関係資本は，金融資本の部分的なアナロジーとして，社会的ネットワークのもたらす帰結に注目している。その帰結は，一般的にはポジティブだが，時にはネガティブである。社会関係資本は，研究者ごとに異なる定義がなされる，あいまいな概念である。個人レベルでの社会関係資本は，多くの友人や，さまざまな領域の友人，高い社会的地位にある友人をもつことが，職業的な成功をもたらすことを意味する。成功を得るために，人々が実際にこれらのつながりを活用しなければならないのか，もしくは，つながりに対して意識的に「投資」を行っているのかは明らかでない。こうした人々の中には，立身出世をねらう野心家として，その行動が社会的に軽視されているにもかかわらず，後から有利な配当を得るのにふさわしい友人を得ようとする人々がいる。明言されてはいないものの，多くの投資家が同意するのは，社会関係資本は金融資本と同様に再生産され，より多くの社会関係資本を生み出すということである。コミュニティレベルでの社会関係資本は，豊かな社会的ネットワークの集合体として概念化され，個人的な紐帯や組織内の紐帯によって構成される。こうした社会的関係は対人的信頼を高め，互いに子どもの面倒を見ることや，ビジネスでの拘束力を有する握手取引を促進する。社会関係資本には他にもさまざまな利点があり，健康上の利益や，より効果的で民主的な制度を生み出す。密度の高い社会的関係にはもちろん欠点もあり，コミュニティの外部にアクセスする機会が限られたり，新しいアイデアへの寛容さが低下したりする。重要なのは，社会関係資本はマイクロかつマクロなことである。個人の社会的ネットワークは，コミュニティや集団にとっての利益となる。コミュニティ全体のネットワークは，個人にとって直接的にも間接的にも意味をもつ。このようなクロスレベル，そしてマルチレベルの分析は，現代の社会理論の核心となっている。コミュニティのネットワークのもたらす影響を理解することは，社会関係資本というまとまりのない概念の意味や効用を特定するのに役立つだろう。

　その一方で，社会関係資本には，古典的な社会理論には含まれていない別の側面もある。すなわち，社会的ネットワークというアイデアそのものが，お金を生み出すという側面である。これは Facebook などの SNS を支える考え方である。Facebook や他のサイトの起業家は，サイトが四半期ごとの利益を生み出す（利用者には無料だが，広告や商品へのリンクがお金を生み出す）ことの有望性を完全には理解していなかったが，今やその資本価値は数百万ドルにもなっている。SNS の現在の価値は，新規株式公開（IPO）や，その期待に由来している。SNS の生み出す利益を理解するのに不可欠なのは，SNS が最も大切なプライバシーの権利を急激かつ明白に踏みにじり，利用者自身のネットワークに関する情報を制限する権

利を粗末に扱っていることである。*New York Times* が述べるように,「ほんの少し前までは,多くの人々は実名をウェブでさらすことに用心深かった。しかし,場合によってはやっかいなこととなる,ショッピングや生活習慣に関する個人的な情報を公開することには無頓着だった。シリコンバレーの賢者たちにとって,これはすべて大きな流れの一部である。すなわち,人々はプライバシーに対して寛容になっている……企業はこうしたデータを得て,現金化し,売りさばけると確信している(Stone, 2010, A1)」

社会的ネットワークの現金化は,すなわち,社会的ネットワークを金融資本へと変容させることであり,一流のネットワーク研究者たちは,アカデミックな地位から企業部門へ転職したり,コンピュータやインターネット関連の企業や他の企業,また政府や一般市民,防衛機関のコンサルティングに時間を費やしたりして,ネットワーク理論や分析に対して行ってきた個人的な投資を資本化するのに注力している。これは必ずしも金銭的な欲求に基づく活動というわけではない。そこには知的な見返りもある。社会的ネットワークは,組織内でも,組織間でも,グローバルな意味でも明白な価値をもつようになったため,研究目的での利用が困難となり,成果の発表は,偽名を使うか,もしくは他の制約を受けている内部の人間にしかできなくなってきている。

世界は,社会的ネットワークの研究がコテージで暮らす非行少女の社会的ネットワークを主に扱っていた,文字どおりの「家内工業(cottage industry)」の時代から変化している。グローバル化や,即時的で,巨大で,ネットワーク化されたコミュニケーションの出現は,かつては難解で少数の数学者や社会理論家しか興味をもたなかった社会的ネットワークについて,十分に理解することの必要性を高めている。

これが本書の結論だが,社会的ネットワーク分析の領域はまだ発展途上である。2009 年から 2010 年にかけて,サイエンス・サイテーション・インデックスでは「social network*」(* は「ワイルドカード」であり,検索語に social network と social networks のいずれかを含むという意味)という検索語で 3,500 以上の論文が見つかった。本書を読み始めてから読み終えるまでの間に,社会的ネットワーク分析とその応用について,読者に多くの新しい発見があったことは疑いない。この本は時間の無駄だったろうか? この本の知見は,読み始める前から陳腐で滅びゆくようなものだったろうか? Robert K. Merton は,これを説明するのにふさわしい言葉として,「最新語の誤謬(the fallacy of the latest word)」(Merton, 1984)を生み出している。これは,最新の知見の多くが,それまでの研究や理論,知見に取って代わるように思えるが,それは必ずしも正しくないということを意味する。ただし,ネットワークの領

域では，Mertonが言うような，過去の知見を誤りと決めつけてしまうような間違いはそれほどなく，むしろ，活発な分野に典型的にみられるように，新しい知見を生み出すような新しい手法が発展している。それゆえ，本書では，すぐに取って代わられることのない，基本的な概念や理論を中心に扱い，この章でまとめた社会的ネットワークに関する10の基本的なアイデアに由来する知見を取り上げている。私の願いは，これらのアイデアに読者が熱中しつつ，それらがさらなる発見をもたらすための基礎にすぎないことを読者に自覚してもらうことである。もしも何人かの読者が，社会的ネットワークに残されている多くの謎や難問を将来解きたいと思うようになれば，この本は成功したといえる。

注

1 社会的ネットワークの素晴らしい歴史については，Freeman（2004）を参照。

引用文献

Adamic, L., & Adar, E. (2005). How to search a social network. *Social Networks*, 27, 187-203.
Adorno, T. W. (1950). *The authoritarian personality.* New York, NY: Harper.（田中義久・矢沢修次郎・小林修一訳 (1980).『権威主義的パーソナリティ』青木書店）
Alba, R. D. (1973). A graph-theoretic definition of a sociometric clique. *Journal of Mathematical Sociology*, 3, 113-126.
Alba, R. D., & Guttman, M. (1972). SOCK: A sociometric analysis system. *ACM SIGSOC Bulletin*, 3, 11-12.
Alba, R. D., & Kadushin, C. (1976). The intersection of social circles: A new measure of social proximity in networks. *Sociological Methods and Research*, 5, 77-102.
Alba, R. D., & Moore, G. (1978). Elite social circles. *Sociological Methods and Research*, 7, 167-188.
Alesia, Z. (2006). Modeling the invisible college. *Journal of the American Society for Information Science and Technology*, 57, 152-168.
Allen, S. (1978). Organizational choices and general management influence networks in divisionalized companies. *Academy of Management Journal*, 21, 341-365.
Allen, T. J. (1977). *The role of person to person communication networks in the dissemination of industrial technology.* Cambridge, MA: MIT Working Paper.
Allen, T. J., & Cohen, S. I. (1969). Information flow in research and development laboratories. *Administrative Science Quarterly*, 14, 12-19.
Almond, G. A., & Verba, S. (1963). *The civic culture: Political attitudes and democracy in five nations.* Princeton, NJ: Princeton University Press.（石川一雄ほか訳 (1974).『現代市民の政治文化：五カ国における政治的態度と民主主義』勁草書房）
Amos, C., Holmes, G., & Strutton, D. (2008). Exploring the relationship between celebrity endorser effects and advertising effectiveness: A quantitative synthesis of effect size. *International Journal of Advertising*, 27, 209-234.
Anderson, M., & Seltzer, W. (2009). Federal statistical confidentiality and business data: Twentieth-century challenges and continuing issues. *Journal of Privacy and Confidentiality*, 1, 7-52.
Antal, T., Krapivsky, P. L., & Redner, S. (2006). Social balance on networks: The dynamics of friendship and enmity. *Physica D: Nonlinear Phenomena*, 224, 130-136.
Aral, S., & Van Alstyne, M. W. (2008). Networks, information and brokerage: The diversity-bandwidth tradeoff (formerly titled "Network structure and information advantage"). *Workshop on Information Systems Economics 2006, International Conference on Network Science 2007, Academy of Management Conference 2007.*
Armelagos, G. J., & Harper, K. N. (2005). Genomics at the origins of agriculture, part two. *Evolutionary Anthropology: Issues, News, and Reviews*, 14, 109-121.
Asch, S. E. (1951). Effects of group pressure upon the modification and distortion of judgments. In H. Guetzkow (Ed). *Groups, leadership and men: Research in human relations.* (pp.177-190). Oxford, England: Carnegie Press.
Bailey, S., & Marsden, P. V. (1999). Interpretation and interview context: Examining the General Social Survey name generator using cognitive methods. *Social Networks*, 21, 287-309.
Baker, W., & Faulkner, R. R. (1991). Role as resource in the Hollywood film industry. *American Journal of Sociology*, 97, 279-309.
Baker, W., & Faulkner, R. R. (1993). The social organization of conspiracy: Illegal networks in the heavy electrical equipment industry. *American Sociological Review*, 58, 837-860.
Baker, W., & Faulkner, R. R. (2009). Social capital, double embeddedness, and mechanisms of stability and change. *American Behavioral Scientist*, 52, 1531-1555.

Baldassarri, D., & Diani, M. (2007). The integrative power of civic networks. *American Journal of Sociology,* 113, 735-780.
Barabási, A.-L. (2002). *Linked: The new science of networks.* Cambridge, MA: Perseus Publishing Co.（青木薫訳 (2002).『新ネットワーク思考：世界のしくみを読み解く』日本放送出版協会）
Barabási, A.-L., & Albert, R. (1999). Emergence of scaling in random networks. *Science,* 286, 509-512.
Barnard, C. I. (1938). *The functions of the executive.* Cambridge, MA: Harvard University Press.（山本安次郎訳 (1968).『経営者の役割』ダイヤモンド社）
Barnes, J. A. (1972). Social networks. *An Addison-Wesley module in anthropology,* 26.
Bateson, G. (1972 [1969]). *Steps to an ecology of mind.* New York, NY: Ballentine.（佐藤良明訳 (2000).『精神の生態学（改訂第2版）』新思索社）
Bavelas, A. (1948). A mathematical model for small group structures. *Human Organization,* 7, 16-30.
Becker, G. S. (1964). *Human capital: A theoretical and empirical analysis, with special reference to education.* Chicago, IL: University of Chicago Press.（佐野陽子訳 (1976).『人的資本：教育を中心とした理論的・経験的分析』東洋経済新報社）
Beggs, J. J., Haines, V. A., & Hurlbert, J. S. (1996). Revisiting the rural-urban contrast: Personal networks in nonmetropolitan and metropolitan settings. *Rural Sociology,* 61, 306-325.
Berelson, B., Lazarsfeld, P. F., & McPhee, W. N. (1954). *Voting: A study of opinion formation in a presidential campaign.* Chicago, IL: University of Chicago Press.
Berkowitz, B. (2001). Studying the outcomes of community-based coalitions. *American Journal of Community Psychology,* 29, 213-227.
Bernard, H. R., & Killworth, W. N. (1979). Why are there no social physics. *Journal of the Steward Anthropological Society,* 11, 33-58.
Bernard, H. R., Johnsen, E. C., Killworth, P. D., & Robinson, S. (1989). Estimating the size of an average personal network and of an event subpopulation. In M. Kochen (Ed.). *The small world* (pp.159-175). Norwood, NJ: Ablex Publishing Co.
Bjarnason, T. (2009). Anomie among European adolescents: Conceptual and empirical clarification of a multilevel sociological concept. *Sociological Forum,* 24, 135-161.
Blau, P. M. (1955). *The Dynamics of bureaucracy: A study of interpersonal relations in two government agencies.* Chicago, IL: University of Chicago Press.
Blau, P. M. (1964). *Exchange and power in social life.* New York, NY: Wiley.
Blau, P. M., & Schwartz, J. E. (1984). *Crosscutting social circles: Testing a macrostructural theory of intergroup relations.* New York, NY: Academic Press.（間場寿一ほか訳 (1974).『交換と権力：社会過程の弁証法社会学』新曜社）
Blau, P. M., & Scott, W. R. (1962). Formal organizations: A comparative approach. In L. Broom (Ed.). *Chandler publications in anthropology and sociology.* San Francisco, CA: Chandler Publishing Co.
Boase, J., Horrigan, J. B., Wellman, B., & Rainie, L. (2006). *The strength of Internet ties.* Washington, D.C.: Pew Internet and American Life Project.
Boissevain, J. (1974). *Friends of friends: Networks, manipulators and coalitions.* London: Basil Blackwell.（岩上真珠・池岡義孝訳 (1986).『友達の友達：ネットワーク、操作者、コアリッション』未來社）
Borgatti, S. P. (2006). Identifying sets of key players in a social network. *Computational and Mathematical Organization Theory,* 12, 21-34.
Borgatti, S. P. (2003). The key player problem. In R. Breiger, K. Carley, & P. Pattison (Eds.). *Dynamic social network modeling and analysis: Workshop summary and papers.* (pp.241-252) Washington, D.C.: National Academy of Sciences Press.
Borgatti, S. P., & Everett, M. G. (1992). Notions of position in social network analysis. *Sociological Methodology,* 22, 1-35.
Borgatti, S. P., & Everett, M. G. (2000). Models of core/periphery structure. *Social Networks,* 21, 375-

395.
Borgatti, S. P., Everett, M.G., & Freeman, L. C. (2004). *UCINET for Windows: Software for social network analysis.* Harvard, MA: Analytic Technologies.
Borgatti, S. P., & Foster, P. C. (2003). The network paradigm in organizational research: A review and typology. *Journal of Management, 29*, 991-1013.
Borgatti, S. P., & Molina, J.-L. (2003). Ethical and strategic issues in organizational social network analysis. *Journal of Applied Behavioral Science, 39*, 337-350.
Borgatti, S. P., & Molina, J.-L. (2005). Toward ethical guidelines for network research in organizations. *Social Networks, 27*, 107-117.
Bourdieu, P. (1980). Le capital social. Notes provisoires. *Actes de la Recherche en Sciences Sociales, 31*, 2-3.
Bourdieu, P. (1985). The forms of capital. In J. G. Richardson (Ed.). *Handbook of theory and research for the sociology of education.* (pp.241-258) New York, NYY: Greenwood.
Bourdieu, P., & Wacquant, L. J. D. (1992). *An invitation to reflexive sociology.* Chicago, IL: University of Chicago Press. (水島和則訳 (2007).『リフレクシヴ・ソシオロジーへの招待：ブルデュー、社会学を語る』藤原書店)
boyd, d. m. (2008). *Taken out of context: American teen sociality in networked publics.* (Unpublished doctoral dissertation). University of California, Berkeley, CA.
Brass, D. J., Galaskiewicz, J., Greve, H. R., & Wenpin, T. (2004). Taking stock of networks and organizations: A multilevel perspective. *Academy of Management Journal, 47*, 795-817.
Breiger, R. (1974). The duality of persons and groups. *Social Forces, 53*, 181-190.
Breiger, R. (1979). Toward an operational theory of community elite structure. *Quality and Quantity, 13*, 21-47.
Breiger, R., Boorman, S. A., & Arabie, P. (1975). An algorithm for clustering relational data, with applications to social network analysis and comparison with multi-dimensional scaling. *Journal of Mathematical Psychology, 12*, 328-383.
Brimm, I. M. (1988). Risky business: Why sponsoring innovations may be hazardous to career health. *Organizational Dynamics, 16*, 28-41.
Brown, T. T., Scheffler, R. M., Seo, S., & Reed, M. (2006). The empirical relationship between community social capital and the demand for cigarettes. *Health Economics, 15*, 1159-1172.
Browning, C. R. (2009). Illuminating the downside of social capital: Negotiated coexistence, property crime, and disorder in urban neighborhoods. *American Behavioral Scientist, 52*, 1556-1578.
Burns, T., & Stalker, G. M. (1961). *The management of innovation.* London: Tavistock Publications.
Burt, R. S. (1982). *Toward a structural theory of action: Network models of social structure, perception and action.* New York, NY: Academic Press.
Burt, R. S. (1984). Network items and the General Social Survey. *Social Networks, 6*, 293-339.
Burt, R. S. (1987). Social contagion and innovation: Cohesion versus structural equivalence. *American Journal of Sociology, 92*, 1287-1355.
Burt, R. S. (1992). *Structural holes: The social structure of competition.* Cambridge, MA: Harvard University Press. (安田雪訳 (2006).『競争の社会的構造：構造的空隙の理論』新曜社)
Burt, R. S. (1999). The social capital of opinion leaders. *Annals of the American Academy of Political and Social Science, 566*, 37-54.
Burt, R. S. (2000). The network structure of social capital. *Research in Organizational Behavior, 22*, 345-423.
Burt, R. S. (2002). Bridge decay. *Social Networks, 24*, 333-363.
Burt, R. S. (2005). *Brokerage and closure: An introduction to social capital.* Oxford: Oxford University Press.
Burt, R. S. (2006). Closure and stability: Persistent reputation and enduring relations among bankers

and analysts. In J. E. Rauch (ed.). *The missing links: Formation and decay of economic networks* (pp.30-74). New York, NY: Russell Sage Foundation.

Burt, R. S., Jannotta, J. E., & Mahoney, J. T. (1998). Personality correlates of structural holes. *Social Networks*, 20, 63-87.

Buskens, V., & van de Rijt, A. (2008). Dynamics of networks if everyone strives for structural holes. *American Journal of Sociology*, 114, 371-407.

Camitz, M., & Liljeros, F. (2006). The effect of travel restrictions on the spread of a moderately contagious disease. *BMC Medicine*, 4, 32.

Carley, K., Reminga, J., & Kamneva, N. (2003). *Destabilizing terrorist networks*. Pittsburgh, PA: Carnegie Mellon University, Institute for Software Research International.

Centers for Disease Control and Prevention. (2005). Guidelines for the investigation of contacts of persons with infectious tuberculosis. *Morbidity and Mortality Weekly Report*, 54, 1-47.

Centers for Disease Control and Prevention. (2010, September). Epi glossary. Retrieved from http://www.cdc.gov/reproductivehealth/Data_Stats/Glossary.htm#E

Chandler, A. (1977). *The visible hand: The managerial revolution in American business*. Cambridge, MA: Belknap Press.（鳥羽欽一郎・小林袈裟治訳 (1979).『経営者の時代：アメリカ産業における近代企業の成立』東洋経済新報社）

Charuvastra, A., & Cloitre, M. (2008). Social bonds and posttraumatic stress disorder. *Annual Review of Psychology*, 59, 301-328.

Chiang, Y.-S. (2007). Birds of moderately different feathers: Bandwagon dynamics and the threshold heterogeneity of network neighbors. *Journal of Mathematical Sociology*, 31, 47-69.

Christakis, N. A., & Fowler, J. H. (2007). The spread of obesity in a large social network over 32 years. *New England Journal of Medicine*, 357, 370-379.

Clauset, A., Shalizi, C. R., & Newman, M. E. J. (2009). Power-law distributions in empirical data. *SIAM Review*, 51, 661-703.

Coase, R. H. (1952 [1937]). The nature of the firm, *Economica*, 4, 386-405.

Cohen, S., & Syme, S. L. (1985). *Social support and health*. Orlando, FL: Academic Press.

Cohen, S., & Herbert, T. B. (1996). Health psychology: Psychological factors and physical disease from the perspective of psychoneuroimmunology. *Annual Review of Psychology*, 47, 113-142.

Coleman, J. S. (1957). *Community conflict*. Glencoe, IL: Free Press.

Coleman, J. S. (1961). *The adolescent society: The social life of the teenager and its impact on education*. New York, NYY: Free Press.

Coleman, J. S. (1990). *Foundations of social theory*. Cambridge, MA: Harvard University Press.（久慈利武監訳 (2004, 2006)『社会理論の基礎』青木書店）

Coleman, J. S., Katz, E., & Menzel, H. (1966). *Medical innovation: A diffusion study*. New York, NY: Bobbs-Merril.（小口一元・宮本史郎訳 (1970).『販売戦略と意思決定』ラテイス 丸善）

Colizza, V., Barrat, A., Barthelemy, M., & Vespignani, A. (2006). The role of the airline transportation network in the prediction and predictability of global epidemics. *Proceedings of the National Academy of Sciences of the United States of America*, 103, 2015-2020.

Commons, J. R. (1934). *Institutional economics: Its place in political economy*. New York, NY: Macmillan.

comScore (2010). *The 2009 U.S. Digital Year in Review*.Reston, VA: comScore

Conti, N., & Doreian, P. (2010). Social network engineering and race in a police academy: A longitudinal analysis. *Social Networks*, 32, 30-43.

Cook, K. S. (2001). *Trust in society (Russell Sage Foundation series on trust)*. New York, NY: Russell Sage Foundation.

Cooley, C. H. (1909). *Social organization*. New York, NY: Charles Scribner's Sons.（大橋幸・菊池美代志訳 (1970).『社会組織論：拡大する意識の研究』青木書店）

Coser, L. A., Kadushin, C., & Powell, W. A. (1982). *Books: The culture and commerce of publishing.* New York, NY: Basic Books.

Coser, R. L. (1975). The complexity of roles as a seedbed of individual autonomy. In L. A. Coser (Ed.) *The idea of social structure: Papers in honor of Robert K. Merton* (pp.239-264). New York, NY: Harcourt Brace Jovanovich.

Cote, R. R., & Erickson, B. H. (2009). Untangling the roots of tolerance: How forms of social capital shape attitudes toward ethnic minorities and immigrants. *American Behavioral Scientist,* 52, 1664-1689.

Coyne, J. C., & Downey, G. (1991). Social factors and psychopathology: Stress, social support, and coping processes. *Annual Review of Psychology,* 42, 401-425.

Craven, P., & Wellman, B. (1973). The network city. *Sociological Inquiry,* 43, 57-88.

Cross, J. L. M., & Lin, N. (2008). Access to social capital and status attainment in the United States: Racial/ethnic and gender differences. In N. Lin, & B. H. Erickson (Eds.). *Social capital: An international research program* (pp.364-379). Oxford University Press.

Cross, R., Borgatti, S. P., & Parker, A. (2001). Beyond answers: Dimensions of the advice network. *Social Networks,* 23, 215-235.

Dahl, R. A. (1961). *Who governs?* New Haven, CT: Yale University Press.（河村望・高橋和宏監訳 (1988).『統治するのはだれか：アメリカの一都市における民主主義と権力』行人社）

Davis, A., Gardner, B. B., & Gardner, M. R. (1941). *Deep South: A social anthropological study of caste and class.* University of Chicago Press.

Davis, K., & Moore, W. E. (1945). Some principles of stratification. *American Sociological Review,* 10, 242-249.

de Nooy, W., Mrvar, A., & Batagelj, V. (2005). *Exploratory social network analysis with Pajek: Structural analysis in the social sciences.* New York, NY: Cambridge University Press.（安田雪監訳 (2009).『Pajek を活用した社会ネットワーク分析』東京電機大学出版局）

De, P., Cox, J., Boivin, J.-F., Platt, R. W., & Jolly, A. M. (2007). The importance of social networks in their association to drug equipment sharing among injection drug users: A review. *Addiction,* 102, 1730-1739.

Dean, D. H. (1999). Brand endorsement, popularity, and event sponsorship as advertising cues affecting consumer pre-purchase attitudes. *Journal of Advertising,* 28, 1-12.

de Sola Pool, I., & Kochen, M. (1978). Contacts and influence. *Social Networks,* 1, 5-51.

Dodds, P. S., Muhamad, R., & Watts, D. J. (2003). An experimental study of search in global social networks. *Science,* 301, 827-829.

Domhoff, G. W. (1967). *Who rules America?* Englewood Cliffs, NJ: Prentice-Hall.（陸井三郎訳 (1971).『現代アメリカを支配するもの』毎日新聞社）

Domhoff, G. W. (1978). *Who really rules? New Haven and community power reexamined.* New Brunswick, NJ: Transaction Books.

Donne, J. (1999 [1624]). *Meditation XVII. In devotions upon emergent occasions.* New York, NY: Random House.

Doreian, P., Batagelj, V., & Ferligoj, A. K. (2005). Positional analyses of sociometric data. In P. J. Carrington, J. Scott, & S. Wasserman (Eds.). *Models and methods in social network analysis* (pp.77-97). New York, NY: Cambridge University Press.

Dubos, R. J. (1959). *Mirage of health: Utopias, progress, and biological change.* New York, NY: Harper.（田多井吉之介訳 (1977).『健康という幻想：医学の生物学的変化』紀伊國屋書店）

Dufur, M. J., Parcel, T. L., & McKune, B. A. (2008). Capital and context: Using social capital at home and at school to predict child social adjustment. *Journal of Health and Social Behavior,* 49, 146-161.

Dunbar, R. I. M. (1993). Coevolution of neocortical size, group size and language in humans. *Behavioral*

and Brain Sciences, 16, 681-694.
Durkheim, É. (1951 [1897]). *Suicide: A study in sociology*. Glencoe, IL: Free Press. (宮島喬訳 (1985).『自殺論』中央公論社)
Durkheim, É. (1947 [1902]). *The division of labor in society*. Glencoe, IL: Free Press.(居安正訳 (1970).『社会分化論 社会学』青木書店)
Eccles, R. G., & Crane, D. B. (1988). *Doing deals: Investment banks at work*. Boston, MA: Harvard Business School Press. (松井和夫監訳 (1991).『投資銀行のビジネス戦略：ネットワークにみる「強さ」の秘密』日本経済新聞社)
Edin, P.-A., Fredriksson, P., & Aslund, O. (2003). Ethnic enclaves and the economic success of immigrants: Evidence from a natural experiment. *Quarterly Journal of Economics*, 118, 329-357.
Egan, M., Tannahill, C., Petticrew, M., & Thomas, S. (2008). Psychosocial risk factors in home and community settings and their associations with population health and health inequalities: A systematic meta-review. *BMC Public Health*, 8, 239.
Ekeh, P. P. (1974). *Social exchange theory: The two traditions*. Cambridge, MA: Harvard University Press. (小川浩一訳 (1980).『社会的交換理論』新泉社)
Epstein, J. (2010, March 11). Publishing: The revolutionary future. *The New York Review of Books*, 57. Retrieved from http://www.nybooks.com/articles/23689
Erickson, B. H. (1988). The relational basis of attitudes. In B. Wellman & S. D. Berkowitz (Eds.). *Social structures: A network approach* (pp.99-122). New York, NY: Cambridge University Press.
Erickson, B. H. (1996). Culture, class and connections. *American Journal of Sociology*, 102, 217-251.
Erikson, K. (1976). *Everything in its path: Destruction of community in the Buffalo Creek flood*. New York, NY: Simon and Schuster.
Etzioni, A. (1961). *A comparative analysis of complex organizations: On power, involvement, and their correlates*. New York, NY: Free Press of Glencoe. (綿貫譲治監訳 (1966).『組織の社会学的分析』培風館)
Farrell, M. B. (2009, August 21). Facebook faces (another) challenge over users' privacy. *Christian Science Monitor*, Retrieved on June 28, 2011, from http://www.csmonitor.com/Innovation/Tech-Culture/2009/0821/facebook-faces-another-challenge-over-users-privacy
Faulkner, R. (1983). *Music on demand*. New Brunswick, NJ: Transaction Books.
Faust, K. (2007). Very local structure in social networks. *Sociological Methodology*, 37, 209-256.
Faust, K., & Skvoretz, J. (2002). Comparing networks across space and time, size and species. *Sociological Methodology*, 32, 267-299.
Feld, S. L. (1981). The focused organization of social ties. *American Journal of Sociology*, 86, 1015-1035.
Feld, S. L. (1991). Why your friends have more friends than you do. *American Journal of Sociology*, 96, 1464-1477.
Feld, S., & Carter, W. C. (1998). Foci of activities as changing contexts for friendship. In R. G. Adams & G. Allan (Eds.). *Placing friendship in context* (pp.136-152). Cambridge University Press.
Feldman, T. R., & Assaf, S. (1999). Social capital: Conceptual frameworks and empirical evidence: An annotated bibliography. *Social Capital Initiative Working Paper*, 5. Washington, D.C.: World Bank.
Fernandez, R. M., & Castilla, E. (2001). How much is that network worth? Social capital in employee referral networks. In N. Lin, K. Cook & R. S. Burt (Eds.). *Social capital: Theory and research* (pp.85-104). New York, NY: Aldine de Gruyter.
Fernandez, R. M., & Sosa, M. L. (2005). Gendering the job: Networks and recruitment at a call center. *American Journal of Sociology*, 111, 859-904.
Festinger, L., Schacter, S., & Back, K. (1950). *Social pressures in informal groups: A study of human factors in housing*. Stanford University Press.
Finckenauer, J., & Waring, E. (1997). Russian émigré crime in the United States: Organized crime or crime that is organized? In P. Williams (Ed.). *Russian organized crime: The new threat?* (pp.139-155).

London: Frank Cass.

Finckenauer, J., & Waring, E. (1998). *Russian mafia in America: Crime, immigration, and culture*. Boston: Northeastern University Press.

Fischer, C. S. (1982). *To dwell among friends*. Chicago: University of Chicago Press.（松本康・前田尚子訳 (2003).『友人のあいだで暮らす：北カリフォルニアのパーソナル・ネットワーク』未來社）

Fischer, C. S. (1992). *America calling: A social history of the telephone to 1940*. Berkeley and Los Angeles, CA: University of California Press.（吉見俊哉・松田美佐・片岡みい子訳 (2000).『電話するアメリカ：テレフォンネットワークの社会史』NTT 出版）

Fischer, C. S. (2005). Bowling Alone: What's the score? *Social Networks, 27*, 155-167.

Fowler, J. H., & Christakis, N. A. (2008). Supplementary online material for "Dynamic spread of happiness in a large social network: Longitudinal analysis over 20 years in the Framingham heart study." Retrieved from http://jhfowler.ucsd.edu/dynamic_spread_of_happiness_supplement.pdf

Frank, K. A. (2009). Quasi-ties: Directing resources to members of a collective. *American Behavioral Scientist, 52*, 1613-1645.

Frank, K. A., Muller, C., Schiller, K. S., Riegle-Crumb, C., Mueller, A. S., Crosnoe, R., & Pearson, J. (2008). The social dynamics of mathematics course taking in high school. *American Journal of Sociology, 113*, 1645-1696.

Frank, K. A., & Yasumoto, J. Y. (1998). Linking action to social structure within a system: Social capital within and between subgroups. *American Journal of Sociology, 104*, 642-686.

Freeman, L. (1979). Centrality in social networks: I. Conceptual clarification. *Social Networks, 1*, 215-239.

Freeman, L. (1992). The sociological concept of "group": An empirical test of two models. *American Journal of Sociology, 98*, 152-166.

Freeman, L. (2003). Finding groups: A meta-analysis of the southern women data. In R. Breiger, K. Carley & P. E. Pattison (Eds.), *Dynamic social network modeling and analysis* (pp.39-97). Washington, D.C.: The National Academies Press.

Freeman, L. (2004). *The development of social network analysis: A study in the sociology of science*. Vancouver, BC: Empirical Press.（辻竜平訳 (2007).『社会ネットワーク分析の発展』NTT 出版）

Friedkin, N. E., & Cook, K. S. (1990). Peer group influence. *Sociological Methods Research, 19*, 122-143.

Friedman, S. R., Bolyard, M., Mateu-Gelabert, P., Goltzman, P., Pawlowicz, M. P., Singh, D. Z., Touze, G., Rossi, D., Maslow, C., Sandoval, M., & Flom, P. L. (2007). Some data-driven reflections on priorities in AIDS network research. *AIDS and Behavior, 11*, 641-651.

Fromm, E. (1941). *Escape from freedom*. New York, NY: Holt, Rinehart and Winston.（日高六郎訳 (1965).『自由からの逃走』東京創元社）

Gabbay, S. M., Talmud, I., & Raz, O. (2001). Corporate social capital and strategic isomorphism: The case of the Israeli software industry. In S. M. Gabbay & R. T. A. J. Leenders (Eds.), *Social capital of organizations* (vol.18) (pp.135-150). Emerald Group Publishing Limited.

Galaskiewicz, J., Bielefeld, W., & Dowell, M. (2006). Networks and organizational growth: A study of community based nonprofits. *Administrative Science Quarterly, 51*, 337-380.

Garfinkel, H. (1967). *Studies in ethnomethodology*. Englewood Cliffs, NJ: Prentice-Hall.

Garip, F. (2008). Social capital and migration: How do similar resources lead to divergent outcomes? *Demography, 45*, 591-617.

Gautreau, A., Barrat, A., & Barthélemy, M. (2008). Global disease spread: Statistics and estimation of arrival times. *Journal of Theoretical Biology, 251*, 509-522.

General Electric Company. (2000). *Annual Report 1999*. Fairfield, CT: General Electric Company.

Geroski, P. A. (2000). Models of technology diffusion. *Research Policy, 29*, 603-625.

Gertner, J. (2003, December 14). The 3rd annual year in ideas. *New York Times*.

Gillies, D. (2008). Review of Hasok Chang, Inventing temperature: Measurement and scientific

progress. *British Journal for the Philosophy of Science*, 60, 221-228.
Girvan, M., & Newman, M. E. J. (2002). Community structure in social and biological networks. *Proceedings of the National Academy of Sciences of the United States of America*, 99, 7821-7826.
Gladwell, M. (2000). *The tipping point: How little things can make a big difference*. New York, NY: Little, Brown & Co. (高橋啓訳 (2000).『ティッピング・ポイント:いかにして「小さな変化」が「大きな変化」を生み出すか』飛鳥新社)
Glanville, J. L., & Bienenstock, E. J. (2009). A typology for understanding the connections among different forms of social capital. *American Behavioral Scientist*, 52, 1507-1530.
Goffman, E. (1967). *Interaction ritual: Essays on face-to-face behavior*. 1st ed. Garden City, NY: Anchor Books. (安江孝司・広瀬英彦訳 (1986).『儀礼としての相互行為——対面行動の社会学』法政大学出版局)
Goldenweiser, A. (1922). *Early civilization: An introduction to anthropology*. New York, NY: A. A. Knopf.
Goodman, P. (1959). *The empire city*. Indianapolis, IN: Bobbs-Merrill.
Gould, R. V. (2002). The origins of status hierarchies: A formal theory and empirical test. *American Journal of Sociology*, 107, 1143-1178.
Granovetter, M. S. (1973). The strength of weak ties. *American Journal of Sociology*, 78, 1360-1380.
Granovetter, M. S. (1978). Threshold models of collective behavior. *American Journal of Sociology*, 83, 1420-1443.
Granovetter, M. S. (1982). The strength of weak ties: A network theory revisited. In P. Marsden & N. Lin (Eds.). *Social structure and network analysis* (pp.105-130). Beverly Hills, CA: Sage.
Granovetter, M. S., & Soong, R. (1983). Threshold models of diffusion and collective behavior. *Journal of Mathematical Sociology*, 9, 165-179.
Greenberg, J. (1991). *Oedipus and beyond: A clinical theory*. Cambridge, MA: Harvard University Press.
Haidt, J., & Rodin, J. (1999). Control and efficacy as interdisciplinary bridges. *Review of General Psychology*, 3, 317-337.
Hall, A., & Wellman, B. (1985). Social networks and social support. In S. Cohen & S. L. Syme (Eds.). *Social support and health* (pp.23-41). Orlando, FL: Academic Press.
Hallinan, M. T. (1982). Classroom racial composition and children's friendships. *Social Forces*, 61, 56-72.
Hallinan, M. T., & Williams, R. (1989). Interracial friendship choices in secondary schools. *American Sociological Review*, 54, 67-78.
Hamill, L., & Gilbert, N. (2009). Social circles: A simple structure for agent-based social network models. *Journal of Artificial Societies and Social Simulation*, 12,(2)3. Retrieved from http://jasss.soc.surrey.ac.uk/12/2/3.html
Hannan, M. T., & Freeman, J. (1989). *Organizational ecology*. Cambridge, MA: Harvard University Press.
Hansen, M. T., Podolny, J. M., & Pfeffer, J. (2001). So many ties, so little time: A task contingency perspective on social capital in organizations. In S. M. Gabbay & R. T. A. J. Leenders (Eds.). *Social capital of organizations* (vol.18) (pp.21-57). Emerald Group Publishing Limited.
Harary, F., Norman, R. Z., & Cartwright, D. (1965). *Structural models: An introduction to the theory of directed graphs*. New York, NY: Wiley.
Hargittai, E. (2008). The digital reproduction of inequality. In D. Grusky (Ed.). *Social Stratification* (pp.936-944). Boulder, CO: Westview Press.
Harrington, B. (2001). Organizational performance and corporate social capital: A contingency model. In S. M. Gabbay & R. T. A. J. Leenders (Eds.). *Social capital of organizations*, (vol.18) (pp.83-106). West Yorkshire, England: Emerald Group Publishing Limited.

Hartvigsen, G., Dresch, J. M., Zielinski, A. L., Macula, A. J., & Leary, C. C. (2007). Network structure, and vaccination strategy and effort interact to affect the dynamics of influenza epidemics. *Journal of Theoretical Biology*, 246, 205-213.

Hauhart, R. (2003). The Davis-Moore theory of stratification: The life course of a socially constructed classic. *American Sociologist*, 34, 5-24.

Haynie, D. L. (2001). Delinquent peers revisited: Does network structure matter? *American Journal of Sociology*, 106, 1013-1057.

Headland, T. N., Pike, K. A., & Harris, M. (1990). *Emics and etics: The insider/outsider debate. Frontiers of anthropology*, (vol.7) Newbury Park, CA: Sage Publications.

Heider, F. (1946). Attitudes and cognitive organization. *Journal of Psychology*, 21, 107-112.

Hendrick, I. (1942). Instinct and the ego during infancy. *Psychoanalytic Quarterly*, 11, 33-58.

Higley, J., & Moore, G. (1981). Elite integration in the United States and Australia. *American Political Science Review*, 75, 581-597.

Higley, J., Hoffmann-Lange, U., Kadushin, C., & Moore, G. (1991). Elite integration in stable democracies: A reconsideration. *European Sociological Review*, 7, 35-53.

Hill, R. A., & Dunbar, R. I. M. (2003). Social network size in humans. *Human Nature*, 14, 53-72.

Homans, G. C. (1950). *The human group*. New York, NY: Harcourt, Brace. (馬場明男・早川浩一訳 (1959).『ヒューマン・グループ』誠信書房)

Homans, G. C., & Schneider, D. M. (1955). *Marriage, authority and final causes*. Glencoe, IL: Free Press.

Hoover, E. M., & Vernon, R. (1962). *Anatomy of a metropolis: The changing distribution of people and jobs within the New York metropolitan region*. New York, NY: Anchor Books. (蝋山政道監訳 (1965).『大都市の解剖』東京大学出版会)

House, J. S., Landis, K. R., & Umberson, D. (1988). Social relationships and health. *Science*, 241, 540-545.

Huberman, B. A., Loch, C. H., & Onculer, A. (2004). Status as a valued resource. *Social Psychology Quarterly*, 67, 103-114.

Hubert, L., & Schultz, J. (1976). Quadratic assignment as a general data analysis strategy. *British Journal of Mathematics, Statistics and Psychology*, 29, 190-241.

Hunter, F. (1953). *Community power structure*. Durham, NC: University of North Carolina Press. (鈴木広監訳 (1998).『コミュニティの権力構造:政策決定者の研究』恒星社厚生閣)

Hurlbert, J. S., Beggs, J. J., & Haines, V. (2001). Social networks and social capital in extreme environments. In N. Lin, K. Cook & R. S. Burt (Eds.). *Social capital: Theory and research* (pp.209-232). New York, NY: Aldine de Gruyter.

Hutchinson, D., & Raspee, R. M. (2007). Do friends share similar body image and eating problems? The role of social networks and peer influences in early adolescence. *Behaviour Research and Therapy*, 45, 1557-1577.

Ibarra, H., Kilduff, M., & Wenpin, T. (2005). Zooming in and out: Connecting individuals and collectivities at the frontiers of organizational network research. *Organization Science*, 16, 359-371.

Jaques, E. (1976). *A general theory of bureaucracy*. London-New York, NY: Heinemann; Halsted Press.

Johanson, J.-E. (2001). The balance of corporate social capital. In S. M. Gabbay & R. T. A. J. Leenders (Eds.). *Social capital of organizations* (vol.18) (pp.231-261). West Yorkshire, England: Emerald Group Publishing Limited.

Kadushin, C. (1966). The friends and supporters of psychotherapy: On social circles in urban life. *American Sociological Review*, 31, 786-802.

Kadushin, C. (1968a). Power, influence and social circles: A new methodology for studying opinion-makers. *American Sociological Review*, 33, 685-699.

Kadushin, C. (1968b). Reason analysis. In D. L. Sills. (Ed) *International encyclopedia of the social sciences*. New York, NY: Macmillan, Free Press.

Kadushin, C. (1969). The professional self-concept of music students. *American Journal of Sociology*, 75, 389-404.

Kadushin, C. (1976). Networks and circles in the production of culture. *American Behavioral Scientist*, 19, 769-784.

Kadushin, C. (1981). Notes on the expectations of reward in *n*-person networks. In P. Blau & R. K. Merton (Eds.). *Continuities in structural inquiry* (pp.235-254). London: Sage.

Kadushin, C. (1995). Friendship among the French financial elite. *American Sociological Review*, 60, 202-221.

Kadushin, C. (2004). Too much investment in social capital? *Social Networks*, 26, 75-90.

Kadushin, C. (2005a). *The American intellectual elite: Republication of the 1974 edition, with a new introduction*. Sommerset, NJ: Transaction.

Kadushin, C. (2005b). Who benefits from network analysis: Ethics of social network research. *Social Networks*, 27, 139-153.

Kadushin, C. (2005c). Networks and small groups. *Structure and Dynamics: eJournal of Anthropological and Related Sciences*, 1, Article 5.

Kadushin, C. (2006 [1969]). *Why people go to psychiatrists*. New Brunswick, NJ: Aldine Transaction [originally published by Atherton].

Kadushin, C., & Abrams, P (1973a). Opinion-making elites in Yugoslavia. Part 1, Informal leadership. In A. Barton, B. Denitch & C. Kadushin. (Eds.). *Social structure of Yugoslav opinion-makers* (pp.155-187*)*. New York, NY: Praeger.

Kadushin, C., & Abrams, P (1973b). Social structure of Yugoslav opinion-makers. Part 2, Formal and informal influences and their consequences for opinion. In A. Barton, B. Denitch & C. Kadushin. (Eds.). *Social structure of Yugoslav opinion-makers (*pp.188-219*)*. New York, NY: Praeger.

Kadushin, C., & Jones, D. (1992). Social networks and urban neighborhoods in New York City. *City & Society*, 6, 58-75.

Kadushin, C., Killworth, P. D., Bernard, H. R., & Beveridge, A. (2006). Scale-up methods as applied to estimates of heroin use. *Journal of Drug Issues*, 36, 417-439.

Kadushin, C., Lindholm, M., Ryan, D., Brodsky, A., & Saxe, L. (2005). Why it is so difficult to form effective community coalitions. *City & Community*, 4, 255-275.

Kalish, Y., & Robins, G. (2006). Psychological predispositions and network structure: The relationship between individual predispositions, structural holes and network closure. *Social Networks*, 28, 56-84.

Karlsson, D., Jansson, A., Normark, B., & Nilsson, P. (2008). An individual-based network model to evaluate interventions for controlling pneumococcal transmission. *BMC Infectious Diseases*, 8, 1-10.

Kashima, Y., Kashima, E. S., Bain, P., Lyons, A., Tindale, R. S., Robins, G., Vears, C., & Whelan, J. (2010). Communication and essentialism: Grounding the shared reality of a social category. *Social Cognition*, 28, 306-328.

Katz, E. (1957). The 2-step flow of communication: An up-to-date report on an hypothesis. *Public Opinion Quarterly*, 21, 61-78.

Katz, E. (1960). Communication research and the image of society: Convergence of two traditions. *The American Journal of Sociology*, 65, 435-440.

Katz, E., & Lazarsfeld, P. F. (1955). *Personal influence*. New York, NY: Free Press. (竹内郁郎訳 (1965). 『パーソナル・インフルエンス―オピニオン・リーダーと人びとの意思決定』培風館)

Killworth, P. D., & Bernard, H. R. (1978). The reverse small-world experiment. *Social Networks*, 1, 159-192.

Killworth, P. D., Johnsen, E. C., Bernard, H. R., Shelley, G. A., & McCarty, C. (1990). Estimating the size

of personal networks. *Social Networks*, 12, 289-312.
Killworth, P. D., McCarty, C., Johnsen, E. C., Bernard, H. R., & Shelley, G. A. (2006). Investigating the variation of personal network size under unknown error conditions. *Sociological Methods & Research*, 35, 84-112.
Klausner, S. Z. (1964). On some differences in modes of research among psychologists and sociologists. In *Transactions of the fifth world congress of sociology* (vol.4) (pp.209-235). Washington, D.C: International Sociological Association.
Kleiman, E. (1998). The role of geography, culture and religion in Middle East trade. In Y. Yafeh, E. Harari, & E. Ben-Ari (Eds.), *Lessons from East Asia for the development of the Middle East in the era of peace* (pp.208-220). Jerusalem: Harry S. Truman Institute for the Advancement of Peace.
Kleinberg, J. (2003). An impossibility theorem for clustering. In S. Becker, S. Thrun, & K. Obermayer (Eds.), *Advances in neural information processing systems 15: Proceedings of the 15th Conference on Neural Information Processing Systems*. Cambridge, MA: MIT Press.
Klovdahl, A. S. (1985). Social networks and the spread of infectious diseases: The AIDS example. *Social Science & Medicine*, 21, 1203-1216.
Klovdahl, A. S. (2005). Social network research and human subjects protection: Towards more effective infectious disease control. *Social Networks*, 27, 119-137.
Klovdahl, A. S., Graviss, E. A., Yaganehdoost, A., Ross, M. W., Wanger, A., Adams, G. J., & Musser, J. M. (2001). Networks and tuberculosis: An undetected community outbreak involving public places. *Social Science & Medicine*, 52, 681-694.
Klovdahl, A. S., Potterat, J. J., Woodhouse, D. E., Muth, J. B., Muth, S. Q., & Darrow, W. W. (1994). Social networks and infectious disease: The Colorado Springs study. *Social Science & Medicine*, 38, 79-88.
Koehly, L. M., & Pattison, P. (2005). Random graph models for social networks: Multiple relations or multiple raters. In P. J. Carrington, J. Scott, & S. Wasserman (Eds.), *Models and methods in social network analysis* (pp.162-191). New York, NY: Cambridge University Press.
Kono, C., Palmer, D., Friedland, R., & Zafonte, M. (1998). Lost in space: The geography of corporate interlocking directorates. *American Journal of Sociology*, 103, 863-911.
Kornhauser, A., & Lazarsfeld, P. F. (1955 [1935]). The analysis of consumer actions. In P. F. Lazarsfeld & M. Rosenberg (Eds.), *The language of social research* (pp.392-404). Glencoe, IL: Free Press.
Kornish, L. J. (2006). Technology choice and timing with positive network effects. *European Journal of Operational Research*, 173, 268-282.
Kossinets, G., & Watts, D. J. (2009). Origins of homophily in an evolving social network. *American Journal of Sociology*, 115, 405-450.
Krebs, V. E. (2002). *Uncloaking terrorist networks*. Retrieved from http://firstmonday.org/htbin/cgiwrap/bin/ojs/index.php/fm/article/view/941/863%20/
Krebs, V. E. (2004). *Power in networks*. Retrieved from orgnet.com: http://www.orgnet.com/PowerInNetworks.pdf
Krebs, V. E. (2008). *Connecting the dots*. Retrieved on June 28, 2011, from orgnet.com: http://www.orgnet.com/tnet.html
Kroeber, A. L. (1948). *Anthropology: Race, language, culture, psychology, prehistory (Revised edition)*. New York, NY: Harcourt, Brace.
Krugman, P. R., & Obstfeld, M. (2000). *International economics: Theory and policy*. Reading, MA: Addison-Wesley.（吉田和男監訳 (2002).『国際経済学』エコノミスト社）
Lang, K., & Lang, G. E. (2006). Personal influence and the new paradigm: Some inadvertent consequences. *Annals of the American Academy of Political and Social Science*, 608, 157-178.
Latour, B. (2005). *Reassembling the social: An introduction to actor-network-theory (Clarendon lectures in management studies)*. Oxford University Press.

Laumann, E. O., & Knoke, D. (1987). *The organizational state: Social choice in national policy domains.* Madison, WI: University of Wisconsin Press.

Laumann, E. O., & Pappi, F. U. (1976). *Networks of collective action: A perspective on community influence systems.* New York, NY: Academic Press.

Lazarsfeld, P. F. (1972 [1935]). The art of asking why: Three principles underlying the formulation of questionnaires. In P. F. Lazarsfeld (Ed.), *Qualitative Analysis: Historical and Critical Essays* (pp.183-202). Boston: Allyn and Bacon. (Original edition, *The National Marketing Review*, now defunct)

Lazarsfeld, P. F., Berelson, B., & Gaudet, H. (1948). *The people's choice: How the voter makes up his mind in a presidential campaign.* New York, NY: Columbia University Press. (時野谷浩ほか訳 (1987). 『ピープルズ・チョイス：アメリカ人と大統領選挙』芦書房)

Lazarsfeld, P. F., & Merton, R. K. (1978 [1955]). Freedom and control in modern society. In M. Berger, T. Abel, & C. H. Page (Eds.), *Friendship as a social process: A substantive and methodological analysis* (pp.158-173). New York, NY: Octagon Books.

Lazega, E., & Pattison, P. E. (1999). Multiplexity, generalized exchange and cooperation in organizations: A case study. *Social Networks, 21*, 67-90.

Leavitt, H. J. (1951). Some effects of certain communication patterns on group performance. *Journal of Abnormal and Social Psychology, 46*, 38-50.

Leifer, E. M. (1988). Interaction preludes to role setting: Exploratory local action. *American Sociological Review, 53*, 865-878.

Leifer, E. M., & Rajah, V. (2000). Getting observations: Strategic ambiguities in social interaction. *Soziale Systeme, 6*, 252-267.

Lerer, N., & Kadushin, C. (1986). Effects of group cohesion on posttraumatic stress disorder. In G. Boulanger & C. Kadushin (Eds.), *The Vietnam veteran redefined: Fact and fiction* (pp.51-59). Hillsdale, N.J.: Lawrence Erlbaum.

Leskovec, J., Ademic, L. A, & Huberman, B. A. (2007). The dynamics of viral marketing. *ACM Transactions on the Web*, 1: 1.

Lévi-Strauss, C. (1969). *The elementary structures of kinship.* Boston, MA: Beacon Press. (福井和美訳 (2000). 『親族の基本構造』青弓社)

Lin, N. (2001). *Social capital: A theory of social structure and action.* New York, NY: Cambridge University Press. (筒井淳也ほか訳 (2008). 『ソーシャル・キャピタル：社会構造と行為の理論』ミネルヴァ書房)

Lin, N., & Dumin, M. (1986). Access to occupations through social ties. *Social Networks, 8*, 365-385.

Lin, N., Cook, K.S., & Burt, R. S. (2001). *Social capital: Theory and research.* New York, NY: Aldine de Gruyter.

Lin, N., & Erickson, B. H. (2008a). Theory, measurement, and the research enterprise on social capital. In N. Lin, & B. H. Erickson (Eds.), *Social capital: An international research program* (pp.1-24). Oxford-New York: Oxford University Press.

Lin, N., & Erickson, B. H. (Eds.). (2008b). *Social capital: An international research program.* Oxford-New York: Oxford University Press.

Lincoln, J. R., Gerlach, M. L., & Takahashi, P. (1992). *Keiretsu* networks in the Japanese economy: A dyad analysis of intercorporate ties. *American Sociological Review, 57*, 561-585.

Linton, R. (1936). *The study of man: An introduction.* New York-London: D. Appleton-Century Company.

Lipsman, A. (2011, June). *The network effect: Facebook, Linkedin, Twitter & Tumblr reach new heights in May.* Retrieved on June 30, 2011, from comScore Blog: http://blog.comscore.com/2011/06/facebook_linkedin_twitter_tumblr.html (currently available from http://www.comscore.com/jpn/Insights/Blog/The-Network-Effect-Facebook-Linkedin-Twitter-Tumblr-Reach-

New-Heights-in-May)
Luce, R. D., & Perry, A. D. (1949). A method of matrix analysis of group structure. *Psychometrika*, 14, 95-116.
Luke, D. A., & Harris, J. K. (2007). Network analysis in public health: History, methods, and applications. *Annual Review of Public Health*, 28, 69-93.
Lyons, P. (2009). *Mass and elite attitudes during the Prague Spring era: Importance and legacy*. Prague: Institute of Sociology, Academy of Sciences of the Czech Republic.
Malinowski, B. (1922). *Argonauts of the Western Pacific*. London: Routledege & Kegan Paul.（増田義郎訳 (2010 [1985])．『西太平洋の遠洋航海者：メラネシアのニュー・ギニア諸島における、住民たちの事業と冒険の報告』講談社）
Malinowski, B. (1959 [1926]). *Crime and custom in savage society*. Patterson, NJ: Littlefield, Adams & Co.（青山道夫訳 (2002)．『未開社会における犯罪と慣習：付 文化論（新版）』新泉社）
Maman, D. (1997). The power lies in the structure: Economic policy forum networks in Israel. *British Journal of Sociology*, 48, 267-285.
Mandel, M. (2000). Measuring tendency towards mutuality in a social network. *Social Networks*, 22, 285-298.
March, J. G., & Simon, H. A. (1993). *Organizations* (2nd ed.). Cambridge, MA: Blackwell.（高橋伸夫訳 (2014)．『オーガニゼーションズ：現代組織論の原典』ダイヤモンド社）
Markus, H. R., & Kitayama, S. (1998). The cultural psychology of personality. *Journal of Cross-Cultural Psychology*, 29, 63-87.
Markus, H. R., & Kitayama, S. (2003). Models of Agency: Sociocultural Diversity in the Construction of Action. *Nebraska Symposium on Motivation*, 49, 1-57.
Marsden, P. V. (1987). Core discussion networks of Americans. *American Sociological Review*, 52, 122-131.
Marsden, P. V. (1990). Network data and measurement. *Annual Review of Sociology*, 16, 435-463.
Marsden, P. V. (2005). Recent developments in network measurement. In P. J. Carrington, J. Scott, & S. Wasserman (Eds.). *Models and methods in social network analysis* (pp.8-30). New York, NY: Cambridge University Press.
Marsden, P. V., & Hurlburt, J. S. (1988). Social resources and mobility outcomes: A replication and extension. *Social Forces*, 66, 1038-1059.
Martin, J. L. (2009). *Social structures*. Princeton, NJ: Princeton University Press.
Marx, G. (1959). Groucho and me. New York, NY: B. Geis Associates (distributed by Random House).
McCain, R. A. III. (2002). *Essential principles of economics: A hypermedia text* (2nd ed.). Retrieved October 10, 2002, from Drexel University: http://william-king.www.drexel.edu/top/prin/txt/EcoToC.html (currently available from http://www.icyte.com/system/snapshots/fs1/e/2/8/e/e28e4617437e7d7a25c2df3ad96d6d311ee982df/)
McPherson, M. (2004). A Blau space primer: Prolegomenon to an ecology of affiliation. *Industrial and Corporate Change*, 13, 263-280.
McPherson, M., Smith-Lovin, L., & Cook, J. M. (2001). Birds of a feather: Homophily in social networks. *Annual Review of Sociology*, 27, 415-444.
Merton, R. K. (1968a). The Matthew effect in science. *Science*, 159, 56-63.
Merton, R. K. (1968b [1957]). *Social theory and social structure*. Glencoe, Ill.: Free Press.（森東吾ほか共訳 (1961)．『社会理論と社会構造』みすず書房）
Merton, R. K. (1973). *The sociology of science: Theoretical and empirical investigations*. Chicago, IL: University of Chicago Press.
Merton, R. K. (1984). The fallacy of the latest word: The case of pietism and science. *American Journal of Sociology*, 89, 1091-1121.
Merton, R. K. (1993 [1965]). *On the shoulders of giants: A Shandean postscript*. (Post-Italianate ed.)

Chicago, IL: University of Chicago Press.

Meyer, J., & Rowan, B. (1991). Institutionalized organizations: Formal structure as myth and ceremony. In W. W. Powell & P. J. DiMaggio (Eds.). *The new institutionalism in organizational analysis* (pp.41-62). Chicago, IL: University of Chicago Press.

Meyers, L. (2007). Contact network epidemiology: Bond percolation applied to infectious disease prediction and control. *Bulletin of the American Mathematical Society*, 44, 63-86.

Milgram, S. (1967). The small-world problem. *Psychology Today*, 1, 62-67.

Milgram, S. (1969). Interdisciplinary thinking and the small world problem. In M. Sherif & C. W. Sherif (Eds.). *Interdisciplinary relationships in the social sciences* (pp.103-120). Chicago, IL: Aldine.

Milgram, S. (1974). *Obedience to authority: An experimental view* (1st ed.). New York, NY: Harper & Row. (山形洋生訳 (2008). 『服従の心理』河出書房新社)

Mills, C. W. (1959). *The power elite*. New York, NY: Oxford University Press. (鵜飼信成・綿貫譲治訳 (1969). 『パワー・エリート』東京大学出版会)

Mintz, B., & Schwartz, M. (1985). *The power structure of American business*. Chicago, IL: University of Chicago Press. (浜川一憲・高田太久吉・松井和夫訳 (1994). 『企業間ネットワークと取締役兼任制：金融ヘゲモニーの構造』文眞堂)

Mintzberg, H. (1979). *The structuring of organizations: A synthesis of the research*. Englewood Cliffs, NJ: Prentice-Hall.

Mintzberg, H. (1994). *The rise and fall of strategic planning*. New York, NY: The Free Press. (中村元一監訳 (1997). 『戦略計画：創造的破壊の時代』産能大学出版部)

Mitchell, J. C. (1969). The concept and use of social networks. In J. C. Mitchell (Ed.). *Social networks in urban situations: Analyses of personal relationships in Central African towns* (pp.1-50). Manchester: University of Manchester Press. (三雲正博・福島清紀・進本真文訳 (1983). 『社会的ネットワーク：アフリカにおける都市の人類学』国文社)

Mitchell, S. A. (1993). *Hope and dread in psychoanalysis*. New York, NY: Basic Books. (横井公一・辻河昌登訳 (2008). 『関係精神分析の視座：分析過程における希望と怖れ』ミネルヴァ書房)

Mizruchi, M. S., & Schwartz, M. (1987). *Intercorporate relations: The structural analysis of business*. Cambridge University Press.

Mokken, R. J. (1979). Cliques, clubs and clans. *Quality and Quantity*, 13, 161-173.

Molm, L. D., Takahashi, N., & Peterson, G. (2000). Risk and trust in social exchange: An experimental test of a classical proposition. *American Journal of Sociology*, 105, 1396-1427.

Monge, P., & Matei, S. A. (2004). The role of the global telecommunications network in bridging economic and political divides, 1989 to 1999. *Journal of Communication*, 54, 511-531.

Moody, J. (2001). Race, school integration, and friendship segregation in America. *American Journal of Sociology*, 107, 679-716.

Moody, J., & Paxton, P. (2009). Building bridges: Linking social capital and social networks to improve theory and research. *American Behavioral Scientist*, 52, 1491-1506.

Moody, J., & White, D. R. (2003). Structural cohesion and embeddedness: A hierarchical concept of social groups. *American Sociological Review*, 68, 103-127.

Moon, I.-C., Carley, K., & Levis, A. (2008). Vulnerability assessment on adversarial organization: Unifying command and control structure analysis and social network analysis. Paper presented at *SIAM International Conference on Data Mining, Workshop on Link Analysis, Counterterrorism and Security*. Atlanta, Georgia.

Moore, G. (1979). The structure of a national elite network. *American Sociological Review*, 44, 673-692.

Moore, J. (1961). Patterns of women's participation in voluntary associations. *American Journal of Sociology*, 66, 592-598.

Moreno, J. L. (1953). *Who shall survive? Foundations of sociometry, group psychotherapy and sociodrama*. New York, NY: Beacon House. (Originally published as *Nervous and Mental Disease*

Monograph, 58, Washington, D.C., 1934.)

Morozov, E. (2009, July 13). Foreign policy: Iran's terrifying Facebook police. *Foreign Policy*. Retrieved on June 28, 2011, from http://www.npr.org/templates/story/story.php?storyId=106535773

Morris, M. (Ed.) (2004). *Network epidemiology: A handbook for survey design and data collection (International studies in demography)*. Oxford: Oxford University Press.

Morris, M., Handcock, M. S., Miller, W. C., Cohen, M. S., Ford, C. A., Schmitz, J. L., Hobbs, M. M., Harris, K. M., & Udry, J. R. (2006). Prevalence of HIV infection among young adults in the United States: Results from the Add Health Study. *American Journal of Public Health*, 96, 1091-1097.

Morris, M., & Kretzschmar, M. (1997). Concurrent partnerships and the spread of HIV. *AIDS*, 11, 641-648.

Morris, M., Kurth, A. E., Hamilton, D. T., Moody, J., & Wakefield, S. (2009). Concurrent partnerships and HIV prevalence disparities by race: Linking science and public health practice. *American Journal Public Health*, 99, 1023-1031.

Mosca, G. (1939 [1923]). *The ruling class (Elimenti di scienza politica)*. New York, NY: McGraw-Hill.(志水速雄訳 (1973).『支配する階級』ダイヤモンド社)

Mouw, T. (2006). Estimating the causal effect of social capital: A review of recent research. *Annual Review of Sociology*, 32, 79-102.

Nannestad, P. (2008). What have we learned about generalized trust, if anything? *Annual Review of Political Science*, 11, 413-436.

National Commission for the Protection of Human Subjects of Biomedical and Behavioral Research. (1979). *The Belmont Report: Ethical principles and guidelines for the protection of human subjects of research*. Bethesda, MD: National Institutes of Health, Department of Health, Education, and Welfare.

National Institutes of Health. (1997). *The adolescent health study*. Retrieved on August 25, 2008, from http://www.nih.gov/news/pr/sept97/chd-09.htm

National Research Council. (2003). *Protecting participants and facilitating social and behavioral sciences research*. Washington, D.C.: National Academies Press.

Neaigus, A., Friedman, S. R., Goldstein, M., Ildefonso, G., Curtis, R., & Jose, B. (1995). Using dyadic data for a network analysis of HIV infection and risk behaviors among injecting drug users. In R. H. Needle, S. L. Coyle, S. G. Genser, & R. T. I. Trotter (Eds.). *Social Networks, Drug Abuse, and HIV Transmission* (pp.20-37). Rockville, MD: U.S. Department of Health and Human Services, Public Health Service, National Institutes of Health.

Needham, R. (1962). *Structure and sentiment: A test case in social anthropology*. Chicago, IL: University of Chicago Press.（三上暁子訳 (1977).『構造と感情』弘文堂）

Newman, M. E. J. (2006a). Finding community structure in networks using the eigenvectors of matrices. *Physical Review E*, 74, 036104-1.036104-19.

Newman, M. E. J. (2006b). Modularity and community structure in networks. *Proceedings of the National Academy of Sciences of the United States of America*, 103, 8577-8582.

Newman, M. E. J. (2010). *Networks: An introduction*. Oxford, UK: Oxford University Press.

Newman, M. E. J., & Park, J. (2003). Why social networks are different from other types of networks. *Physical Review E*, 68, 036122.

Newman, M. E. J., & Girvan, M. (2004). Finding and evaluating community structure in networks. *Physical Review E*, 69, 026113.

New York Times. (2009, July 16). Illegal and pointless. Retrieved on July 17, 2009, from http://www.nytimes.com/2009/07/17/opinion/17fri1.html

Nisbet, E. C. (2006). The engagement model of opinion leadership: Testing validity within a European context. *International Journal of Public Opinion Research*, 18, 3-30.

Nitsch, V. (2000). National borders and international trade: Evidence from the European Union.

Canadian Journal of Economics, 33, 1091-1105.

Olguín, D. O., Waber, B. N., Kim, T., Mohan, A., Ara, K., & Pentland, A. S. (2009). Sensible organizations: Technology and methodology for automatically measuring organizational behavior. *IEEE transactions on systems, man, and cybernetics. Part B: Cybernetics*, 39, 1-12.

Oliver, A. L., & Liebeskind, J. P. (1997). Three levels of networking for sourcing intellectual capital in biotechnology: Implications for studying interorganizational networks. *International Studies of Management & Organization*, 27, 76-103.

Olson, M., Jr. (1996). Distinguished lecture on economics in government: Big bills left on the sidewalk: Why some nations are rich and others poor. *Journal of Economic Perspectives*, 10, 3-24.

Owen-Smith, J., & Powell, W. W. (2004). Knowledge networks as channels and conduits: The effects of spillovers in the Boston biotechnology community. *Organization Science*, 15, 5-21.

Oxford English Dictionary (2011). *Networking*. Retrieved on June 29, 2011, from http://www.oed.com/viewdictionaryentry/Entry/235272

Padgett, J. F. (2001). Organizational genesis, identity, and control: The transformation of banking in Renaissance Florence. In J. E. Rauch & A. Casella (Eds.). *Networks and markets* (pp.211-257). New York, NY: Russell Sage Foundation.

Padgett, J. F., & Ansell, C. K. (1993). Robust action and the rise of the Medici, 1400-1434. *American Journal of Sociology*, 98, 1259-1319.

Pareto, V. (1896). *Cours d'economie politique professe a l'Universite de Lausanne*. (2 vols). Lausanne, Paris: F. Rouge; Pichon.

Parsons, T. (1951). *The social system*. Glencoe, IL: Free Press. (佐藤勉訳 (1974).『社会大系論』青木書店)

Perrow, C. (1986). *Complex organizations: A critical essay*. New York, NY: Random House. (佐藤慶幸監訳 (1978).『現代組織論批判』早稲田大学出版部)

Phillips, F. (2007). On S-curves and tipping points. *Technological Forecasting and Social Change*, 74, 715-730.

Pinhasi, R., Fort, J., & Ammerman, A. J. (2005). Tracing the origin and spread of agriculture in Europe. *PLoS Biology*, 3, e410.

Podolny, J. M. (2005). *Status signals: A sociological study of market competition*. Princeton, NJ: Princeton University Press.

Podolny, J. M., & Baron, J. M. (1997). Resources and relationships: Social networks and mobility in the workplace. *American Sociological Review*, 62, 673-693.

Podolny, J. M., & Page, K. L. (1998). Network forms of organizations. *Annual Review of Sociology*, 24, 57-76.

Portes, A. (1998). Social capital: Its origins and applications in modern sociology. *Annual Review of Sociology*, 24, 1-24.

Portes, A., & Sensenbrenner, J. (1993). Embeddedness and immigration: Notes on the social determinates of economic action. *American Journal of Sociology*, 98, 1320-1350.

Powell, W. W. (1990). Neither market nor hierarchy: Network forms of organization. *Research in Organizational Behavior*, 12, 295-336.

Powell, W. W., & Smith-Doerr, L. (2005). Networks and economic life. In N. J. Smelser & R. Swedberg (Eds.). *The handbook of economic sociology* (2nd ed.) (pp.379-402). Princeton, N.J.: Princeton University Press.

Powell, W. W., White, D. R., Koput, K. W., & Owen-Smith, J. (2005). Network dynamics and field evolution: The growth of interorganizational collaboration in the life sciences. *American Journal of Sociology*, 110, 1132-1205.

Price, D. J. D. (1976). General theory of bibliometric and other cumulative advantage processes. *Journal of the American Society for Information Science*, 27, 292-306.

Pronyk, P. M., Harpham, T., Busza, J., Phetla, G., Morison, L. A., Hargreaves, J. R., Kim, J C., Watts, C.

Putnam, R. D. (2000). *Bowling alone: The collapse and revival of American community*. New York, NY: Simon and Schuster.（柴内康文訳 (2006).『孤独なボウリング：米国コミュニティの崩壊と再生』柏書房）

H., & Porter, J. D. (2008). Can social capital be intentionally generated? A randomized trial from rural South Africa. *Social Science & Medicine*, 67, 1559-1570.

Provan, K. G., Fish, A., & Sydow, J. (2007). Interorganizational networks at the network level: A review of the empirical literature on whole networks. *Journal of Management*, 33, 479-516.

Putnam, R. D. (2008). *Social capital primer*. Retrieved on January 3 2009, from http://www.hks.harvard.edu/saguaro/primer.htm (currently available from http://bowlingalone.com/?page_id=13)

Putnam, R. D., Leonardi, R., & Nanetti, R. (1993). *Making democracy work: Civic traditions in modern Italy*. Princeton, NJ: Princeton University Press.（河田潤一訳 (2001).『哲学する民主主義：伝統と改革の市民的構造』NTT 出版）

Quételet, A. (1969). *A treatise on man and the development of his faculties. (A facsimile reproduction of the 1842 English translation of "Sur l'homme et le developpement de ses facultés," History of psychology series)*. Gainesville, FL: Scholars' Facsimiles & Reprints.

Rapoport, A. (1954). Spread of information through a population with sociostructual bias. III: Suggested experimental procedures. *Bulletin of Mathematical Biophysics*, 16, 75-81.

Raudenbush, S. W., & Bryk, A. S. (2002). *Hierarchical linear models: Applications and data analysis methods (2nd ed.)*. Newbury Park, CA: Sage Publications.

Riger. (2001). Transforming community psychology. *American Journal of Community Psychology*, 29, 69-81.

Roberts, S. G. B., Dunbar, R. I. M., Pollet, T. V., & Kuppens, T. (2009). Exploring variation in active network size: Constraints and ego characteristics. *Social Networks*, 31, 138-146.

Robins, G., & Pattison, P. (2005). Interdependencies and social processes: Dependence graphs and generalized dependence structures. In P. J. Carrington, J. Scott, & S. Wasserman (Eds.), *Models and methods in social network analysis* (pp.192-214). New York, NY: Cambridge University Press.

Robinson, W. S. (1950). Ecological correlations and the behavior of individuals. *American Sociological Review*, 15, 351-357.

Roethlisberger, F. J., & Dickson, W. J. (1939). *Management and the worker*. Cambridge, MA: Harvard University Press.

Rogers, E. M., & Kincaid, D. L. (1981). *Communication networks: Toward a new paradigm for research*. New York, NY: Free Press.

Rosenblum, S. (2011, June 26). Got Twitter? You've been scored. *New York Times*, SR8.

Rossi, P. W. (1966). Research strategies in measuring peer group influences. In T. M. Newcomb & E. K. Wilson (Eds.). *College peer groups* (pp.190-214). Chicago: Aldine.

Roth, C., & Cointet, J.-P. (2010). Social and semantic coevolution in knowledge networks. *Social Networks*, 32, 16-29.

Rothenberg, R. (2007). The relevance of social epidemiology in HIV/AIDS and drug abuse research. *American Journal of Preventive Medicine*, 32, S147-S153.

Rothenberg, R., Sterk, C., Toomey, K. E., Potterat, J. J., Johnson, D., Schrader, M., & Hatch, S. (1998). Using social network and ethnographic tools to evaluate syphilis transmission. *Sexually Transmitted Diseases*, 25, 154-160.

Rousseau, D. M., Sitkin, S. B., Burt, R., S., & Camerer, C. (1998). Not so different after all: A cross-discipline view of trust. *Academy of Management Review*, 23, 393-404.

Sampson, R. J., & Graif, C. (2009). Neighborhood social capital as differential social organization: Resident and leadership dimensions. *American Behavioral Scientist*, 52, 1579-1605.

Sandfleur, R. L., & Laumann, E. O. (1998). A paradigm for social capital. *Rationality and Society*, 10,

481-501.

Saxenian, A. L. (1994). *Regional advantage: Culture and competition in Silicon Valley and Route 128.* Cambridge, MA: Harvard University Press. (山形浩生・柏木亮二訳 (2009).『現代の二都物語：なぜシリコンバレーは復活し、ボストン・ルート128は沈んだか』日経BP社)

Saxenian, A. L.. (2006). *The new argonauts: Regional advantage in a global economy.* Cambridge, MA: Harvard University Press. (酒井泰介訳 (2008).『最新・経済地理学：グローバル経済と地域の優位性』日経BP社)

Schaefer, D. R., Light, J. M., Fabes, R. A., Hanish, L. D., & Martin, C. L. (2010). Fundamental principles of network formation among preschool children. *Social Networks*, 32, 61-71.

Scheffler, R. M., Brown, T. T., Syme, L., Kawachi, I., Tolstykh, I., & Iribarren, C. (2008). Community-level social capital and recurrence of acute coronary syndrome. *Social Science & Medicine*, 66, 1603-1613.

Schegloff, E. A. (1999). What next? Language and social interaction at the century's turn. *Research on Language and Social Interaction*, 32, 141-148.

Schumacher, E. F. (1973). *Small is beautiful: A study of economics as if people mattered.* New York, NY: Harper & Row. (小島慶三・酒井懋訳 (1986).『スモール・イズ・ビューティフル：人間中心の経済学』講談社)

Schumpeter, J. A. (1934). *The theory of economic development: An inquiry into profits, capital, credit, interest, and the business cycle.* Cambridge, MA: Harvard University Press. (東畑精一・福岡正夫訳 (2006).『経済分析の歴史』岩波書店)

Shelley, G. A., Killworth, P. A., Bernard, H. R., McCarty, C., Johnsen, E. C., & Rice, R. E. (2006). Who knows your HIV status II? Information propagation within social networks of seropositive people. *Human Organization* 65, 430-444.

Shrum, W., Cheek, N. H. Jr., & Hunter, S. M. D. (1988). Friendship in school: Gender and racial homophily. *Sociology of Education*, 61, 227-239.

Sillitoe, P. (1998). *An introduction to the anthropology of Melanesia: Culture and tradition.* Cambridge University Press.

Simmel, G. (1950 [1903]). The metropolis and mental life. In K. Wolff *(Ed.). The sociology of Georg Simmel* (pp.409-424). New York, NY: Free Press.

Simmel, G. (1950). *The sociology of Georg Simmel.* New York, NY: Free Press.

Simmel, G. (1955 [1922]). *Conflict and the web of group affiliations.* Glencoe, IL: Free Press.

Simon, H. A. (1947). *Administrative behavior: A study of decision-making processes in administrative organization.* New York, NY: Macmillan Co. (二村敏子ほか訳 (2009).『経営行動：経営組織における意思決定過程の研究』ダイヤモンド社)

Smangs, M. (2006). The nature of the business group: A social network perspective. *Organization*, 13, 889-909.

Smith, A. (1778). *An inquiry into the nature and causes of the wealth of nations.* (2nd ed.) London: Printed for W. Strahan and T. Cadell. (山岡洋一訳『国富論：国の豊かさの本質と原因についての研究』日本経済新聞出版社)

Smith, K. P., & Christakis, N. A. (2008). Social networks and health. *Annual Review of Sociology*, 34, 405-429.

Snijders, T. A. B., van de Bunt, G. G., & Steglich, C. E. G. (2010). Introduction to stochastic actor-based models for network dynamics. *Social Networks*, 32, 44-60.

Snyder, D., & Kick, E. L. (1979). Structural position in the world system and economic growth, 1955-1970: A multiple-network analysis of transnational interactions. *American Journal of Sociology*, 84, 1096-1126.

Son, J., & Lin, N. (2008). Social capital and civic action: A network-based approach. *Social Science Research*, 37, 330-349.

Sonnenfeld, J. A. (1985). Shedding light on the Hawthorne studies. *Journal of Organizational Behavior*, 6, 111-130.
Steglich, C., Snijders, T. A. B., & Pearson, M. (2010). Dynamic networks and behavior: Separating selection from influence. *Sociological Methodology*, 40, 329-392.
Steinfels, P. (1979). *The neoconservatives: The men who are changing America's politics*. New York, NY: Simon and Schuster.
Stern, D. N. (1985). *The interpersonal world of the infant: A view from psychoanalysis and developmental psychology*. New York, NY: Basic Books. (小此木啓吾・丸田俊彦監訳 (1989). 『乳児の対人世界：理論編』岩崎学術出版社, 小此木啓吾・丸田俊彦監訳 (1991). 『乳児の対人世界：対人編』岩崎学術出版社)
Stiller, J., & Dunbar, R. I. M. (2007). Perspective-taking and memory capacity predict social network size. *Social Networks*, 29, 93-104.
Stinchcombe, A. L. (1959). Bureaucratic and craft administration of production: A comparative study. *Administrative Science Quarterly*, 4, 168-187.
Stone, B. (2010, April 23). For web's new wave, sharing details is the point. *New York Times*, 1.
Subrahmanyam, K., & Greenfield, P. (2008). Virtual worlds in development: Implications of social networking sites. *Journal of Applied Developmental Psychology*, 29, 417-419.
Sykes, G. M. (1958). *The society of captives: A study of maximum security prison*. Princeton, NJ: Princeton University Press. (長谷川永・岩井敬介訳 (1964). 『囚人社会』日本評論社)
Talmud, I., & Mesch, G. S. (1997). Market embeddedness and corporate instability: The ecology of inter-industrial networks. *Social Science Research*, 26, 419-441.
Tatge, M. (2004, May 24). Miracle in the Midwest: How Madison, Wis., became a hotbed of biocapitalism. *Forbes*.
The Beatles. (1967). *Sgt. Pepper's lonely hearts club band/With a little help from my friends*. Los Angeles, CA: Capital Records.
Thoits, P. A. (1995). Stress, coping and social support processes: Where are we? What next? *Journal of Health and Social Behavior*, 35, Extra Issue: Forty Years of Medical Sociology: The State of the Art and Directions for the Future, 53-79.
Tichy, N. M., & Fombrun, C. (1979). Network analysis in organizational settings. *Human Relations*, 32, 923-965.
Tichy, N. M., & Sherman, S. (1993). *Control your destiny or someone else will: How Jack Welch is making General Electric the world's most competitive corporation*. New York, NY: Double-day/Currency. (小林規一訳 (1994). 『ジャック・ウェルチの GE 革命：世界最強企業への選択』東洋経済新報社)
Tilly, C. (2007). Trust networks in transnational migration. *Sociological Forum*, 22, 3-24.
Travers, J., & Milgram, S. (1969). An experimental study of the small world problem. *Sociometry*, 32, 425-443.
Uehara, E. (1990). Dual exchange theory, social networks, and informal social support. *American Journal of Sociology*, 96, 521-557.
Useem, M. (1980). Corporations and the corporate elite. *Annual Review of Sociology*, 6, 41-77.
Useem, M. (1984). *The inner circle: Large corporations and the rise of business political activity in the U.S. and U.K.* New York, NY: Oxford University Press. (岩城博司・松井和夫監訳 (1986). 『インナー・サークル：世界を動かす陰のエリート群像』東洋経済新報社)
U.S. Department of Health and Human Services. (2009). *Code of Federal Regulations: Protection of human subjects, title 45* (vol.1), Public welfare, CFR Part 46, subpart A, B, C, D, E. Washington, D.C.: U.S. Government Printing Office.
Uzzi, B. (1996). The sources and consequences of embeddedness for the economic performance of organizations: The network effect. *American Sociological Review*, 61, 674-698.

Uzzi, B. (1999). Embeddedness in the making of financial capital: How social relations and networks benefit firms seeking financing. *American Sociological Review*, 64, 481-505.

Vajja, A., & White, H. (2008). Can the World Bank build social capital? The experience of social funds in Malawi and Zambia. *Journal of Development Studies*, 44, 1145-1168.

Valente, T. W. (1995). *Network models of the diffusion of innovations*. Cresskill, NJ: Hampton Press.

Valente, T. W. (1996). Social network thresholds in the diffusion of innovations. *Social Networks*, 18, 69-89.

Valente, T. W. (2007). Networks and public health: A review of network epidemiology: A handbook for survey design and data collection, M. Morris (Ed.). Oxford University Press, New York (2004). *Social Networks*, 29, 154-159.

Valente, T. W. (2010). *Social networks and health: Models, methods, and applications*. New York: NY Oxford University Press.

Valente, T. W. & Pumpuang, P. (2007). Identifying opinion leaders to promote behavior change. *Health Education Behavior*, 34, 881-896.

Valente, T. W., & Valahov, D. (2001). Selective risk taking among needle exchange participants: Implications for supplemental interventions. *American Journal of Public Health*, 91, 406-410.

van den Bulte, C., & Lilien, G. L. (2001). Medical innovation revisited: Social contagion versus marketing effort. *American Journal of Sociology*, 106, 1409-1435.

van den Bulte, C., & Joshi, Y. V. (2007). New product diffusion with influentials and imitators. *Marketing Science*, 26, 400-421.

van der Gaag, M., Snijders, T. A. B., & Flap, H. (2008). Position generator measures and their relationship to other social capital measures. In N. Lin, & B. H. Erickson (Eds.). *Social capital: An international research program* (pp.185-205). Oxford University Press.

van Hooijdonk, C., Droomers, M., Deerenberg, I. M., Mackenbach, J. P., & Kunst, A. E. (2008). The diversity in associations between community social capital and health per health outcome, population group and location studied. *International Journal of Epidemiology*, 37, 1384-1392.

Verbrugge, L. M. (1977). The structure of adult friendship choices. *Social Forces*, 56, 576-597.

Waber, B. N., Olguín, D. O., Kim, T., & Pentland, A. S. (2008). Understanding organizational behavior with wearable sensing technology. Paper presented at the Academy of Management Annual Meeting. Anaheim, CA.

Waldinger, R. (1996). *Still the promised city? African-Americans and new immigrants in postindustrial New York*. Cambridge, MA: Harvard University Press.

Walker, G., & Weber, D. (1984). A transaction cost approach to make-or-buy decisions. *Administrative Science Quarterly*, 29, 373-391.

Wallace, W. L. (1966). *Student culture: Social structure and continuity in a liberal arts college*. Chicago. IL: Aldine.

Waring, E. (2002). Conceptualizing co-offending: A network form of organization. In E. Waring, & D. Weisburd (Eds.). *Crime and social organization: Advances in criminological theory* (vol.10). Rutgers, NJ: Transaction Publishers.

Wasserman, S., & Faust, K. (1994). *Social network analysis: Methods and applications*. Cambridge University Press.

Wasserman, S., & Robins, G. (2005). An introduction to random graphs, dependence graphs, and p^*. In P. J. Carrington, J. Scott, and S. Wasserman (Eds.). *Models and methods in social network analysis* (pp.148-161). New York, NY: Cambridge University Press.

Watts, D. J. (2003). *Six degrees: The science of a connected age*. New York, NY: W.W. Norton. (辻竜平・友知政樹訳 (2004). 『スモールワールド・ネットワーク：世界を知るための新科学的思考法』阪急コミュニケーションズ)

Watts, D. J. (2004). The "new" science of networks. *Annual Review of Sociology*, 30, 243-270.

Watts, D. J., & Dodds, P. S. (2007). Influentials, networks, and public opinion formation. *Journal of Consumer Research*, 34, 441-458.

Watts, D. J., Dodds, P. S., & Newman, M. E. J. (2002). Identity and search in social networks. *Science*, 296, 1302-1305.

Watts, D. J., & Strogatz, S. H. (1998). Collective dynamics of "small-world" networks. *Nature*, 393, 440-442.

Weber, M. (1946). *From Max Weber: Essays in sociology*. Translated, edited, and with an introduction by H. H. Gerth and C. W. Mills. New York, NY: Oxford University Press. (山口和男・犬伏宣宏訳 (1962). 『マックス・ウェーバー：その人と業績』ミネルヴァ書房)

Weimann, G. (1994). *The influentials: People who influence people*. Albany: State University of New York Press.

Weimann, G., Tustin, D. H., van Vuuren, D., & Joubert, J. P. R. (2007). Looking for opinion leaders: Traditional vs. modern measures in traditional societies. *International Journal of Public Opinion Research*, 19, 173-190.

Wellman, B. (1979). The community question: The intimate networks of East Yorkers. *American Journal of Sociology*, 84, 1201-1231.

Wellman, B. (1993). An egocentric network tale: A comment on Bien et al. (1991). *Social Networks*, 15, 423-436.

Wellman, B. (1999). The network community: Introduction to networks in the global village. In B. Wellman (Ed.). *Networks in the global village: Life in contemporary communities* (pp.1-48). Boulder, CO: Westview Press.

Wellman, B., Carrington, P. J., & Hall, A. (1988). Networks as personal communities. In B. Wellman, & S. D. Berkowitz. (Eds.) *Social structures: A network approach* (pp.130-184). New York, NY: Cambridge University Press.

Wellman, B., Frank, K. A., Lin, N., Cook, K. S., & Burt, R. S. (2001). Network capital in a multilevel world: Getting support from personal communities. In N. Lin, K. Cook & R. S. Burt (Eds.). *Social capital: Theory and research* (pp.233-273). New York, NY: Aldine de Gruyter.

Wellman, B., & Haythornthwaite, C. (2002). *The internet in everyday life*. Oxford: Blackwell.

White, D. R., & Harary, F. (2001). The cohesiveness of blocks in social networks: Node connectivity and conditional density. *Sociological Methodology*, 31, 305-359.

White, H. C. (1963). *An anatomy of kinship: Mathematical models for structures of cumulated roles*. Engelwood Cliffs, NJ: Prentice Hall.

White, H. C. (2002). *Markets from networks: Socioeconomic models of production*. Princeton, N.J.: Princeton University Press.

White, H. C., Boorman, S. A., & Breiger, R. L. (1976). Social structure from multiple networks: Blockmodels of roles and positions. *American Journal of Sociology*, 81, 730-779.

Whyte, W. F. (1943). *Street corner society: The social structure of an Italian slum*. Chicago, IL: University of Chicago Press. (奥田道大・有里典三訳 (2000). 『ストリート・コーナー・ソサエティ』有斐閣)

Williamson, O. E. (1975). *Markets and hierarchies: Analysis and antitrust implications, a study in the economics of internal organization*. New York, NY: Free Press. (浅沼万里・岩崎晃訳 (1980). 『市場と企業組織』日本評論社)

Williamson, O. E. (1981). The economics of organizations: The transaction cost approach. *American Journal of Sociology*, 87, 548-577.

Winship, C. (1977). A distance model for sociometric structure. *Journal of Mathematical Sociology*, 5, 21-39.

Zachary, W. W. (1977). An information flow model for conflict and fission in small group. *Journal of Anthropological Research*, 33, 452-473.

Zetterberg, H. L. (2011). *The many-splendored society: 2, A language-based edifice of social structures.* (2nd ed.). Retrieved on June 23, 2011, from Hans L Zetterberg's Archive: http://www.zetterberg.org/

Zhao, S., & Elesh, D. (2008). Copresence as "being with." *Information, Communication & Society, 11,* 565-583.

Zheng, T., Salganik, M. J., & Gelman, A. (2006). How many people do you know in prison? Using overdispersion in count data to estimate social structure in networks. *Journal of the American Statistical Association, 101,* 409-423.

Zipf, G. K. (1949). *Human behavior and the principle of least effort: An introduction to human ecology.* Cambridge, MA: Addison-Wesley Press.

事項索引

あ行

アウトリーチへの欲求　71
アノミー　219
アフィリエーション・クラスター　159
アフィリエーション・ネットワーク　162
安全　81, 93, 115, 277
安全（へ）の欲求　71, 75, 108

イーミック（emic）　51, 56
閾値（threshold）　183, 207
閾値挙動　207
威信スコア　230
一次的集団（primary group）　57, 97, 98, 254
一次領域（first-order zone）　41, 42
一般互恵性　237
イノベーション　183, 185
入次数　39
インターネット　2, 4
インバランス状態　27
インフォーマル・システム　48, 98-101
インフォーマルな関係性　46, 49
インフォーマル・ネットワーク　119, 130, 168
インフォームド・コンセント　251, 254, 262
インフルエンシャル（influential）　155, 157, 188-193, 195, 197

ウェルビーイング　217
埋め込み（embeddesness）　50

HIV-AIDS　198, 201
AIDS　199
HIV　199, 257
エージェント・ベース・モデリング　210
疫学　198
エゴセントリック（egocentric）　19
エゴセントリック・ネットワーク　20
エゴ・ネットワーク（ego-network）　41
エティック（etic）　51, 56
エフェクタンス（effectance）　76, 81, 93, 108, 115, 116

オープンシステム・ネットワーク　20
オピニオンリーダー　190, 191, 192, 194, 195
オピニオン・リーダーシップ　189, 193
恩恵　251, 255

か行

外部経済（external economy）　24
外部システム　98
獲得的地位（achieved status）　22
価値の同類性（value-homophily）　22
カットオフ　158
カットセット　170
カットポイント　176
感情（sentiment）　98, 99, 108, 109
間接互恵性　237

機械的システム（mechanistic system）　125
機械的組織　134
機械的連帯　74, 78
規範（norms）　98, 109
逆スモールワールド実験　173
共起性（concurrency）　201, 202
凝集性（cohesion）　61, 74, 138
局所ネットワーク閾値　209
距離（distance）　33, 40, 127
近接性（propinquity）　15, 20, 126

クラスター　146, 147, 163
グラフ　18
クランプ　37
クリーク（clique; 派閥）　22, 56, 59, 279

結合性（cohesiveness）　58, 60
血族関係（kinship）　1
結束性　77
権威（authority）　83, 119, 120
健康　242
兼任重役制　21, 67
権力（power）　24, 193

コア／周辺構造（core/periphery structure）　63, 65, 279
行為主体性（エージェンシー；agency）　44, 72, 74, 84, 85
効果性（effectiveness）　74, 75, 80, 81, 175, 277
交換　17
交叉（こうさ）いとこ婚（cross-cousin marriages）　47
構造的位置（structural location）　23
構造的結合　170
構造的自律性（structural autonomy）　51
構造的すきま　33, 36, 37, 74, 79, 81, 82, 137, 138, 194, 277
構造的同値（structural equivalence）　62
構造的類似（structural similarity）　58, 62
効力感（efficacy）　76
互恵性（reciprocity）　25, 238, 241
個人的影響　188, 190
個人レベルの社会関係資本　230
固着性（adhesion）　61
孤独なボウリング　1, 237
コミュニティ　163, 201, 220, 280
コミュニティレベルの社会関係資本　242
コンジット　4, 8

――――――― さ行 ―――――――

サークル　150, 160
採用（adoption）　181, 183, 184, 194
サポート　175
G推移性　103, 104
システム全体による支援性（systemic supportiveness）　77, 81
社会関係資本（social capital）　5, 12, 134, 136, 165, 217, 235, 284
社会的アイデンティティ　82, 86
社会的埋め込み　77
社会的影響（influence）　9
社会的サークル　163, 166-168, 172, 197, 281
社会理論（social theory）　12, 19
集合体（collectivity）　24, 60
集団（group）　60
集団凝集性（group cohesiveness）　58
出次数　39
受容領域（area of acceptance）　121
冗長性（redundancy）　40, 171, 279
障壁効果（barrier effect）　149

剰余価値（surplus value）　221, 222
心的外傷後ストレス障害（PTSD）　227
人的資本（human capital）　222
信頼　77, 78, 81, 85, 220, 236-238, 240, 241
推移性　18, 30, 163
スケールフリー（scale free）　153, 158
スノッブ効果　208
スモールワールド　5, 12, 34, 42, 73, 145, 159, 162, 171, 204, 281
性感染症（STD）　199
生態学的誤謬　239
生得的地位（ascribed status）　22
全体ネットワーク閾値　209
総合的社会調査（General Social Survey; GSS）　41, 226
相互協調的自己観　84
相互性（mutuality）　16, 25, 35
相互独立的自己観　84
操作者　85, 89, 224
総称的な関係性（generic relationships）　47
ソーシャル・サポート　73, 77, 85, 168, 220, 225-277
ソーシャル・ネットワーキング・サービス（SNS）　3
測地距離（geodesic distance）　40
ソシオグラム（sociogram）　18, 33, 34, 275
ソシオセントリック・ネットワーク　19, 20
組織　119
組織アイデンティティ　138

――――――― た行 ―――――――

ダイアド（dyad；二者関係）　15, 27
対称性（symmetry）　16, 35, 102
対人環境　42
ダブルバインド（double-bind）　130, 132
地位（position）　34, 47, 84, 278
地位（の）追求　85, 93, 108
地位追求の動機づけ　115, 116
地位の同類性（status-homophily）　22
知人数　145, 147, 148
仲介　27, 79, 86, 165, 278
中心性　33, 39
中心性権力スコア　127

強い紐帯　　38, 88, 103, 104, 202

ティッピングポイント（tipping point）　　183, 204-207, 283
テロリスト　　264

動機づけ　　11
同質性（homogeneity）　　22
到達度あるいは連結度　　41
同類性（homophily）　　9, 21, 33, 50, 150, 187, 276, 277
同類分布（同類混合）モデル　　156, 172, 203
特定の関係性（named relationships）　　47
匿名性　　252
度数　　278
トライアド（triad; 三者関係）　　15, 26, 31, 35, 277
トライアド・センサス（triad census）　　28, 29, 82
トリクルダウン　　195

―――――― な行 ――――――

内部システム　　98

2段階の流れ（Two-Step Flow）　　187
人気度　　33, 38

ネーム・ジェネレータ（name generator）　　41, 225, 228
ネットワーク　　1, 16
ネットワーク型の組織　　134
ネットワーク（の）サイズ　　90, 91, 148, 149
ネットワーク・スケールアップ法　　148

ノードの近さ（closeness）　　127

―――――― は行 ――――――

パーソナリティ　　82
媒介性（betweenness）　　8, 39, 127, 278
ハイパーグラフ　　104, 200
バイラル・マーケティング（viral marketing）　　10
橋渡し　　137, 194
ハブ　　157
バランス理論（Balance Hypothesis）　　27, 102
バンドワゴン効果　　185, 189

非行　　196
ヒューマン・グループ　　74

フィードバック・ループ　　15, 23, 99, 109
フォーマル・システム　　48, 49, 98, 99
普及・拡散（diffusion）　　181, 283
複合性　　34, 44, 46, 274
複合的な関係性（multiplex relationships）　　17
プライバシー　　263
Blau 空間　　169, 172, 173
ブリッジ（bridge）　　38, 79
フロー（流れ）　　17
ブローカー　　224, 278
ブロックモデリング（blockmodeling）　　62, 64, 279
分化的接触　　187

閉鎖性（closure）　　58, 73, 82, 86, 240
ベキ分布　　151, 152, 153, 154, 158
ベルモント・レポート　　249, 250

ポジション・ジェネレータ　　228, 232

―――――― ま行 ――――――

マタイ効果（The Matthew Effect）　　89, 109, 111, 154

密度　　31, 33, 35, 36, 74, 77, 277

無関心圏（zone of indifference）　　121, 127
無向グラフ（undirected graphs）　　16

網状一般交換　　78, 238
モジュール性（modularity）　　60

―――――― や行 ――――――

役割（role）　　34, 46, 47
役割セット（role sets）　　44
役割モデル　　192

有機的システム（organic system）　　125, 126
有機的組織　　134
有機的連帯　　74
有向グラフ（directed graphs）　　16
優先的選択モデル　　155, 172

弱い紐帯　　38, 88, 103, 104, 202, 231
弱い紐帯の強さ　　33, 37, 279

──────── ら行 ────────

ランダム・ショートカット　　161, 162

リソース・ジェネレータ　　229, 232
リーダー　　98, 100
リーダーシップ　　12, 114
立身出世　　83, 102, 110, 222
リワイヤリング　　160-162, 166, 171, 175, 211
隣接行列（adjacency matrix）　　19

ロングテール　　149

◆◆◆ 人名索引 ◆◆◆

B

Barabási, A. L.　　145, 153, 154, 166
Barnard, C.　　120, 121
Bernard, H. R.　　91, 92, 148, 172
Blau, P. M.　　121, 169
Boissevain, J.　　42, 44, 92
Borgatti, S. P.　　63, 65
Bourdieu, P.　　235
Burt, R. S.　　22, 36, 37, 51, 62, 78-80, 82, 83, 86, 137, 194

C

Carley, K.　　265
Christakis, N. A.　　9, 13, 226
Coleman, J. S.　　67, 195-197, 235, 239-241
Cooley, C. H.　　57

D

Dunbar, R. I. M.　　91, 92
Durkheim, É.　　74, 219

E

Erickson, B. H.　　5, 22, 23, 75, 88, 221, 229-231
Everett, M.G.　　63, 65

F

Faust, K.　　25, 30, 32, 59
Festinger, L.　　20
Fischer, C. S.　　5, 32, 218
Fowler, J. H.　　9, 13, 266
Freeman, L.　　39, 101-104, 106
Fromm, E.　　76

G

Gould, R. V.　　108, 110, 112, 113, 154

Granovetter, M. S.　　5, 37, 38, 82, 103, 104, 207, 208
Greenberg, J.　　74-76, 81

H

Haidt, J.　　76, 77
Harary, F.　　18, 34, 60
Heider, F.　　27, 102
Homans, G. C.　　46, 48, 66, 74, 98, 99, 101, 109, 113, 114

K

Kadushin, C.　　26, 42, 46, 60, 78, 89, 92, 166, 188, 193, 195, 197, 227, 253, 257-259, 261
Katz, E.　　187, 188, 192, 193
Killworth, P. D.　　42, 92, 148, 149, 172
Kitayama, S.　　84
Kochen, M.　　42, 147
Krebs, V. E.　　5, 8, 9, 264

L

Lazarsfeld, P. F.　　21-23, 186, 188, 192, 193
Lévi-Strauss, C.　　48, 78
Lin, N.　　5, 75, 221, 228-234, 244

M

Malinowski, B.　　48, 49, 78
Markus, H. R.　　84
Marsden, P. V.　　41
Martin, J. L.　　13, 28, 32, 49, 59, 83, 117
Marx, G.　　221
McPherson, M.　　22, 23, 169
Merton, R. K.　　3, 21-23, 44, 46, 47, 89, 109, 154, 155, 285
Milgram, S.　　37, 43, 73, 172, 250
Moody, J.　　169-171
Moreno, J. L.　　18, 254, 275

N

Newman, M. E. J.   32, 60, 156

P

Padgett, J. F.   45
Pareto, V.   152, 154
Parsons, T.   47
Pattison, P. E.   30, 45, 46
Pentland, A. S.   263
Pool, de Sola.   42, 147
Powell, W. W.   133
Price, D. J. D.   154
Putnam, R. D.   1, 176, 217, 218, 237-239, 243, 246

R

Robins, G.   30, 82

S

Simmel, G.   27, 60, 92, 166, 176, 197, 211
Simon, H. A.   121
Smith, A.   221
Snijders, T. A. B.   30

V

Valente, T. W.   189-191, 194, 199, 210

W

Wasserman, S.   25, 30, 32, 59
Watts, D. J.   8, 23, 153, 155, 159, 160, 162, 163, 172, 174, 190
Weber, M.   84, 120, 121
Wellman, B.   13, 22, 41, 42, 45, 73, 168
White, D. R.   34, 60, 169-171
White, H. C.   47

Z

Zachary, W. W.   34

訳者あとがき

　本書は，Charles Kadushin "Understanding social networks: Theories, concepts, and findings"（Oxford University Press, 2011）の全訳である。著者は，エリート・ネットワーク研究で著名な社会学者であり，社会的ネットワーク分析の黎明期から活躍している。現在はニューヨーク市立大学名誉教授，ブランディス大学客員教授の称号を得ている。

　1990年代以降，（社会的）ネットワークに関する書籍は，専門書・一般書を問わず，現在に至るまで五月雨式に出版が続いている。その多くは，ノードとノード間のリンクの集合で構成される，ネットワークという形式に固有の数理的な特徴を強調する趣が強い。そうした類書と比較して本書がユニークなのは，人間をノードの単位とする「社会的」ネットワークに注目し，その形成・維持を支える人間行動の基本原理について，近年のSNSの普及といった環境的な変化も踏まえた上で，社会学の古典的な知見をベースとする理論的な説明を提供している点にある。特に，構造主義的アプローチが支配的であった社会的ネットワーク分析の領域において，個人の動機づけを取り入れた構造的要因と個人的要因の交互作用モデルを提案していることは，編者を含め，集団のダイナミックスを主に個人の視点から扱おうとする社会心理学者にとっても，意義深い試みである。

　本書の内容は多岐にわたっている。第1章では，現実世界における社会的ネットワークのさまざまな事例を紹介し，読者をネットワークの世界へといざなう。第2章から第4章は，同類性やトライアド，クラスターやクリークといった，社会的ネットワークをネットワークたらしめる基本的なメカニズムや構造的特徴に関するレビューである。第5章では，先に述べた構造と個人のダイナミックスを，心理学的な動機づけの観点から議論している。第6章では，小集団におけるフォーマルな関係とインフォーマルな関係の機能を紹介し，第7章では，企業組織における社会的ネットワー

クの役割が，インフォーマルな影響力を中心にまとめられている。第8章では，スモールワールド現象や知人数の推定に関して，さまざまな切り口から考察がなされている。第9章は，普及・拡散という現象について，オピニオンリーダーやティッピングポイントといった概念を用いて分析している。第10章は，社会関係資本という個人レベルと集団レベルの概念に潜む，多様な解釈や可能性に関する長大な論考である。第11章では，社会的ネットワークの調査における倫理的側面の考察がなされ，人間を対象としたネットワークを扱うことの難しさを鋭く指摘するとともに，調査者に対して多くの実践的なアドバイスを提供している。第12章では，各章のサマリーとともに，社会的ネットワークを理解するための10の重要なアイデアが提示され，本書の結びとなっている。

　初学者の方々には，全体的な内容を概観するために，まずは第12章のサマリーを一読し，各章の要点をつかんだ上で，詳細を理解していくことをおすすめする。また，著者自身も認めているように，本書では社会的ネットワーク分析の重要な要素である，数理的側面の解説が掘り下げられているわけではない。読者には，本書で理論的な背景を学んだ上で，必要に応じて他の書籍（日本語では，金光淳『社会ネットワーク分析の基礎——社会的関係資本論にむけて』（勁草書房），英語では，Garry L. Robins "Doing social network research: Network-based research design for social scientists"（Sage Publications）など）を参照しつつ，社会的ネットワークの奥深さを体験していただければ幸いである。

　訳出に際しては，原文のスタイルをなるべく尊重するように心がけ，それぞれの訳者が翻訳した原稿について，編者がフィードバックを行い，疑問点に関しては適宜相談しながら最終的な訳文を決定した。原文にみられる明らかな誤りや，内容が古くなっているもの（現在はすでに使われていない検索サイトのヒット数など）に関しては，可能な限り修正を加えた。また，引用文献のスタイルはAPAフォーマットに統一した。全体的な表現の統一は，編者がすべての章の訳文を確認しながら行った。訳文にわかりにくい点や誤りがあるとすれば，編者の責任である。

　本書の出版にあたっては，多くの方々のご尽力を賜った。訳者の方々には，編者からの突然の依頼にもかかわらず，専門書の翻訳という多大な労

力を割かれる作業をご快諾いただいた。著者が社会学者ということもあり，本書には社会心理学者にとってなじみのない言い回しやレトリックが多数含まれ，翻訳は大変に骨の折れる仕事であったが，実りのある協同作業をさせていただいた。北大路書房の奥野浩之氏，安井理紗氏には，企画の段階から大変お世話になり，遅々として進まない編者の作業にも，辛抱強くお付き合いいただいた。加藤仁，平島太郎の両氏は，訳者にも名を連ねているが，校正の段階で綿密なチェックをしていただいた。原著をテキストとして用いた名古屋大学大学院教育発達科学研究科の演習では，受講生とのディスカッションを通じて，内容に関する理解を深めることができた。これらの縦横無尽のサポートと協同こそが，まさに社会的ネットワークのなせる業であろう。ここに記して感謝する。

2015年5月　訳者を代表して　五十嵐　祐

訳者一覧 （執筆順）

佐藤　有紀	名古屋大学大学院教育発達科学研究科院生		1章
五十嵐　祐	名古屋大学大学院教育発達科学研究科准教授		2章, 3章, 4章, 5章, 12章
加藤　仁	名古屋大学大学院教育発達科学研究科研究生		5章
古谷　嘉一郎	北海学園大学経営学部講師		6章
西村　太志	広島国際大学心理科学部講師		6章
竹村　幸祐	滋賀大学経済学部准教授		7章
竹中　一平	武庫川女子大学文学部助教		8章
平島　太郎	名古屋大学大学院教育発達科学研究科研究員		9章
石黒　格	日本女子大学人間社会学部准教授		10章
浅野　良輔	浜松医科大学子どものこころの発達研究センター特任助教		11章

◉監訳者紹介◉

五十嵐　祐（いがらし・たすく）
　1978 年　北海道に生まれる
　2005 年　名古屋大学大学院教育発達科学研究科博士後期課程修了　博士（心理学）
　現　在　名古屋大学大学院教育発達科学研究科准教授

主著・論文

Exponential random graph models for social networks: Theories, methods and applications.（分担執筆）Cambridge University Press. 2012 年

対人関係の社会心理学（分担執筆）ナカニシヤ出版　2012 年

Perceived entitativity of social networks. *Journal of Experimental Social Psychology.*（共著）第 47 巻, 1048-1058. 2011 年

Culture, trust and social networks. *Asian Journal of Social Psychology.*（共著）第 11 巻, 88-101. 2008 年

社会的ネットワークを理解する

2015年8月10日　初版第1刷印刷	定価はカバーに表示
2015年8月20日　初版第1刷発行	してあります。

著　者	チャールズ・カドゥシン
監訳者	五十嵐　　祐
発行所	㈱北大路書房

〒603-8303　京都市北区紫野十二坊町12-8
電　話　(075) 431-0361㈹
ＦＡＸ　(075) 431-9393
振　替　01050-4-2083

©2015　　製作／見聞社　　印刷・製本／㈱太洋社
検印省略　落丁・乱丁本はお取り替えいたします。
ISBN978-4-7628-2900-0　　　　　Printed in Japan

・ JCOPY 〈㈳出版者著作権管理機構 委託出版物〉
本書の無断複写は著作権法上での例外を除き禁じられています。
複写される場合は，そのつど事前に，㈳出版者著作権管理機構
(電話 03-3513-6969,FAX 03-3513-6979,e-mail: info@jcopy.or.jp)
の許諾を得てください。